U0711794

反恐怖主义系列教材

总主编／贾宇

副总主编／穆赤·云登嘉措　张金平　舒洪水

FAN XIQIAN YU FAN KONGBU ZHUYI RONGZI JIAOCHENG

反洗钱与反恐怖主义融资教程

王永宝／编著

中国政法大学出版社

2019·北京

声　　明　　1. 版权所有，侵权必究。

　　　　　　2. 如有缺页、倒装问题，由出版社负责退换。

图书在版编目（CIP）数据

反洗钱与反恐怖主义融资教程/王永宝编著. —北京：中国政法大学出版社，2019.1
ISBN 978-7-5620-8623-9

Ⅰ.①反… Ⅱ.①王… Ⅲ.①反恐怖活动－融资－金融法－研究－中国②洗钱罪－研究－中国　Ⅳ.①D924.334

中国版本图书馆CIP数据核字(2018)第296806号

出 版 者	中国政法大学出版社
地　　址	北京市海淀区西土城路25号
邮　　箱	fadapress@163.com
网　　址	http://www.cuplpress.com（网络实名：中国政法大学出版社）
电　　话	010-58908435(第一编辑部)　58908334(邮购部)
承　　印	固安华明印业有限公司
开　　本	720mm×960mm　1/16
印　　张	19
字　　数	383千字
版　　次	2019年1月第1版
印　　次	2019年1月第1次印刷
印　　数	1~3000册
定　　价	53.00元

主编简介

王永宝，回族，甘肃会宁人，法学与哲学双博士。西北政法大学反恐怖主义法学院教授、民族宗教研究院副院长、中国社会科学院法学研究所国际法研究所法治战略研究部研究员、吉林大学法理研究行动计划团队成员、河北大学伊斯兰国家社会发展研究中心兼职研究员、宁夏大学中国阿拉伯国家研究院研究员、中国调解专业联盟副会长暨"一带一路"争议解决中心特约专家。

1992 年至 2006 年，先后在叙利亚、利比亚、马来西亚等国家学习伊斯兰法学与法理学，并分别获法学相关专业本科、硕士、博士学位。2008 年回国后任教于西安外国语大学，并在 2011 年完成环球伊斯兰金融大学（INCEIF）两项世界银行博士后课题研究工作。

现从事伊斯兰法理、民商法、金融机构法等研究，同时讲授金融犯罪与反恐融资、金融投资与风险管理等课程。专著《伊斯兰外交之理论与实践》（英文）、《伊斯兰法之作证理论与实践》（阿文），译著《伊斯兰传统下的人权》《奥斯曼帝国民法典》等，并发表学术论文二十余篇。

总　序

　　西北政法大学反恐怖主义系列教材是西北政法大学反恐怖主义法学院与中国政法大学出版社联合推出的供反恐怖主义（法）专业本科生、研究生使用的专业教材。

　　恐怖主义，是指通过暴力、破坏、恐吓等手段，制造社会恐慌、危害公共安全、侵犯人身财产，或者胁迫国家机关、国际组织，以实现其政治、意识形态等目的的主张和行为。恐怖主义威胁着全人类的安全，严重破坏了各国的民族和睦，引发社会不安与动荡；极大地阻碍各国的经济发展和社会进步，危害甚巨。特别是2001年恐怖分子制造了举世瞩目的"9·11"暴恐袭击，恐怖主义问题更是强势进入国际社会视野，引起了世界各国的高度关注。

　　近年来，国内"三股势力"（即暴力恐怖势力、宗教极端势力、民族分裂势力），以分裂为最终目标，以极端主义为思想基础，以恐怖主义为手段，打着民族、宗教等幌子，以歪曲宗教教义等非法方式，大肆宣扬、传播恐怖主义、极端主义思想，制造宗教狂热，煽动仇恨、煽动歧视、鼓吹暴力，制造了一系列暴力恐怖事件。暴恐风险已成为我国最现实的风险，反恐怖斗争形势严峻、复杂、尖锐。特别是新疆地区仍处于暴恐活动的活跃期、反分裂斗争的激烈期和干预治疗的阵痛期"三期叠加"的特殊期。从北京"10·28"金水桥事件到昆明"3·01"事件再到广州"5·6"事件，我国境内暴力恐怖犯罪已呈现出由新疆向内地蔓延并趋于多发的特征和趋势。

　　面对如此紧迫与现实的国内反恐态势，中共十八届四中全会通过的《中共中央关于全面推进依法治国若干重大问题的决定》指出，"抓紧出台反恐怖等一批急需法律，推进公共安全法治化，构建国家安全法律制度体系"，对反恐立法工作进行了系统化的制度设计。随后，全国人大常委会于2015年12月27日通过了《中华人民共和国反恐怖主义法》，并于2016年1月1日起实施。

　　西北政法大学的前身是1937年中共中央在延安创办的陕北公学，历经延安大学、西北人民革命大学、西北政法干部学校、中央政法干部学校西北分校、西安政法学院、西北政法学院、西北政法大学等时期。在长期的办学历程中，西北政法大学扎根西北，以全方位服务国家战略需求为自身的责任与担当，在维护西北稳定安全与促进西北经济社会发展、民主法治建设方面形成了自身的办学传统与特色。自 20 世纪 90 年代以来，我校就有一批专家、学者先后主持完成了多个与反恐怖主义相关的国家社科课题和部委课题，发表了一系列有影响力的研究成果。反恐研究团队先后多次深入新疆、西藏等边疆基层进行调研，出版了十多部有关反恐怖主义问题和民族宗教问题研究的专著，发表了数百篇相关领域的学术论文，为国家决策部门提供了许多有影响的对策、建议。2012 年，学校获批"服务西北地区稳定发展与国家安全高级法律人才培养项目"，成为陕西和西北地区第一个法学博士学位授权点，承担为国家培养反恐怖主义方向的高级法律人才的任务。2014 年，学校汇聚资源，积极打造新型智库，组建了反恐怖主义研究院和民族宗教研究院。2016 年 1 月 16 日，在《中华人民共和国反恐怖主义法》实施之际，西北政法大学紧紧围绕国家反恐怖主义法治建设的特殊需求，整合校内外法律、公安、民族宗教、国际关系等多领域的学术力量，成立反恐怖主义法学院，实现了涵盖本科、硕士、博士完整的教育体系，成为集人才培养、学术研究、社会服务、国家智库等功能于一体的教学科研单位。反恐怖主义法学院的刑法、民法、刑诉、民诉、经济法、行政法、宪法、法理等法学基础课程，由相应学院的法学教师承担教学任务，反恐怖主义专业则设有六个教研室（反恐怖主义法教研室、国际政治与反恐理论教研室、公共安全教研室、反恐情报与现场处置教研室、民族学与民族法教研室、宗教学教研室）和两个研究院（反恐怖主义研究院和民族宗教研究院）。

西北政法大学反恐怖主义法学院在学校"法治信仰、中国立场、国际视野、平民情怀"的育人理念的指引下，建立伊始就确定了"需求导向、理实并重"的根本宗旨，对本科生、硕士研究生、博士研究生提出了不同的培养要求。在本科层次反恐怖主义法律人才培养方面，按照"注重养成、加厚基础、拓宽口径、强化实践"的培养思路，着力培养具有系统扎实的法学专业知识和反恐怖主义专门知识，实践能力强、综合素质高，能够从事防范与打击恐怖主义工作的应用型、复合型专门人才。基于此，我们围绕反恐怖主义法学专业学生必须具备的五个方面的知识结构，在必要的法学基础课程之外，开设了十余门特色课程，并组织反恐怖主义法学院的老师编写相应的教材。

目前，该系列教材有多部已经定稿并将陆续出版面世。我们深知"庙廊之材，非一木之枝"，在此，对关注并给予西北政法大学反恐怖主义法学院成长以极大帮助的中央和地方的立法、行政、政法、司法部门，各兄弟院校，以及相关的同仁致以真挚的感谢。同时，作为国内首家培养反恐怖主义法律人才的学院，我们没有先验作参考，因此该系列教材难免存在诸多不尽之处，需要逐步完善，也希望学界、实务界各位同仁能不吝赐教，批评建言。我们深知路漫漫其修远，西北政法大学反恐怖主义法学院的各位老师必将团结一心，上下求索。

是为序。

贾　宇

2017 年 7 月 1 日

前　言

　　洗钱是一个为了掩盖从非法途径获取的收益的真实来源，而通过各种手段切断这些收益与产生这些收益的犯罪的联系，使得这些收益合法化的过程。1988 年联合国通过了《禁止非法贩运麻醉药品和精神药物公约》，首次将有关毒品犯罪的洗钱行为规定为犯罪。后来由于洗钱犯罪的上游犯罪行为不断扩大，国际社会又制定了许多反洗钱公约。"9·11"事件之后，"恐怖主义融资"一词映入眼帘，它是指一种资助恐怖主义的行为，指向恐怖组织或从事恐怖活动的个人提供资金或者帮助恐怖组织或从事恐怖活动的个人募集、占有、使用以及转移资金的行为。恐怖主义融资与洗钱有着密切联系，洗钱也是恐怖主义融资的一个途径。因此，我们对二者要同时预防和打击。

　　反洗钱与反恐融资对于国内与国际经济安全、社会政治稳定有着重大的意义。反洗钱有利于市场经济的健康运行，打击犯罪势力，维护社会、政治、经济、文化秩序和安全，做好反洗钱和反恐融资工作是国家发展经济时要注意的重要部分。目前，反洗钱与反恐融资已经成为共识并产生了广泛影响，例如，美国颁布了《银行保密法》《爱国者法案》等，这些法律都对美国反洗钱作了重要规定。

　　与此相比，我国也开展了打击洗钱与恐怖主义融资行动。1997 年《中华人民共和国刑法》（以下简称《刑法》）第 191 条将洗钱行为定为洗钱罪；第 120 条规定了组织、领导、参加恐怖活动组织罪。2001 年根据反恐怖主义形势的变化，我国通过《刑法修正案（三）》，对组织、领导、参加恐怖活动组织罪进行了修改完善；并增加资助恐怖活动组织或者实施恐怖活动的犯罪；在洗钱罪的上游犯罪中增加恐怖活动犯罪。到2006 年《刑法修正案（六）》，将第 191 条"洗钱罪"的上游犯罪由 4 项扩大为 7 项，将第 312 条"窝赃罪"修改为"掩饰、隐瞒犯罪所得、犯罪所得收益罪"，基本实现了洗钱行为刑罚化。2006 年我国正式颁布《中华人民共和国反洗钱法》（以下简称《反洗钱法》），标志着由人民银行主导、国务院相关部门协同履职的反洗钱监督管理架构的形成，并明确了反洗钱监管机构、金融机构和特定非金融机构的权利和义务，与《刑法》第191条和第312条共同构筑打击惩处洗钱犯罪及其上游犯罪的反洗钱基本制度。2015年我国又进一步通过《刑法修正案（九）》，对资助恐怖活动犯罪作了修改完善，增加了资助恐怖活动培训的情形等。2015年12月27日，全国人大常委会通过了《中华人民共和国反恐怖主义法》（以下简称《反恐怖主义法》），这是一部专门打击恐怖主义的法律，其中第14、21、24、25、26、52、83、86、95条对恐怖主义融资活动作出了规定。从《刑法》到《反洗钱法》再到《反恐怖主义法》，可见中国的反洗钱和反恐怖主义融资的法律体系在不断完善。

本教材从理论与实践两方面介绍了洗钱与恐怖主义融资及反洗钱与反恐怖主义融资，分为理论篇和实践篇，共八个章节，其中，前四章属于理论篇，后四章属于实践篇。第一章介绍了洗钱与恐怖主义融资等基本概念。第二章介绍洗钱和恐怖主义融资的途径，其中详细介绍了"地下钱庄""影子银行""哈瓦拉"这三个典型的洗钱融资途径。第三章介绍国际反洗钱和反恐怖主义融资组织机构，其中重点介绍了反恐金融行动特别工作组。第四章介绍国际反洗钱和反恐怖主义融资条约或公约或建议，影响力最大的便是"40+9条建议"，被大多数国家（地区）及国际组织机构接受采纳。第五章介绍美国反洗钱与反恐融资国际战略及其国内反洗钱机制。第六章介绍我国反洗钱和反恐融资实践，并对我国进一步完善措施提出相关建议。第七章介绍了客户尽职调查制度，对我国的客户尽职调查制度执行情况及存在问题进行探讨，并提出相关建议。第八章和第七章思路一样，介绍了可疑交易报告制度。这两个制度在打击洗钱与恐怖主义融资犯罪上发挥着关键作用，意义重大。本书设置了"本章导读"、"本章要点"和"小结"，有利于读者快速掌握该章结构和重点内容。除此之外，本书还在每章最后设置了练习题，有助于读者了解自己对该章内容的掌握情况，及时查漏补缺。

目前国内关于反洗钱的教材相当少，而关于反恐怖主义融资的教材几乎没有。本教材是一本关于反洗钱和反恐怖主义融资的具有理论学习和实践指导两大功能的书籍。希望通过学习本教材，读者能够了解国内外打击洗钱与恐怖主义融资犯罪发展基本情况，为大家以后进一步深入研究学习该领域知识奠定基础。

王永宝

西北政法大学

2018 年 9 月 23 日

法律文件全简称对照表

本书名称（缩略语）	规范性法律文件名称
《刑法》	《中华人民共和国刑法》
《刑事诉讼法》	《中华人民共和国刑事诉讼法》
《商业银行法》	《中华人民共和国商业银行法》
《人民银行法》	《中华人民共和国人民银行法》
《反洗钱法》	《中华人民共和国反洗钱法》
《反恐怖主义法》	《中华人民共和国反恐怖主义法》
《刑法修正案（三）》	《中华人民共和国刑法修正案（三）》
《刑法修正案（六）》	《中华人民共和国刑法修正案（六）》
《刑法修正案（九）》	《中华人民共和国刑法修正案（九）》
《行政复议法》	《中华人民共和国行政复议法》
《票据法》	《中华人民共和国票据法》
《网络安全法》	《中华人民共和国网络安全法》
《银行业监督管理法》	《中华人民共和国银行业监督管理法》

| 目　录 |

第一章

基本概念

【本章导读】

★洗钱是什么?

★洗钱有哪些危害?

★恐怖主义融资与洗钱的区别是什么?

★恐怖主义融资途径有哪些?

★反洗钱与反恐怖主义融资有哪些相同之处?

【本章要点】

★洗钱的概念。

★恐怖主义融资的概念。

★洗钱与恐怖主义融资的区别。

★恐怖主义融资渠道。

★反洗钱与反恐怖主义融资的区别。

第一节　洗钱与恐怖主义融资

一、洗钱

（一）洗钱的词源及其发展[1]

据记载，早在圣经时期就有资料证明"洗钱"一词已经存在[2]。从历史沿革来看，最原始的、从字面上来理解的"洗钱"的辞源，是来自于 20 世纪初期的美国旧金山。有一位名叫圣弗朗西斯的饭店老板，他看到自己的饭店里每天都有大量沾满油渍的硬币流通，为了不使这些肮脏的硬币弄脏顾客的白手套而

---

[1] 李群杰："洗钱罪若干问题研究"，中国社会科学院研究生院 2012 年硕士学位论文。

[2] 蔡虔霖：《洗钱防制法之实用权益》，（台湾）永然文化出版有限公司 1997 年版，第 25 页。

影响饭店生意，于是他便将这些硬币收集起来，用洗涤剂统统清洗一遍，被清洗之后的硬币没了油污，焕然一新。然后，他再将这些清洗后的硬币放入流通领域[1]。在现代就产生了表面意义上的"洗钱"（Money Laundering）一词。这个词在现代法律上的意义特指罪犯采用各种手段来达到掩饰隐瞒其非法所得及其收益的性质和来源的目的。然而，这个意义是从什么时候开始的呢？根据学者考察、论证、分析后得出的结论，"洗钱"一词始于20世纪70年代的"水门事件"，此后才在正式出版物中被引申为现代法学上的意义。其中的证据来自于《牛津英语辞典》："'洗钱'是指犯罪者将其有非法性质的资金转移，然后使非法资金从表面上看具有合法的来源。该词在这个层面的意义就是从'水门事件'开始的。"[2]随着洗钱活动的日益扩散，国际和各国打击洗钱力度的不断增加，"洗钱"一词已经摆脱了日常的含义，而具有了单独的法律意义，成为单独的法律术语。洗钱中的"洗"字主要是描述此罪的客观行为方式的，通俗来讲就是将犯罪得来的"黑钱"由"黑"变"白"的过程。在这个过程中，犯罪分子一般借助于金融机构或者通过其他路径来达到目的。"钱"除了包括犯罪分子因犯罪行为的直接非法所得以外，还包括其由此而获得的收益。

（二）洗钱的定义[3]

洗钱可以通过多种方式来定义。大多数国家赞同《联合国禁止非法贩运麻醉药品和精神药物公约》（1988年）（《维也纳公约》）和《联合国打击跨国有组织犯罪公约》（2000年）（《巴勒莫公约》）通过的定义：明知财产来源非法，以合法的手段掩饰财产的非法来源或协助参与实施这种犯罪的人逃避其应受的法律惩罚的行为；对财产的真实性质、财产的真实来源或财产的所有权隐瞒或伪装的行为；明知这些财产是来源于一种或多种犯罪或直接参与这种犯罪的行为；等等。

反洗钱工作国际标准制定者——反洗钱金融行动特别工作组（Financial Action Task Force on Money Laundering，简称FATF）将"洗钱"一词简洁地定义为"处理犯罪收益以掩饰其非法来源，'为了使不法分子的犯罪收益'合法化"。根据《维也纳公约》的规定，洗钱的上游犯罪只限于贩毒罪行。因此，与贩毒无关的犯罪行为，如欺诈、绑架、盗窃等，并不构成《维也纳公约》规定的洗钱罪。然而，多年来，国际社会认为，洗钱罪的上游犯罪应远远超出贩毒的范围。

---

〔1〕 康均心、林亚刚："国际反洗钱犯罪与我国的刑事立法"，载《中国法学》1997年第5期。

〔2〕 Michael Gold and Michael Levi, *Money Laundering in the UK: An Appraisal of Suspicion - Base Deporting*, The Police Foundation, 1994.

〔3〕 FATF, Emerging Terrorist Financing Risks, FATF, 2015.

因此，FATF 和其他国际文书已将《维也纳公约》关于上游犯罪的定义扩大到包括其他严重罪行。例如，《巴勒莫公约》要求所有成员国都适用最广泛意义的上游犯罪。FATF《反洗钱金融行动特别工作组 40 条建议》（以下简称《40 条建议》）中明确纳入了《维也纳公约》和《巴勒莫公约》中关于洗钱的方法和法律定义，并且列举了 20 类指定的犯罪类别，这些类别必须被列为洗钱的上游犯罪。总的来看，洗钱是一个为了隐瞒非法财产来源，而通过各种手段切断这些收益和产生这些收益的犯罪的联系，使得这些收益合法化的过程。

（三）洗钱的危害性[1]

1. 洗钱已经影响到国家的经济结构。随着全球经济的飞速发展，金融一体化的不断加深，经济犯罪活动也日渐猖獗。洗钱行为已经成为国际上和各国国内亟待清理的一个"蛀虫"。据联合国 1994 年发布的报告，国际犯罪集团的犯罪数额已经达到了 7500 亿美元。在这些犯罪黑数中，有很多都是通过洗钱行为被转变为貌似合法来源收入的。而洗钱甚至成为某些国家整个经济生活的重要组成部分。据统计，在某些发展中国家，犯罪产业的收入要占到全国经济份额相当大的比例。例如，秘鲁的毒品收入占全国生产总值的 6%，哥伦比亚的毒品收入大约占到全国生产总值的 10%。另据泰国的一项报道，每年泰国漂白的黑钱大约有 285 亿美元，几乎是泰国全国生产总值的 15%[2]。

2. 洗钱犯罪已经与一些组织犯罪密不可分。一些典型的有组织犯罪集团不仅需要通过洗钱来使他们非法获得的财产得以表面的合法化，还要用这些漂白的钱去继续壮大他们的组织，继续进行非法活动。这就貌似滚雪球一般，犯罪集团会因此逐渐壮大，犯罪所得日渐积累，对世界经济秩序的破坏和侵蚀也就越来越严重。所以，国际刑法协会召开的第 16 次大会的决议就这样强调打击洗钱犯罪的意义："其一，本罪与有秩序有组织的犯罪相互助虐，相互滋生；其二，严重的有秩序有组织的犯罪往往都存在洗钱的行为，洗钱行为也是一种常见的有秩序有组织的犯罪；其三，将洗钱的行为列为犯罪是打击有秩序有组织犯罪的唯一有效途径。"[3]

3. 洗钱犯罪已经蔓延到了全世界。洗钱行为从萌芽至今，正在以惊人的速度发展扩散。在全球范围内，洗钱的行为已经从欧洲、北美洲、南美洲开始，发展到了亚洲、非洲和大洋洲。就全世界来看，美国的洗钱行为是相对多的。从美国警方 1984 年查获的第一起洗钱案件开始，美国的洗钱活动数量和洗钱数

---

[1] 李群杰："洗钱罪若干问题研究"，中国社会科学院研究生院 2012 年硕士学位论文。
[2] 徐仲秋："资金无国界，洗钱防不胜防"，载台湾《工商时报》1997 年 8 月 5 日，第 5 版。
[3] 卢建平、王秀梅："面临有组织犯罪挑战的刑事司法体系"，载《中国刑事法杂志》1999 年第 6 期。

额就不断在上升。至 2001 年，据美国国内的一项调查研究显示，美国整个国家每年都有 5000 亿来源不明的非法资金通过金融机构"清洗"。在美国以外的美洲其他区域，贩毒集团力量的日渐强大使得洗钱犯罪已经深入到了全国生活的各个角落，严重危害国家正常的经济秩序。欧洲地区经济发展迅速，成就了同样发展迅速的金融业，所以，每年都有大量的资金通过银行来"清洗"。意大利、法国、英国的毒品犯罪经济形成了有组织的网络，意大利的黑手党不仅仅从事贩毒活动，其对洗钱的各种手段与途径也是相知甚多，这种现象甚至蔓延至欧洲其他国家。随着亚洲经济的迅猛发展，亚洲的洗钱犯罪也伴随兴起。亚洲是全球毒品生产和销售的重点区域，有大量犯罪所得需要"清洗"。经济落后的国家体制不健全，法律不完备，这给予了犯罪集团很大的可乘之机。非洲的洗钱活动业发展得非常迅猛，南非的经济在所有非洲国家中属于最高的水平。在那里，洗钱活动就非常活跃。据估算，每年在那里洗钱的规模介于 20 亿到 80 亿美元之间，占据了非洲洗钱数额的很大比例。其他经济较为落后的国家，法律制度也相对落后，毒品犯罪也很猖獗，这就滋生了洗钱活动的温床。

二、恐怖主义融资[1]

联合国已经作出了许多努力，主要是以国际条约的形式，打击恐怖主义和用于资助恐怖主义的种种方式。早在"9·11"事件之前，1999 年联合国已经制定了《制止向恐怖主义提供资助的国际公约》，规定：

1. 任何人无论直接或间接、非法或合法地提供收取资金，意图使用资金或知道资金将被用于：a. 犯罪的行为；b. 意图造成平民死亡或者身体严重伤害的行为（其行为目的是恐吓人民或者迫使政府、国际组织作为或者不作为）。

2. 对于构成第 1 款所列罪行的行为，资金实际上不用于实施第 1 款（a）或（b）项所述的犯罪。

一些国家的困难问题是如何确定恐怖主义的含义。并非所有接受该公约的国家都明确表示哪些行为构成恐怖主义。因为各国的政治、宗教和国家意义不同，恐怖主义的含义并不被普遍接受。FATF 被认为是打击资助恐怖主义行为的国际标准制定者，但没有在恐怖分子资金筹措特别建议中专门界定恐怖主义融资的术语。尽管如此，FATF 仍然敦促各国批准和执行 1999 年联合国《制止向恐怖主义提供资助的国际公约》。恐怖主义融资是一种资助恐怖主义的行为，它是指向恐怖组织或从事恐怖活动的个人提供资金或者帮助恐怖组织或从事恐怖活动

---

[1] FATF, Emerging Terrorist Financing Risks, FATF, 2015.

的个人募集、占有、使用以及转移资金的行为[1]。上述定义是大多数国家为界定资助恐怖主义而采取的定义。

三、洗钱与恐怖主义融资的区别[2]

洗钱活动的根本目的是使非法所得及其收益合法化，以此掩饰其非法的来源、罪证以及其他相关线索，在此基础上实现"黑钱"的安全使用。对那些经常从事洗钱活动的职业洗钱人来说，洗钱给他们带来的高额收益是主要动因。恐怖主义活动和毒品犯罪等牟利性的犯罪活动不一样，其通常存在非经济目标，其犯罪的目的往往是具有政治性的。

第一，恐怖分子以及恐怖主义组织并非为金钱利益所驱使。他们实施犯罪的目的并不是需要通过犯罪行为来聚敛大量的财富。同样，恐怖主义融资在某些时候只会涉及少量的经费转移，这些微乎其微的资金转移并不会引起人们的疑心和使人们去仔细检查。另外，小的恐怖主义团伙的融资活动量更加小，所以也更加难以被觉察。

第二，洗钱活动常常会涉及意图隐瞒资金的非法来源的金融交易，恐怖主义融资的资金的来源往往并不是通过非法活动所获得或者并非由非法活动所衍生。在某些时候，恐怖主义融资的资金来源于捐赠或者商业收益。这些表面看起来合法的资金筹集方和能够引起警方怀疑的犯罪行为并没有联系。在这种情况下，甚至根本没有可能去举报筹集资金活动的"受害者"。

第三，恐怖主义融资和洗钱之间最重要的区别是恐怖主义融资支持的是用暴行和暴力去危害无辜不特定主体。只要谈到恐怖主义融资，就要认识到这样的事实：现在的货币以及其他附有财产性利益的物质性资源，在某天通过某种途径也许就会变成枪支弹药等具有大规模杀伤性的武器。因此，截断恐怖主义融资不仅是打击一项简单的刑事犯罪，它代表的是切断一个恐怖组织赖以生存的资金来源。在他们采取恐怖行为之前，相关人员就争取发现他们的网络、认清他们的成员，以及捣毁或消灭他们。

如上所述，洗钱和恐怖主义融资之间的重大差别是恐怖主义融资所涉资金

---

[1]《金融机构报告涉嫌恐怖融资的可疑交易管理办法》第 2 条规定，恐怖融资是指：①恐怖组织、恐怖分子募集、占有、使用资金或者其他形式财产；②以资金或者其他形式财产协助恐怖组织、恐怖分子以及恐怖主义、恐怖活动犯罪；③为恐怖主义和实施恐怖活动犯罪占有、使用以及募集资金或者其他形式财产；④为恐怖组织、恐怖分子占有、使用以及募集资金或者其他形式财产。

[2] 童文俊："论恐怖融资与洗钱、反恐怖融资与反洗钱的主要区别与政策建议"，载《南方金融》2012 年第 3 期。

可能来源于合法所得以及犯罪活动。这样的合法来源可能包括捐赠或捐赠现金或其他资产给组织，如基金会或慈善机构，而这些组织又被用来支持恐怖主义活动或恐怖组织。因此，这种差异需要特别法律来处理恐怖主义融资。但是，如果资助恐怖主义的资金的来源是非法所得，这种资金可能已经被一个国家的反洗钱框架所覆盖，这取决于洗钱的上游犯罪的范围。

四、洗钱和恐怖主义融资发生在哪里[1]

洗钱和资助恐怖主义可以而且确实发生在世界上任何一个国家，特别是那些金融体系复杂的国家。反洗钱和打击资助恐怖主义基础设施松懈、无效或腐败的国家也可能成为这类活动的目标，没有哪个国家是免税的。由于复杂的国际金融交易可能会被滥用来促进洗钱和恐怖主义融资，所以，在不同的国家，洗钱和恐怖主义融资的不同阶段都会发生。例如，布局、分层和整合可能分别出现在三个不同的国家。

第二节　反洗钱与反恐怖主义融资的联系与区别[2]

反恐融资规则从提出之初就沿用了反洗钱的相关制度与具体的实施措施。联合国早在 1999 年就通过了《制止向恐怖主义提供资助的国际公约》，我国是该公约的缔约国。自美国"9·11"恐怖袭击事件发生之后，国际反洗钱领域的权威组织金融行动特别工作组决定，将其工作目标扩大至预防和打击资助恐怖活动，并制定了 9 条《反恐怖主义融资特别建议》（以下简称《反恐融资 9 条特别建议》），同意将特别建议与反洗钱《40 条建议》同时结合使用（合称"40 +9 条建议"）。联合国《制止向恐怖主义提供资助的国际公约》和金融行动特别工作组《反恐融资 9 条特别建议》都建议各国务必将资助恐怖主义的行为确定为刑事犯罪，并将其作为洗钱犯罪的上游犯罪之一；与此同时，各国务必通过立法确立资助恐怖活动的预防措施，其中包括客户身份识别制度、可疑交易报告制度、客户身份资料和交易记录保存制度等。这些要求已经得到多数国家的承认，并通过立法加以确认。我国《刑法》也在第 120 条规定了"帮助恐怖活动罪"，并在第 191 条将其规定为洗钱罪的上游犯罪之一；在《反洗钱法》中明确规定了该法规定的反洗钱措施适用于涉嫌恐怖活动资金的监控。但是，

---

〔1〕　FATF, Emerging Terrorist Financing Risks, FATF, 2015.
〔2〕　童文俊："论恐怖融资与洗钱、反恐怖融资与反洗钱的主要区别与政策建议"，载《南方金融》2012 年第 3 期。

毕竟反恐融资与反洗钱是两个相互独立的概念。有效地控制洗钱是预防与打击恐怖活动的重要手段，预防和监控洗钱活动的基本措施，如客户身份识别制度、可疑交易报告制度、客户身份资料和交易记录保存制度等，对于打击和发现资助恐怖主义活动具有重要作用。但是恐怖主义活动毕竟有其自身的特点，反洗钱的相关措施并不能完全解决反恐怖主义融资的相关问题。

一、从切断资金来源方面看，反洗钱的措施只能监控利用犯罪进行的恐怖主义融资

洗钱活动一定会有与其相关的上游犯罪活动，没有上游犯罪产生的犯罪收益，就不会存在洗钱活动，即洗钱活动中，洗的对象是犯罪所得。对比洗钱活动，恐怖活动的资金只有一小部分来源于传统的犯罪活动。目前世界各国对恐怖主义的打击力度逐渐增强，恐怖分子在融资时会相当的谨慎，他们会想方设法把来源于传统犯罪所得的收益与合法所得混在一起。例如：恐怖组织不仅能从自己经营的企业中获取资金，而且能得到一些支持其事业的企业家的捐助。20世纪90年代以来，捐助日渐成为恐怖组织的主要资金来源，这些捐助绝大多数源自西方国家和海湾国家中与其有相同理念的非政府组织和企业。

二、从资金的转移来看，反洗钱的相关措施只能监控到金融领域的恐怖主义融资行为

洗钱主要是通过金融渠道进行的，因此，只要通过强化金融机构的反洗钱职责，尤其是实施金融交易报告制度，就可以有效地防范洗钱活动。与洗钱不同的是，非正规的资金转移系统已经成为恐怖分子所利用的纽带。恐怖分子经常利用的非正规的资金转移方式包括：运输大额现金、利用货币服务行业、利用货币兑换点等进行资金转移。即便是通过金融机构进行资助恐怖主义活动，其往往也由单个所涉及金额特别小的交易来完成，在其表面还有合法生意、社交或者慈善行为进行掩盖，因此，想要把资助恐怖主义活动从数以亿计的交易行为中识别出来是相当困难的。

三、从实践方面来看，洗钱和资助恐怖活动的预防、监控措施存在区别

从实践上来看，通过联合国《制止向恐怖主义提供资助的国际公约》与《联合国打击跨国有组织犯罪公约》《联合国反腐败公约》的比较，以及反洗钱金融行动特别工作组（简称FATF）《反恐融资9条特别建议》与反洗钱《40条建议》的比较，洗钱和资助恐怖活动的预防、监控措施是存在区别的，美国、英国等一些国家还制定了专门的反恐法，对资助恐怖活动的预防、监控措施进行特别规定。我国目前也在制定专门的反恐法，拟对涉嫌恐怖活动资金的监控作出特别规定。

第三节　恐怖主义融资渠道

一、恐怖主义融资需求类型

FATF 恐怖主义融资类型研究报告认为，恐怖主义融资有两种类型，它们发生在恐怖活动链条的不同节点。第一种类型的恐怖主义融资，是指持续地为恐怖主义融资的过程，即为维持恐怖组织的运作、宣扬恐怖组织的意识形态提供需要的资金。第二种类型的恐怖主义融资，是指为特定目的袭击发生的融资，即直接用于具体的恐怖活动的融资。

（一）维持恐怖组织的资金需求

一是为实现其政治目的，恐怖组织需要筹集更多的资金去宣扬其恐怖主义的理念及实施恐怖袭击；二是筹集资金用于维持组织的基本运作，如成员的招募培训、恐怖组织场所的基本建设、恐怖组织精神理念的宣传；三是资助和维持其在全世界范围内的支持者或其他"志同道合"的恐怖组织等。例如，继"基地"组织之后崛起的恐怖组织"伊拉克和大叙利亚伊斯兰国"（简称 IS），通过石油走私交易、绑架、勒索等方式筹集大量资金，购买武器，以每日 200 美金的高价雇佣一批亡命之徒为其"开辟疆土"而战。2015 年 IS 以 20 亿美元的资产成为全球最富有的恐怖组织，其中每月提供给其战士的作战工资就高达 1000 万美元。

（二）用于特定恐怖袭击的资金需求

恐怖组织或恐怖分子为了发动恐怖袭击所需要的费用，包括为实施恐怖袭击购买装备、物资的费用，以及实施恐怖袭击的个人的交通费用等。2003 年 11 月 20 日，发生在伊斯坦布尔的爆炸袭击事件费用估算约 4 万美元。2004 年 3 月 11 日，发生在马德里的火车爆炸案费用估算约 1 万美元。2005 年 7 月 7 日发生在英国首都伦敦的交通爆炸案费用估算约 8000 英镑。据美国国家遭遇恐怖袭击委员会估计，"9·11"恐怖袭击的花费约 30 万美元到 50 万美元。2015 年 11 月 14 日发生在法国巴黎的连环恐怖袭击的花费约 3 万欧元[1]。

---

[1]　法财长："切断恐怖主义资金链"，载央视网，http：//news. cntv. cn/2015/11/24/VIDE144829583512 5958. shtml，最后访问时间：2018 年 5 月 13 日。

二、恐怖主义融资资金运作的方法

资金或价值转移服务是一项金融服务，它是指金融服务提供者在某一地接受现金、支票或者其他形式的金融票据，然后再通过运输、邮寄、电子系统、清算体系或金融服务提供者拥有的其他方式在另一地将等值的资金以现金或者其他形式支付给收款人。这种资金或价值转移服务的参与者有时候不仅仅是交易双方，还至少包括一个中间人和一个最终支付的第三方。资金或价值转移服务可以由个人或者法人机构来经营，服务既可以通过受监管的正式金融体系，也可以利用监管范围之外的非正式资金转移系统进行。恐怖组织和恐怖分子致力于其"事业"的长久发展，会动用任何他们能够动用的方式，甚至通过民族和宗教团体来进行融资，并利用这些渠道来进行恐怖活动所需资金的筹集和转移。

（一）获取、募集恐怖活动资金的渠道[1]

1. 来自于慈善机构对恐怖活动的捐赠。一方面，这些慈善机构很可能是由恐怖组织自己建立的；另一方面，有些慈善机构的管理层已被恐怖分子渗透，恐怖分子可以合法地获取慈善捐赠并将之用于他们的恐怖事业。在反恐斗争中，FATF 已经意识到慈善机构和非营利组织在社会中（尤其是在遥远偏僻的困难地区）扮演着关键角色。虽然 FATF 欢迎非营利组织提供急需的慈善服务，但同时也意识到有时慈善资金的募集也被恐怖分子当作融资的幌子[2]。慈善机构或非营利机构对恐怖分子特别有吸引力，容易被恐怖主义融资滥用。因为他们享有公众的信任，拥有可观的资金来源，并且他们的活动往往是现金集中型的。此外，一些慈善机构全球运作的架构，为恐怖组织在其恐怖活动附近地区从事国内或国际性质的金融交易提供了便利。最后，慈善事业相比金融机构或者公开上市公司受到明显较轻的监管要求（例如：开业资本、专业认证、管理人员和登记受托人的背景检查、持续的交易记录、报告和监测），这取决于慈善组织所在国家的法律法规，并且主要是为了反映其非营利性角色。以英美两国公布的报告为例，据英国官方 2007 年年初发布的调查报告显示，2006 年英国恐怖主义资金调查中的许多案件都与慈善事业和慈善资金有千丝万缕的联系。该报告认为，"对慈善资金的掠夺，是恐怖主义融资威胁的一个重要方面"。美国"9·11"事件调查委员会的研究报告认为，"基地组织通过伊斯兰教慈善组织以及利

〔1〕　童文俊："论恐怖融资的资金筹集与资金转移"，载《金融观察》2012 年第 1 期。

〔2〕　L. Donohue, *Technological Leap, Statutory Gap, and Constitutional Abyss: Remote Biometric Identification Comes of Age*, Social Science Electronic Publishing, 2012.

用海湾地区金融从业者，从记名和不记名的捐赠者那里每年获取大约 3000 万美元的资金"。据美国专家估计，仅沙特各慈善机构每年筹集的资金高达 30 亿 ~ 40 亿美元，其中大约 10% ~20% 流向国外。慈善机构持有的基金和其他资产的数量意味着，即使比例非常小的这些资金，被用来支持恐怖主义也将产生不堪设想的严重后果。一般来说，不同慈善机构被恐怖主义融资滥用的风险不尽相同，而且不同的类型也具有不同的特点，因此，这些特点可以帮助工作人员发现和确定恐怖主义融资。恐怖主义融资对慈善机构主要有两种形式的滥用：

（1）盗用或骗取慈善资金。恐怖组织可能会利用慈善组织的资金监控漏洞盗用或骗取慈善资金。许多案例显示，一些大型国际性慈善组织对自身资金管理不善、监督不严且控制手段低效，尤其是在对世界偏远地区的分支机构进行资金转移时缺少有效的监控，这为恐怖组织盗用或骗取慈善资金提供了机会。

（2）假慈善。恐怖组织通过对慈善组织分支机构的渗透，利用机构中某些雇员对恐怖组织的同情和支持，通过慈善组织募捐资金并转移到恐怖组织。另一种情况是，恐怖组织可能完全控制了某个慈善组织，包括其银行账户。在这种情况下，该慈善组织将整体参与对恐怖组织的金融支持。此外，被用来支持恐怖主义活动和处于冲突状态的准军事团体的资金特点也明显不同于恐怖分子通过其他形式利用慈善机构所获得的资金，这使得执法机构发现它们的机会增大。一般来说，这些资金规模较大，通常集中在同一民族散居生活的特定地点集资，并转移到其控制的区域。例如，巴拉圭和美国认定，从 1998 年到 2001 年，处于巴拉圭、阿根廷和巴西三国交界处的阿拉伯移民社团已经向中东伊斯兰恐怖主义组织输送了 5000 万美元到 5 亿美元的汇款。[1]

案例研究 1：慈善机构收集资金的转移

一位客户正从德国不同的人那里收到捐款/少量的钱。他通知银行说，由于法律的限制，他不能在德国为他的慈善机构开户，所以他正在用他的瑞士银行账户收取捐款。这些捐款本来是用现金提取的，并用于去坦桑尼亚建造喷泉。根据银行的说法，捐赠者采用了"捐赠非洲喷泉""捐赠街道""捐赠坦桑尼亚孤儿院"等不同理由。据媒体报道，非营利性组织"非洲之泉"与恐怖主义有关的极端分子的接触已经极为密切。

案例研究 2：外国恐怖主义战士和慈善基金会之间可能存在联系

荷兰注意到一些在慈善和宗教领域工作的基金会和非政府组织可能与外国恐怖主义战士有关。虽然到目前为止还没有恐怖主义融资的确凿证据，但恐怖

---

[1]　引自童文骏："论恐怖融资的资金筹集与资金转移"，载《金融理论与实践》2012 年第 1 期。关于本书所有案例研究，请参见：FATF, Emerging Terrorist Financing Risks, FATF, 2015.

主义融资行为已经在这些法律实体边缘发生，与这些基金会相关的人们被查出曾将大量现金转入叙利亚。

从外国收到捐款，然后通过银行账户转移，这些账户没有共同的目标或者活动，但是由同一个人担任主席。资金最终从银行账户中提取，这样一来使得其最终用途很难被追查。

2. 恐怖组织或恐怖分子通过成立前台公司进行合法商业活动获取收益来筹集资金。这一类型尤其存在于一些销售报告和实际销售量很难查证的企业。这样的企业组织形式（比如公司、托拉斯以及其他类型的法人和法律安排）在全球经济中扮演着一个关键的角色。FATF 已经知晓罪犯们会滥用这些企业组织形式去隐藏他们的身份、资金或资产来源。如果当局能够着眼于加大法人受益所有权和法律安排的透明度，获取关于这些企业组织形式的法律拥有者和最终受益方的确切情报，就能够在很大程度上避免恐怖组织利用这种公司作为幌子来筹集资金。据《华盛顿时报》2004 年 3 月 26 日报道，哈马斯在过去 10 年间向美国境内房地产项目投资数百万美元，作为获取恐怖活动资金的一种途径。从经验上判断，在不需要正式的职业资格（如相关资格证书），并在创业期不需要大量投资的行业或领域，恐怖主义融资风险相对较高。在销售报告和实际的销售难以核实，以及现金大量集中的企业，企业挪用资金支持恐怖活动的风险相对更大。

案例研究 3：通过前端电信企业发送的恐怖分子资金

一家电信企业 A 公司的银行账户收取了超过 60 万欧元的现金。该公司从不同公司的各种各样的经济部门那里获得了大量的没有经济目的的资金转移，但是这些公司的经理却来自同一个外国乡村 X，他们中的一些人被怀疑曾与恐怖组织有联系。最终，A 公司将钱转给了 X 乡村的母公司 B。

3. 通过犯罪活动来筹集资金。恐怖分子也会利用各种犯罪活动来筹集资金，如敲诈、抢劫、盗窃、贩毒等犯罪形式。全球最大的恐怖组织 IS 的资金来源就包括从其控制地区收取保护费、从寻求逃亡海外的难民处勒索钱财、通过绑架外国人质索要巨额赎金、抢夺伊拉克央行摩苏尔分行等。据美国《纽约时报》2014 年 7 月的报道，自 2008 年以来，"基地"组织及其分支以赎金形式收获至少 1.25 亿美元。仅 2014 年 IS 就从占领区的伊拉克国有银行中劫掠 5 亿美元。当前由于贩运毒品犯罪成本较高，在各个国家地区严厉打击毒品犯罪及其他暴力犯罪的高压态势下，利用高风险、高成本犯罪来获取资金这一融资渠道变得越来越窄。判断恐怖组织是否通过犯罪活动来筹集资金是很困难的，难以确定犯罪行为是要为恐怖活动筹资还是仅仅只为获得犯罪活动收益。有关文献和案例显示恐怖分子所从事的犯罪活动主要有：贩卖毒品、支票和信用卡诈骗、敲诈勒索、绑架和武装抢劫。

（1）贩卖毒品。贩卖毒品是一个对恐怖组织有吸引力的资金来源，使他们能够快速筹集大笔的钱。众所周知，2003 年 3 月西班牙马德里火车站恐怖爆炸事件的资金就来源于毒品交易。贩毒组织和恐怖组织一直致力于发展其国际网络和建立便利联盟。全球化的发展便利了恐怖组织和贩毒组织的扩张及活动的多样化。国际化的通信、银行系统以及开放的边界，促进了恐怖组织和贩毒组织的交融。恐怖分子对毒品贩运的依赖程度随着政权夺取者对恐怖组织赞助资金的下降而增长，这一趋势在很大程度上已越来越模糊恐怖主义和贩毒组织的界限。很多案例和文献显示出各种恐怖和贩毒组织之间的直接联系，他们经常因为互助互惠的目的而一起合作，秘鲁"光辉道路"和哥伦比亚革命武装力量就是毒品恐怖力量的实例。联合国毒品和犯罪问题办公室《2008 年世界毒品报告》确认了阿富汗鸦片生产和贩运水平出现增加的地区。这些地区恰好与其他公开来源确定的基地组织和塔利班实力最强大和恐怖主义行为最多的地区相一致。

（2）支票或信用卡诈骗。通过盗用别人的信用卡来诈骗消费者的方法实例很多，但最简单的方法之一是使用盗用的信用卡在互联网或通过电话购买商品。恐怖组织犯罪获得资金的一个重要途径是支票诈骗。这些案件涉及银行账户的开设，使用虚假的身份证明文件和虚假的存款。据英国 2003 年的有关反恐报告显示，一个北非恐怖资金集团通过国际信用卡诈骗，积累了近 200 张被盗卡的详细信息，并诈骗获得超过 20 万英镑的资金资助"基地"组织恐怖网络。

（3）知识产权犯罪。美国商会 2006 年的报告指出，全球伪劣商品市场的年销售量超过 5000 亿美元，其中相当一部分资金直接流入恐怖组织手中。据巴拉圭当局透露，该国政府已确认至少 50 名是当地人，他们为不同的恐怖组织筹集了数百万美元的资金。这些资金来源广泛，包括盗版的加密光盘、盗版 DVD、盗版软件、贩卖假烟、仿制电子设备和其他普通的家庭用品等。

（4）敲诈勒索。恐怖主义和准军事集团的支持者经常通过对收益和储蓄"征税"形式敲诈勒索外籍居民、企业或海外侨民筹集资金。这些绑架勒索一般是针对侨民或外国人，他们因为恐惧报复而没有人向当局报告任何勒索。勒索侨民社区可以形成一个显著稳定的资金源。据 FATF 于 2008 年的一项研究表明，在 2001 年之前，一个恐怖组织一个月可收集来自加拿大、英国、瑞士和澳大利亚的外籍人士高达 100 万美元的敲诈资金，这使得它成为世界上资金最充足的恐怖团伙。其同一报告的另一案例也显示，恐怖组织在加拿大、英国、法国和挪威向外籍企业勒索到平均每国 10 万英镑的资金。

（5）绑架和武装抢劫。2004 年发生在菲律宾的"Superferry 14 号客轮"爆炸案，造成 63 人死亡，据称是在阿布沙耶夫组织提出 100 万美元勒索被拒绝后发生的。2008 年，Hassanel – Khattab，也就是通常所说的 Abu Osama，以及其他一些人因为组建 AnsarAl – Mahdi 集团为炸弹袭击筹集资金在摩洛哥被判武装抢劫罪。一些恐怖组织因他们筹集资金的犯罪行为而出名。14 名阿布沙耶夫组织成员在 2007 年因从一个菲律宾旅游胜地绑架旅游者以勒索赎金而被判有罪。北爱尔兰和平协定国际监督委员会在 2005 年 2 月 10 日的一份报告中断定，2004 年 12 月发生在贝尔法斯特北方银行的抢劫 2650 万英镑的案件，是爱尔兰临时共和军所策划和实施的。

案例研究 4：使用假币进行恐怖主义融资

印度当局调查了一起涉及 9 人的大型犯罪阴谋，其中包括一名美国公民和一名加拿大公民，他们与被印度当局指定为恐怖组织的拉什卡—埃塔伊巴和伊拉克伊斯兰党成员合作。被告多年来多次从恐怖组织的同情者那里获得合法现金（如欧元、美元）以及假印度/巴基斯坦货币。例如，有一次被告收到了 25 000 美元，在孟买设立了一个移民办事处，实际上是对他执行侦查拉什卡—埃塔伊巴准备袭击的潜在目标进行掩护。这个人还收到了足够高质量的假印度伪造纸币在印度使用。这些资金还用于侦察印度和丹麦的重要设施，以便于恐怖组织进行恐怖袭击活动。另外，收集到的资金也被用来制作视频，以支持恐怖组织未来的发展。

案例研究 5：假冒欺诈

欺诈信使（一种电话骗局）被视为恐怖主义融资方法。这些资金已被用于资助个人前往叙利亚和伊拉克，并维持他们进行战斗。英国的极端主义分子采取了有组织的犯罪集团的策略，针对易受伤害的个人，打电话自称是警察或者银行官员。这些个人被告知，他们的账户已经以某种方式受到损害，并被说服将钱转移到嫌疑人控制的账户中，或者实际收回现金。然后犯罪集团派出一个来自犯罪网络的快递员到受害人的家庭住址领取现金。据了解，这种骗局骗取了受害者数十万英镑。有证据显示，有些资金是由嫌疑人利用货币服务企业转移到中东的，尽管这些资金的最终目的地仍在调查之中。每笔交易发出的金额都低于 1000 英镑或低于 500 英镑，因此嫌疑人不必提供进一步的身份证明。

4. 其他国家、组织、个人、民族海外群体的自愿捐赠。基于共同信仰、"共同事业"或民族情感的自愿捐赠也是恐怖组织资金的主要来源。某些政权创造有利的环境或以其他方式向恐怖组织提供支持。政权支持目前仍然是向包括来自索马里、伊拉克、阿富汗和巴基斯坦边境地区恐怖组织提供关键支持的来源。其中一个典型例子就是阿富汗塔利班政权对"基地"组织恐怖活动的支持。除了筹资之外，避风港、管辖控制薄弱、国家容忍或支持恐怖组织也是恐怖分子转移和使用资金的关键支持。单个恐怖分子或者其所在组织利用储蓄、借贷或其控制企业的收益来获得发动一系列攻击所需要的大量资金。高度分散并自筹资金的恐怖组织,可由一个不直接参与策划或实施攻击的相对独立的外部财务人员协调资金。2005 年 7 月 7 日针对伦敦交通系统袭击事件的官方报告阐述:"目前的迹象表明实施袭击的小组是自我筹资的,没有任何关于外部来源收入的证据。"

个人经常使用具有合法来源(例如就业收入、社会援助、家庭支持、银行贷款)的资金来资助他们前往冲突地区。在某些情况下,调查显示,小企业是故意被建立的,并被用于产生支持国外恐怖主义战士旅行的资金。一些司法管辖区也注意到,这些企业在国外恐怖主义战士计划施行之前突然出售资产,包括个人财物和信贷购买的资产。在这方面,国外恐怖主义战士和小型恐怖组织有一些相似之处。根据挪威的研究,在西欧策划袭击事件的极端主义分子通常依靠小组成员自己的工资和储蓄获得资助。所研究的绝大多数案例个体(90%)都参与了创收活动,其中一半完全是自筹资金。只有 1/4 得到国际恐怖组织的经济支持。

案例研究 6:利用中东国家的资金转移服务资助战士加入 IS

休达和梅利利亚是许多西班牙青年新兵的家园,他们在 ISIL 作为国外恐怖主义战士。虽然有许多收入来源,但由于长期失业率居高不下,西班牙休达和梅利利亚的年轻西班牙新兵在他们的地区更加难以购买机票。2014 年 1 月 1 日至 2015 年 5 月 31 日期间,通过从叙利亚、伊拉克、土耳其和黎巴嫩向休达和梅利利亚发送总额为 11.7 万欧元的三项 MVTS 进行了 249 次转账分析。由于缺乏有关其目的的信息,大多数转移被认为是可疑的,发送者和接收者之间没有明显的关系。另外,一些接收者与先前提交的与恐怖主义融资有关的可疑交易报告相关联。

5. 新型非法筹资渠道——金融犯罪。当今社会经济飞速发展,经济行为纷繁复杂,金融犯罪逐渐成为恐怖分子快速筹集和转移巨额资金的重要手段。如利用信用卡、金融票据进行诈骗,利用公司上市向社会募集资金、非法买卖外汇等,恐怖分子或恐怖组织利用新型金融工具或金融活动方式,以合法经济行为掩盖非法目的,试图通过金融犯罪在短时间内获取巨额资金资助恐怖活动组织或恐怖袭击。与此同时,虚拟货币已经越来越成为一种新的支付机制,这种通过因特网转移价值的方法提升了效率和灵活性,尤其是为那些难以在常规金融体系中获取资源的人提供了便利。同时,虚拟货币支付的产品和服务对国家的监控当局构成了挑战。更令人担心的是,此类犯罪即便是在案发后也大多被列为经济犯罪案件来进行侦办,具有较强的隐蔽性,侦查人员通过普通的侦查行为较难发现真正的幕后主谋，也难以撼动恐怖组织存在、发展的根基。

银行转账是对寻求在全球范围内转移资金的恐怖组织来说有吸引力的手段，因为它们可以在国际金融中快速而轻松地转移资金。国际金融界的巨大规模和范围给恐怖主义集团和恐怖主义集团金融家机会融入正常的金融活动，以避免引起注意。据澳大利亚报道，通过银行部门进行恐怖主义融资往往是小规模的，这就难以区分大量的每天的合法金融交易。有些案件涉及结构性的现金存入银行账户，再由国际资金转出澳大利亚。更复杂的方法已经使用两者的合法的账户和外壳的业务，通过主流的财务渠道作为在海外派遣资金的前线。

FATF 关于 IS 的报告也指出，IS 可能试图利用伊拉克和伊拉克的叙利亚银行分支机构或其控制的国际金融机构交易。这将使 IS 更容易获得资金来资助其向国外支付采购武器和其他物品的活动。当金融机构实施的反洗钱/打击资助恐怖主义措施可能使得更多恐怖分子难以使用金融部门的资金时，风险依然存在。传统产品可以被用于恐怖主义融资。例如，恐怖主义组织的同情者可以开放储蓄账户，并提供与该卡相关的借记卡给恐怖分子的成员从海外银行提款机提取现金[1]。

案例研究 7：利用银行部门为恐怖主义融资转移国际捐赠

印度正在进行的一项调查指称圣战者党（简称 HM）已经获得来自巴基斯坦的资金，支持其在印度的恐怖活动。HM 据称积极参与了在印度的恐怖活动，并提出了在过去的 8 年里有 8 亿印度卢比被转移。这个小组被印度、美国和欧盟指定为恐怖组织。据报道，其他国家筹集的资金也正在被转移到信托支持巴基斯坦的 HM 组织。一旦钱到达印度，它通过各种分配向各个地方的活动恐怖分子和遇难的恐怖主义分子的家属进行通报。这更进一步表明向各种银行账户转账被广泛用于为上述活动提供支持。资金也通过货币价值转移服务。这些资金主要用于资助那些积极武装分子和被杀害武装分子的成员组织，包括家庭成员。据称，HM 涉嫌支付武装分子移动通信费用、武器、弹药、医疗用品、服装和其他军事装备。

案例研究 8：货币价值转移服务代理

一个人在密苏里州和索马里境内为青年党提供了资金，并在其他地方使用了在美国设有办事处的各种持牌货币服务业务，将这笔钱汇给索马里，以支持青年党的战士。曾参与其中的一个货币服务业的共谋者，帮助个人通过一个纸条将交易结构化为低美元金额并使用虚假标识信息。该货币服务业工作人员和其他共谋者使用虚构的姓名和电话号码来隐藏他们的交易性质。FATF 的许多与

---

〔1〕 FATF, Emerging Terrorist Financing Risks, FATF, 2015.

恐怖主义融资相关的报告都强调了如何选择其他汇款系统。如果没有足够的反洗钱/打击资助恐怖主义法规，就可以利用这种方式来帮助恐怖主义融资。例如，据说由于塔利班已使用受监管的银行体系来洗钱销售，因而之后实施更为严格的阿富汗银行业务规则。西非恐怖主义融资的报告强调，使用货币价值转移服务是为招聘提供资金，并帮助他们前往冲突地区。同样，一项关于 IS 的报告指出，一个共同的恐怖主义战士融资的方法是通过代理人经营的汇款人在接近 IS 的边界地区汇款，使用货币价值转移服务转移贩毒收益。FATF 2013 年关于哈瓦拉和其他类似服务的报告考虑了这个问题，指出恐怖分子利用汇款人是"地理、文化和金融准入"，这种滥用风险高的国家也是这些服务的价值转移的合法和主要渠道，但在那里，这样的提供者没有受到适当的反洗钱/打击资助恐怖主义或缺乏反洗钱/打击恐怖主义融资的法规的控制。

（二）恐怖主义融资资金转移方式[1]

恐怖分子转移资金或转让价值的主要方法有三种：①通过金融体系的使用；②涉及资金的物理运动（如通过使用现金运送）；③通过国际贸易体系。通常情况下，恐怖组织将滥用替代性汇款系统、慈善机构或其他被其控制的实体，以掩盖其使用上述三种方法转移价值。恐怖组织会利用所有这三种方法，保持恐怖组织的持续运作，并实施具体的恐怖活动。由于恐怖网络组织结构的多样性，恐怖主义融资的灵活性以及国际应对措施面临新技术持续演进的挑战，很难确定恐怖主义融资资金转移最常用的方法。通过定期拨款以维持某恐怖组织活动能力的最佳资金转移途径是通过传统的银行系统，使用假名账户从一个国家向另一个国家传递资金，并利用慈善机构或合法企业掩饰最终接收者。其他转移资金的方法通常用于特定用途，或是为了掩盖恐怖分子的资金痕迹。自 2001 年以来逐步增多的有关恐怖主义融资的文献强调了恐怖分子为了满足其资金需求而表现出的极大适应性和机会主义。FATF 2008 年报告中的观点表明："恐怖分子如何筹集和转移资金"这个问题的答案是"任何方式"。经验表明，世界上可以移动资金的所有机制中都存在一定程度的危险。

1. 正规金融部门。金融机构和其他受监管的金融服务供应商代表正规金融部门，并作为通过其进行交易的主要把关者。正规金融部门提供的服务和产品在一定程度上也是恐怖分子实施资金转移以支持恐怖组织运行的通道。资金在国际金融体系移动的高速性和易用性，可以让恐怖资金在没有司法管辖权国家之间以及没有资金监测体制的国家内部有效地和经常地移动。当与其他机制相结合时，例如境外的法人实体，正规金融机构有可能不知不觉地提供了恐怖分

---

〔1〕 童文俊："论恐怖融资的资金筹集与资金转移"，载《金融观察》2012 年第 1 期。

子进行交易和洗钱犯罪活动时的掩饰。这通常发生在这些活动没有被执法当局监测时。货币和价值转移机制已被证明对恐怖分子有特别的吸引力，这为他们的活动转移资金提供了便利。货币价值转移服务的业务范围从属于正规金融部门的大型、受监管的资金转移机制到小规模的替代性汇款系统。恐怖分子使用的正规的货币价值转移服务业务主要是电汇，电汇是指一个人通过金融机构以电子手段将资金转移给在另一家金融机构的另一个人的金融交易。

同时，恐怖主义案件的数量分析显示，激进组织以及与恐怖组织相关者经常使用在世界各地经营汇款的公司的网络来发送或接收资金。此外，支付系统技术的发展也带来了一个被恐怖主义融资者和洗钱分子潜在滥用的不利影响。网上银行、第三方支付等电子支付系统促进了资金转移速度的加快和能力的增强，这也加强了对恐怖分子或洗钱分子的潜在吸引力。

2. 贸易部门。长期以来，有犯罪企图的个人与组织，一直利用国际贸易机制避免缴纳关税和进口税。随着正规的国际金融体系和非正规的价值转移体系变得越来越规范，并受到更加细致的检查，透明度也越来越高，恐怖主义融资分子企图借以贸易为基础的、欺诈性的惯用手法在国际商务中转移和使用资金的风险性也在不断增加。国际贸易体系因恐怖组织通过看似合法的贸易商品和价值转移来转移资金而产生广泛的风险和脆弱性。基于贸易的恐怖主义融资资金转移计划是利用合法或不合法的货物的商业活动来转移价值。例如，将从国家 A 发往国家 B 的贸易货物的清单的航运出货量故意少报，这样一来就可以为清洗恐怖组织犯罪收益提供一个简单而又有效的方法。反之，若是比实际多申报了航运出货量，这将会给恐怖组织提供正当的票据，使他们可以将付款汇到海外。2003 年 1 月 10 日，《洛杉矶时报》"追踪恐怖分子融资的团体在规模上成倍增加"报道了钻石贸易也正在被利用来为恐怖分子融资。非洲的钻石贸易需跨境进行，这样极易被恐怖分子融资。这些穿越国境的贸易，往往利用已经确定了的钻石贸易通道，还有第二层面的交易商、代理商和买主。

3. 现金运送。现金的物理运动，是恐怖分子为了避免遇到的金融机构反洗钱/反恐融资监测而移动资金的一种方式。此外，还有一些恐怖分子团体将现金转换成高价值和难以追踪的商品，如黄金或宝石，以将资产转移到金融体系之外。国际反恐实践表明，中东和南亚数个国家的恐怖组织使用现金运送转移资金。在这些现金运送方式中，直航路线一般被规模较小的恐怖组织采用；而间接的运输路线，使用多个现金运送者合并变换货币，这一般是成体系的恐怖组织所采用的方式。使用现金运送的费用相对电汇而言比较昂贵。在合法的金融机构加强客户尽职调查的同时，现金运送成为一个不留财务线索转移资金的具有吸引力的方法。当跨境运送现金被阻止时，执法当局就很难弄清楚现金的来源和最终用途，因为为恐怖主义目的而进行现金运送，手法虽然简单，但却使探测和拦截变得非常困难。

跨越国界的现金转移，是在电子银行系统仍然处于胚胎状态或民众很少使用的国家中普遍存在的现象。非洲和中东的大部分地区目前仍是以现金为基础的社会，这自然有助于使用替代性汇款系统或通过快递公司来移送现金。但对恐怖主义的相关案例分析表明，资金信使在欧洲和拥有运作良好的金融体系的国家之间仍然是活跃的，在大多数情况下，速递公司参与到金融体系以外所产生的资金移动，这些资金一般刻意保持在金融体系之外，以逃避侦查。替代性汇款系统因其便利性和可访问性而被恐怖组织广为使用。替代性汇款系统具有额外的吸引力的地方是：较弱、较少且不透明的记录保存，在许多国家和地区可能会受到一般不太严格的监管。虽然 FATF 的标准要求对这些服务提供商迅速加强管制，但这样的系统所提供服务的匿名性和快速性使其成为恐怖分子青睐的机制。对于某些地方，使用这些服务具有文化和务实的原因：许多地方的银行基础设施薄弱或几乎不存在。可替代性汇款系统对恐怖主义融资资金转移有着重要的意义，很多时候充当恐怖主义融资资金转移的最后手段。此外，慈善组织也是恐怖网络转移资金的一种有吸引力的手段。成千上万的合法慈善机构存在于世界各地，服务于所有社会的利益，并经常被欺骗、被利用或被控制与世界各地的高度分散的恐怖组织来往资金。恐怖分子滥用慈善机构转移资金，通常利用合法的交易，以掩饰前往同一目的地的恐怖资金。具体有以下几种类型：

（1）利用商业银行体系进行资金跨境转移。在复杂精密的金融系统中，来自于支票、银行卡等现金和收入都可以通过银行转账体系进行资金的流转。尤其是随着银行卡的普遍推广使用，恐怖分子通过 ATM 机、银行卡、信用卡从个人账户上取钱（或在某个国家从个人或他人账户上取钱），在另一个国家另一个时间点重新存入账户，以达到转移资金的目的。这种形式常常出现在对实施某个特定的恐怖袭击所需资金的转移上，并且为了逃避监管，这种转移资金的方式呈现出"小微化"的特点。

（2）使用"哈瓦拉"体系进行资金转移。"哈瓦拉"体系是独立于传统银行金融渠道的非正统、非主流的汇款系统。它建立在匿名的信用和非正式关系的基础之上，整个交易过程没有繁杂的手续，没有单证和文字记录，一切以"绝对的信任或信誉"为基础，是一种非规制的巨大转账系统，长期广泛存在并通用于中东、非洲地区。该系统允许资金在不同国家间进行匿名转移且不用任何电子贷记或借记系统。

（3）使用公司结构进行资金转移。很多公司和商业实体已经成为恐怖组织的掩护，为恐怖组织转移和融合资金、逃避监控充当媒介。任何代表价值的物品的现金和收入都能被汇集到这些合法商业组织、"前台"公司、国际贸易公司的账户，一旦需要时，随时准备以开具发票、投资、贷款偿还、费用报销、内部资金转移、货款支付等形式进行资金转移。长期以来，一些腐败官员和罪犯正是借助公司和托拉斯隐藏他们的真实身份，并借此隐藏犯罪和非法活动的进程。

（4）通过现金的实体运输以达到洗钱或转移涉恐资金的目的。虽然目前全球出现各种非现金的支付方式，但市场上流通的现金仍有 4 万亿。在各种犯罪活动中，现金仍然被广泛使用。犯罪分子往往选择从银行账户中取走资金，将其转移到另一个国家，然后再转移到另一个账户中，以此来避免审计跟踪。穿越国界的现金实体运输（Physical Transportation of Cash）是洗钱最古老、最基本的形式之一，金融行动特别工作组的报告显示，这种方式至今仍广泛存在。虽然目前还无法估计具体金额，但每年以这种方式运输的资金大约在几千亿至一万亿之间。而且这种洗钱的方法危害巨大，一旦现金被转移至目的地，并用于既定目的，这些资金将进入合法的金融体系，并将在银行和其他金融机构中循环。随着经济社会的高速发展，恐怖主义融资的类型在不断变化与更新，新兴金融手段与非正式汇款体系被恐怖组织越来越频繁地利用，二十国集团（简称G20）与 FATF 尚未制定出针对此问题的充足的监管措施[1]。

案例研究 9：现金快递

在连续 3 天的时间里，有 3 人宣布向布鲁塞尔机场的一些海关官员支付90 000欧元。据说资金来自德国的非营利组织 A，作为布隆迪、贝宁和津巴布韦的人道主义援助的一部分。他们三个快递员都是比利时国民，长期在比利时居住。账户是由三个人控制的。比利时的一个激进的伊斯兰教协调机构组织将资金转入这些账户，在一年的时间内总共用现金提取将近 2 万欧元，1 万欧元被转移到土耳其。据德国金融情报机构称，非营利组织 A 是德国最大的伊斯兰组织之一。非营利组织 A 据说与非营利组织 B 有关，非营利组织 B 因涉嫌支持恐怖组织在德国被禁止。非营利组织 B 的董事会成员在非营利组织 A 中也发挥了重要作用。根据比利时情报部门提供的情报，这 3 人都已知参与以上伊斯兰激进组织的地方分支机构。鉴于交易的性质以及上述两个非营利组织之间的联系，比利时当局怀疑至少有一部分上述资金被用来支持恐怖主义活动。

上述传统的恐怖主义融资方法和技术在今天仍然普遍存在，也仍然被认为

---

[1] 石会燕、修光敏："基于 FAFT 恐怖融资类型研究报告的情报反恐怖融资研究"，载《情报杂志》2017 年第 12 期。

是重大的风险。反洗钱/打击恐怖主义融资条例的实施在一些方面可有助于保护国际金融部门，但是恐怖组织和国际金融组织所构成的风险也正在不断演变。FATF 将继续监察这些地区，确保其技术在当前框架下有效地适用。利用国家风险评估对目前的情况进行战略分析，将有助于决策者执行必要的法律和操作措施。

（三）新型恐怖主义融资风险[1]

1. 通过外国恐怖分子获取资金。外国恐怖分子增加了恐怖融资威胁，主要有如下特点：一是自身资金需求不大，主要是交通、住宿、食品等一般生活费用，且部分支出只发生在进入冲突区前，如购买武器。二是自筹资金。三是招募、支持网络复杂。四是信息机密程度更高。

2. 利用社交媒体筹资。一方面，在社交网络直接筹集资金。恐怖组织通过大规模和精心策划的筹款计划，使恐怖融资能够涉及多达几千个"赞助者"并获得不菲的资金。其社交媒体网络的沟通目标为外国恐怖分子，此外，捐助者也是被优先考虑的目标群体。另一方面，利用"众筹"平台筹集资金。众筹蕴含了一种新型恐怖融资风险。

案例研究 10：明确要求社交网络上的资金

在 Facebook 上一个关于女性食谱的小组中，一位用户在 2013 年提出了急需拨款的要求。叙利亚的一名战士被提及（没有任何名字），急需"设备、食品和药品"。在"星期四"之前有时间收集资金，以便在"星期五""发送"所需资料。用户还提供了一个德国银行账户的详细资料。Facebook 募集资金的作者是否也是这个项目的负责人呢？该账户的拥有者是一名涉嫌协调此广告活动的转换人员。

案例研究 11：众筹

加拿大金融情报机构已经看到有人正在调查与恐怖主义有关的罪行，包括为了恐怖主义目的而离境的企图，在离开和/或企图离开加拿大之前使用了众筹网站。在一个例子中，曾有一个报告显示从执法部门收到了一个可疑分子离开加拿大的信息，这些信息促使一个账户审查和一份可疑的交易报告被送到加拿大的金融情报机构。交易报告包含了一个众筹网站的细节。具体来说，报告实体表示：这个账户用于四笔交易，总计 61.56 万加元，已知来源于众筹网站。该商家被其商家银行归类为"专业服务"。该公司的网站形容自己是一个国际性的众筹网站，让人们可以很容易地建立一个筹款网页并收集捐款。大部分捐赠选项都与 A 国、B 国和 C 国的冲突救济有关。

---

[1]　苏潇："新型恐怖融资风险及对策建议"，载《金融经济》2017 年第 18 期。

3. 通过新型支付产品和服务转移资金。①虚拟货币。FATF 在《虚拟货币的关键定义及潜在的反洗钱和反恐怖融资风险》报告中对虚拟货币洗钱和恐怖融资风险进行了初步评估。虽然虚拟货币最初的货币购买是可见的（例如通过银行体系），但是其后交易很难被跟踪。美国特勤局认为恐怖分子正在寻找具备以下特性的虚拟货币：可以注册匿名用户并匿名交易；具备迅速将非法收入从一个国家转移到另一个国家的能力；汇率风险较低。②预付卡。就恐怖融资风险而言，预付卡在国内可以存入现金或者无需报告的电子货币，以难以觉察、不受限制的方式携带出境，到达高风险国家或者过境国后，通过多个离岸自动柜员机提现转为现金。除非自动柜员机有取款限制，否则一旦预付卡被携带出境，资金就很难被监测。③网络支付服务。网络支付服务提供商允许客户通过互联网登录预存款账户，向持有同类账户的其他个人或者企业转账电子货币。收款人不需要在付款服务提供商处进行注册登记即可获得转账资金。恐怖分子嫌疑人通常使用多个在线支付账户，包括已经验证的账户和一般账户。

案例研究 12：利用虚拟货币资助恐怖主义

2015 年 8 月 28 日，阿里·舒克里·阿明被判处 11 年监禁，随后被判终身监禁，并且当局监督释放和监控他的网络活动，阿明于 2015 年 6 月 11 日承认对国际支助小组密谋提供材料和资源，他承认曾使用 Twitter（推特）提供建议和帮助鼓励 IS，散布关于如何使用比特币提供恐怖分子资金支持的信息，以及为 IS 支持者前往叙利亚与 IS 作战提供便利。此外，阿明承认，他曾为一名前往叙利亚的弗吉尼亚少年的旅行提供了便利，使其于 2015 年 1 月加入 IS。这名少年于 2015 年 6 月 10 日在东区因在弗吉尼亚杀伤国外人民和提供物资支持恐怖分子被起诉。阿明的 Twitter 账户拥有超过 4000 名的关注者，被他用作支持 IS 的平台，有超过 7000 条 Twitter 消息。特别是，阿明用这个账号来进行关于如何利用 Twitter 使用在线货币（例如"比特币"）的宣传，为 IS 提供金融支持，以及如何为 IS 建立一个安全的捐赠系统或基金。例如，阿明在 Twitter 上发了一个链接，链接到他写的一篇题为"比特币和圣战组织"的文章。该文讨论了如何使用比特币以及圣战者如何利用这种货币为他们的活动提供资金。这篇文章解释了什么是比特币、比特币是怎样的，还包括如何用比特币给圣战者匿名汇款，并建议使用新的比特币钱包系统，使用户可以匿名使用比特币。

4. 通过开采自然资源进行恐怖融资。一是石油和天然气行业。IS 组织使用当地的基础设施提炼石油以供自用，并以低于市场价的价格销售以牟取收入。该组织其余的石油收入来自于敲诈、勒索中间商和走私，销售石油时主要接受现金付款，使得交易难以被跟踪。二是采矿业。进入采矿业的门槛较低，合法或非法的采矿业运营商可能是恐怖组织的支持者，直接或间接地为恐怖组织提供资金。[1]

5. 互联网。恐怖组织不仅利用互联网募集捐款、交流信息、招募支持者，还利用它来进行资金转移。利用互联网转移资金的方式主要有：①通过建立网站来鼓励捐款，以本·拉登的导师阿扎姆命名的网站通过出售极端主义书籍来筹集资金。全球圣战基金通过自建的网站，公开了一个在巴基斯坦的银行账号，鼓励为圣战运动捐款。恐怖组织也利用网站留言板、聊天室、电子邮件来鼓动捐款。②通过在线犯罪的方式如伪造身份证、盗用信用卡等来组织和实施恐怖主义融资。③恐怖组织可以通过银行的网上服务、在线的证券期货交易等方式进行资金转移。[2]

案例研究 13：互联网起到的作用

与传统恐怖组织相比，除了开始使用电脑之外，"基地"组织的融资手段并不算新，但"基地"组织的融资手段相当复杂，它善于从其他恐怖组织中吸取经验，包括利用跨国公司、非政府组织、国际犯罪组织等进行融资。在几年时间里，"基地"组织及其关联组织从直接募捐或各种非法活动中获得了大量资金。同时，基地组织的融资渠道相当丰富。基地组织并没有一个所谓的"中央银行"或者"军事基金"专门用于筹集和管理资金，它通过各种渠道、以不同的方式获取和转移资金。从正式的或非正式的金融机构，到非营利组织，再到互联网，无论"基地"组织在何处的庇护所遭到破坏，无论哪条融资渠道被中断，它都能轻易地利用融资渠道的多样性和冗余性获取新的资源。在全球"金融反恐战"的围追堵截中，"基地"组织融资网络仍然表现出顽强的适应能力和复原能力，并能继续为伊拉克战争后的一轮又一轮新的恐怖袭击事件提供物质支持。

小　结

反洗钱和打击恐怖主义融资是每个人的责任。保持有效的反洗钱和反恐怖主义融资制度是非常重要的，对于维护我们的诚信和稳定也至关重要。洗钱和恐怖主义融资可能给整个社会带来毁灭性的后果。如果我们没有有针对性地对恐怖主义融资加以防范、建立有效的打击恐怖主义融资的制度，而是一味地利用反洗钱的相关制度来制约恐怖主义融资，我们将为恐怖主义融资铺平道路，为犯罪分子和恐怖分子提供良好的避难所。然后他们可以利用这些

---

[1]　引自苏潇："新型恐怖融资风险及对策建议"，载《金融经济》2017 年第 18 期。
[2]　徐方："恐怖组织网络化趋势下恐怖融资研究"，复旦大学 2009 年硕士学位论文。

非法资金来进一步进行违法活动，我们都会受苦受害，这会对我们的生活造成不利影响。

练习题

一、名词解释

1. 洗钱

2. 恐怖主义融资

3. 资金或价值转移服务

二、判断题

1. 洗钱的"钱"字仅包括非法所得。（　　　）

2. 恐怖主义融资和洗钱之间最重要的区别是恐怖主义融资支持的是用暴行和暴力去危害无辜不特定主体。（　　　）

3. 从切断资金来源的方面看，反洗钱的措施只能监控利用犯罪所进行的恐怖主义融资。（　　　）

4. 恐怖主义融资只能通过非法的方法进行。（　　　）

5. 金融体系越简单的国家越容易发生洗钱与恐怖主义融资。（　　　）

6. 恐怖主义融资就是指为特定目的袭击发生的融资，直接用于具体的恐怖活动所需的资金。（　　　）

7. 恐怖组织或恐怖分子为了发动恐怖袭击所需要的费用，包括实施恐怖袭击需要购买装备、物资的费用，以及实施恐怖袭击的个人的交通费用等。（　　　）

8. 慈善事业比金融机构所受到的监管更严格。（　　　）

三、单项选择

1. 大多数国家所赞同的洗钱定义来源于哪个条约？（　　　）

A. 《维也纳公约》

B. 《中华人民共和国刑法》

C. 《中华人民共和国反恐法》

D. 《40 条建议》

2. 洗钱和恐怖主义融资发生在哪里？（　　　）

A. 美国

B. 中国

C. 欧洲

D. 任何国家

3. FATF 的全称是什么？（　　　）

A. 金融工作组

B. 反洗钱金融行动特别工作组

C. 反洗钱工作组

D. 金融特别工作组

4. 下列哪一选项不属于洗钱罪的行为方式?(　　　)

A. 提供资金账户

B. 协助将资金汇往境外

C. 资助恐怖活动组织、实施恐怖活动的个人

D. 通过转账或者其他结算方式协助资金转移

5. 洗钱活动的根本目的是什么?(　　　)

A. 使非法所得及其收益合法化

B. 将钱变得更干净

C. 使收益增多

D. 使恐怖主义融资更加方便

四、多项选择

1. 国际刑法协会召开的第 16 次大会强调打击洗钱犯罪的意义是什么?(　　　)

A. 洗钱罪与有秩序、有组织的犯罪相互助长,相互滋生

B. 洗钱罪的上游犯罪包括恐怖主义犯罪

C. 严重的有秩序、有组织的犯罪往往都存在洗钱的行为,洗钱行为也是一种常见的有秩序、有组织的犯罪

D. 洗钱罪严重影响国际金融秩序

2. 洗钱能够产生哪些危害?(　　　)

A. 洗钱已经影响到国家的经济结构

B. 洗钱犯罪已经与一些组织犯罪密不可分

C. 洗钱犯罪已经蔓延到了全世界

D. 洗钱犯罪已经影响到了国家政权

3. 洗钱犯罪的上游犯罪有哪些?(　　　)

A. 毒品犯罪

B. 黑社会性质的组织犯罪

C. 恐怖活动犯罪

D. 破坏金融管理秩序犯罪

4. 下列哪些属于《反恐怖主义融资特别建议》的内容?(　　　)

A. 联合国文件的批准和执行

B. 联合国融资的相关制度

C. 冻结和没收恐怖分子资产

D. 报告与恐怖主义有关的个别交易

5. 下列选项中，哪些属于帮助恐怖活动犯罪的行为方式？（　　　）

A. 资助恐怖活动组织、实施恐怖活动的个人

B. 窝藏、转移、收购、销售赃物罪

C. 资助恐怖活动培训

D. 为恐怖活动组织、实施恐怖活动或者恐怖活动培训招募、运送人员

五、简答题

1. 简述恐怖主义融资与洗钱的区别。

2. 简述反恐怖主义融资与反洗钱的区别。

3. 通过犯罪活动来筹集资金具体有哪几种方式？

六、论述题

1. 从立法方面简要论述我国打击恐怖主义融资犯罪的不足。

2. 论述反恐怖融资的意义。

3. 论述互联网在恐怖融资中所发挥的作用。

4. 试论未来的恐怖融资渠道发展趋势。

第二章
洗钱与恐怖主义融资之典型途径

【本章导读】

★比较常见的洗钱手段有哪些？

★犯罪分子是如何利用"地下钱庄""影子银行""哈瓦拉"系统以及"血钻"进行洗钱和恐怖主义融资的？

【本章要点】

★介绍几种典型的洗钱和恐怖主义融资途径。

★国内对于"地下钱庄"和"影子银行"洗钱犯罪的打击措施。

★国际对"哈瓦拉"系统洗钱犯罪的应对措施。

第一节　多种洗钱路径的简单介绍

根据国际货币基金组织统计，全球每年非法洗钱的数额约占世界生产总值的2%～5%，6000亿至18 000亿之间，且每年还以1000亿美元的数额不断增加。特别是在当前经济全球化、资本流动国际化的情况下，洗钱活动对国际金融体系的安全、对国际政治经济体系的危害都是极大的，而随着国际社会对洗钱犯罪的打击力度不断加大，以及科技的日益发展，犯罪分子在洗钱活动中也积累了更加丰富的经验，为了逃避反洗钱当局的打击，其洗钱手法越来越专业化、复杂化，洗钱手段也日新月异，层出不穷。因此，为了有效打击洗钱犯罪，我们有必要深入研究洗钱的运作方式。

通过前面的介绍，"洗钱"已经不是一个新鲜的名词了。为了更清楚洗钱到底是怎样一回事，必须要掌握最常见的几种洗钱方式，本书总结了以下十八种最为常见的方式。[1]

---

〔1〕　http：//bbs. tiexue. net/post2_ 6650416_ 1. html，最后访问时间：2008 年 5 月 10 日。

一、旅行支票

海关一般会对通关者要求申报携带的现金，未申报金额超过限制就会被没收，但海关却不会对携带旅行支票的人员作出金额的限制。海关检查的重点主要放在有无背书转让[1]给第三者。原因主要是支票在被存入银行兑现以后，最后又回到原发票人的手中。

二、在赌场以代币形式间接兑换

在赌场中兑换成代币，再将代币[2]直接交付给洗钱的受益人，由他去将代币兑换成现金，对外声称是在赌场内赢得的，这样就可以避免通过纸钞上的编号直接追查到洗钱的受益人。这种方法通常用于各国能将代币兑换回现金的职业赌场。例如，日本闻名世界的"扒金库"（弹珠机房），就是一种类似洗钱的最大玩家，不过现在，扒金库已经合法化、产业化。到扒金库玩的人，赢钱后不能直接到扒金库拿到现金，而是到对面或旁边的兑换店铺（事实上这些店铺大多也都是由扒金库经营的）获取。

三、无记名债券[3]或期货

在日本，很多与世袭官僚渊源颇深的银行或金融机构，会不时地低调发行一些不记名的债券或个人期货（金融）产品，其中尤以"贴现债券"（按照日语字面直译是"折扣债券"）最为出名。该类债券曾经的主要发行方为原长信银行（现在的日本兴业银行、日本长期信用银行和日本债权信用银行等）以及商工中金。银行的高级理财顾问一般会细心地通知那些"重要客户"，当然，这些金融产品的起卖金额会被设置得很高，而发行方也不希望太多的"社会游资"

---

〔1〕　背书转让，财经会计学用语，是指收款人以转让票据权利为目的在汇票上签章并作必要的记载所作的一种附属票据行为。《票据法》规定，持票人将票据权利转让给他人，应当背书并交付票据。所以，当持票人为了转让票据权利，而在票据背面或者粘单上记载有关事项并签章，就是在进行背书转让。背书转让一经成立，即发生法律效力，产生票据权利移转的效力、票据权利的证明效力和票据责任的担保效力等背书效力。

〔2〕　代币，是一种形状及尺寸类似货币，但限制使用范围、不具有通货效力的物品。代币通常需要以金钱来换取，用在商店、游乐场、大众运输工具等地方，作为凭证以使用服务、换取物品等。代币的材质以金属或塑胶为主。

〔3〕　无记名债券，是指券面上不记载公司债券持有人的姓名或者名称的债券。无记名债券与记名债券相反，它不利于债券持有人保障其债券的所有权。当无记名债券被盗、遗失或者灭失时，债券持有人不能请求人民法院依照公示催告程序予以补救。

前来申购。这是因为，类似产品本来就是非常"小众化"的。举个例子，该债券的最小面额设定为5年期＋100万日元，顾客以折扣价90万日元购入，5年期满后就能拿到100万日元。一旦重要客户申购完这一批产品，也就宣告这些客户完成了一次堂而皇之的洗钱作业。自然，所谓收益高低，对这样的客户来说其实是不怎么重要的。但放眼世界金融市场上琳琅满目的金融产品，这种贴现债券的洗钱方式只能说是小菜一碟，没有什么技术含量。

四、古董珠宝或具有价值的收藏品

利用低买高卖的假买卖，将钱以合法的交易方式，洗到目的账号。此方式也是一种常用的贿赂收钱方式，通常表现为购买具有价值的古董珠宝或收藏品，再谎称是自家收藏品并在市场上放售。采用此方式时一般会购买那些没有记号的物品，如文物、邮票或历史悠久的名厂乐器（"血钻"就是很好的一例）等。

五、纸上公司的假买卖（空壳公司）[1]

该行为和本节提到的"避税天堂"有千丝万缕的关联，因而此处不作单独说明。

六、购买保险

保险产品，现在早已摆脱了"谋求保障、出事索赔"的传统观念。几乎所有市场化运作的保险公司，都会推出高于当地银行存款利率的保险理财产品，并开始逐年分红返利。因此，购买大额保险，也不失为一种牢靠安稳的洗钱方式。将大笔现金投保时，为了不过分吸引眼球，一般会在第一次投保后，再慢慢修改保险计划，待一定年数后取回，届时可疑的因素便会逐渐淡化直至消失，这样就顺利地完成了一次洗钱。

七、基金会

1. 不良政客成立基金会，假借捐赠给基金会的由头，诱骗企业捐款，然后再掏空基金会，将捐款变为自己的囊中之物。

2. 企业或财团，利用捐赠的名义把钱假装给自己能掌控的基金会，左手把

---

[1]　"空壳公司"也叫现成公司（readymade company）。最早是根据英国公司法确立的一种公司法律形式，是发起人根据香港或英国的法律成立的有限公司，但是没有任命第一任董事，也没有投资者认购股份，不会发生经营及债权债务。需要公司时，投资者只需要将董事和股东交给公司秘书，由他制作相关文件，一般在数小时内便可完成。

钱搬到右手，这是逃、漏所得税的一种比较常见方式。

3. 政客或企业利用赈灾名义募款，把募到的善款私自挪用，或者用各种名目扣押善款存于私人户头。

4. 跨国洗钱活动中，洗钱者会在各地的不同慈善名义的基金会中互相转换款额。因此，众多富豪和大腕都对基金会趋之若鹜，并非出于良心发现，而是为了掩饰其非法目的。[1]

八、跨国多次转汇与结清旧时账户

跨国多次转汇与结清旧时账户是利用转汇的相关单据有保存期限的漏洞而进行的一种洗钱活动。

九、直接跨国搬运

利用专机或具有海关免验身份的人，直接把钱搬运到外国，其中比较常用的纸钞是 100 元单位的美钞。

这种方法最常见于海岸线较长的国家和地区，例如美国和加勒比海之间、欧洲和原独联体成员国之间、日本和韩朝之间、我国大陆南方沿海和港台之间等。

十、人头账户

这种方式在日本的尼日利亚裔诈骗罪犯的金融诈骗案中体现得较为明显，即在提款地银行找到一大批不知内情的"人头"对象，在付给其极其低廉的费用后，让他们用自己的名义开设很多账户，并且定期地将赃款分别来往于这些账户，这样就能达到洗净赃款的目的了。

十一、外币活存账户

这种方式是使用多次小额存款的方式存入账户，然后再到外国提领外币。俗称"蚂蚁搬砖"，常配合着"人头账户"的方式使用。

十二、跨国交易

这种方式常见于无实体商品的产业。利用交易金额造假"灌水"的方式，

---

[1] 开心老宝宝："最常见的十八种洗钱方法"，载铁血网，http：//bbs. tiexue. net/post2 __6650416 __ 1. html，最后访问时间：2018 年 5 月 10 日。

先通过合法的方式将金钱汇到外国捎客的账户中，再由外国账户按照事先约定分发到位。整个流程中包含这样几类金钱类型：原本的交易金额、捎客的佣金以及原本要洗出去的钱。

或者，利用各地的商品贸易，例如以较高的单价购买普通消费品，然后再将这大量的款项汇到国外账户，充当支付或买货的款项。反之亦可将商品高价出售，让国外的洗钱同伴将款项汇入国内。

十三、地下汇兑（地下银行、地下钱庄）

地下汇兑常见于不良珠宝金饰银楼的交易。除了可以非法兑换外币之外，还可将现金兑换成外国的无记名与背书的支票，供客户存入外国的账户。在有的地区，这种业务已经被半公开化，比如我国的香港地区。

十四、跨国企业的资金调度

跨国企业的资金调度常见于金融业、银行或保险业等行业，这种方式常以大批的现金纸钞进行跨国搬运。例如以麻绳捆绑、纸箱方式搬运。

十五、百货公司的礼券

这种方式虽具有高度的流通性，但由于具有不易兑换回现金的特性，故需有一定的人脉，才方便消化礼券。例如，转卖给各公司的员工福利委员会，将礼券作为其各公司员工的节日奖金发放。这样就可把礼券转移到不知情的第三者手中，原礼券持有人则可取回约等值的现金。

百货公司商品丰富多彩，礼券的使用选择余地较大。比如在日本和我国台湾地区，利用百货公司礼券进行贿赂和洗钱就比较普遍。

十六、人头炒楼

"人头炒楼"是指使用人头的方式购买房地产，向建商或地主以市价 5~7 折的价格买入，并以现金支付。然后在短期内快速脱手（例如预售屋在交屋前），一般可获利约 50%~100%。

十七、虚假借贷

虚假借贷常用于受贿或贪污犯罪中，受贿者或接收人持有对方（行贿人等）开立的远期兑现的本票或支票，即使在被检查或税务机构查到这张本票或支票后，也可声称是借贷关系。等监察机关、税务机关检查过后或受贿人员不在其位、与行贿方没有明显的利害对价的关系时，再把本票或支票转手给第三者，或是到银行兑现。开立本票或支票，只要还没有兑现就无法形成事实上的受贿或贪污的行为。

十八、伪币或伪钞

将伪币或伪钞通过多次小金额的消费行为，或利用自动贩卖机的找零行为，或利用将纸钞兑换成硬币的机器，可以将伪币或伪钞洗成真钱。

事实上，以上罗列出的十八种洗钱方式，仍然无法涵盖当前世界范围内洗钱的无穷奥妙。经济全球化和互联网在各个行业的无限渗透，造成洗钱行为的运作无孔不入、易如反掌，对于善于玩转洗钱手法的群体来说，很少有生搬硬套地去一条一条照本实施的。绝大多数情形下，洗钱是个综合性的"技术活"，很少"留底备份"。在强调证据的现代法律体系下，要切切实实地抓住洗钱对象的把柄，才能将其绳之以法。很多时候单个案件所花费的行政成本是远远高于涉案金额本身的。同时，必须强调的是，自从诞生了现代金融业，世界上真正"洗钱"到极致的，绝对不是上述所说的那些犯罪集团、黑社会组织或贪官污吏。有时候，整个意识形态集团的利益代言人、整个社团、整个国家、国家联盟等，都会有意无意地加入到现代洗钱的队伍中来，正所谓"没有永远的敌人（或朋友），只有永远的利益"。对于洗钱过程如何进行，将会由以下几个章节来详细介绍。总之，对于洗钱而言，它的整个操作过程对该犯罪而言是最为重要的。只有把握好它的整个操作流程，才能更为有效地打击相关的几种犯罪。

第二节　地下钱庄与洗钱

一、地下钱庄的定义及其历史渊源

（一）定义

我国法律尚未对"地下钱庄"给出明确的定义。地下钱庄的概念解释也是各式各样的。如韩明安主编的《新语词大词典》认为，地下钱庄是指在中华人民共和国成立初期，由旧社会残存下来的投机倒把、放高利贷等非法手段牟取暴利的非公开钱庄。这种地下钱庄，无营业执照，逃避国家监督，不缴纳税金，在某些城市里，私放高利贷，借通货膨胀牟取暴利。人民政府坚决打击并取缔这种非法地下钱庄，以保障人民的利益和市场的稳定。也有的人说，地下钱庄主要是指国家金融监管部门批准，依附某种合法或被公众认知的身份，利用或间接利用金融机构的资金结算网络，秘密经营非法买卖外汇、跨境资金转移或办理吸收存款、发放贷款等业务的非法金融组织或者个人。此外，还有部分学者认为，"地下钱庄"亦可称为"地下银行"，简单地讲就是"无银行之名却行银行之实"，一般其存在形式是一个组织，但并不排除单个或几个人的情形。通常人们所说的地下钱庄则是对民间从事地下金融活动的一类组织的俗称。[1]

参照 1998 年国务院《非法金融机构和非法金融业务活动取缔办法》的相关规定，结合地下钱庄非法活动的内容和性质，可以将其定义为：以营利为目的，未经国家金融监管机关批准、审核，以个人信用为基础，秘密从事非法金融活动和洗钱等违法犯罪活动，扰乱国家金融管理秩序的机构或组织。地下钱庄属于非法金融机构，现已严重影响我国的金融管理秩序和我国的经济安全。

因此，地下钱庄的性质属非法金融机构。并且地下钱庄在国外也有多种表现形态，在美国、加拿大、日本等地的华人区被称为"地下银行"，主要从事社区华人的汇款、收款业务。类似地下钱庄的组织机构在亚洲还有很多，比如一些地下钱庄在印度、巴基斯坦已发展成为网络化、专业化的地下银行系统。[2]

（二）历史渊源

钱庄在我国的历史源远流长，它的出现最早可追溯到宋代，它是伴随着我国封建商品经济的发展而产生的。但最初的钱庄并不具有现代意义上的银行功能，直至清朝乾隆、嘉庆年间，才渐渐出现了具有现代意义银行功能的钱庄。钱庄自产生以来就对我国商品经济的发展做出了巨大贡献。

新中国成立后，由于国家对金融实行严格的管控，传统的钱庄便退出了历史舞台。改革开放后，伴随我国经济的飞速发展，民间资金需求的不断增长，传统的钱庄又悄然蓬勃地发展起来。据统计，到 1985 年，沿海发达省份出现了很多私人钱庄。在浙江温州甚至出现了经当地工商行政部门审查批准、登记注册的四家公开挂牌经营的私人钱庄。当时，私人钱庄还受到了政策、法律的许可、认可。后来随着 1986 年《中华人民共和国银行管理暂行条例》的出台，国家开始明令禁止私人开办银行，同时也不允许其他金融机构经营金融业务。由于失去了政策的支持和法律的认可，众多私人钱庄便开始由地上转至地下，因

---

〔1〕　郑张振："地下钱庄相关问题研究"，华东政法大学 2012 年硕士学位论文。
〔2〕　张鑫："地下钱庄的法律规制研究"，西南政法大学 2015 年硕士学位论文。

此被人们统称为"地下钱庄"。[1]

（三）地下钱庄与相关概念的区分

长期以来，我国出于保护国家金融安全、经济安全的需要，一直对金融资源实施严格的管制。当谈到与正规金融对立的概念——"非正规金融"时，公众立马想到"地下""非法""不正规"等贬义词，对非正规金融的内涵、外延不能正确把握。公众对非正规金融中的"地下钱庄""合会"等组织形式与"影子银行""民间借贷"等概念的区分也不是很清楚。这里将对这几组概念进行以下区分：

第一，地下钱庄与合会的区分。合会是一种以亲缘、血缘、信用为基础，通过"互助"以实现"自助"、集储蓄与信贷于一身的合作金融组织。关于地下钱庄与合会的关系，大致有以下三种关系：①地下钱庄是从合会发展而来，二者呈并列关系。二者都是非正规金融的表现形式或组成部分。如浙江温州一带的地下钱庄就是普遍从企业业主自发组织的"合会"演变而来的。②地下钱庄直接以合会的形式存在，就是以合会之名，行地下钱庄之实。③地下钱庄与合会虽呈并列关系，也是非正规金融的重要组成部分，但二者并无继承发展的先后关系，即前者并非由后者发展而来。

第二，地下钱庄与民间借贷的区分。民间借贷是指游离于国家金融监管机构监管之外，自然人、法人、其他组织之间为了生产生活的需要，一方将资金暂时借予另一方，借款人到期还本付息的民事行为。地下钱庄具有借贷行为的隐蔽性、涉及主体广泛性、信用基础道德性、交易方式灵活性等特点。从一定程度上讲，地下钱庄属于民间借贷的一种表现形式，是民间借贷的组成部分。

第三，地下钱庄与影子银行的区分。我国的影子银行一般是指行使了部分银行功能，但不受监管或少受监管的非银行金融机构或业务，其有两种表现形式：①银行业内的表外贷款部分，主要是指银信合作，具体包括不受监管的资产证券化、委托贷款、银行承兑汇票、同业代付业务。②不受监管的民间金融，具体包括地下钱庄、民间借贷、典当行等。影子银行所从事的民间金融业务与地下钱庄的借贷业务高度重合，但影子银行的银信合作的很多业务是地下钱庄所缺乏的。同样，地下钱庄所从事的洗钱、非法买卖外汇等业务也是影子银行所不具备的。因此，从影子银行的定义和表现形式来看，我国的影子银行与地下钱庄是一种交叉关系。[2]

---

[1]　张鑫："地下钱庄的法律规制研究"，西南政法大学2015年硕士学位论文。
[2]　张鑫："地下钱庄的法律规制研究"，西南政法大学2015年硕士学位论文。

二、我国的地下钱庄现状简述及发展趋势

（一）现状[1]

1. 从地区分布来看，以沿海地区为主，内陆地区为辅。通过一定的数据分析可以看出，我国地下钱庄主要分布在沿海经济发达地区，如广东、福建、浙江、江苏、山东等地。在 2010 年，深圳市公安局多警种联合中国人民银行深圳市中心支行、国家外汇管理局深圳分局协同出击，一举摧毁 26 个"地下钱庄"非法经营窝点。公安机关现场抓获犯罪嫌疑人 71 人，缴获现金折合人民币 800 余万元、银行卡 629 张、U 盾 271 个、POS 机 2 台、公章 120 枚以及交易记录、收缴凭证等书证 2000 余份、查询冻结账户 371 个、资金 1000 余万元，经初步统计，涉案金额超过 127 亿元。福建在"捕鳄行动"中，重点打击了 7 个市、县的 17 个非法外汇交易"黑窝点"。在黑龙江的绥芬河、新疆的伊犁、云南的瑞丽和西双版纳等我国的边境贸易地区，亦相继有地下钱庄案件的发生，地下钱庄的分布现在已开始呈现明显的点多面广之势。[2]

2. 从经营范围来看，有本币型、外汇型和综合型三种表现形式。

（1）本币型。主要从事的业务有吸收公众存款、借贷拆借、高利转贷以及典当、私募基金等非法金融活动（甚至犯罪），使用人民币作为经营币种，并在全国各省份分布，主要表现形式为标会、台会、互助会。在民营经济较为活跃的浙江、江苏等省份更是大量存在。标会，脱胎于古老的"钱会"形式。民间通常把标会的发起人称为"会头"，参与人员称"会脚"，每次标会由会头按约定的时间召集会脚参加。每次标会的参会者需向标会缴纳一定数量的钱款作为本金。得到基金即所谓的"得会"。得会的顺序是经过利率竞标产生的，谁出的利息高，谁就先得会。[3]

合会，是以血缘、人缘、地缘为纽带组织起来的具有互助性质的一种地下金融组织形式。它是协会成员共同储蓄，也是轮番提供信贷的一种金融活动。合会参与者在对合会的成员构成、组织形式、运转方式、运行规则等内容达成一致，并以书面形式确定下来后，就可形成"会单"。合会的组织者通常被称为会头、会首或会主，享有获得第一次会金的优先权，一般在会脚无法按时缴纳会金时有先代其缴纳会金以维持正常运转的义务。运行规则是：会首由一个自然人担任，由限定数量的人员参加合会，每人每期上交约定数额的会金。每期

---

[1] 郑张振："地下钱庄相关问题研究"，华东政法大学 2012 年硕士学位论文。
[2] 郑张振："地下钱庄相关问题研究"，华东政法大学 2012 年硕士学位论文。
[3] 郑张振："地下钱庄相关问题研究"，华东政法大学 2012 年硕士学位论文。

有一人能得会，分期支付相应的利息。而方法一般是由抽签或对利息进行投标的方式来确定谁会在哪一期得会。作为非正式的融资机构存在的该类地下钱庄，其建立在自下而上的民间信用基础上，其所主要经营的存贷款业务缓解了行政化的贷款政策所造成的社会资金供求的剧烈矛盾，促进了地方经济的发展，它的存在具有相当的民众基础和社会理性。规范化和信用化运作使得该类地下钱庄的发展成为主流观点。不可否认，这类行为侵犯了国家正常的利率管理制度，而且由于此类地下钱庄不具备商业银行强大的资金作为后盾，在运作过程中也缺乏完整有效的管理和监督机制，一旦出现资金失去控制的情况，就极有可能给众多"储户"带来风险，并且引发区域性的社会动荡。

比如，2004 年 6 月发生在福建福安的"标会"崩盘，对当地的家庭经济造成了致命的打击，因为当地 90% 以上的家庭都参与了"标会"活动。在这个史无前例的标会风暴中，他们被卷入的钱款多则达 600 万，少则数十万，更糟糕的是，这些财富属于他们自己的只是很少一部分，大多都来自亲戚朋友、银行抵押贷款、高利贷以及从小会标来的会款。而"标会"崩盘的导火索则是一部分"会头"因参与赌博，将"标"来的会款当作赌资，输掉之后再通过"标会"疯狂套取资金。

（2）外汇型。主要是指跨境汇款非法金融活动、从事买卖外汇及洗钱等违法犯罪活动，经营币种为外汇和人民币，多分布在外向型经济发达、外资企业众多的沿海地区及边境地区，如广东、山东、福建、黑龙江等省份。此类地下钱庄经过长期运作和发展，就不再简单地从事本外币兑换业务，而是逐步发展成为集"汇"（资金非法跨境转移）、"兑"（非法买卖外汇）和洗钱功能于一身的地下金融机构。其资金运作方式也日趋隐蔽，不断变化经营手法。这类地下钱庄最具代表性的资金运作模式是明、暗两线的资金交割方式。其中，人民币是通过间接方式与外汇完成兑换和汇付的，而不是通过直接汇兑的方式完成的，人民币在境内形成循环，外币在境外形成循环，各自独立。暗线：境内地下钱庄控制外汇资金在境外循环，特点是外汇资金流动直接在境外完成而不流入境内。明线：境内人民币资金在境内企业和银行之间循环，特点是直接进行现钞交易或人民币资金账户之间的资金流转频繁。因为明暗两线各自相对独立、分别操作，监管机关很难发现这两条线之间的内在联系，也就很难掌握证据追踪犯罪。

（3）综合型。少数地下钱庄既从事吸收公众存款、借贷拆借、高利转贷以及典当、私募基金等非法金融活动，也从事买卖外汇、跨境汇款非法经营金融活动及洗钱等违法犯罪活动。此类地下钱庄较少，需要具有较大的规模和资金网络。但该类钱庄业务广泛，既从事本币型地下钱庄业务，也从事着外汇型地下钱庄业务。

3. 从经营模式上看，主要有家族型、公司型和网络型三种。

(1) 家族型。多以个体户为模式，经营地点大多选在商业区或者家里，通常以开设合法的商店作为掩护，家庭成员全职或者兼职从事非法外汇交易活动，还多以家族的直系亲属为其在境外的合作伙伴。典型的如福建晋江"东石丽"钱庄案。该案例中，福建省晋江市东石镇居民蔡某与妻苏某（外号"东石丽"）以操作境内境外配合的外汇兑换、买卖业务为主，两个儿子也在家帮助其母点收款项，全家四口都从事非法外汇买卖活动。晋江"东石丽"地下钱庄经营数年之久，并在1995年以前一直帮助远华集团将走私款进行外汇兑换。

(2) 公司型。这类钱庄一般以咨询公司、典当行或者投行等公司的名义作为其非法身份的掩护进行非法金融活动。瑞典国家主管反洗钱的部门在2004年进行的反洗钱的调查报告结果显示，瑞典境内从事跨境汇兑业务的杂铺、便利店约有60%以上没有按照反洗钱制度的要求，报告相关可疑交易。但其中也有地下钱庄采用公司模型，甚至是现代企业管理制度——股份制。钱庄内部有严密的组织体系和严格的管理制度，倘若一个正规的银行。经过长期发展，使得所有的"地下活动"不仅拥有了自己的"土规矩"，甚至形成了独有的带有科学性的管理模式和风险控制手段。

(3) 网络型。围绕一至两个资金充裕、拥有"良好的信誉"的地下钱庄作为核心，附带数目不确定的小型地下钱庄作为卫星钱庄，形成网络化经营，其经营结构如央行与商业银行的关系。作为卫星钱庄的资金可由作为"央行"的地下钱庄任意调拨，同时可将无法承接的业务转至大钱庄。处于地下钱庄顶端的核心成员掌握着信息的垄断权，操纵着外汇非法交易的价格。其通常是以中国官方公布的外汇牌价为基础，上调一到两个点，使其价格约等于各主要外汇指定银行的兑换价格与相应的现钞兑换现汇的手续费的总和。例如，福清地下钱庄的"央行"——福建郑亦细命的钱庄因服务周到，拥有良好的信誉，再加上海外渠道，他的钱庄发展得很是迅猛。比如在每天上午9时左右，他定时与海外联系，商定当天的外汇汇率，然后再由他亲自与境内买卖外汇的客户（他的钱庄的下线）、中小钱庄商定汇率。他不但决定着福清的外汇黑市价，还能够直接调拨各小钱庄的资金，承接小钱庄消化不了的大单，而中小钱庄就像储蓄所一样围绕"央行"形成了一个地下金融网络。

(二) 地下钱庄的新发展趋势[1]

1. 网上银行作为地下钱庄高效运作资金的新兴平台。近几年，国内有关部

---

[1] 郑张振："地下钱庄相关问题研究"，华东政法大学2012年硕士学位论文。

门披露的地下钱庄案件大多涉及利用网上银行进行资金转移。网上银行具有效率高、转账和到账及时、费用低廉、手续便捷、不受时间和空间上的约束、不与银行工作人员直接接触而身份保密等优势。2011 年 11 月 17 日易观智库《2011Q3 中国网上银行市场季度监测》数据报告显示，2011 年第 3 季度中国网上银行市场交易额达到 2 122 000 亿元，环比增长 6.0%，同比增长 43.7%。2011 年第 3 季度网上银行注册用户数超过 4 亿，同比增长 42.3%。[1]由此可以看出，我国网上银行发展迅猛，这也为地下钱庄提供了生存的土壤。例如，2009 年，某地下钱庄经营者利用某网上银行在半年内将涉及国内多个地区的 140 多亿资金从对公账户划转至个人储蓄账户；近年查处的非法经营额高达 320 亿元的深圳钟氏地下钱庄，其汇款转账皆是通过网上银行进行操作的。地下钱庄已利用互联网平台开始从经济发达的沿海地区逐渐蔓延至全国各地。

2. 第三方支付成为地下钱庄资金流转的新途径。第三方支付是指一些和国内外各大银行签约并具备一定实力和信誉保障的第三方独立机构提供的交易支付平台。随着我国电子商务的日益繁荣，第三方支付从无到有，并到如今呈迅猛发展态势，其中已成为网络中的热门交易平台的，有大家耳熟能详的支付宝、微信等。据相关数据显示，2010 年国内第三方支付交易平台发生的市场交易额达 113 000 亿元，环比增长 95%，这相当于每秒钟大约有 3.6 万元的交易在第三方支付的平台上发生。而到 2011 年，中国第三方互联网支付市场交易额连续四个季度保持快速增长。全年交易额规模达到 21 610 亿元人民币，较 2010 年增长 99%。地下钱庄经营者在使用第三方支付进行资金结算时，资金通过在第三方支付企业开设的"虚拟账户"上进行流转，这导致监管部门无法有效判断资金的真实用途。因此第三方支付的资金流转具有隐蔽性，这个特性使其成为地下钱庄经营者犯罪的新工具。具体原因如下：其一，隐藏资金来源。地下钱庄经营者将资金注入虚拟账户然后再通过使用不记名的充值卡向第三方支付账户充值。因此，具有无法追索来源的不记名的充值卡同现金有着相同的性质。其二，交易链条被割裂。虚拟账户将第三方支付企业参与结算业务一个交易过程分割成两个独立交易过程。所以即便交易发生在同一家银行，确定资金的流动关系也变得非常困难。其三，交易的取消导致资金链条更加模糊。当交易双方取消交易后，付款人将资金从虚拟账户转回，其银行账户可由付款人任意选择，即资金既可以回流至交易发起的银行账户，也可以不回流至交易发起的银行账户而回流到交易人其他银行账户，这将导致无法确定资金的最初来源。

3. "网络借贷"成为地下钱庄获取高额收益的新工具。尽管中央银行执行

---

〔1〕 郑张振："地下钱庄相关问题研究"，华东政法大学 2012 年硕士学位论文。

稳健货币政策，优化信贷结构和控制货币总量，但中小企业融资难问题尚不能得到有效解决，有时很多中小企业的发展资金不得不从民间借贷市场获取。国外热钱抓住机遇借助地下钱庄进入国内民间借贷市场，获取更高的回报利润。近几年伴随网络的普及与应用，民间借贷市场已开始借助互联网，开办各式各样的"网络借贷"网站，借着高科技资金流转的旗号而提供借贷平台，比如其中很多贷款方都是由地下钱庄运作并提供资金的。

4. 混入证券、保险等非银行领域的资金成为地下钱庄监管的新难点。由于银行业机构反洗钱的机构成立较早，体系日趋成熟，而证券、保险、信托等行业对可疑交易的监管却相对薄弱。因此，少数地下钱庄组织利用证券领域监管薄弱而通过证券账户等进行洗钱活动。比如，监管部门对某证券公司资金账户进行分析发现，某些证券资金账户长期闲置，没有发生任何证券交易，而短时间内却高频率地进行大额资金收付，因而被怀疑涉嫌被地下钱庄利用转移相关资金从事洗钱活动。

（三）地下钱庄产生及持续发展的原因探讨

1. 广泛的经济原因[1]地下钱庄对我国经济安全与社会和谐构成了重大威胁。自其处于非法状态，我国有关部门就一直强势打击，但其仍如"离离原上草，野火烧不尽"，顽强地生长，毫无任何消退的迹象，甚至越来越多，其中有许多地方值得我们深思，是什么给予了地下钱庄持续存在的理由呢？

可以从以下两个方面进行分析：①地下钱庄使得一些人在合法情况下无法满足其需求，这部分需求大致可分成两类：一类是地下金融活动本身的需求，如走私贩毒、贪污、偷税漏税、洗钱等犯罪活动。还有一类与我国外汇管理政策有关。我国是为数不多实行外汇管制的国家，虽然当前实现了人民币经常项目可兑换向资本项目可兑换的转变，但是还是无法满足现有经济对货币的需求。②由于地下钱庄交易手续便捷、效率高、服务周到、信誉良好，使得一些客户愿意使用地下钱庄的服务。

在马克思《资本论》的注解中有这样一段话，原文如下："《季刊评论员》说，资本会逃避动乱和纷争，是胆怯的。这当然是真的，却不是全面的真理。像自然据说惧怕真空一样，资本惧怕没有利润或利润过于微小的情况。一有适当的利润，资本就会非常胆壮起来。只要有10%的利润，它就会到处被人使用；有20%，就会活泼起来；有50%，就会引起积极的冒险；有100%，就会使人不顾一切法律；有300%，就会使人不怕犯罪，甚至不怕绞首的危险。如果动乱

---

〔1〕 郑张振："地下钱庄相关问题研究"，华东政法大学 2012 年硕士学位论文。周良卫："论我国地下钱庄现状、成因及防治对策"，华东政法大学 2010 年硕士学位论文。

和纷争会带来利润，它就会鼓励它们。走私和奴隶贸易就是证据。"[1]地下钱庄的经营常伴随着高额利润的存在，这就使得许多人即使冒着被法律制裁的风险，也愿意经营地下钱庄。

（1）骗取汇兑差价或规避汇兑的损失。在通常情况下，非法买卖外汇价都较银行挂牌汇率高，即通过地下钱庄非法买卖价高于对应的银行价格。因而地下钱庄外汇非法交易赚取汇差成为主要原动力。地下钱庄的汇兑手续费用比正规金融机构的手续费用低很多，通常为1%左右，这对于以追逐利益为根本的市场经济主体来说无疑有着致命的诱惑。例如：2002年的广东某地非法经营案，犯罪分子梁某于2001年1月至6月期间，利用多个个体经商户的银行账户，将购汇公司要求兑换港币的人民币转入指定的账户后，再将款项汇入梁某的指定账户，由梁某来通知香港的有关人员将资金转入购汇公司在香港指定的银行账户，涉案金额约为1900万元人民币。其中某个企业的一笔100万元港币的进口货款就可比银行购付汇成本低约4000元人民币。

（2）逃避税费。一是一些企业通过地下钱庄支付为逃避关税而刻意隐瞒真实的成交价格或采取"低报高进"等方式产生的外汇结算缺口。二是没有较好地解决加工贸易定价问题，使得加工品原材料进口和成品出口的价格存在较大的主观随意性，但政府对此类企业却没有加以重视，单独规定管理费金额，而是以按工缴费的一定比例来确定的。三是直接向境外非法转移资金。一些企业受利益驱使为逃避税收刻意隐瞒部分利润甚至假作亏损，将利润通过外汇型地下钱庄转换成外币存放境外，使得国家每年因此损失巨大的财税收入。

（3）通过地下钱庄转移非法所得。通过地下钱庄将贪污受贿、诈骗、侵吞国有资产等非法资金移至境外，可以帮助犯罪分子掩盖犯罪事实，逃避法律的追究。例如，郴州市住房公积金管理中心原主任李树彪私自挪用公款1.2亿元，通过珠海一家地下钱庄将挪用的公款兑换成港币到澳门赌博，造成直接经济损失近8000万元。大量案例和事实告诉我们，地下钱庄已成为犯罪分子转移非法所得通往国外的首选途径。

（4）民间大量闲置资本和部分企业、个人资金需求。我国市场正处于转型期，投资渠道匮乏，人们利益最大化观念增长，但法律和风险意识淡薄，使许多个人和企业将资本投向地下钱庄，充裕的民间资金为地下钱庄的产生和发展提供了良好的资金条件。随着我国经济体制改革的不断深化和对外开放程度的不断提高，中国民营经济迅速发展，居民收入不断增加，民间资本充裕。比如温州，它的民间流动资本就已从2000年的2000亿暴增至2009年末的7500亿。

---

[1]　郑张振："地下钱庄相关问题研究"，华东政法大学2012年硕士学位论文。

地下钱庄的发展依靠的是社会分散的小额资金投资渠道的匮乏和资金的闲置。银行利率的下降、股市的不景气、房价的控制，导致本已为数不多的投资渠道更加狭窄，社会各种闲散资金被地下钱庄的较高的回报率吸引，使得大量的民间资金在此时往往就会流入地下钱庄。

（5）现有金融体制与社会经济发展不适应。地下钱庄的生存能力基本上取决于金融开放程度，即一国金融业的开放程度越高，其地下钱庄在总体汇款额中的比例就越低。只有在外汇管制的情况下，地下钱庄的外汇市场才具有如此特殊的吸引力。而随着经济的发展，个人合理外汇需求的地方越来越多，如留学、出国旅游等，同时企业运营、投资也需要数额较大的外汇。但是我国目前仍然是一个外汇管制国家，复杂的手续和过高的门槛与日益开放的市场形成了激烈的矛盾。根据我国《个人财产对外转移售付汇管理暂行办法》的规定，20万元的人民币的移民财产转移采取"一次申请，分布汇出"的原则，全部转移的时间长达两三年，这对于刚到国外，急需用钱的居民来说显然难以接受。另外，非自由兑换货币与人民币的兑换渠道不顺畅也是原因之一。[1]以韩元为例，现阶段，由于韩国地区与中国不能直接汇款，韩资企业若想通过正规渠道将韩元兑换成人民币，其间需要经过两次兑换环节，即先将韩币兑换成美元或其他可与人民币自由兑换的货币，再将其兑换成人民币，这样耗时长，少则三天，多则超过一个礼拜。收到汇款后，又要对款项进行确认，并提供相关的单据，银行才进行解付，两者兑换需要以与人民币自由兑换的货币为中介，这就存在手续复杂、费用较高、额度受限等多种弊端。与通过地下钱庄汇兑相比，汇兑过程还要损失好几个百分点，这种种弊端无疑严重阻碍了韩资企业来中国的发展。

目前我国的金融机制存在严重不足和缺陷，才导致地下钱庄之类的地下金融活动存在并在客观上成为对现有金融格局的一种补充。体现在：

第一，现行金融法规不健全。虽然近些年来，我国已加强宏观经济管理和监督资金收付行为，为了规范金融秩序，已先后出台了《现金管理暂行条例》《个人存款账户实名制规定》《银行账户管理办法》《银行卡业务管理办法》《大额现金支付登记备案规定》《境内外汇账户管理规定》等多项规定，但是金融法规建设距离金融业发展的现实需求和金融监管的客观需要还有较大的差距。

第二，法治意识淡薄，不能做到有法必依，执法必严。因为我国金融体制改革相对滞后，金融中介业务比较单一，现下吸收存款仍是金融业务发展的支柱业务，部分金融机构为了获取更多存款就开始不正当竞争而忽视银行内部控

---

〔1〕　郑张振："地下钱庄相关问题研究"，华东政法大学 2012 年硕士学位论文。

制制度，一些金融工作人员也为会了争取良好的业绩而放松管理要求，这些都让非法买卖外汇有了可乘之机。

第三，金融监管机制薄弱。个别监管主体没有履行对商业银行的监管职责，对所管辖地区的金融机构关于本外币开户、结算和现金存取等相关规定的执行情况也缺乏针对性的监督检查，不能及时发现问题、解决问题。

第四，正规金融机构还存在许多不足之处。据 2002 年统计，中国四大国有银行的金融资产占全部商业银行机构总资产的 81.6%，存款和贷款额占金融机构总量的 64% 以上。这种结构使国家对银行的风险承担无限责任，造成银行业发展的内在动力不足，银行业不良资产积累过快，金融服务产品供给不足，金融服务效率低下。银行的汇兑费用过高，银行业内缺乏有效竞争机制，导致银行业缺少降低费用的动力，而相比之下，地下钱庄汇兑业务汇款手续费用低廉，使得人们在选择时更倾向于地下钱庄。金融业务创新和利用技术创新金融产品能力不足，造成国际汇兑业务不顺畅。银行的国际汇兑业务是通过国际电汇系统，通常涉及多家银行，时间较长，一般为一周左右，而利用地下钱庄汇款一般一两天就可以完成。同时，正规金融机构经营策略的改变，也导致了"贷款难"问题的加剧。1999 年开始，国有四大商业银行大规模撤并市、县以下基层机构，4 年里撤销的分支机构达 3.1 万家。国有银行为了防范金融风险，建立金融安全区以及追求经营利润，大规模撤离农村，收回贷款权，贷款支持的重点转为"四重"和"三大"，对于县级机构的中小型贷款客户实行了规模控制和授权信用管理制度，导致贷款门槛较高。要求贷款的企业具有 2A 级以上的信用等级，并且必须提供有效的抵押、质押及保证等信用担保。这样银行实际上成了单一的"存款机构"，而县域经济的主体式民营中小企业，急需资金的扶持，从而导致其融资困难，当正规的金融渠道被封堵时，民营中小企业就不得不开始转向地下钱庄，谋求其贷款。[1]

2. 地下钱庄难以遏制的法律方面的原因。[2]

（1）地下钱庄经营方式的特殊性。地下钱庄经营者普遍都具有较高的反侦察能力，交易记录通常采用简易的记账方式，甚至会使用一些特殊的符号代替以达到逃避法律制裁的目的。在日常交易中几乎没有货币符号和交易的币种，

〔1〕　周良卫："论我国地下钱庄现状、成因及防治对策"，华东政法大学 2010 年硕士学位论文。郑张振："地下钱庄相关问题研究"，华东政法大学 2012 年硕士学位论文。
〔2〕　张鑫："地下钱庄的法律规制研究"，西南政法大学 2015 年硕士学位论文。洪晓燕："地下钱庄有关法律问题探讨"，华侨大学 2011 年硕士学位论文。国家外汇管理局管理检查司课题组："'地下钱庄'与洗钱犯罪"，载《中国外汇管理》2003 年第 4 期。

通常都不会留下书面证据。例如，一些地下钱庄把100万称为"粒"，10万称为"条"，1万称为"张"，美元称"小张"，日元则称为"大张"，他们之间的传真件基本上也都是此类"行话"，拿着这些证据上法庭，无法对其提出有力的指控。调查取证阶段则呈现难以收集有力证据的局面，比如伴随着科技的发展，违法犯罪分子使用的技术手段越来越先进，通常借助电话、互联网等方式进行联络或发布汇兑指令进行交易，这样证据就更加难以收集。

（2）地下钱庄案件中许多证据存在于境外。地下钱庄非法经营外汇业务大多数是跨境交易、外汇交易和外币资金结算，人民币和外币在境内外分别流动，因此跨境交易的证据分别存在于境内和境外。在非法外汇交易中，地下钱庄的交易主体大多数有外资背景，外币的兑换和汇付通过间接的方式，人民币不会流出中国，也没有需要的外汇流入中国，各自分别形成循环。境外取证则涉及国际司法协助，即使在我国香港、澳门和台湾地区取证，也涉及区际司法协助问题。国际司法协助与区际司法协助，不仅费时、程序繁琐，且需要基于双边对等互惠原则或双边国家、地区签订的特定司法协助条约进行。我国仅与世界上少数几个国家建立了国际司法协助，而在区际司法协助方面，与我国香港、澳门和台湾地区的司法协助还有许多地方需要完善。由于国际及区际司法协助机制的不健全，决定了地下钱庄非法经营外汇业务跨境交易双边取证困难。这些因素都有可能导致地下钱庄相关案件证据链的断裂，从而影响整个案件的定性及对事实的认定。从而导致参与非法买卖外汇的交易主体违法犯罪行为在事实上逃避法律追究，同时也不利于全社会打击非法买卖外汇，净化交易环境。

（3）地下钱庄案件中易缺少相关证人作证。通过地下钱庄进行交易的主体的跨境转移资金主要集中在上游的走私、贪污、逃税、洗钱等其他违法犯罪行为。造成取证困难通常是因为这些犯罪分子都不大可能主动配合司法机关调查证据。另外，许多地下钱庄经营者与客户并不直接进行面对面的交易，即使进行完交易后，双方也都互相不认识。这些因素都容易导致地下钱庄案件缺少相关证人作证。

（4）立案标准不同是行政和司法机关严厉打击地下钱庄的障碍。司法机关和外汇局对待地下钱庄违法违规行为的立案标准不同，导致外汇局很难把案件移送司法机关来追究犯罪嫌疑人的刑事责任，从而降低了对违法违规经营者的威慑力。司法机关和外汇局对地下钱庄违法违规行为的识别主要存在以下两点不同：①认定资金的非法性质的金额。司法机关认定犯罪嫌疑人的违法经营所得为违法金额，而国家外汇局认定非法买卖外汇时的交易金额为违法金额。二是相差甚多，如地下钱庄的经营者在接受客户一项汇兑业务时，其手续费往往很低，但交易金额可能是手续费用的千倍。②关于罚金或罚款标准的认定。司法机关对并处或单处罚金的标准是违法所得 1 倍以上 5 倍以下，而外汇局的行政处罚标准一般为违法金额 30% 以下的罚款，情节严重的处违法金额 30% 以上等值以下的罚款。

（四）对于遏制地下钱庄发展趋势的一点建议

黑格尔的《法哲学原理》和《小逻辑》中提到了"凡合乎理性的东西都是现实的，凡现实的东西都是合乎理性的"，即所谓的"存在即合理"。地下钱庄的存在对于我国来说并不全是负面的影响，其适合民间对资金需求短、小、快的特点，特别是对民营经济的发展起着难以想象的作用。因此，对于治理地下钱庄我们不能只一味地进行打击，得在打击的同时给出其出路。这就犹如大禹治水，做到堵疏结合。同时，对于不同类型的地下钱庄要注重治理方式的不同，做到对症下药。对于那些以融资贷款为主要业务的地下钱庄，尽量给予其合法的身份，而对于以洗钱为主要业务的地下钱庄则必须严厉打击，治标治本。

1. 金融方面的一点思考[1]。

（1）落实大额和可疑交易报告制度。地下钱庄汇款体系虽然比较隐蔽和封闭，但是它还是依附于正规金融，不能单独存在，在资金轧差和收付环节都一定程度上依赖正规金融机构，因此大额和可疑交易报告制度的建立和贯彻实施就显得尤为重要。大多数国家在反洗钱法律体系中都规定了大额和可疑交易报告制度，对金融机构履行反洗钱义务也作出了明文规定。2003 年中国人民银行发布中国人民银行令［2003］第 1 号《金融机构反洗钱规定》；中国人民银行令［2003］第 2 号《人民币大额和可疑支付交易报告管理办法》；中国人民银行令［2003］第 3 号《金融机构大额和可疑外汇资金交易报告管理办法》也对大额和可疑交易的报告作出了详细的规定。因此，应做好落实大额和可疑交易报告制度，从而发挥其打击地下钱庄和洗钱犯罪的重要作用。在平日工作中，金融机构员工应积极发挥主观能动性，做到了解并掌握客户的基本信息，特别是识别可疑支付交易的重要信息，如业务范围、经营特点、企业规模等。而在实际业务中对于各种报告要素则应做到认真仔细填写，同时金融机构还应整合内部规章制度和操作流程，加强部门间协作，建立事中控制与事后监督相结合的防范机制。

（2）加强现金管理。地下钱庄的交易方式主要是通过现金交易，这也成为识别地下钱庄的一个重要标志。地下钱庄在交易关键环节往往用不具有特殊标记、无法追索交易痕迹的现金进行交易，或通过现金走私进行资金清算。大量现钞流通使得地下钱庄的非法资金较为容易混杂在日常的正常业务中，使监管

----

［1］　郑张振："地下钱庄相关问题研究"，华东政法大学 2012 年硕士学位论文。

人员很难在日常业务中迅速甄别出属于非法资金的流动。因此，改革现金管理、减少现金交易量、规范现金存取、打击现金走私活动，可在很大程度上遏制地下钱庄的非法活动。具体来说可从以下几个方面着手：①改变国民使用现金交易的偏好。因为传统习惯的原因，中国居民偏好使用现金进行交易。同时，目前现金交易具有强烈的吸引力还因为我国转账支付的时间较长、不稳定以及比例较高的银行手续费。对此，可加快我国金融电子化进程，如进一步发展现有电子银行系统，加强银行间的协调衔接，降低电子转账交易手续费用，建立统一清算支付平台等经济手段来调节国民现金的使用习惯，从而改变国民喜欢现金的交易习惯。通过上述方法，可最大限度地减少现金交易频率，使那些有洗钱嫌疑的现金收付活动浮出水面。②加强对大额现金交易的监控和管理。目前中国尚未建立现金交易报告制度，因此，建议在一些洗钱经常发生的行业（如金融、保险、证券、房地产、拍卖行、珠宝、钻石和贵金属交易等）建立大额现金交易报告制度，加强对大额现金交易的监测和分析。

（3）进一步抑制市场对地下钱庄的需求。

第一，进一步深化外汇管理制度的改革。人们通过地下钱庄进行汇兑，其中许多人并不是想通过其达到犯罪目的。部分人只是贪图地下钱庄的快捷、便利和能换取更多货币，很大一部分原因是现有的外汇体制与公民的需求不相符。因此可积极调整外汇管理政策，适时允许一些非自由兑换货币与人民币的兑换。根据现实需要，放宽外汇管制、简化手续，尽可能地满足企业和个人正常用汇需要，放宽企业和个人外汇管制，提高购汇限额，逐步将目前这种外汇统一管制的状态转变为"藏汇于民"就显得十分必要。

第二，破除目前垄断状态下的金融业，增强金融业本身的竞争。美国经济学家麦金农提出"金融深化论"，他认为，发展中国家经济落后的重要原因之一，是在政府各种严格的管制下，金融活动受到抑制。为此，他提出深化金融改革、实现金融自由化的主张。金融自由化包括对外与对内开放金融市场，把政府对金融活动的管制放松，甚至取消。国有银行为了提高效益，几乎已将县级以下机构撤并干净，而外资银行则多存在于我国沿海发达地区。因此，民营资本的逐利性，成为填补现有金融体系难以覆盖地区的重要力量。同时通过引入竞争机制，将有利于促进我国金融业建立完整的市场制度。另外，还需提升金融机构服务水平，加强其服务的自主性和灵活性，不断完善金融工具和金融产品。金融业是一个生态体系，既要有规模大、资金雄厚的国有大银行或国家控股的股份制银行，也需要有数量多、规模小的民营银行。它们各自所面对的客户对象不同，业务范围不同，共同起到促进经济发展的作用。在清代，众多的当铺、票号、钱庄相当于民营中小银行，它们对当时的经济发展起到了至关重要的作用。而如今，中小企业的发展仍然不可缺少这类银行。让这些原本主要为中小企业服务的地下金融组织有合法身份后，对于中小企业的融资与发展是十分有利的。

第三，增加民间投资渠道。政府应担当起增加民间投资渠道的任务，强化对民间资本流向的指导。目前，造成我国民间资本大规模流向地下钱庄等非正规金融的主要原因是现在的投资渠道的稀少。由于我国资本市场尚处于起步阶段，回报率高、风险小的投资品种寥寥无几，而非正规金融产品虽然回报率高，但风险也高。因此，具有回报率高、风险小的投资品种的出现必将吸引相当一部分原流向地下钱庄等非正规金融的资金起到海绵作用。根据我国现有的经济发展水平，可以提出以下几点意见：一是开放并吸引民间资本进入基础设施领域。这样可以帮助民间资本获利，同时也能加快基础设施完善，可谓一举两得。二是规范民间个人借贷，尽快出台"放贷人条例"。可以探索成立为民间借贷提供中介服务的融资信息机构。这样既可保证民间借贷手续规范和信息对称，也可以降低民间借贷的交易成本。企业和个人在"放贷人条例"通过以后，均有成为放贷人的资格，这对在信贷市场处于垄断地位的银行是强烈的冲击。既为民间资本获得利润提供了又一合法路径，地下钱庄也由此可以获得合法身份。与此同时，放贷人主体的公开，使得竞争加剧，从而降低贷款利率，最终可有效控制高利贷的产生。三是大力发展市场化中小银行体系。发展完善包括城市商业银行、农村信用社、小额贷款公司和村镇银行等在内的中小银行体系，发展专业于地域、专业于社区、专业于特色产品的中小银行体系。大力支持已经在小微型企业和中小企业贷款方面取得重要进展的金融机构发展，如包商银行、台州银行和哈尔滨银行等。在银行业总结推广中小企业贷款和微型贷款技术。2008 年 5 月，经过前期试点工作，中央人民银行和中国银监会充分协商联合后发布《关于小额贷款公司试点的指导意见》，给予小额贷款公司合法地位。小额贷款公司为中小企业融资提供便利，丰富了民间资本的投资渠道，从源头上减少人们从事地下金融活动的概率，在疏导地下金融方面有着一定的现实意义。

2. 从法律方面对地下钱庄的一点思考。[1] 我国与金融相关的法制建设相对滞后于经济社会的发展。金融领域的法律法规，主要调整对象是正规金融机构，不对民间借贷设置监管制度。现行法律中，《中华人民共和国人民银行法》（以下简称《人民银行法》）、《中华人民共和国商业银行法》（以下简称《商业银行

[1] 洪晓燕："地下钱庄有关法律问题探讨"，华侨大学 2011 年硕士学位论文。邵萌娟："地下钱庄之刑法规制初探"，华东政法大学 2011 年硕士学位论文。李跃辉："地下钱庄犯罪的治理对策研究——以威海为例"，山东大学 2010 年硕士学位论文。

法》）及《中华人民共和国银行业监督管理法》（以下简称《银行业监督管理法》）均未对民间借贷活动作出明确而细致的规定，而是采取了模糊的立法态度。而国务院的行政法规和中国人民银行颁布的部门规章、办法（如《非法金融机构和金融业务活动取缔办法》《金融机构管理规定》）虽属于规范地下金融的主要法律文件，但其效力位阶相对较低，不足以对日益活跃的地下金融活动进行有效的规制和调整。

（1）非法经营罪的完善。一是对于地下钱庄中的一些外汇买卖行为认为不应当以犯罪处理，而由行政法规进行调整。依照《关于审理骗购外汇、非法买卖外汇刑事案件具体应用法律若干问题的解释》，买卖外汇达 20 万美元以上，或者违法所得达 5 万元人民币，按照非法经营进行处理，不满足此下限的行为不构成非法经营罪。对此我们应当严格限制非法经营罪在司法实践中的适用。对于一般的倒卖外汇行为，未达到起诉的标准时可以不适用刑法，而由行政法进行调节。二是完善非法经营罪"情节严重""情节特别严重"的法定标准。由最高人民法院出台司法解释对此规定明确的标准，使得二者泾渭分明，消除原条文高度概括性带来的语意模糊，从而规范刑罚的适用标准。

（2）洗钱罪的完善。一是对洗钱罪上游犯罪进行适度的扩容。虽经过数次的立法修正，我国洗钱罪的立法架构瑕疵已越来越少，但我们在立法上还有一些需要改善之处。比如，可以对洗钱犯罪上游犯罪在一定程度内予以扩容，既是基于《刑法》第 191 条洗钱罪之独特立法价值，也是惩治犯罪和我国履行国际条约义务的需要，与我国《刑法》立法修正逻辑保持一致。因此，我很赞成"有限扩容说"，即对洗钱罪上游犯罪进行有限的扩充。同时，基于《刑法》第312 条掩饰、隐瞒犯罪所得、犯罪所得收益罪已形成的兜底作用，我认为再持"激进扩容说"可谓偏离了现行的立法框架，不再具有合理性。故此，我十分认同在广义洗钱犯罪架构下有限再扩容的基本立场。通过现有的立法，将洗钱罪上游犯罪扩充到能够有效控制此类犯罪为限，可将现有税收类犯罪纳入洗钱罪上游犯罪中。在全球化的今天，世界经济联系趋于紧密，我们应该充分认识到洗钱犯罪对于全球经济秩序结构连锁性的负面效应，尽可能地使我国有关反洗钱的法律法规与国际保持一致，为全球共同打击洗钱犯罪出力。为此，我比较建议参照《联合国反腐败公约》第 23 条第 2 款的规定，将洗钱罪上游犯罪扩大至我国刑事管辖权范围之内和之外实行的犯罪，即只要洗钱犯罪发生在我国，不论对洗钱罪上游犯罪是否具有管辖权，我国仍然享有对洗钱罪的刑事管辖权。二是将"明知"改成"推定"。这实际上是举证责任的倒置，当检察机关举证证明被告实施了洗钱行为，由被告举证证明自己不知其所洗的钱是源自于洗钱罪所规定的上游犯罪中的资金。法院推定被告人明知他所洗的钱来自于洗钱罪所规定的上游犯罪中的资金，若被告人没有提出相关证据推翻法院的推定，以证明自己不知道资金的来源属于洗钱罪所规定的上游犯罪中的资金，就构成洗钱罪。通过此方式可以有效解决地下钱庄的经营者在日常交易中并不关心客户的钱的来源这一状况。

（3）调查取证的完善。

第一，加强与各国和各地区司法部门的合作，构建国际司法协助及区际司法协助机制。我认为我国应与更多国家和地区签署双边刑事司法协助协定和引渡条约，这样有助于跨境案件调查和证据收集、追捕逃犯、追缴犯罪违法所得和罪犯引渡的顺利进行，并构建一个合适的平台。近些年来，伴随我国司法进程，我国已经签署并加入了一系列国际公约，如《联合国禁毒公约》《联合国打击跨国有组织犯罪公约》《联合国反腐败公约》，同时也加入反洗钱的国际组织——金融行动特别工作组，这为国际司法协助及区际司法协助机制奠定了坚实的基础。

第二，在合理范围内承认单方取证的合法性。承认单方取证的合法性可以弥补目前国际及区际司法协助机制存在的一些不足之处，有利于加大对地下钱庄案件的惩处力度。单方取证的案件应同时满足下列三项条件：①对外汇储蓄账户上资金无法给出来源及对用途作出合理解释的；②外币资金数额巨大且短时间内多次交易的；③犯罪分子在口供笔录上承认其外汇储蓄账户上资金是用于外汇非法交易的。我建议最高人民法院可出台关于打击地下钱庄中取证的司法解释，并在其中采用单方举证的形式，用以判断外汇非法买卖行为是否成立。通过制度构建，可以有效解决在打击地下钱庄中存在的证据收集、举证、认证方面的法律问题。

第三，建议适当降低非法买卖外汇行为行政处罚案件的证明标准。在西方的程序法中，刑事诉讼、民事诉讼与行政诉讼中对案件事实的证明标准是不相同的。英美法系在民事及行政诉讼中采用了"优势证据标准"，而在刑事诉讼中采用"排除合理怀疑"的司法证明标准，是由于刑事案件涉及公民最基本的人身及财产权，其民事及行政诉讼证明标准显著低于刑事诉讼司法证明标准。在刑事诉讼和行政处罚中，由于二者各自所涉及的利益不一样，要求二者保持一样的证明标准，我认为这是欠缺考虑的。如果在行政执法过程中要求行政处罚证明标准与刑事诉讼的标准一致，这将会导致行政效率的降低，而且会使行政违法行为不能得到及时有效的处理。因此，适当降低非法出售或购买外汇行政处罚案件的证明标准，有助于处理地下钱庄非法买卖外汇案件，即对行政违法行为处罚的证明标准应低于构成刑事犯罪要施以刑罚的案件的证明标准。现实中存在大量地下钱庄非法出售或购买外汇证据链不完整的跨境非法交易案件，很大比例是缺失相关在境外的物证书证等实物证据，只有交易主体的口供或证言，因而无法对案件事实作出认定。若适当降低对此类案件的证明标准，则对类似行政违法行为处理有三个方面好处：①易于定性并作出行政处理；②提高对非法买卖外汇行为的打击力度；③提高行政效率。同时，为了获得合法性依据，我们还需要对制度进行一定程度的改革。

第三节　影子银行与洗钱

一、影子银行的定义

影子银行最早是由美国太平洋投资管理公司执行董事在 2007 年提出的，意指"从事银行业务却没有受到政府监管的各类实体的活动之和"，其中包括对冲基金、投资银行、保险公司、货币市场基金、结构性投资工具、债券等非银行金融机构。根据金融稳定理事会发布的《2015 年全球影子银行监测报告》，自2011 年以来，影子银行资产年均增长 13 000 亿美元，占 GDP 的比重由 2012 年的 55% 上升至 2014 年的 59%。新兴市场国家影子银行资产的增速明显高于 GDP增速。[1]

早在 2012 举办的"影子银行监管会议"上，欧委会委员米歇尔·巴尼尔就着重强调了明确影子银行定义的重要性。他认为，要想更好地实施监管，就必须确定影子银行参与者以及具体的活动形式。为此，国内外学者便开始了对影子银行准确定义的探索和研究。[2]

（一）界定标准[3]

国内外学界对影子银行的界定五花八门，标准多样化，但以下列四类界定标准为主。[4]

1. 金融中介论。金融中介论认为，不同于传统银行体系的影子银行是具备金融中介功能的金融业务或机构。该观点是从金融中介的功能出发来界定影子银行的。金融稳定理事会（简称 FSB）在界定广义的影子银行时，重点强调了影子银行的信用中介功能。FSB 采用金融中介论来界定影子银行，意在建议各

---

〔1〕　储峥："影子银行、货币创造与反洗钱监管"，载《上海立信会计金融学报》2017 年第 3 期。
〔2〕　中国人民银行海口中心支行课题组、吴崇攀："我国影子银行洗钱风险及其对策研究"，载《海南金融》2016 年第 2 期。
〔3〕　杨子瑶："我国影子银行监管法律制度研究"，郑州大学 2017 年硕士学位论文。
〔4〕　储峥："影子银行、货币创造与反洗钱监管"，载《上海立信会计金融学报》2017 年第 3 期。

国金融监管部门尽可能扩展影子银行的外延，从而以更广阔的视角防范巨大的金融风险。美联储则认为，影子银行通过资产证券化和抵押中介实现了储蓄者和投资者之间的资金流通，但这个资金流通过程未受到政府流动性控制，也缺少信用增强保障。德勤会计师事务所则认为影子银行主要通过证券融资机制实现其功能，影子银行是从事期限和流动性转换的融资型金融中介。

2. 风险衍生论。该观点是从影子银行的风险出发，强调影子银行容易引发系统性风险。监管机构出于金融稳定的考虑，将风险合并于当前的系统风险进行研究。这是以金融稳定和风险防控为出发点来界定影子银行的。国际货币基金组织（简称 IMF）《2008 全球金融报告》中特别指出，影子银行虽然功能类似于传统银行，但其经营风险却远高于后者。影子银行并未加入存款保险组织，这样一来，其将不在中央银行监管范围之内，结果导致影子银行缺乏最后贷款人的支持。衍生出的风险最终表现为杠杆率飙高，流动资金规模扩张。FSB 认为狭义的影子银行是指能引起系统性金融风险的机构和业务，其所衍生出的期限性转换、流动性转换、高杠杆和监管套利等的风险具有巨大的威力。与标准相对宽松的金融中介论不同，风险衍生论实际上建立在金融中介论的前提之上，把能引发系统性风险的具有金融中介功能的非银行机构和业务也纳入了影子银行的范畴。

3. 监管覆盖论。该观点将机构或业务是否被纳入传统金融监管体系作为判断影子银行的首要标准。比如 Mc－Culley 认为，影子银行是指不在监管体系内的吸纳短期资金的非银行机构。美联储主席伯南克认为，影子银行是传统存款机构之外能将储蓄转化为投资但未受到监管的金融机构。荷兰中央银行界定影子银行则采用双标准，即影子银行是指未受到金融监管的金融中介。

4. 广义信贷论。依照该标准界定影子银行时，这种理论包括的范围是最宽泛的。通常认为，银行存贷业务以外的所有信用活动都属于影子银行。不受监管的金融机构和受监管金融机构的同业代付、银行所持企业债、未贴现银行承兑票据的转让等业务也都属于广义的影子银行。

（二）我国影子银行的定义[1]

学界对影子银行含义的界定难以达成统一标准，原因有以下两个方面：①目前金融创新日益蓬勃，变化愈发快速，导致影子银行始终是一个动态的概念；②因为各国的金融市场结构和监管法律政策不尽相同，其表现形式也存在不同程度的差异。但综观各国不同机构和学者对影子银行的不同界定，我们可以发现影子银行具有两个最明显的特性：一是依托资产来创造流动性以达到对

---

[1]　杨子瑶：“我国影子银行监管法律制度研究”，郑州大学 2017 年硕士学位论文。

传统宏观调控的规避；二是不受监管或监管不足，未受到狭义上的微观监管，缺乏金融安全网的保护。

在当前间接融资逐渐与直接融资相融合的大环境下，综合考虑到功能标准、监管标准和风险标准等因素，影子银行可暂时定义为：具有融通资金的信用中介功能，但没有像传统银行那样受到适度监管、可能引发系统性风险和监管套利的机构或业务。

二、影子银行的特征[1]

我国的金融市场的发展与发达国家大不相同，因此，深入分析我国影子银行特有的特征，并针对特征进行具体监管法律制度的构建是十分必要的。

（一）主体独立性低

与国际上的金融强国相比，我国资本市场仍未十分发达，影子银行最大的功能是替代银行信贷业务，靠银行进行融资。因此，我国影子银行与传统银行联系十分紧密，其存在和发展都离不开传统商行的支撑。其业务资金来源、产品出售以及流动性担保大多以银行为依托，两者等同于"母公司"与"子公司"的关系。又因为我国还没有真正意义上的对冲基金，资产证券化运作刚起步，金融衍生品的规模仍旧较小，现阶段多为传统银行设立的子公司或特殊部门在运作。除此之外，能够独立存在的民间金融机构由于受资金规模限制，至今并没有成为我国影子银行的主体。因此，主体独立性比较低是我国影子银行较为明显的一个特征。

（二）资金来源渠道多

其中一部分属于资本市场的影子银行，往往会通过融通资金来获取收益。因此影子银行能不断创造利润，成为传统信贷的有效补充，为越来越多元化的实体经济提供融资渠道，这主要源于其资金来源渠道多样。而造成影子银行资金渠道多的原因主要有以下几点：

第一，我国金融领域的法律法规针对传统银行和影子银行规定的差异，为影子银行吸收存款创造了条件。比如，银行与不具有吸收存款资格的其他的金融机构不同，其依职能吸收存款并投入不同领域内。简而言之，就是将使用存款放贷。但没有法律依据的影子银行则不同，因不具备吸收存款这项功能，其是通过改变信贷资金用途或者各式各样的投资理财工具等途径来集合资金。最终集合的资金将无法确定最后贷款人。

---

〔1〕　杨子瑶："我国影子银行监管法律制度研究"，郑州大学 2017 年硕士学位论文。

第二，银行资金转移到资产负债表外为影子银行提供了资金供给渠道。虽然我国利率市场化在 2016 年底基本已经完成，存贷款利率管制已被取消，金融机构也都拥有自主利率定价权。但在监管红线的约束下，金融机构会对自己的存贷款所得收益和风险管理与控制产生顾虑，依然会采取措施来限制中小微型企业的贷款额度。这样，即使银行手握大量存款也无法放出贷款并获取利润，从而会选择将资金转移出资产负债表，最终形成向影子银行体系的资金供给。

第三，我国影子银行充足的资金来源离不开经济新常态、人民币升值等多方的刺激。随着我国经济高速发展，拥有闲散资金的国民开始考虑如何合理理财来避免通货膨胀对财富的侵蚀，他们希望"钱生钱"。在多年以前，我们国民的投资还依赖于银行存款、股票盈利和投入房地产，可现如今，银行存款和 CPI 相比常常呈现出负的收益性，股票市场风险大且已进入严格调控期……传统投资模式已然不能满足居民的投资热情，大家开始对变化多样的影子银行产生了浓厚的兴趣，众多的资金流入影子银行，也是使其规模迅速扩大的一个原因。

（三）主战场拓展速度快

2015 年，我国资产证券化市场开始提速发展，市场发行逐渐呈现常态化趋势，创新发行行为不断涌现。在 2016 年，资产证券化市场依旧保持快速发展势头，业界呈一片看好金融创新发展前景的局面。一方面是由于备案制、注册制、试点规模扩容等利好政策的推动；另一方面，利率市场化放开存款利率和人民币国际化后境外人民币可购买境内资产证券化产品的双重催化，使资产证券化成为影子银行的主战场。对发行机构事前的审查要求降低，对投资者的判断力要求增加，出现了一批货币基金、债券市场基金代理投资者购买产品，并由互联网金融做标准化运营。相对于传统银行一站式的期限、流动性、信用的转换，影子银行维度更多，与互联网的结合可能性也就越大。

（四）系统性风险易发

我国影子银行的资金多是通过对风险高、流动性低的长期资产发行短期融资工具筹集，一旦面对挤兑时，影子银行自有资产价值严重下跌，此时必将陷入去杠杆的循环。此时可有以下两种选择：一是出售风险资产来偿还债务，这将导致资产缩水；二是再次引资来达到资本规模扩张，如此一来将会导致市场上资金难以自由流动，从而引发信贷危机。同时，影子银行的期限错配业务模式会使影子银行极易出现流动性不足，从而引发整个金融体系的流动性危机。

同时，我国长期实行利率双轨制。利率双轨制的存在会导致银行间拆借利率有时会高于信贷利率。因此，商业银行往往会采取发行理财产品和证券化的方式，将资产转移至表外，变相放贷，使银行传统信贷规模降低，以此来绕过存贷比管制，赚取更大的收益，结果就造成已有的监管法律法规没有发挥应有的作用，产生了风险。

（五）运行机制透明度差

与传统银行不同，影子银行不受《巴塞尔新资本协议》的约束，也不受强制信息披露的约束，这直接导致其运行机制透明度极差，且道德风险和逆向选择风险较大。而金融监管机构却一直以资金来源和走向明确的银行、非银行金融机构等为监管对象。影子银行由于种类繁多且各具特色，其并不当然地隶属于某一个明确的机构；同时，其资金来自民间又流于民间，如此一来，导致对原本杀伤力极强的金融监管政策"免疫"。比如，一些民间借贷组织、地下钱庄等这类的机构很少受到金融政策的管辖且其本身的存在早已经超出了法律所允许的范围，也就使得业务运行越发不透明。

三、银子银行与我国洗钱犯罪的联系[1]

我国影子银行从事类信贷业务，部分替代了商业银行间接融资功能，资金流向正规金融不能进入的领域，但其自身却又依赖商业银行提供流动性。商业银行也会利用影子银行规避监管，实现信贷业务出表。商业银行和银子银行在资金流转和风险传播上早已经密切相连。我国反洗钱监管的重点是商业银行，而与之联系密切的影子银行体系却并未受到同等程度的监管。影子银行是参与货币创造的重要主体，对其加强反洗钱监管是维护金融稳定和安全、防范洗钱犯罪的必然要求。

（一）反洗钱监管需要覆盖更广泛的金融和非金融机构

我国 2007 年颁布的《反洗钱法》中关于"金融机构"的界定包括：政策性银行、商业银行、证券公司、保险公司、信托投资公司、邮政储汇机构、期货经纪公司、信用合作社以及国务院反洗钱行政主管部门确定并公布的从事金融业务的其他机构。目前，根据中国人民银行出台的部门规章和管理办法，反洗钱责任和报告主体有所增加，将财务公司、金融资产管理公司、汽车金融公司、金融租赁公司、货币经纪公司、第三方支付机构以及从事汇兑业务、基金销售业务和支付清算业务的机构纳入反洗钱监管范围。但是，风险高、监管较少的担保公司、私募基金公司、民间借贷、网络借贷平台、典当行等尚未成为反洗钱责任主体。其他可能作为洗钱途径的现金密集型行业、贵金属交易、拍卖行、房地产经纪公司等，也不在反洗钱相关法律法规所确定的金融机构的范畴内。

---

〔1〕　储峥："影子银行、货币创造与反洗钱监管"，载《上海立信会计金融学报》2017 年第 3 期。

相比之下，美国反洗钱相关法律关于"金融机构"界定的范围就极为广泛。除银行、证券、保险、支付机构等金融机构外，被纳入反洗钱的金融机构范畴的还包括：飞机、汽车、轮船的经销商，邮政机构，房地产经纪公司，信贷机构，在美国境外经营的金融机构，期货商，典当商，地下银行系统，资金转移企业，珠宝商，旅游代理店，赌场，等等。

近年来，针对开展互联网金融业务和虚拟货币（如比特币）交易的金融和非金融机构，美国政府也加强了反洗钱监管的要求。目前我国缺乏针对影子银行业务的专门管理办法，影子银行仅仅提交大额交易报告和可疑交易报告，是远远不能满足有效防范或及时发现洗钱行为与风险的要求的。

（二）影子银行业务的客户身份识别存在漏洞

1. 客户信息难辨真伪。P2P网络借贷不需要面对面交易，服务人员无法直接接触到客户。为了使用网络借贷平台，客户在注册账户时，需要提交基本信息资料，通常包括姓名、职业、住址、单位、身份证号、联系方式、银行卡号等。借贷平台会通过联网核查对客户基本信息加以审验。但是，出于保护个人隐私、替客户保密等规定，有时难以完成信息验证。服务人员无法辨别客户是否冒用他人信息注册、一人控制多个账户等，从而难以辨别客户身份的真伪。客户可以随时随地利用互联网划转资金的模式，虽便利了交易，但也提高了在海量的交易数据中持续追踪可疑资金的难度。传统柜台交易中被用来进行可疑交易监测的签名、纸质文件、人物影像等在互联网交易中不复存在，加大了对交易主体及其交易行为的真实性进行了解的难度，难以准确评价客户风险情况，也难以了解账户真实的使用者和实际受益人。

2. 难以识别账户的实际使用人和受益人。虽然第三方支付机构是反洗钱责任主体，并且需要提交大额交易报告、可疑交易报告、跨境交易报告等，但是，由于线上交易的特点，第三方支付机构对交易双方身份信息的辨识存在难度，交易者可以完全隐匿身份信息而完成交易。即便是反洗钱监管最严格的商业银行，其手机银行、网上银行、理财产品等业务，不需要到柜台当面验证开户者和账户使用者的真实身份是否一致，借助网络就可以完成多种业务，账户实际使用人可以完全不被银行所知悉。同理，账户真实受益人的信息也难以被追踪到。根据可疑资金和账户的线索也很难调查出幕后操作者的真实身份。比如，在不少国家和地区已经发现并查处了将自己账户有偿借给别人使用并涉及洗钱行为的个人和单位的多个案例。

3. 客户实名认证的比例不高。根据《中国支付清算行业运行报告（2016）》的统计数据显示，截至2015年底，非银行支付机构开立了26.36亿个支付账户，其中完成实名认证的是13.46亿个，占总量的51%，有接近半数的账户未经过实名认证。电信运营商对手机号码、SIM 卡的发放和客户登记、变更预留手机号码时，尚未实施严格的身份识别措施，比如客户在商业银行和支付机构预留手机号码不一致的情况就较为常见。

4. 利益导向下疏于加深对客户了解。在利益驱动下，为迎合客户需求和维系客户关系，金融机构有时仅采取简化的身份识别程序，未能按照客户的风险级别，开展强化的尽职调查。有时出于维护客户隐私和吸纳客户的考虑，在完成基本的客户身份识别后，金融机构不会深入了解客户所处行业、经营状况以及资金去向，也不会进一步分析客户身份和账户资金运动是否匹配。

5. 难以准确划分客户风险等级。为提高反洗钱相关资源的使用效益，需要对客户按照行业、地区、收入、账户使用情况等信息划分风险等级。对于风险高的客户，需要投入较多反洗钱资源；反之，则可以减少资源投入，降低成本。划分客户风险等级取决于基础信息和账户信息的真实性。在无法对客户信息进行验证的情况下，就难以准确划分客户风险等级，这将导致反洗钱成本和合规风险提高，降低反洗钱的效率。

（三）难以追踪资金来源与去向

影子银行业务具有鲜明的规避监管、追逐利润的特点。影子银行的交易往往具有不透明、隐蔽性高、信息披露制度不完善的特点。以 P2P 网络借贷为例，虽然借贷平台会明确要求放款人资金的合法性，借款人资金去向应与其登记用途保持一致，但是，在实际交易中难以验证合法性和一致性。只要双方能够履行合约、平台能够获取利润就行。因此，交易平台没有动机去调查交易双方的真实身份，也不在意资金的真实去向和用途，对资金来源与去向的审核形同虚设。

影子银行业务牵涉多个参与主体，导致交易信息碎片化，这使得反洗钱责任主体很难获得完整的交易信息和记录，也难以验证交易者的身份、资金来源的合法性和追踪资金去向。

交易参与者的任何一方都无法拥有完整的交易信息和客户身份信息，使得交易记录的真实性、有效性和完整性难以保证。第三方支付机构的运营模式使得交易的信息记录被割裂成两部分，银行的信息与第三方支付机构的信息无法有效地合并利用，第三方支付机构也屏蔽了银行对资金去向的了解。这些都使得影子银行的资金来源和去向更加难以被追踪。

（四）反洗钱法的惩罚力度不具有威慑力

我国《反洗钱法》对于违法行为的处罚是：对金融机构处以最高 500 万元的罚款，同时对相关人员处以最高 50 万元罚款。无论对于金融机构还是个人而言，《反洗钱法》规定的惩罚力度很轻，不具有威慑力，在社会上也起不到警示作用。相比较而言，美国对于金融机构的洗钱行为实行了重罚。比如 2012 年，汇丰银行因未能履行反洗钱责任、未对外国代理账户持有人进行适当的尽职调查，被美国司法部罚款 19.21 亿美元。再如 2014 年，法国巴黎银行因向苏丹等被美国列为黑名单的国家转移数十亿美元，被美国司法部罚款 89.7 亿美元。还有 2015 年，德国商业银行因帮助伊朗和苏丹等受制裁的国家转移资金以及帮助日本一家公司做假账，被罚款 17 亿美元。在 2016 年，中国农业银行纽约分行因为违反纽约州的反洗钱的法规被罚款 2.15 亿美元，并且要在独立的第三方的监督下限期完成整改工作。这些案例都值得我们借鉴。

四、对影子银行加强反洗钱监管的建议[1]

1. 扩大反洗钱责任主体，出台针对影子银行业务的反洗钱相关规定。金融监管主体应将提供影子银行业务的全部金融和非金融机构纳入反洗钱责任主体之内，对大额交易、可疑交易、大额现金交易负有提交报告的责任，并要求责任主体建立相关合规部门，完善内部合规和反洗钱制度，加强内部审计监督和独立的第三方审查。针对影子银行及其业务种类，尤其是聚集了大量资金、隐蔽性好的互联网交易平台，如第三方支付机构、网络借贷平台、信托公司、表外理财产品、委托贷款等，出台专门的管理规定和管理办法，加强对于制度执行情况的检查，以加强反洗钱监管的针对性。金融监管主体根据影子银行各行业的业务特征和反洗钱履职情况，以风险为导向，采取不同的监管措施，将反洗钱监管资源重点投向风险高的领域，以提高反洗钱监管的效率。例如，对银行表外理财业务和 P2P 网络借贷平台应实施差别监管，应对 P2P 网络借贷平台加强在反洗钱方面的监管。

2. 利用大数据、区块链技术加强对客户了解和追踪资金去向。互联网已经深入到经济和社会的方方面面，生成全方位的数据。在互联网上产生的所有交易和非交易的信息，如账户注册、信息变更、转账交易、支付习惯、社会交往、购物消费等，都会产生数据并被系统保留。获得企业或者个人多方面的信息后，运用数据挖掘和分析方法，能加深对客户的了解，更深入地分析企业和客户的行为和资金运动之间是否一致，强化交易记录保管要求，及时发现可疑交易行为或者可疑资金的去向，提高反洗钱监管效率。区块链以密码学、全网共享账

〔1〕 储峰："影子银行、货币创造与反洗钱监管"，载《上海立信会计金融学院学报》2017 年第 3 期。中国人民银行海口中心支行课题组、吴崇攀："我国影子银行洗钱风险及其对策研究"，载《海南金融》2016 年第 2 期。赵亚利："影子银行洗钱类型及防范建议"，载《时代金融》2014 年第 10期。黄红星："谨防影子银行洗钱风险"，载《中国金融》2014 年第 4 期。

簿和分布式共识机制为技术核心，是不依赖任何特定的第三方中心机构运作的分布式账簿系统，具有去中心化、开放性、自治性、可靠性、匿名性的特点。区块链记录客户信息和交易情况，这些数据一经生成，不能被删除和修改。反洗钱责任主体可以通过这种方式更全面地了解客户账户的情况。监管部门也可以实时查验反洗钱责任主体是否履行了合规和反洗钱的制度的各项要求。反洗钱责任主体在区块链上可以实现交易信息的共享，既可降低独自收集信息的成本，又能提高反洗钱的资源的使用效益。同时，区块链技术使得所有交易的各个环节都不能逃离监管的范围，资金来源和去向都能够被追踪，洗钱上游犯罪产生的资金难以被洗白，切实增强了反洗钱能力。

3. 加大对违法行为的惩治力度。除了《刑法》《反洗钱法》对洗钱行为的制裁以外，应从多个方面加大对违法行为的惩治。首先，提高对单位和个人罚款的金额。其次，将单位负责人、相关官员列入黑名单，在一定年限内或者终生，该责任人不得再担任管理职务；将责任人移交司法。最后，责令涉及洗钱犯罪的单位对内部合规和反洗钱的制度限期进行整改，并要求聘请独立第三方监督报告整改的过程。

4. 加强对员工培训和对社会公众开展反洗钱宣传。反洗钱责任主体的员工都需要树立反洗钱意识，严格履行客户身份识别制度、交易报告制度，保持职业怀疑并保管交易记录。面对利用互联网等高科技手段而难以甄别的洗钱方法，反洗钱责任主体需要定期对全部员工进行反洗钱培训，提高识别和判断能力，并可将反洗钱的培训的考核成绩和员工的收入、晋升挂钩。社会公众是影子银行业务直接的参与主体，需要对他们开展合规和反洗钱相关知识的宣传和普及活动，提高反洗钱和自我保护的金融意识，金融监管主体、反洗钱专门机构和反洗钱责任主体也都有义务参与其中。比如，在反洗钱责任主体营业场所和公众场所，布置反洗钱宣传展台，放置反洗钱宣传手册，投放反洗钱宣传标语；使反洗钱宣传教育活动进入社区和高校内；在媒体上对反洗钱的犯罪案件进行剖析，加强对社会公众的警示作用；等等，这些都是一些比较有用的宣传手段。

第四节　"哈瓦拉"系统与洗钱

近年来，"哈瓦拉"一词因与洗钱等多种犯罪活动相关而不时出现在报纸和学术刊物上，尤其是"9·11"事件后，由于"哈瓦拉"被发现是"基地"等恐怖组织的一种重要融资工具，逐渐成为国际关注的热点问题，有关"哈瓦拉"

的研究和报道也开始不断增多。[1]

一、"哈瓦拉"一词的概念及历史[2]

从概念上看，"哈瓦拉"是指独立于传统银行金融渠道的社会非正规汇款系统，是社会"非正式价值转移系统"的一种。自近现代以来，以银行为代表的金融系统逐渐成为社会资金转移的主要渠道，是社会的"正统汇款系统"，银行汇票、支票、邮政汇款等早已成为人们进行资金转移和结算的主要选择。但是，在银行金融系统之外，世界上很多国家和地区还存在其他的汇款系统，如比索黑市网络、汗地等。这些非正式汇款渠道有其独特的运作机制，是一种与正规汇款系统平行的汇款系统，因而都归属社会"非正式价值转移系统"一类。"哈瓦拉"就是其中的一种，应用十分广泛，也拥有其独特的民族特色和悠久的历史。"哈瓦拉"与"地下钱庄"等概念有一定区别。"哈瓦拉"一般仅涉及钱款的转移，如果是跨国"哈瓦拉"，可能还包括货币的兑换，而"地下钱庄"的范围则包括货币的借贷、外汇的买卖等各种行为。另外，"地下钱庄"是指从事地下交易或"黑市"买卖的行为，在整个世界上基本都是非法活动，但"哈瓦拉"在一些国家地区却是合法的。

具体从事"哈瓦拉"业务的人员被称为"哈瓦拉"经纪人。[3]与现代的金融中介人、经纪商不同，在中东或南亚一些地区，"哈瓦拉"经纪人通常是路边小商店店主或地摊商贩、出租车司机等，他们在经营着自己生意的同时，还兼职着"哈瓦拉"职业。

"哈瓦拉"的历史十分悠久，起源于阿拉伯地区以及南亚次大陆，如巴基斯坦、印度等地。"哈瓦拉"产生的确切年代目前还不十分清楚，但在中东及南亚地区出现近现代的银行系统之前，"哈瓦拉"就已经成为当地社会主要的汇款方式。其实，在古代社会，阿拉伯商人为了避免"丝绸之路"上盗匪的抢劫威胁，就已经开始使用"哈瓦拉"来汇兑钱款、规避风险。比如，在1770年印度出现第一家近代银行印度斯坦银行之前，"哈瓦拉"就已经存在并广泛运营，并成为当地金融汇兑的基础设施。到了20世纪30年代，随着世界经济全球化的发展，中东和南亚地区向欧洲、美洲移民的数量不断增加，"哈瓦拉"也开始传入欧洲和美洲，并开始逐渐成为一种国际化的资金转移系统。

---

〔1〕　徐飞彪："'基地'组织洗钱系统'哈瓦拉'"，载《国际资料信息》2006年第7期。

〔2〕　徐飞彪："'基地'组织洗钱系统'哈瓦拉'"，载《国际资料信息》2006年第7期。

〔3〕　徐飞彪："'基地'组织洗钱系统'哈瓦拉'"，载《国际资料信息》2006年第7期。

二、"哈瓦拉"的运行机制[1]

"哈瓦拉"一般会在不同的国家和地区建立经营网络，同一网络的经营合作伙伴一般是建立在种族、家族血缘关系之上的，"哈瓦拉"经营者对客户来说有很高的信誉度，经营者守信用是其得以生存和发展的一个很重要的原因。与银行相比，"哈瓦拉"的操作过程不需要提供任何证明的票据，经营者与客户之间、经营合作伙伴之间都是建立在信任基础上的合作关系。"哈瓦拉"在各国都存有大量的现金，经纪人只需用电子邮件或电话的方式通知客户存入或提取款项即可，不需要真正的资金往来，因此对于企业而言，可以方便、快速地进行现金流转。举个例子来说明一下这种运作方式：一个人走到"哈瓦拉"经纪人的办公室说，我想把 10 万美元汇给某地的某个人，那个"哈瓦拉"经纪人就会同自己在那边的伙伴联系，通常是使用互联网或电话的方式来完成这种对接。这个经纪人收下客户的钱，他在另一边的伙伴就会使用自有资金把同等数额的钱交给那边前来取钱的人。交易完成以后，两地的"哈瓦拉"系统不进行资金往来，而是在累积到一定的收付总量后，双方才轧差结算支付。

三、"哈瓦拉"系统的优势[2]

"哈瓦拉"虽独立于银行体系之外，却又与银行体系有着千丝万缕的联系，同一个"哈瓦拉"网络在不同国家的经营者在进行收付总量的轧差结算时，很可能也是通过银行系统进行支付的。一些企业会在银行和"哈瓦拉"同时开设账户。"哈瓦拉"在资金流转上有很多优于银行体系的特点，主要表现在：

1. 快速。从汇款到收款只需十几分钟至几小时就可完成。

2. 方便。不需要证明文件、银行单据等繁琐的手续，可很好地满足企业、公司对大量现金流转的需求。

3. 手续费低。手续费比银行低很多，比较受中小企业的青睐。

4. 易于隐蔽资金。通过"哈瓦拉"转移资金可以很好地逃避政府各有关部门的监管。政府在发现和监管"哈瓦拉"时存在巨大的难度：①跨境汇款方式隐蔽，一般发生单笔或几笔跨境汇款时，两国的"哈瓦拉"系统不发生资金往来，这种资金调度方式不易被察觉。②经营方式也比较隐蔽，"哈瓦拉"经纪人一般只需一部电话、传真机和一个保险柜等简单装备，就可调动大数额的资金。

---

〔1〕 马东黎："非正规银行汇款方式——哈瓦拉"，载《黑龙江对外经贸》2007 年第 9 期。
〔2〕 马东黎："非正规银行汇款方式——哈瓦拉"，载《黑龙江对外经贸》2007 年第 9 期。

③一些"哈瓦拉"从业机构同时还可从事国际贸易，开设"哈瓦拉"业务的地点和其进行贸易活动的地点有很强的相关性，贸易资金与"哈瓦拉"业务资金混杂进行，以贸易作掩护来开展"哈瓦拉"跨境汇款，这就具有了很强的欺骗性。④汇款人或收款人的身份也很隐蔽，他们不需提供任何有关身份的证明文件，只要取款人能提供正确的取款暗语就能取款。

5. 利用种族、亲缘关系建立起来的"哈瓦拉"网络更易于被移民和海外劳工接受。由于语言、手续费等方面的因素，低收入的移民和海外劳工更倾向于信任本种族的人，倾向于通过这种非正规汇款服务机构来进行汇款业务办理。[1]

四、"哈瓦拉"系统的现状及危害[2]

"哈瓦拉"是现在国际上较为流行的一种非正式汇款系统，在中东、南亚国家如阿富汗、伊朗、巴基斯坦、印度等国，依然十分盛行。另外，东南亚地区如马来西亚、新加坡、印度尼西亚、菲律宾等国，以及北非、欧美等地区，"哈瓦拉"也广泛存在。

由于相当部分的"哈瓦拉"交易是为犯罪活动和恐怖活动提供服务的，具有非法性质，再加上其本身的匿名性和非正式性，因此，目前很难准确估计国际"哈瓦拉"交易额的具体数量。国际社会对当前"哈瓦拉"的世界总体发展形势估计差异很大，联合国的结论是每年2000亿美元，而世界银行和IMF的估计约为几百亿美元。例如，巴基斯坦在2000年全年的外汇总额约为60亿美元，仅有12亿美元通过正规银行系统汇入，其余基本都是通过"哈瓦拉"或其他汇款形式汇入。2002年1月，世界银行的一份报告对"哈瓦拉"汇款额占各国私人汇款总额的比例做了一个简单的估计和比较，其中，菲律宾的比例约为5%，印度尼西亚为21%，而巴基斯坦则约为50%。

从现在的情形来看，"哈瓦拉"现象还将长期存在。首先，"哈瓦拉"是历史的产物，具有一定的民族性，很难在短期内消除。在当前世界经济一体化的潮流下，各国人员的流动加速，中东、南亚、东南亚以及北非等地前往世界各地的移民增多，作为其文化与传统的一部分，"哈瓦拉"现象将随之向世界各地蔓延，并可能会在一定的条件下呈现出扩展态势。现实也表明，中东、南亚、北非的一些国家的人移民到欧洲、美国等发达国家之后，相当多的移民或入境

〔1〕 马东黎："非正规银行汇款方式——哈瓦拉"，载《黑龙江对外经贸》2007年第9期。
〔2〕 马东黎："非正规银行汇款方式——哈瓦拉"，载《黑龙江对外经贸》2007年第9期。

者仍然选择"哈瓦拉"作为其向母国汇款的主要渠道或主要手段。

"哈瓦拉"之所以盛行，还与经济因素有一定关系。它收费低廉，便捷可靠，效率也比正规汇款系统高。在一些经济比较落后的发展中国家，银行金融系统发展欠缺，居民的收入水平较低，"哈瓦拉"就作为一种重要的金融服务设施而存在。对某些国家而言，侨民通过"哈瓦拉"汇回的款项，是其重要的外汇来源和发展经济的资本。"哈瓦拉"一旦被取缔，国家经济势必受到重创。因此，这些发展中国家对"哈瓦拉"有一定的依赖性。此外，"哈瓦拉"的灵活性和匿名性，对于逃税、洗钱及进行其他非法犯罪活动的非法犯罪分子来说有着极大的吸引力。非法分子的"需求"旺盛，是"哈瓦拉"能够盛行的另一重要原因。

"哈瓦拉"在历史上具有一定的积极作用，即使在现代，对社会也仍然具有一定的正面效应，比如在一些偏远的贫穷落后地区，正规汇款系统网络无法覆盖，"哈瓦拉"系统就可作为重要的补充，并且相当部分的"哈瓦拉"运营商是合法经营，不涉及非法活动。但"哈瓦拉"的滥用也对社会带来了负面影响。[1]

第一，"哈瓦拉"的滥用助长了非法犯罪活动，会危害国家安全与稳定。"哈瓦拉"的非正式性、开放性、灵活性以及匿名性，很容易被非法分子利用。非法分子利用"哈瓦拉"可轻易地转移、隐藏、清洗以及处置非法所得。恐怖分子则可通过"哈瓦拉"筹集转移资金，购买武器，甚至招募恐怖分子。据美国"9·11"事件专门委员会调查，本·拉登及其"基地"组织在巴基斯坦、阿联酋及整个中东地区有着庞大的"哈瓦拉"网络，他们就是利用这个"哈瓦拉"系统来为"9·11"袭击提供资金的。

第二，侵蚀国家财政收入，妨害社会公平。多数国家的"哈瓦拉"都无工商登记，也不纳税，更重要的是，许多非法分子可利用"哈瓦拉"转移资金、隐匿收入，甚至进行逃税。据统计，在南亚地区，"地下经济"约占合法经济的30%~50%，而"哈瓦拉"就是一种重要的逃税手段。大量的逃税肯定会侵蚀国家的财税收入，破坏市场正常竞争规则，危害社会的公平。

第三，扰乱国家宏观经济管理，破坏社会经济秩序。"哈瓦拉"活动涉及大量的不受政府监控的经济活动以及不受统计的资金流动，尤其是外汇资金的流动，将会对政府宏观货币政策、汇率市场的平衡和外贸政策的执行方面造成极为不利的影响，从而影响外资流入，甚至国内的投资，十分不利于社会经济的发展。此外，巨额国际投机"热钱"通过"哈瓦拉"系统进出国境，还会破坏

---

〔1〕 徐飞彪："'基地'组织洗钱系统'哈瓦拉'"，载《国际资料信息》2006 年第 7 期。马东黎："非正规银行汇款方式——哈瓦拉"，载《黑龙江对外经贸》2007 年第 9 期。

社会经济的稳定，造成不良的后果。因此，"哈瓦拉"的泛滥，不利于国家宏观经济管理，也不利于社会经济的平稳发展。

五、对于监控哈瓦拉系统的小建议

当前，美国等国家已采取一定的措施进行监控，包括立法、司法、执法以及国际合作等方面的措施，并且在打击非法"哈瓦拉"方面也取得了一定成果，但收效不大，非法"哈瓦拉"问题仍然广泛存在。因此，对于非正规汇款经营，既要看到它游离于政府监管之外的风险，又要看到在市场和经济利益驱动下的生存土壤，单靠打击、封堵很难达到监管的最终目的。比如，在如何拓宽汇款渠道，引导和规范一部分非银行汇款经营者守法、有序经营方面，就十分值得深入研究。

第五节　"血钻"的简单介绍

一、"血钻"的定义

"血钻"，又称滴血钻石、冲突钻石、血腥钻石，是一种在战争区域开采并销往市场上的钻石。根据联合国的定义，冲突钻石被界定为产自获得国际普遍承认的合法政府的对立方出产的钻石。销售钻石得到的高额利润和资金往往会被投入到反政府或违背安理会精神的武装冲突当中，故而得名。

"血钻"一名起源于当年泰勒被指控用钻石交易获得的收入购买军火装备来帮助塞拉利昂叛军打仗，牵涉了许多人命。一般而言，这些组织派系都是秘密地把交易款项作为活动经费提供给暴徒的，或者作为侵略军事力量筹措资金以便发动战争。部分非政府组织还声称，冲突钻石带来的利润正是 2001 年"9·11"袭击事件的资金来源。

二、"血钻"的基本情况

在 2000 年，全球已有 150 多家组织要求建立禁止"血钻"交易的制度。全球 2/3 钻石贸易的目的地国——美国出台了《美国清白钻石贸易法案》。此后，联合国也于 2003 年 1 月启动了《金伯利进程毛坯钻石国际证书制度》，规定钻石出口国必须对出口毛坯和半成品钻石签发官方证明，进口国政府在验明出口国官方证书无误后，方可准予进口。[1] 但大赦国际等组织在 2004 年公布的研究

---

[1] 欧飒："购买'血钻'有可能在资助非洲的内战"，载《新华每日电讯》2006 年 12 月 12 日，第 3 版。

结果显示，美国和英国58％的钻石零售商并没有停止"血钻"交易。

世界宣明会表示，解决"血钻"问题并不是要抵制钻石贸易，而是要提高人们的相关意识，给钻石业者施压，以便促使其尽快解决问题。[1]同时，打击"血钻"交易不应损害非洲一些国家民众赖以为生的合法钻石贸易。需注意的是，"血钻"问题将长期存在，并将持续影响世界金融系统的健康稳定持续发展，因而"血钻"问题的解决也将会是一个持续存在的话题。

小 结

洗钱犯罪一直是刑法中犯罪率较高的一种犯罪，它的过程通常被分为三个阶段，即处置阶段、培植阶段、融合阶段。洗钱造成了极其严重的经济、安全和社会后果。洗钱为贩毒者、恐怖主义分子、非法武器交易商、腐败的政府官员以及其他罪犯的运作和发展提供了动力。洗钱变得越来越国际化，与犯罪活动有关的金融问题也由于科技的日新月异以及金融服务业的全球化而变得日益复杂。据国际货币基金组织统计，全球每年非法洗钱的数额约占世界国内生产总值的2％～5％，介于6000亿至18 000亿美元之间，且每年还在以1000亿美元的数额不断增加。

特别是在当前经济全球化、资本流动国际化的情况下，洗钱活动对国际金融体系的安全和国际政治经济秩序的危害极大。现在洗钱犯罪不仅仅是作为一种金融犯罪出现，更多的是与恐怖主义融资结合在一起，恐怖主义融资往往是为了策划、实施恐怖主义活动。自20世纪60年代以来，恐怖主义活动日益频繁，在西欧、中东、拉丁美洲和南亚等地区蔓延。恐怖主义活动严重威胁着国际社会的安全和秩序，许多国家纷纷采取对策，先后颁布了反恐怖主义的法令，建立了反恐怖部队，并加强了国际合作。中国政府加入了联合国和国际民航组织通过的反恐怖主义公约。中国政府的态度是一贯反对和谴责一切形式的恐怖主义，并且反对以恐怖主义手段进行政治斗争。反恐怖主义斗争从整体来看虽取得了不错的效果，也极大地打击了恐怖组织的嚣张气焰，但就全球的整体形势看来，恐怖主义活动仍严重威胁着人类社会的安全与世界和平，为了从源头上遏制恐怖主义活动的势头，就要切断其资金来源。

以目前全球反恐怖主义斗争的形势看来，洗钱犯罪包括其上游犯罪很有可能在以后很长的一段时间内都要与恐怖主义活动联系到一起，比如在"9·11"事件中，基地组织的资金来源就是"血钻"交易中获得的极大利润。通过研究

---

〔1〕 欧飒："购买'血钻'有可能在资助非洲的内战"，载《新华每日电讯》2006年12月12日，第3版。

探讨洗钱犯罪（包括其上游犯罪）和恐怖主义融资犯罪，不只是为了更有效地打击金融方面的犯罪，更加重要的是可以切断恐怖主义融资路径，从而有效地打击恐怖主义犯罪，维护世界的稳定与和平。

练习题

一、名词解释

1. 地下钱庄

2. 民间借贷

3. 影子银行

4. "哈瓦拉"系统

5. "血钻"

二、判断题

1. 地下钱庄在世界上一些国家和地区是合法活动。（　　）

2. 地下钱庄的发展现状呈以内陆地区为主沿海地区为辅。（　　）

3. 地下钱庄与合会的关系呈两种表现形式。（　　）

4. "影子银行"这个概念最早是在2007年由美国太平洋投资管理公司的法律执行董事提出来的。（　　）

5. "哈瓦拉"系统在世界上一些国家和地区只进行合法活动，不涉及非法活动。（　　）

三、单选题

1. 地下钱庄最早起源于我国的（　　）时期。

A. 唐代　　　　　B. 宋代　　　　　C. 明代　　　　　D. 清代

2. 地下钱庄难以遏制的原因之一是其许多证据存在于（　　）。

A. 海内　　　　　B. 海外　　　　　C. 境内　　　　　D. 境外

3. "哈瓦拉"起源于（　　）地区。

A. 阿拉伯　　　　B. 中东　　　　　C. 南亚　　　　　D. 北非

4. 下面（　　）不是"血钻"的名称。

A. 滴血钻石　　　B. 冲突钻石　　　C. 血腥钻石　　　D. 流血钻石

5. "血钻"的利润是（　　）的资金来源。

A. 孟买恐怖袭击事件　　　　　B. 东京地铁毒气事件

C. "9·11"恐怖袭击事件　　　D. 伦敦地铁爆炸案

四、多选题

1. 最常见的洗钱方法有（　　　）。

A. 基金会　　　　　B. 保险　　　　　C. 地下汇兑　　　　D. 虚假借贷

2. 地下钱庄的经营模式有（　　　）。

A. 家族型　　　　　B. 公司型　　　　　C. 网络型　　　　　D. 个人型

3. 地下钱庄的上游犯罪有（　　　）。

A. 走私罪　　　　　B. 贪污罪　　　　　C. 洗钱罪　　　　　D. 偷税漏税罪

4. 影子银行的界定标准有（　　　）。

A. 金融中介论　　B. 风险衍生论　　C. 监管覆盖论　　D. 广义信贷论

5. "哈瓦拉"系统在（　　　）地区广泛存在。

A. 南非　　　　　　B. 中东　　　　　　C. 南亚　　　　　　D. 东南亚

五、简答题

1. 地下钱庄产生及持续发展的原因有哪些？

2. 地下钱庄难以遏制的法律方面的原因有哪些？

3. 影子银行的特征是什么？

4. 影子银行与我国洗钱犯罪的联系是什么？

5. "哈瓦拉"系统的优势是什么？

六、论述题

1. 试论遏制地下钱庄发展趋势的措施（从经济和法律两个方面谈）。

2. 请提出影子银行在加强反洗钱监管方面的建议。

第三章
国际反洗钱与反恐怖主义融资组织机构

【本章导读】

★恐怖主义融资具体包括哪些行为？

★恐怖主义融资的危害是什么？

★国际上主要有哪些反洗钱与反恐怖主义融资组织机构？

★相关金融机构对于反恐怖主义融资有哪些义务？

【本章要点】

★当前国际反洗钱和反恐怖主义融资趋势。

★金融行动特别工作组的工作目标。

★金融行动特别工作组的区域性组织和合作成员。

★其他反洗钱和反恐怖主义融资组织。

第一节　当前国际反洗钱趋势[1]

一、当前国际反洗钱趋势

（一）国际反洗钱组织体系日益完善

国际上形成了许多长期性、专门性的反洗钱国际性组织——国际金融行动特别工作组（简称 FATF）、埃格蒙特集团等。

（二）地区性反洗钱组织增多

国际性反洗钱组织制定了许多反洗钱政策，但是因为各个地区存在文化上的差异，这些政策在不同地区的具体实施方式有很大的差别。因此，各地区结合本地区特点建立了许多反洗钱组织，如亚太反洗钱工作组、欧亚反洗钱和反

---

[1]　谭丽："浅论金融机构反洗钱与反恐融资的意义"，载《中国外资》2013 年第 22 期。

恐怖主义融资小组、东南非反洗钱工作组等。

（三）更多国际知名组织参与反洗钱

除了国际性和地区性的专业反洗钱组织之外，许多国际性的经济组织和政治组织也对洗钱和恐怖主义融资问题给予了高度的关注，参与到反洗钱工作领域。这些国际性组织主要包括有：国际货币基金组织、亚太经合组织、联合国毒品与犯罪办公室、世界关税组织、世界银行等。这些组织虽然不是奋战在反洗钱的第一线，但是通过课题研究、考察评估和技术援助等方式参与到反洗钱工作中，形成了国际反洗钱的一股重要力量。

（四）自律性组织加入反洗钱队伍

随着反洗钱工作的开展，各国的自律性组织也逐渐建立并主动参与到其中。反洗钱工作开始向市场自发行为过渡，而不再只是国家行政强制的被动行为。反洗钱自律性组织的典型代表是2001年在美国成立的反洗钱专家协会（简称ACAMS），现该协会已拥有上万名会员，影响力扩大到全球170多个国家和地区。此外，许多行业协会，包括英国的特许会计师协会和南非的公共会计师和审计师公会等，也纷纷发布反洗钱指南，指导行业协会的反洗钱工作。

（五）反洗钱法律制度日益完善

国际反洗钱法律制度不断扩充完善，进入了实际操作层面。各国相当重视反洗钱与反恐怖主义融资，密切关注国际反洗钱趋势并不断加强与国际反洗钱组织的合作。部分国家加入欧亚反洗钱与反恐怖主义融资小组（简称EAG），成为其正式成员，并逐步达到"40＋9条建议"中核心标准的要求。各成员国也会一直接受国际反洗钱组织对国内反洗钱工作的指导与评估，不断提高国内反洗钱合规水平，加强国内反洗钱工作实施的有效性。

反洗钱与反恐怖主义融资对于国内与国际经济安全、社会政治稳定有着重大的意义。反洗钱有利于市场经济的健康运行，打击犯罪势力，维护社会政治经济文化秩序和安全，做好反洗钱工作是国家发展经济要注意的重要部分。

二、反洗钱与反恐怖主义融资的意义

（一）反洗钱有利于市场经济的健康运行

利用各个国家法律制度的差异和监管部门监管方式的差异，洗钱罪犯投机钻营，达到隐瞒其非法所得的性质和来源的目的。这是洗钱的最常见方式之一。为了达到洗钱的目的，罪犯首要追求的并不是商业行为的合理收益，而是洗钱的便利性，这样会扰乱正常的金融市场秩序，扭曲市场利率和汇率。因此，一个国家或者地区必须要加强反洗钱工作力度，以避免金融体系被有组织犯罪所影响甚至控制，维护良好的金融秩序，以保持外国投资者的直接投资，平衡国际收支和促进经济发展。

（二）反洗钱有利于维护社会秩序和经济安全

加强反洗钱工作，有利于打击上游犯罪活动和遏制洗钱，维护正常的社会和政治秩序；有利于减少资源配置的扭曲和维持正常的经济运作，避免这些赃钱流入市场，对经济和金融体系造成大的影响和冲击。此外，反洗钱还可以减少经济犯罪和腐败行为，减轻由此造成的富人与穷人之间的两极分化。反洗钱可以促进依法致富的社会理念，有利于维护社会秩序稳定和经济安全。

（三）反洗钱有利于维护金融机构诚信及金融稳定

在国际上，与反洗钱相关的国际组织一般都认同，在反洗钱工作中，处于核心地位的应该是金融机构。由反洗钱金融行动特别工作组（简称FATF）所提出的著名的"40＋9条建议"就是一个典型，还有巴塞尔委员会的相关文件等，都反映了这一点。在金融市场，各种资金流动需要客观的载体，而金融机构就是这个载体。因此，金融机构需要严加防范，谨防沦为洗钱罪犯的洗钱帮凶而违反法律、损害诚信。因此，金融机构加强反洗钱，有利于其维护诚信、稳定经营，对保持金融市场的稳定具有相当重要的现实意义。

第二节　金融行动特别工作组[1]

一、金融行动特别工作组简介

金融行动特别工作组（The Financial Action Task Force on Money Laundering，FATF）的全称是打击洗钱金融行动特别工作组，简写为FATF，它是目前国际上影响力最大的反洗钱和反恐怖主义融资国际组织。该组织于1989年在7国集团巴黎峰会上宣布成立，属政府间国际组织，秘书处设在法国巴黎经合组织总部。到2011年午底，其成员包括34个国家和2个地区组织，以及众多观察员国家和组织，遍布各大洲主要金融中心，我国于2005年成为该组织观察员国，2007年成为正式成员。特别行动工作组的建立，其目的是应对国际上日益增长的洗钱威胁，其任务包括审查洗钱技术和趋势，设定反洗钱的方法以及在国家层面和国际层面评估反洗钱的行动效果。随着恐怖主义融资逐渐受到国际社会关注，

〔1〕　［美］理查德·普拉特（Richard Pratt）编：《反洗钱与反恐融资指南》，王燕之审校，中国金融出版社2008年版，第33～36页。

金融行动特别工作组的角色自然包括了反恐怖主义融资活动，近期它的职责还扩展到反对大规模杀伤性武器扩散的融资活动。它与其他国际组织保持着密切的合作关系，包括国际货币基金组织、世界银行和联合国。金融行动特别工作组处于反洗钱和反恐怖主义融资领域的核心，扮演多样化的角色，具体包括：监督各国引入反洗钱和反恐怖主义融资活动方法的进程，使用自我评估和更详细的多边评估。那些"非合作政府"在进行审查的时候发现它们处于巨大的道义、政治和经济压力之下，例如，奥地利最终同意禁止匿名储蓄账户的使用，这是金融行动特别工作组施压的结果。

审核洗钱活动的趋势、技术以及最新变化（每年发布特定的洗钱分类报告），使得成员国在洗钱新发现上保持一致。通过金融行动特别工作组的原则延伸，在全球建立反洗钱和反恐怖主义融资的网络。这是新成员国逐渐加入特别工作组的结果，目前也形成了一些地区性的具有金融行动特别工作组风格的团体。

对反洗钱、反恐怖主义融资活动、反大规模杀伤性武器扩散的国际标准进行定义和发布。金融行动特别工作组的核心事务是：制定反洗钱反恐怖主义融资活动、反大规模杀伤性武器扩散的建议。现在，知名的《金融行动特别工作组的建议》已经于 2012 年进行了修订并重新发布，以推动建立全球性反洗钱网络、研究制定国际反洗钱标准和推动各国落实反洗钱措施为主要工作目标，其制定发布的反洗钱《40 条建议》以及《反恐融资 9 条特别建议》已成为国际反洗钱和反恐怖主义融资实践的基本原则，得到国际货币基金组织、世界银行等国际组织和 190 多个国家和地区的承认。

二、组织制度

金融行动特别工作组在成立时指出其只是作为一个临时性机构，规定每 5 年由成员国决定其是否继续存在。在 1999 年的全体会议上，成员国（地区）同意其可以运作至 2004 年。金融行动特别工作组的主席在各成员国（地区）轮值，由轮值国政府任命高级官员担任，任期一年，首任主席为法国人。

金融行动特别工作组秘书处设在法国巴黎经合组织（简称 OECD）总部，主要职责是协助主席处理金融行动特别工作组的日常事务。

每个工作年度内，金融行动特别工作组要举行 3 次全体会议，在每年 6 月的全体会议上，金融行动特别工作组主席向大会提交年度工作报告。每年 11 月，金融行动特别工作组要召开一次专家组会议，邀请金融行动特别工作组成员的执法和监管专家及其他国家和相关国际组织代表，讨论新的洗钱方式和有效的反击措施，会议结果在次年 2 月以洗钱类型报告的形式发表。每 2 年金融行动特别工作组举行一次金融服务论坛，邀请国际组织代表和专家交流共同关心的话题。金融行动特别工作的任何决议都需要得到所有成员的一致同意。

三、工作目标

金融行动特别工作组的工作集中于实现下列三个目标：

1. 向全球所有国家和地区推广反洗钱信息。金融行动特别工作组通过扩大会员，在不同地区发展区域性反洗钱组织并与其他有关国际组织密切合作，促成全球反洗钱网络的建立。

2. 监督金融行动特别工作组成员执行《40 条建议》。所有成员通过年度自我评估和双边评估，监督各成员执行《40 条建议》的情况。

3. 关注和检讨洗钱和反洗钱措施的发展趋势。鉴于洗钱犯罪手段发展日新月异，金融行动特别工作组成员要搜集关于洗钱犯罪发展趋势的信息，以便金融行动特别工作组能够及时修改《40 条建议》，以有效控制洗钱犯罪。

四、有关成果

作为目前最为有效的反洗钱国际组织，金融行动特别工作组自成立以来，取得了一系列令人瞩目的成果。主要体现在以下三个方面：

（一）制定反洗钱《40 条建议》以及反洗钱《40 条建议审查意见》

反洗钱《40 条建议》被各个国家作为制定本国反洗钱法律体系的基础，而反洗钱《40 条建议审查意见》则为各国遵循反洗钱《40 条建议》提供了指南。

（二）《反恐怖主义融资特别建议》

该建议为在国际范围内打击恐怖主义分子的洗钱提供了建议。

（三）公布不合作国家和地区名单（简称 NCCTs）

2000 年，金融行动特别工作组公布了不合作国家和地区的 25 条标准，同年公布了第一批不合作国家和地区名单。一旦进入个合作国家和地区名单，如果不采取有效措施，该国家或地区就面临着金融行动特别工作组的反措施，在吸引外资、国家结算等方面受到限制，从而蒙受经济损失。

五、关于反洗钱《40 条建议》

1990 年，金融行动工作组发布了其第一份年报，这份现在被称为《金融行动工作组 40 条建议》的年报，就政府部门的反洗钱措施提出了诸多意见。

这 40 条建议分为三类：

1. 法律：立法部门需要创立一个全面的、反洗钱法律框架。例如，法律建议第一项是：政府应在自己的权力范围内把洗钱视作违法行为，而并非只是在洗钱与毒品交易相联系时才将其视为犯罪。

2. 金融监管：政府应如何监管其金融体系。很重要的一个例子是：政府应该要求金融机构向主管当局报告可疑活动。为此，政府需要为提供信息的企业和雇员提供安全庇护。

3. 国际合作：政府间应如何合作。例如：各国政府应当在犯罪问题上相互合作并互通信息，还应当就资产的查封、罚没和收入分配签订双边协定。

金融行动特别工作组《40 条建议》依然是一套最重要的国际反洗钱准则，在推动政府反洗钱方面起了巨大作用。2003 年 6 月，金融行动特别工作组发布了 1990 年《40 条建议》的修订稿。今天，金融行动特别工作组的成员已经涵盖了 33 个国家和地区以及几个国际政府间组织，其中包括国际性借贷组织。金融行动特别工作组每 4 年就成员执行《40 条建议》的情况互相进行评估，同时还对与其他国家合作进行国际反洗钱的情况进行评价。还有一些地区性的反洗钱金融行动工作组，像加勒比地区金融行动特别工作组，这些工作组的目标和目的是相同的。金融行动特别工作组还每年公布最新的"洗钱类型"公告，对洗钱风险和技术作出最新的评估。[1]

第三节　金融行动特别工作组的地区性组织和合作成员[2]

根据金融行动特别工作组的原则和实践，一些地区根据自身的情况建立了一些地区性组织。他们可以以观察员或合作伙伴的关系加入金融行动特别工作组，具体成员有：

一、亚太地区反洗钱集团（简称 APG）

亚太反洗钱集团成立于 1997 年，包括 41 个成员和 29 个观察员，是目前全球成员最多和覆盖区域最大的区域性反洗钱国际组织，秘书处设立在澳大利亚

---

〔1〕 "Methodology for Assessing Compliance with the FATF 40 Recommendations and FATF 9 Special Recommendations"，载金融行动工作组网，http：//www. fatf - gafi. org/publications/fatfrecommendations/documents/methodologyforassessingcompliancewiththefatf40recommendationsandfatf9specialrecommendations. html，最后访问时间：2018 年 3 月 22 日。

〔2〕 参见［英］蒂姆·帕克曼（Tim Parkman）：《精通反洗钱和反恐融资——合规性实践指南》，蔡真译，人民邮电出版社 2014 年版。

的悉尼，在区域性反洗钱工作中发挥着重要作用。中国是亚太反洗钱组织的 13 个创始成员国之一，于 2009 年 7 月恢复成员活动，并在 2012 年 7 月至 2014 年 7 月担任轮值主席。

二、加勒比地区金融行动特别工作组（简称 CFATF）

加勒比地区金融行动特别工作组是于 1989 年在巴黎成立的政府间国际组织，是目前世界上国际反洗钱和反恐怖主义融资领域最具影响力和最具权威性的国际组织之一。

三、东部和南部非洲反洗钱集团（简称 ESAAMLG）

东部和南部非洲反洗钱集团的行政中心位于坦桑尼亚达累斯萨拉姆的前蒲马大厦，于 2008 年与世界银行合作，并为处于金融情报机构早期阶段的国家组织"金融情报室工作坊"。目前成员名单如下：安哥拉、博茨瓦纳、埃塞俄比亚、肯尼亚、莱索托、马达加斯加、马拉维、毛里求斯、莫桑比克、纳米比亚、卢旺、达塞舌尔、南非、斯威士兰、坦桑尼亚、乌干达、赞比亚、津巴布韦。

四、南美洲金融行动集团（简称 GAFISUD）

2011 年 6 月 18 日至 24 日，金融行动特别工作组第二十二届第三次全会暨与南美金融行动特别工作组联合全会及工作组会议在墨西哥城举行，来自金融行动特别工作组的 36 个成员以及国际货币基金组织、世界银行等观察员的代表共 400 余人参加会议。

全会经讨论就第四轮互评估标准修订第二阶段工作结论达成了一致，主要涉及明确对受益所有人的要求、明确数据保护和隐私条款与反洗钱要求的关系、采用以风险为本的监管方法、加强对政治公众人物交易的监控、提高电汇交易透明度以及加强对恐怖主义融资和大规模杀伤性武器的扩散融资有关的定向金融制裁、金融调查、国际合作等，但在对法人和法律安排的管理问题上尚存分歧。全会决定就上述修订方案向私营部门征求意见。

全会讨论通过了关于反洗钱和反恐怖主义融资工作与普惠性金融的指引文件和清洗腐败资金、人口偷渡、海盗绑架及敲诈等三份洗钱和恐怖主义融资类型研究报告。[1]

---

〔1〕 王晓易："金融行动特别工作组（FATF）第二十二届第三次全会在墨西哥召开"，载中国网易新闻网，http://news.163.com/11/0628/17/77LF2KES00014JB5.html，最后访问时间：2018 年 3 月 20 日。

五、欧亚反洗钱和反恐融资组织（简称 EAG）

欧亚反洗钱和反恐怖主义融资组织是由白俄罗斯、印度、哈萨克斯坦、中国、吉尔吉斯斯坦、俄罗斯、塔吉克斯坦、土库曼斯坦和乌兹别克斯坦创立的金融行动特别工作组式地区组织。欧亚反洗钱和反恐怖主义融资组织内有 16 个国家，17 个国际和地区组织拥有观察员地位。

欧亚反洗钱和反恐怖主义融资组织向地区各州提供技术援助，以确保其国家反洗钱与反恐怖主义融资体系符合国际标准。除了为金融情报专家、执法机构和监督机构实施培训方案外，还协调捐助方和合作伙伴的工作，以提高其在该地区的表现。同时，欧亚反洗钱和反恐怖主义融资组织在技术援助领域，正在创建一个单一信息空间，作为参与国间互动合作的平台。[1]

六、中东北非金融行动特别工作组（简称 MENAFATF）

建立中东北非金融行动特别工作组的主要目的之一是确定与区域洗钱和恐怖主义融资有关的问题，交流这方面的经验并协调相关的区域解决办法。各国就技术援助工作组所讨论的与类型学有关的主题提出的建议以及指定相关小组在特别讲习班上收集、讨论、审查一些案例研究，将有助于查明洗钱方式和恐怖主义融资活动。

七、欧盟反洗钱和反恐融资评估专家委员会（简称 MONEYVAL）

金融行动特别工作组标准基于几个方面。他们首先重申在这一领域缔结或发表的国际文书的要求，要求各国采取立法措施，确保将资助恐怖主义罪行定为单独的犯罪，涵盖《恐怖主义融资公约》规定的所有要素，并建立机制来改变联合国安理会在这方面所作决议的要求。

总体而言，国际网络的举措与过去几年发生的事件相比，特别是在建立达埃什之后，更加关注恐怖主义和相关的恐怖主义融资。国际利益有关的工作扩大到对更多方面的关注，特别是对有关外国恐怖主义战斗人员的措施以及国家一级为支付赎金而采取的措施。

欧盟反洗钱和反恐怖主义融资评估专家委员会积极参与反恐怖主义融资的全球活动，它对成员国和领土进行评估，评估它们在这方面遵守金融行动特别

---

〔1〕 "Technical assistance and training"，载欧亚组网，http：//www.eurasiangroup.org/technical __ assis-tance.php，最后访问时间：2018 年 2 月 23 日。

工作组标准的情况，以及就特定问题开展横向研究，以增加对国家一级现有措施的了解，并发现潜在的困难。它密切监测国家一级为支付赎金而采取的措施，并参与特别组织就整体评估个别司法管辖区实施打击恐怖主义融资措施的全球性工作。此外，欧盟反洗钱和反恐融资评估专家委员会专家定期参与有关打击恐怖主义和资助恐怖主义的国际会议和讲习班。[1]

八、欧亚反洗钱与反恐怖主义融资小组（简称 EAG）

2004 年 10 月，中国与俄罗斯、哈萨克斯坦、塔吉克斯坦、吉尔吉斯斯坦、白俄罗斯共同作为创始成员国在莫斯科成立欧亚反洗钱与反恐融资小组，同时接纳格鲁吉亚、乌兹别克斯坦、乌克兰、意大利、英国、美国及金融行动特别工作组、世界银行、国际货币基金组织、集体安全条约组织、欧亚经济共同体、国际刑警组织、联合国毒品与犯罪问题办公室、上海合作组织等国家和国际组织为该组织观察员，并任命俄联邦金融监管局局长祖布科夫为该组织主席，哈萨克斯坦打击经济犯罪局第一副局长伊布赖莫夫为该组织副主席。2004 年 10 月，金融行动特别工作组正式接受欧亚反洗钱与反恐怖主义融资小组（EAG）为观察员。

2004 年 12 月，欧亚反洗钱与反恐怖主义融资小组在莫斯科举行了第一次全会，这次会议标志着该组织在开展反洗钱和反恐怖主义融资合作方面将进入实际运作阶段。会议一致同意接受摩尔多瓦、日本和德国为欧亚反洗钱与反恐怖主义融资小组新观察员，使该组织观察员达到 19 个；原则审议通过欧亚反洗钱与反恐怖主义融资小组 2005 年工作计划，并成立法律、洗钱类型研究和技术援助三个工作组；决定采用金融行动特别工作组最新版评估方法在成员国开始第一轮互评估，加快成为区域性组织（简称 FSRBs）进程；任命俄联邦金融监管局国际部副主任奥恰诺夫为欧亚反洗钱与反恐怖主义融资小组第一任秘书长；决定于 2005 年 4 月在北京召开第二次全会。据了解，欧亚反洗钱与反恐怖主义融资小组秘书处已经开始正式工作，法律、洗钱类型研究和技术援助三个工作组将于 2005 年 2 月正式运作。

九、西非政府间反洗钱组织（简称 GIABA）

西非国家反洗钱政府间行动小组是 2000 年由西非国家经济共同体（西非经

---

[1] AMMAN："Assessing terrorism – financing risks in the Jordanian non – profit sector"，载欧洲理事会网，http：//www. eurasiangrup. org/techlical – assistance. php. 最后访问时间：2018 年 4 月 3 日。

共体）国家元首和政府首脑组成的。西非政府间反洗钱组织的成立是西非经共体打击洗钱活动的重大回应和贡献。西非政府间反洗钱组织是西非经共体的一个专门机构，负责加强成员国在该地区防范和控制洗钱和恐怖主义融资的能力。除成员国外，西非政府间反洗钱组织向非洲和非洲国家以及支持其目标和行动并已申请观察员地位的政府间组织授予观察员地位。

下列组织也有资格在西非政府间反洗钱组织内获得观察员地位：签署国中央银行、区域证券交易委员会、西非经货联盟、发展银行、法国反洗钱联络委员会、非洲开发银行、联合国、联合国毒品和犯罪问题办公室、世界银行、国际货币基金组织、金融行动特别工作组、国际刑警组织、世界海关组织、英联邦秘书处和欧盟。

2007 年，埃格蒙特小组和圣多美和普林西比共和国获得观察员地位。

第四节　其他相关的国际组织[1]

一、国际国币基金组织（简称 IMF）

国际货币基金组织长期致力于反洗钱的国际合作，在"9·11"事件调查和国际合作中，它加强和扩展了这方面事务的职责，作为一个几乎全球各国都参与的合作机构（有 187 个成员），国际货币基金组织是一个共享信息和发展共同措施及政策以应对这些事务的天然平台。

国际货币基金组织还承担着对各成员国金融部门进行评估的责任，由其成员提供技术协助以增强它们金融部门的稳健性。金融部门评估规划（简称FSAP）在 1999 年建立，它与世界银行一起致力于为各成员国的金融提供综合性评估，并不针对单个金融机构。金融部门评估规划的目标是各国当局提示金融系统的脆弱性，帮助他们设计相应的应对措施以减轻这种脆弱性。国际货币基金组织和世界银行还努力发展反恐怖主义融资对策，并出版各类作者感兴趣和关注的参考指南、手册和工作论文，如关于金融情报机构的运行、法律文件的起草以及恐怖主义对金融市场的影响等。

国际货币基金组织采取一系列行动协助各国加强反洗钱和反恐怖主义融资的措施。2004 年 3 月，国际货币基金组织执行委员会同意将反洗钱和反恐怖主

---

〔1〕　参见［英］蒂姆·帕克曼（Tim Parkman）：《精通反洗钱和反恐融资——合规性实践指南》，蔡真译，人民邮电出版社 2014 年版。

义融资评估和有关的技术协助作为日常工作的一部分，并且这一工作覆盖金融行动特别工作组的所有内容。2009 年 9 月，国际货币基金组织发起了一份捐赠支持的信托基金，主要用于反洗钱和反恐怖主义融资活动的技术支持。

国际货币基金组织曾与非洲联合研究所合作，举办了为期 5 天的"打击资助恐怖主义立法起草研讨会"（简称 CFT）。讲习班于 2005 年 7 月 25 日至 29 日在突尼斯举行，并向以下国家发表演讲：吉布提埃及、厄立特里亚、埃塞俄比亚、利比亚、苏丹和突尼斯。国际货币基金组织法律部、世界银行和联合国打击毒品和犯罪问题办事处的专家提供了培训。讲习班的目的是促进分区域通过统一的恐怖主义融资立法，并协助这些国家起草自己的法律。研讨会根据 1999 年《制止恐怖主义融资国际公约》和其他相关的联合国文书向 30 名与会者提供了关于打击恐怖主义的国际标准的一般背景以及与综合打击资助恐怖主义框架各组成部分有关的现行国际法律要求，包括将资助恐怖主义行为定为刑事犯罪，以及金融部门的预防措施和其他汇款制度。与会者是在各自的中央银行和各部负责"打击资助恐怖主义立法起草研讨会"政策的政府官员，包括检察官、立法专家和金融监管者。

国际货币基金组织的法律部门已经将"打击资助恐怖主义立法起草研讨会"立法起草的技术援助作为其反洗钱和打击资助恐怖主义方案的最高优先事项之一。国际货币基金组织、世界银行和非洲开发银行于 1999 年成立了联合非洲研究所，为非洲政府官员就货币、金融、经济和发展问题提供培训。

国际货币基金组织的执行董事们普遍认为，反洗钱金融行动特别工作组提出的 40 项反洗钱建议应被视为打击洗钱的适当标准。执行董事们还一致认为，应该着手工作，确定如何调整建议书，使之成为基金组织的工作，最终编写相关的标准和守则报告（简称 ROSC）。

国际货币基金理事会在 2001 年 4 月已经展开要求的工作。例如，基金组织和世界银行的工作人员已经拟定了一套方法论草案，以评估一个国家是否遵守有关防止犯罪分子滥用金融体系的金融部门监管标准，并将这一方法应用于若干试点案例。基金组织最近还向一些希望加强反洗钱制度的国家提供技术援助。

随后发生的事件促使国家和国际层面对促进和执行反洗钱和打击资助恐怖主义法律的机制进行了重新审查。在这种情况下，基金组织也在重新考虑对这些国家努力的贡献。基金组织已经在与国际金融体系廉洁和稳定有关的领域内发挥促进作用。基金组织作为一个成员分布广泛的合作机构，是一个分享信息、制定共同问题的方法、促进理想的政策和标准的天然论坛。此外，基金组织具有开展评估的广泛经验，为金融部门提供技术援助，并对成员国的交易系统进行监督。基金的捐款可以补充特别工作组在这个领域制定标准方面的新的承诺，以及世界银行和其他金融部门的标准制定者和有关机构的新承诺。

执行董事们考虑到基金组织 2001 年 9 月 11 日事件之后打击资助恐怖主义的作用。他们强调，基金组织可以发挥关键作用打击洗钱和恐怖主义融资，作为防止金融体系滥用、保护和加强国际金融体系完整性的国际努力的一部分。许多国家和国际机构正在重新审视如何推动和执行这些领域的法律。在这方面，人们普遍认为，基金需要加强对这些国际努力的贡献，同时考虑到其任务和专门知识，并与世界银行和其他国际机构密切合作，以避免重复工作。

国际货币基金组织确认了执行董事会在 2001 年 4 月 13 日总结中所采取措施获得的进展，以加强基金组织在反洗钱领域的作用。执行董事们指出：

1. "反洗钱方法学文件"已经编制完成并发表，征求意见正在试行。

2. 正在与特别工作组进行工作，以将特别工作组的建议修改为过渡性公约守则的程序，并检讨和更新建议书。

3. 反洗钱的技术援助已加强，在某些情况下已扩展至包括金融情报单位。

在审议基金组织如何扩大其活动以限制金融系统用于资助恐怖主义并使其反洗钱工作更有效时，执行董事们强调，基金组织参与这些领域应符合其任务和核心领域的专业知识，认识到没有任何一个机构能够独立解决问题，他们强调，基金组织应采取尊重其他有关机构的专门知识、范围和任务，进行协作，并明确所涉及各机构的作用。执行董事们重申，基金组织的主要努力应该是评估遵守财务监督原则和提供相应的技术援助。

执行董事们普遍认为，工作人员文件中的一套措施是基金组织对基金组织面临的挑战作出的适当回应，其方式与基金的任务规定和现行做法一致。董事们特别支持：将基金组织的参与范围从反洗钱扩大到旨在打击恐怖主义融资的努力；扩大联合基金和世界银行反洗钱方法文件的技术援助，包括与反恐怖主义融资有关的方面。此外，执行董事们指出，有效执行财务监督原则取决于健全的法律框架和其他体制结构。因此，大多数董事认为将反洗钱方法的范围扩大到法律和制度问题是适当的。部分董事认为，方法文件应最终涵盖所有特别工作组的建议，包括最初的 40 项（经修订的）和有关反恐资助的 9 项附加建议。加强基金组织与金融行动特别工作组的合作，开展适应性评估程序，以符合"标准工作文件"活动的统一性、自愿性和合作性，并协助修改金融行动特别工作组 40 条建议书；增加相关的基金技术援助，但是避免将技术援助资源转用于传统用途来纠正各国反洗钱的缺陷。

二、巴塞尔银行监管委员会（Basel）

巴塞尔银行监管委员会（Basel Committee on Banking Supervision）简称巴塞尔委员会（Basel），巴塞尔银行监管委员会原称银行法规与监管事务委员会，是由美国、英国、法国、德国、意大利、日本、荷兰、加拿大、比利时、瑞典十大工业国的中央银行于1974年底共同成立的，作为国际清算银行的一个正式机构，以各国中央银行官员和银行监管当局为代表，总部在瑞士的巴塞尔。每年定期集会4次，并拥有近30个技术机构，执行每年集会所订目标或计划。委员会形成了广泛的监管标准和指南，并向各主管当局推荐最佳的实践经验，以帮助它们通过详细的安排（法律的或其他的安排）实现适合自己国情的监管标准。它的主要指导性文件覆盖领域包括支付透明度、账户设立、客户审核、客户尽职调查和国际合作。

（一）组织发展

巴塞尔委员会本身不具有法定跨国监管的权力，所作结论或监管标准与指导原则在法律上也没有强制效力，仅供参考。但因该委员会成员来自世界主要发达国家，影响大，一般仍预期各国将会采取立法规定或其他措施，并结合各国实际情况，逐步实施其所制定的监管标准与指导原则，或实务处理相关建议事项。在"国外银行业务无法避免监管"与"适当监管"原则下，消灭世界各国监管范围差异是巴塞尔委员会运作追求的目标。

巴塞尔委员会制定了一些协议、监管标准与指导原则，如《关于统一国际银行资本衡量和资本标准的协议》《有效银行监管核心原则》等。这些协议、监管标准与指导原则统称为巴塞尔协议。这些协议的实质是为了完善与补充单个国家对商业银行监管体制的不足，减轻银行倒闭的风险与代价，是对国际商业银行联合监管的最主要形式。这些文件的制定与推广，对稳定国际金融秩序起到了积极作用。

除核心原则外，委员会还制定了评估各项原则达标情况的详细指导文件，即核心原则评估方法，该文件1999年第一次发布。2004年6月，巴塞尔银行监管委员会公布了《新资本协议》框架。据调查，有88个非巴塞尔银行监管委员会的国家（或地区），包括非洲、亚洲、加勒比海地区、拉丁美洲、中东和非巴塞尔监管委员会的欧洲国家（或地区）准备实施新资本协议，而且大部分国家也制定了在2009年前实施新资本协议的规划。加上巴塞尔委员会成员国，计划实施新资本协议的国家已超过100个。从1979年开始，由巴塞尔银行监管委员会牵头举办国际银行监督官大会，它是多边银行监管论坛，每2年举行一次，旨在促进各国（地区）银行监管当局的交流和合作。

各国的代表机构为中央银行，如果中央银行不负责银行业的审慎监管，则该国的银行监管当局也可以是代表机构。

（二）主要宗旨

需要强调的是，委员会并不具备任何凌驾于国家之上的正式监管特权，其文件不具备亦从未试图具备任何法律效力。不过，它制定了许多监管标准和指导原则，提倡最佳监管做法，期望各国采取措施，根据本国的情况，通过具体的立法或其他安排予以实施。委员会鼓励采用共同的方法和共同的标准，但并不强求成员国在监管技术上的一致。

提到银行监管，就不能不提到巴塞尔委员会。巴塞尔委员会是 1974 年由十国集团中央银行行长倡议建立的一个由中央银行和银行监管当局为成员的委员会，主要任务是讨论有关银行监管的问题。成员国家包括比利时、加拿大、法国、德国、意大利、日本、卢森堡、荷兰、瑞典、瑞士、英国和美国。巴塞尔委员会的办公地点设在国际清算银行的总部所在地瑞士的巴塞尔。巴塞尔委员会被广泛视为银行监管领域的首要国际组织。该委员会的主要宗旨在于交换各国的监管方面的信息、改善国际银行业务监管技术的有效性、建立资本充足率的最低标准及研究在其他领域确立标准的有效性。需要强调的是：巴塞尔银行监管委员会每年举办 3 ~ 4 次会议，几乎所有的委员会会议均在瑞士巴塞尔举行。设在巴塞尔的国际清算银行为委员会提供秘书处，除承担巴塞尔委员会的秘书工作外，它还可以随时为所有国家的监管当局提供咨询，并受邀为地区性监管组织和其他官方机构自己组织的培训班授课。

（三）任务

委员会的一项重要任务是堵塞国际监管中的漏洞，它遵循着两项基本原则：①没有任何境外银行机构可以逃避监管；②监管应当是充分的。另外，委员会把主要精力投入在资本充足性的研究之上。为了强化国际银行系统的稳定性，消除因各国对资本充足率要求不同而产生的不平等竞争，经十国集团中央银行行长理事会批准，委员会于 1988 年 7 月公布了著名的《巴塞尔资本协议》，其中提出了统一的风险加权式资本衡量标准，并规定最迟于 1992 年年底开始实施。

此后，委员会又多次发布资本协议的补充及修正协议，不断对该体系加以完善，逐步将结算风险和市场风险等纳入资本衡量系统。自 1998 年以来，这一协议不仅为各成员国所采用，而且实际上已为几乎所有拥有国际性银行的其他国家所采用。

（四）协议

1974 年 9 月由国际清算银行发起，美国、英国、法国、德国、意大利、日本、荷兰、加拿大、比利时、瑞典十国集团及中央银行监督官员在巴塞尔开会，讨论跨国银行的国际监督与管理问题，自此形成了一系列的文件。

1.《1975 年协议》（《库克协议》）。该协议对海外银行监管责任进行了明确的分工，监管的重点是现金流量与偿付能力，这是国际银行业监管机关第一次联合对国际商业银行实施监管。此外，该协议提出两个值得注意的问题：一是特定的国际银行集团的结构问题对具体监管的影响；二是强调监管当局之间信息交流的重要性。

2.《1983 年协议》。由于各国的监管标准存在较大差异，东道国与母国之间监管的责任划分在实际适用上也存在不同意见，致使 1975 年协议的弱点充分暴露。为此，巴塞尔委员会于 1983 年 5 月对该协议进行修订。该协议的两个基本思想是：一是任何海外银行都不能逃避监管；二是任何监管都应恰如其分。该协议对 1975 年协议的多数原则都进行了更加具体的说明。

3.《1988 年协议》。该协议全称为《巴塞尔委员会关于统一国际银行资本衡量和资本标准的协议》。该协议中的衡量标准和资本水平的规定，是为了通过减少各国规定的资本数量差异，以消除银行间不公平竞争。同时，委员会认为资本比率的高低又直接影响各跨国银行的偿债能力。《1988 年协议》比《1975 年协议》和《1983 年协议》中关于东道国和母国联合监管国际银行的协议又前进了一大步。因为，通过对资本充足率的规定，银行业监管机关可以加强对商业银行资本及风险资产的监管，也对衍生工具市场的监管有了量的标准。《1988 年协议》的基本内容由四个方面组成：资本的组成；风险加权制；目标标准比率；过渡期和实施安排。

4. 1992 年 7 月声明。该声明是巴塞尔银行监管委员会针对国际商业信贷银行倒闭给国际银行业监管带来的教训而作的。声明中设立了对国际银行的最低监管标准，使得各国银行监管机关可以遵循这些标准来完成市场准入、风险监管、信息取得的要求。具体内容包括：①所有国际银行集团和国际银行应该由本国有能力行使统一监管的机构所监管。②建立境外机构应事先得到东道国监管机构和银行或银行集团母国监管机构的同意。③东道国监管当局拥有向银行或银行集团母国监管当局索取有关跨国分支机构信息的权力。④如果东道国监管当局认为，要求设立机构的一方在满足以上几个最低标准方面不能使其满意，从达到最低标准的谨慎性考虑，该监管当局可以采取必要的限制措施，包括禁止设立该机构。

（五）核心原则

核心原则是良好监管实践的最低标准，适用于世界各国。核心原则和评估方法制定为强化国际金融体系做出了贡献。不论是发展中国家还是发达国家，银行体系存在的问题会给一国和全球的金融稳定造成威胁。委员会认为，在世界各国实施核心原则将有助于大大提高国内外金融稳定，并为强化有效的监管体系奠定很好的基础。巴塞尔核心原则包括有效监管体系应遵循的 25 条原则，这些原则总体上可划分为七个方面的内容：①目标、独立性、权力、透明度和合作（原则1）；②许可的业务范围（原则2～5）；③审慎监管规章制度（原则6～18）；④持续监管的各种方法（原则19～21）；⑤会计处理与信息披露（原则22）；⑥监管当局的纠正及整改权力（原则23）；⑦并表及跨境监管（原则24～25）。各类原则的具体内容如下：

原则1：目标、独立性、权力、透明度和合作。有效的银行监管体系要求每个银行监管机构都有明确的责任和目标。每个监管机构都应具备操作上的独立性、透明的程序、良好的治理结构和充足的资源，并就履行职责情况接受问责。适当的银行监管法律框架也十分必要，其内容包括对设立银行的审批、要求银行遵守法律、安全和稳健合规经营的权力以及监管人员的法律保护。另外，还要建立监管当局之间信息交换和保密的安排。

原则2：许可的业务范围。必须明确界定已获得执照并等同银行接受监管的各类机构允许从事的业务范围，并在名称上严格控制"银行"一词的使用。

原则3：发照标准。发照机关必须有权制定发照标准，有权拒绝一切不符合标准的申请。发照程序至少应包括审查银行及其所在集团的所有权结构和治理情况、董事会成员和高级管理层的资格、银行的战略和经营计划、内部控制和风险管理，以及包括资本金规模在内的预计财务状况；当报批银行的所有者或母公司为外国银行时，应事先获得其母国监管当局的同意。

原则4：大笔所有权转让。银行监管当局要有权审查和拒绝银行向其他方面直接或间接转让大笔所有权或控制权的申请。

原则5：重大收购。银行监管当局有权根据制定的标准审查银行大笔的收购或投资，其中包括跨境设立机构，确保其附属机构或组织结构不会带来过高的风险或阻碍有效监管。

原则6：资本充足率。银行监管当局必须制定反映银行多种风险的审慎且合适的最低资本充足率规定，并根据吸收损失的能力界定资本的构成。至少对于国际活跃银行而言，资本充足率的规定不应低于巴塞尔协议的相关要求。

原则7：风险管理程序。银行监管当局必须满意地看到，银行和银行集团建立了与其规模及复杂程度相匹配的综合的风险管理程序（包括董事和高级管理层的监督），以识别、评价、监测、控制或缓解各项重大的风险，并根据自身风险的大小评估总体的资本充足率。

原则8：信用风险。银行监管当局必须满意地看到，银行具备一整套管理信用风险的程序；该程序要考虑到银行的风险状况，涵盖识别、计量、监测和控制信用风险（包括交易对手风险）的审慎政策与程序。这应包括发放贷款、开展投资、贷款和投资质量的评估，以及对贷款和投资的持续管理。

原则9：有问题资产、准备和储备。银行监管当局必须满意地看到，银行建立了管理有问题资产、评价准备和储备充足性的有效政策及程序，并认真遵守。

原则10：大额风险暴露限额。银行监管当局必须满意地看到，银行的各项政策和程序要能协助管理层识别和管理风险集中；银行监管当局必须制定审慎限额，限制银行对单一交易对手或关联交易对手集团的风险暴露。

原则11：对关联方的风险暴露。为防止对关联方的风险暴露（表内外）所带来的问题并解决利益冲突问题，银行监管当局必须规定，银行应按商业原则向关联企业和个人发放贷款；对这部分贷款要进行有效的监测；要采取适当的措施控制或缓解各项风险。冲销关联贷款要按标准的政策和程序进行。

原则12：国家风险和转移风险。银行监管当局必须满意地看到，银行具备在国际信贷和投资中识别、计量、监测和控制国家风险和转移风险的有效政策和程序，并针对这两类风险建立充足的准备和储备。

原则13：市场风险。银行监管当局必须满意地看到，银行具备准确识别、计量、监测和控制市场风险的各项政策和程序；银行监管当局应有权在必要时针对市场风险暴露规定具体的限额或具体的资本要求。

原则14：流动性风险。银行监管当局必须满意地看到，银行具备反映银行自身的风险状况的管理流动性战略，并且建立了识别、计量、监测和控制流动性风险及日常管理流动性的审慎政策和程序。银行监管当局应要求银行建立处理流动性问题的应急预案。

原则15：操作风险。银行监管当局必须满意地看到，银行应具备与其规模及复杂程度相匹配的识别、评价、监测和控制或缓解操作风险的风险管理政策和程序。

原则16：银行账户利率风险。银行监管当局必须满意地看到，银行具备与该项风险的规模及复杂程度相匹配的识别、计量、监测和控制银行账户利率风险的有效系统，其中包括经董事会批准由高级管理层予以实施的明确战略。

原则17：内部控制和审计。银行监管当局必须满意地看到，银行具备与其业务规模和复杂程度相匹配的内部控制。各项内部控制应包括对授权和职责的明确规定，银行做出承诺，付款和资产与负债账务处理方面的职能分离，上述程序的交叉核对，资产保护，完善独立的内部审计，检查上述控制职能和相关法律、法规合规情况的职能。

原则18：防止利用金融服务从事犯罪活动。银行监管当局必须满意地看到，银行具备完善的政策和程序，其中包括严格的"了解你的客户"的规定，以促进金融部门形成较高的职业道德与专业水准，防止不法分子有意、无意地利用银行从事犯罪活动。

原则19：监管方式。有效的银行监管体系要求监管当局对单个银行、银行集团、银行体系的总体情况以及银行体系的稳定性有深入的了解，工作重点放在安全性和稳健性方面。

原则20：监管技术。有效的银行监管体系应包括现场检查和非现场检查。银行监管当局必须与银行管理层经常接触。

原则21：监管报告。银行监管当局必须具备在单个和并表基础上收集、审查和分析各家银行的审慎报告和统计报表的方法。监管当局必须有手段通过现场检查或利用外部专家对上述报表独立核对。

原则22：会计处理和披露。银行监管当局必须满意地看到，银行要根据国际通用的会计政策和实践保持完备的记录，并定期公布公允反映银行财务状况和盈利水平的信息。

原则23：监管当局的纠正和整改权力。银行监管当局必须具备一整套及时采取纠改措施的工具。这些工具包括在适当的情况下吊销银行执照或建议吊销银行执照。

原则24：并表监管。银行监管的一项关键内容就是监管当局对银行集团进行并表监管，有效地监测并在适当时对集团层面各项业务的方方面面提出审慎要求。

原则25：母国和东道国的关系。跨境业务的并表监管需要母国银行监管当局与其他有关监管当局，特别是东道国监管当局之间进行合作及交换信息。银行监管当局必须要求外国银行按照国内银行的同等标准从事本地业务。

只要各项主要目标能够实现，核心原则对不同的监管方式持中性的态度。核心原则无意覆盖各类体系的不同需求和不同情况。相反，各国的特殊情况应在评估时通过评估人员与本国监管当局之间的对话被适当考虑。各国应对辖区内所有银行实施核心原则。各国可超越核心原则以求达到最佳监管实践的要求，特别是市场和银行发达的国家更加如此。提高核心原则的达标程度，有助于提高整个金融体系的稳定性。然而，这并不一定能够确保金融体系的稳定，也不会因此就避免单个银行的倒闭。银行监管不能也不应该确保所有的银行都不倒闭。在市场经济中，倒闭是承担风险的内容之一。委员会鼓励各国在会同其他监管部门及有关各方的配合下落实核心原则。委员会希望国际金融组织和捐助机构利用核心原则帮助各国强化监管工作。在监测各项银行审慎标准的实施方面，委员会将继续加强与国际货币基金组织和世界银行的合作。委员会还将继续加强与非十国集团国家监管当局的合作。

（六）成员国

巴塞尔协议是国际清算商业银行成员（包括美国、英国、法国、德国、意大利、日本、荷兰、比利时、加拿大、瑞典、卢森堡、瑞士）中央银行在瑞士的巴塞尔达成的若干重要协议的总称。

1975年2月，来自比利时、加拿大、法国、德国、意大利、日本、卢森堡、荷兰、瑞典、瑞士、英国和美国的十国集团（Group of 10，简称G10）代表在瑞士巴塞尔聚会，商讨成立了巴塞尔银行监管委员会。

巴塞尔委员会成立的最初目的是通过各成员向委员会派驻代表、各国代表每年定期召开3~4次会议的方式，为各国金融监管者提供交流共享信息和观点的平台，通过签署各种合作协议达到促进银行监管国际合作、降低银行运作风险和维护全球金融稳定的目的。尽管巴塞尔委员会并不拥有超越各国主权的监管特权，其公布实施的各项协议文件也并不具备法律约束力，但是在巴塞尔委员会成立至今的三十多年里，其提倡的监管标准和指导原则在国际银行业中得到广泛应用，大大提高了各国商业银行的风险管理能力。

2009年3月16日，巴塞尔委员会决定吸收澳大利亚、巴西、中国、印度、韩国、墨西哥和俄罗斯为该组织的新成员。

2009年6月10日，巴塞尔委员会邀请二十国集团（Group of 20，简称G20）中的非巴塞尔委员会成员、新加坡以及中国香港加入委员会。新加入巴塞尔委员会的G20成员包括阿根廷、印度尼西亚、沙特阿拉伯、南非和土耳其。至此，巴塞尔委员会的成员扩展到世界上27个主要国家和地区，包括阿根廷、澳大利亚、比利时、巴西、加拿大、中国、中国香港、法国、德国、印度、印度尼西亚、意大利、日本、韩国、卢森堡、墨西哥、荷兰、俄罗斯、沙特阿拉伯、新加坡、南非、西班牙、瑞典、瑞士、英国、美国和土耳其。

三、埃格蒙特集团（Egmont Group）

埃格蒙特集团成员包括一百多个国家的金融情报中心。负责颁布与各国金融情报中心相关的解释、指引、最优做法、倡议声明和指南等文献，给各国金融情报中心的建设和国际交流指明方向，为世界金融情报网络的完善奠定基础。埃格蒙特集团于1995年建立，其目标在于便利国际合作和支持"9·11"事件后各国建立的金融情报机构。各国金融情报机构可以通过埃格蒙特集团组织的论坛提高它们在反洗钱领域的能力。任何金融情报机构都需要遵守的埃格蒙特集团的标准，由一个全国性的中央机构负责接收披露的金融信息，分析这些信息并将这些信息恰当地传播给主管当局。

（一）组织

埃格蒙特集团是由 155 个金融情报机构（简称 FIU）组成的联合机构。埃格蒙特集团为打击洗钱和反恐怖主义融资、安全交流专业知识和金融情报提供了一个平台。这一点特别重要，因为金融情报机构具有独特的地位，能够合作和支持国家和国际的反恐怖主义融资，并且是全球反洗钱和打击恐怖主义融资（AML/CFT）在国内和国际共享金融信息的可信关口和标准。埃格蒙特集团要求其成员必须严格符合其定义的金融情报机构，并且必须经过一套金融情报机构认证程序的审核才能加入。2006 年，埃格蒙特集团有 101 个活跃的金融情报机构成员。

（二）目的

该集团制定的《关于金融情报中心的说明》奠定了开展反洗钱国际信息交流与合作的行为准则，卓有成效地开拓了反洗钱国际信息交流渠道。埃格蒙特集团继续支持其国际合作伙伴和其他利益相关方的努力，落实联合国安理会、二十国集团财长和金融行动特别工作组的决议和声明。埃格蒙特集团能够通过提高利益相关者对金融与投资风险的理解，为成员国金融情报机构的工作增添价值。该组织能够借鉴运营经验，为政策考虑提供信息，包括反洗钱与反恐怖主义融资的实施，埃格蒙特集团是国际反洗钱和反恐怖主义融资机构的业务部门。

埃格蒙特集团认识到分享金融情报至关重要，已经成为国际反洗钱和反恐怖主义融资工作的基石。世界各地的金融情报机构都有义务遵守国际反洗钱与反恐怖主义融资的标准、交换情报和参与国际合作。作为一个国际金融情报论坛，埃格蒙特集团在其成员金融情报机构中促进和提示了这一点。

四、沃尔夫斯堡集团（The Wolfsberg Group）

沃尔夫斯堡集团是由 11 家全球性银行组成的协会，旨在针对客户性质评估、反洗钱和打击恐怖主义融资政策制定金融服务业标准。集团成员包括花旗银行、西班牙国家银行、三菱东京日联银行、巴克莱银行、瑞士瑞信银行、德意志银行、高盛集团、汇丰银行、摩根大通银行、法国兴业银行以及瑞士联合银行。

沃尔夫斯堡集团是多家全球银行的联盟，其目标是发展"了解客户"的金融服务行业标准，以及反洗钱和反恐怖主义融资的措施。在一系列洗钱丑闻发生后，集团于 2000 年在东北部瑞士的沃尔夫斯堡起草了私人银行反洗钱的原则，2000 年 10 月发布《沃尔夫斯堡私人银行反洗钱原则》（2005 年 2 月进行了修订）。自此以后，集团发布了相关领域一系列规章，包括恐怖主义融资（2002 年 1 月），代理银行（2002 年 11 月），监控、筛选和搜寻（2003 年 9 月发布，2009 年修订），基于风险的方法（2006 年 6 月）。集团还发布特别事务问答手册，包括实益拥有人、政治公共人物和金融中介。

五、国际保险监管协会（简称 IAIS）

国际保险监管协会是保险业监管的重要国际组织，成立于 1994 年，现有成员包括 180 个国家的保险监管组织。1999 年以来，国际保险监管协会开始吸收保险专家作为观察人员，目前已有超过 100 个代表着行业协会、专家协会、保险和再保险机构、咨询组织和国际金融组织的观察员。国际保险监管协会负责更新国际保险准则、提供保险培训、支持保险监管、为监管人员安排年会等。

（一）合作单位

国际保险监管协会与其他金融立法部门和国际组织紧密合作以保证金融稳定。国际保险监管协会每年举办会议，与会的监管人员、企业代表与其他专家们共同探讨保险业发展与保险法规等相关议题。

（二）成效

国际保险监督官协会成立以来，在制定全球保险监管标准、改善跨行业的监管、推动保险监管国际规则的执行等方面取得了明显成效。

1. 研究制定偿付能力与会计核算标准。
2. 加强监管信息交流，在国际论坛发挥积极作用。
3. 推动并监控保险监管国际规则的执行。
4. 加强与其他国际金融和监管机构的联系和交流。

六、国际证监会组织（简称 IOSCO）

国际证监会组织也称证券委员会国际组织，是国际各证券暨期货管理机构所组成的国际合作组织。国际证监会组织总部设在西班牙马德里市，正式成立于 1983 年，其前身是成立于 1974 年的证监会美洲协会。中国证监会于 1995 年加入该组织，成为其正式会员。国际证监会组织现有 193 个会员机构，其中包括 110 个正式会员，11 个联系会员和 72 个附属会员。

（一）组织结构

各成员组织通过交流信息，促进全球证券市场的健康发展；协同制定共同的准则，建立国际证券业的有效监管机制，以保证证券市场的公正有效；共同遏止跨国不法交易，促进交易安全。

该组织下设主席委员会、四个地区常设委员会（亚太、欧洲、美洲和非洲与中东地区委员会）、执行委员会（下设技术市场委员会和新兴市场委员会）、秘书长和咨询委员会。其中，执行委员会是证监会国际组织的日常管理委员会，执行委员会由 12 个正式会员及 4 个区域委员会各一名代表组成，委员任期 2 年。秘书长负责日常事务，由执行委员会提名、主席委员会任命，任期为 3 年，服从于执行委员会并接受执行委员会主席的直接领导。咨询委员会由全部 45 个附属会员组成，附属会员多为各重要的证券交易所、金融机构或金融公司。我国的上海证券交易所、深圳证券交易所于 1996 年 9 月加入其咨询委员会。国际证监会组织每年召开一次大会。

（二）重要组成

国际证监会组织作为专业性国际组织，强调非政治原则。所有会议在举办时不悬挂国旗、不奏国歌。国际证券交易所联合会（简写为 FIBV）成立于 1961 年，永久会址设在巴黎，其前身是 1957 年欧盟共同体 8 个成员成立的"欧洲证券交易所协会"，随着伦敦及其他证券交易所的加入，1961 年该协会重组为"国际证券交易所联合会"，1966 年和 1970 年纽约和东京证券交易所分别加入该协会后，该联合会成为世界主要证券交易所的国际性组织，国际证券交易所联合会对会员的市场规模、法制化建设等方面都有严格的要求，因此取得国际证券交易所联合会会员资格，被各国证券监管机构及市场参与者作为其证券市场达到国际认可标准的认同。国际证券交易所联合会的宗旨是：促进成员之间的紧密合作；为跨国证券交易和公开发售建立统一标准；宣传交易所在整个监管体系中的重要性；支持新兴市场的发展，使之最后达到国际证券交易所联合会的会员标准；促进全球证券市场规范化的进程。国际证券交易所联合会的决策机构为执行委员会，负责政策拟定、专案选定、会员大会准备及主要管理上的决策，14 位执行委员会成员采用轮流制，2 年一任，依地区代表性和综合考虑发达市场与新兴市场而定，但纽约、伦敦、巴黎、东京、德国证券交易所是永久会员。会费的缴纳依各交易所的中值及交易值的综合排行大小收取。

（三）对打击洗钱与恐怖主义融资的作用

国际证监会组织为打击国际证券与期货领域的各种违法犯罪行为制定了有关准则和指南，并推动各国和地区联合打击这些违法犯罪行为，对遏止和惩治证券期货欺诈违法犯罪活动的国际合作起到了巨大的推动促进作用。

1. 国际证监会组织先后通过、制定和发布了《关于相互协助的决议》（1986 年 11 月）、《关于合作的决议》（1989 年 6 月）、《关于跨境证券、期货欺诈问题的决议》（1993 年 10 月）、《保障被诈骗的投资者的权益及资产的跨境措施》（1996 年 6 月）、《为加强执行证券期货法规而订立备存纪录、信息收集、执法权力及相互协作原则的决议》（1997 年 11）、《查处市场操纵行为》（2000 年 5 月）、《内幕交易：各国（地区）怎样对它进行监管》（2003 年 5 月）等一系列文件，以加强对跨境证券、期货违法犯罪行为的监管与打击。

2. 针对网上证券欺诈行为日益增多的情况，国际证监会组织（简称 IOSCO）分别于 1998 年 9 月、2001 年 6 月和 2003 年 10 月发布了三份《关于网上有价证券活动的报告》，上述三份《关于网上有价证券活动的报告》均对遏制和打击网络证券欺诈行为提出了诸多建议与对策，有力地推动了对网络证券欺诈的国际监管合作与协调。

3. 在 2002 年 5 月召开的第 27 届年会上，国际证监会组织（简称 IOSCO）通过了《主席委员会关于 IOSCO 多边谅解备忘录的决议》，并正式发布了《关于磋商、合作和信息交流多边谅解备忘录》（以下简称《多边备忘录》）。《多边备忘录》可以使一国（地区）证券监管机构免去签署多个双边备忘录的麻烦，一国（地区）的证券监管机构一旦成为《多边备忘录》的签字方，等于同时跟同为签字方的其他几十个司法管辖区的监管机构签订了内容相同的双边合作备忘录。《多边备忘录》是各国（地区）证券监管机构之间首次签订的同类国际性多边安排，给反证券欺诈国际合作搭起了一座重要的桥梁，《多边备忘录》将大大促进所有签署机构之间对证券欺诈行为的监管合作与协调。

七、世界银行（World Bank）

世界银行是世界银行集团的简称、国际复兴开发银行的通称，是联合国经营国际金融业务的专门机构，同时也是联合国的一个下属机构。由国际复兴开发银行、国际开发协会、国际金融公司、多边投资担保机构和国际投资争端解决中心五个成员机构组成，其成立于 1945 年，1946 年 6 月开始营业。

世界银行和国际货币基金组织的使命有根本的不同。尽管如此，这两个组织在反洗钱方面有相同的目标——打击资助恐怖主义活动。世界银行的基本使命是在全世界与贫困作斗争。世界银行通过提供帮助各国加强发展贷款和机构能力建设方面的技术援助贷款来改善基础设施。世界银行的使命包括提供资源、共享知识和在公共和私营部门间建立伙伴关系，国际货币基金组织的使命是监督宏观经济和维持世界各地的金融稳定。

建立或改善国家体制框架的第一步是反洗钱和打击资助恐怖主义，目的是提高国家领导层的认识水平。关于这个问题，世界银行帮助展示对这个国家未来的影响，分享其他国家的经验，并通报国家关于可用资源和援助。为了这个目标，世界银行和国际货币基金组织已经建立了一系列的地区政策，尤其在反洗钱与打击恐怖主义融资方面。国家的银行和基金组织的工作人员、金融行动特别工作组地区机构、区域开发银行和其他国际组织通过交互式视频会议实现组织成员国在特定的地理区域内为政府官员提供服务。

世界银行正在整合金融部门评估的结果，计划纳入更广泛的发展措施考虑，在"国家援助战略"中列出了优先事项，世界银行对特定国家的三年计划与该国政府进行磋商。在对金融部门评估的结果计划进行系统评估之后，调查结果显示，反洗钱和打击资助恐怖主义已经被列入多个世界银行和国际货币基金组织的倡议。技术援助得到高度重视，削减了在反洗钱和打击资助恐怖主义制度完整性薄弱的国家造成的治理和发展风险。基金组织将反洗钱和打击资助恐怖主义组成部分纳入其第 4 条监督，除了金融体系稳定评估向执行局报告，反洗钱和打击恐怖主义融资问卷的结果自此以后已被纳入讨论。为制定通用的反洗钱和打击资助恐怖主义评估方法，世界银行和国际货币基金组织在 2002 年期间密切合作特别组织和其他国际标准制定者，即巴塞尔委员会银行监理、国际证券协会专员、国际保险协会监督官和埃格蒙特集团，以生产一个单一的、全面的反洗钱与打击恐怖主义融资评估方法。这个方法得到了同意，并在 2002 年 10 月的全体会议上得到特别组织的赞同。方法包括了金融行动特别工作组 40 条建议和特别的 120 个标准建议。它涵盖了一个国家的法律和体制，包括反洗钱与反恐怖主义融资框架，设立金融情报机构。该方法还包括有关的联合国安理会决议和国际公约以及其他国际措施标准制定者。它提供了深入评估金融机构的预防措施。

（一）培训会议组织

世界银行和基金组织针对具体的反洗钱与反恐怖主义融资问题举办了针对性培训会议，利用涉及反洗钱与反恐怖主义融资的公职人员地区。例如，2002 年期间举行了两次技术援助会议，一个在乌拉圭的蒙得维的亚，一个在俄罗斯的莫斯科。莫斯科会议是对所呈现的信息类型的说明。会议的主要目标是东欧国家的专家取得了反洗钱与反恐怖主义融资的合规标准，并允许官员从这些国家展示他们的经验和最佳做法。会议也帮助国家和组织提供反洗钱与反恐怖主义融资的技术援助，以解决最迫切的需求。这次会议成功使我们注意反洗钱与反恐怖主义融资的重要问题，并提出各种要求和国际标准，以这样的方式让参与国家可以理解。它还展示了必要的具体步骤，开始在各自的国家采取行动。另外，政府官员们能够与专家进行个人接触，以及从他们自己的邻国的同行那里在实施反洗钱与反恐怖主义融资方面获得建议和协助，减轻了负担。2004 年

5 月在南非举行了另一次研讨会，包括东非和南部非洲反货币组织的 14 个成员国。研讨会的目的是向成员国家的政策制定者提供打击洗钱和恐怖主义融资的国家战略，与他们一起制定反洗钱与反恐怖主义融资的战略，解决在每个国家的问题。

（二）向个别国家提供技术援助

世界银行和基金组织正在提供各种形式的技术援助向希望建立或完善反洗钱与反恐怖主义融资的国家提供援助。[1] 自 2001 年 4 月以来，这些技术援助努力有所增加。银行和银行基金使用金融部门评估规划的调查结果，将反洗钱与打击资助恐怖主义评估作为一个单独的评估、确定需要什么并确定优先次序的手段。对于发展中国家来说，反洗钱与反恐怖主义融资的援助是包含在一个辖区内的，高度重视反洗钱与反恐怖主义融资的完整性，以免造成重大的治理和发展风险。

世界银行和基金组织的反洗钱与反恐怖主义融资的重点是：

1. 制定符合国际标准的反洗钱与反恐怖主义融资法律法规。

2. 法律、法规、政策和程序部门监督和其他类似的主管部门负责执行反洗钱与反恐怖主义融资措施。

3. 建立金融情报单位符合国际最佳实践的法律框架。

4. 制定培训和提高认识方案，以解决反洗钱与反恐怖主义融资在公共和私营部门的关切。

5. 就其他方面在多国培训计划中合作；开发基于计算机的培训材料。

在 2004 年 4 月世界银行和国际货币基金组织董事会决定继续参与反洗钱和打击恐怖融资行动，并采用更统一、更全面的工作方法。在此决定之前的 2 年期间内，世界银行和基金董事会将反洗钱与反恐怖主义融资作为其工作方案的一部分，世界银行和基金组织提供了 85 项针对具体国家的技术援助项目，该项目覆盖 63 个国家和 32 个地区。

八、经济合作与发展组织（简称 OECD）

经济合作与发展组织（简称经合组织）是由 35 个市场经济国家组成的政府间国际经济组织，旨在共同应对全球化带来的经济、社会和政府治理等方面的挑战，并把握全球化带来的机遇。该组织成立于 1961 年，目前成员国总数 35

---

〔1〕 "Intensified Work on AML/CFT"，载世界银行网，http：//finsec. worldbank. org/assets/images/AML – CFT＿Methodology＿SecM2002 – 0554，最后访问时间：2018 年 1 月 29 日。

个，总部设在巴黎。

（一）宗旨

经合组织的宗旨：促进成员国经济和社会的发展，推动世界经济增长；帮助成员国政府制定和协调有关政策，以提高各成员国的生活水准，保持财政的相对稳定；鼓励和协调成员国为援助发展中国家作出努力，帮助发展中国家改善经济状况，促进非成员国的经济和谐发展。[1]

（二）成员国

现经合组织共有 35 个成员国：澳大利亚、奥地利、比利时、加拿大、智利、捷克、丹麦、爱沙尼亚、芬兰、法国、德国、希腊、匈牙利、冰岛、爱尔兰、以色列、意大利、日本、韩国、拉脱维亚、卢森堡、墨西哥、荷兰、新西兰、挪威、波兰、葡萄牙、斯洛伐克、斯洛文尼亚、西班牙、瑞典、瑞士、土耳其、英国、美国。[2]

（三）组织机构

经合组织秘书处在巴黎，工作人员应经合组织 35 个成员国的要求进行研究和分析工作。成员国的代表与致力于研究重要问题的各委员会会面并交换信息。理事会是经合组织的决策机构。

1. 委员会。35 个成员国的代表在专业委员会会面，就具体政策领域（如经济、贸易、科学、就业、教育及金融市场）提出建议并审议在这些领域所取得的进展。经合组织共有约 200 个委员会、工作组和专家小组。

每年有四千多名来自各成员国政府部门的高级官员参加经合组织委员会会议，对经合组织秘书处开展的工作提出要求，进行审议并发挥作用。即使在自己的国家，他们也可以通过网上途径获得经合组织的文件，并通过互联网交换信息。

2. 理事会。理事会是经合组织的决策机构，由每个成员国及欧洲委员会各派一名代表组成。理事会定期召开成员国驻经合组织大使级会议，并通过综合一致意见的方式进行决策。理事会每年举行一次部长级会议，讨论重要问题，并为经合组织确定重点的工作。理事会指定的工作则由经合组织秘书处的各个司局来完成。

3. 秘书处。经合组织秘书处设在巴黎，两千多名工作人员支持着委员会的工作，七百多名经济学家、律师、科学家和其他专业人员从事研究和分析工作，

---

〔1〕 杨芳、崔东："经济合作与发展组织（OECD）（简称经合组织）"，http：//politics. people. com. cn/n/2015/0628/c1001 - 27219365. html，最后访问时间：2018 年 3 月 23 日。

〔2〕 "Members and partners"，载经合组织网，http：//www. oecd. org/about/membersandpartners/，最后访问时间：2018 年 4 月 3 日。

他们主要分布于 12 个业务司局。

秘书处的工作和委员会的工作是平行的，每个司局服务于一个或多个委员会，以及委员会属下的工作组和分组。

秘书处由一名秘书长领导，四名副秘书长协助工作。秘书长还是理事会主席，是成员国代表团和秘书处之间的重要联系，现任秘书长为墨西哥人安赫尔·古里亚（Angel Gurría）。

英语和法语是经合组织的两种官方工作语言。经合组织的职员都是成员国公民，但他们在经合组织任职期间以国际行政人员的身份工作，不代表各自国家。经合组织对职员的国别没有配额限制，只本着平等机会的政策，聘用来自各个国家、拥有不同领域经验的高素质人员。

（四）资金来源

经合组织是由其 35 个成员国资助的。各国向经合组织年度预算捐款的比例根据一个与其经济规模相关的公式而确定。最大捐款国是美国，它提供了经合组织预算的 1/4，其次是日本。经过理事会批准，各国也可以向一些特殊活动或项目提供不包括在主要预算之内的单独资助。经合组织的年度预算及工作方案都由理事会决定。现经合组织的年度预算约为 3 亿多欧元。

（五）功能运作

1. 与世界银行和国际货币基金组织不同，经合组织并不提供资金援助。它是在政策和分析的基础上，提供一个思考和讨论问题的场所，以帮助各国政府制定政策，这些政策可能导致成员国政府间达成正式协议，或在国内或其他国际场合实施。这一作用对于各成员国非常重要。这个高效机制始于数据收集和分析，进而发展为对政策的集体讨论。

2. 经合组织有效性的核心是通过政府间的双边审查以多边监督和平行施压，促使各成员国遵守规则或进行改革。正是经合组织就评估农业补贴成本所做的幕后工作，经常能支持各国政府作出坚定的政治决策，使其经济更富有效率。经合组织在服务贸易领域所开展的分析和协商一致工作十分重要，推动了乌拉圭回合的圆满结束。

3. 经合组织的工作方式包含一种高效机制，它始于数据收集和分析，进而发展为对政策的集体讨论，然后达到决策和实行。通过政府间的双边审查、多边监督以及平行施压促使成员国遵守规则或进行改革，这正是经合组织在诸如国际商业交易《反贿赂协议》等领域有效性的核心。经合组织在信息技术革命对经济发展的贡献方面所做的分析为政府制定经济政策提供了帮助，而它在失业起因及对策方面的研究则有助于给政策措施注入政治动力以减少失业。经合组织在贸易领域（如服务贸易方面）所开展的重要分析和综合一致工作，推动了国际贸易协商的成功。

4. 在经合组织内进行的讨论有时会逐渐发展为谈判，成员国就国际合作的游戏规则达成一致。这些谈判可能会达成正式协议，如有关反贿赂、出口信贷或资本流动的协议，也可能形成诸如有关国际税收的标准和模式，或是有关公司管理工作的建议和指导纲要。

5. 经合组织的工作正越来越具有跨学科性。经合组织在持续性发展方面的工作旨在尽早确认新兴政策问题的"世界未来计划"就是多学科的研究。经合组织对人口老化所进行的研究工作不仅包括了宏观经济学专家、税收、企业以及卫生保健专家的参与，还包括了劳动力市场和社会政策分析。环境和经济分析不能再孤立进行；贸易和投资紧密相关；生物技术则涉及农业、工业、科学、环境和发展政策，而对全球化影响的评估实际上囊括了政策分析的每个领域。

6. 经济合作与发展组织在 1980 年制定的个人隐私保护原则有：信息收集限制原则和信息质量原则，表明目的原则和使用限制原则，安全保护原则和公开性原则，个人参与原则和负责任原则。

九、国际刑警组织（Interpol）

国际刑事警察组织（简称国际刑警组织）成立于 1923 年，最初名为国际刑警委员会，总部设在奥地利首都维也纳。二战期间，该组织迁到德国首都柏林，一度受纳粹组织控制。二战后，英国、法国、比利时和斯堪的纳维亚国家的刑事警察成立了新的组织，沿用"国际刑警委员会"的原名。1956 年，该组织更名为国际刑事警察组织，1989 年，该组织总部迁到法国里昂。

20 世纪 80 年代，"恐怖主义"或者说"国际恐怖主义"在国际上并没有一个明确的定义，就连联合国也没有提出明确的说法，加上《国际刑警组织章程》第 3 条关于严禁警察介入调查政治、军事、种族和宗教性质案件的禁止性规定，各国警方和执法机关在处理案件合作时缩手缩脚。对国际恐怖主义到底应该采取什么政策，各国期待着一个全球性的文件来指导预防和打击。

其实早在 20 世纪 20 年代和 30 年代，许多法律专家就开始琢磨关于恐怖犯罪和恐怖主义的定义，第二次世界大战之后对这一问题的研究进入了新的阶段。1930 年，在布鲁塞尔召开的第三次关于刑法规范化的国际大会上，联合国有关业务机构第一次向大会提交了一份研究报告。1937 年在日内瓦，24 个国家的代表签署了关于预防和打击恐怖主义的国际公约。公约排除了恐怖主义的政治因素，允许与会的各国执法部门对恐怖分子进行刑事起诉和引渡。从那时起，国际上形成了一系列公约和双边协议，努力为打击国际恐怖主义提供法律援助。

作为世界上首屈一指的国际警察合作机构，国际刑警组织不能无动于衷，它的态度和政策直接影响到世界各国警察和执法人员在第一线开展执法工作的效率。

经过多年细致的调研与反复的讨论、挫折和反思，国际刑警组织对世界各国警方预防和打击恐怖活动、开展国际执法合作提出了新的理论解释，在全体大会上形成了关于协调国际反恐合作的决议。这个决议一出台，就像在黑夜里点燃了一支火把，让各国警方看到了光明。

国际刑警组织总秘书处很早就重视与媒体的关系，来自法国以及其他欧洲国家的记者们时常到里昂采访秘书长和各部门的官员，宣传这个组织的职能和打击犯罪的作用。对警察来说，借用媒体的力量，可以发挥出高效的社会影响，如果对媒体漫不经心，也可能会引火烧身。鉴于警察与媒体这层微妙关系，肯德尔秘书长上任后不久便在总秘书处里增设了公共关系部门，责令其负责与媒体沟通与合作。在国际反恐执法合作成为热点问题、媒体的参与热情燃烧正旺的时候，秘书长适时地在里昂接受了记者的采访。

他对记者们说，恐怖活动由来已久，从未间断过，在不同的时期表现出不同的特点。国际刑警组织有能力在对付国际恐怖活动中发挥更大的作用。先前之所以行动迟疑，主要原因是《国际刑警组织章程》规定"严禁一切政治、军事、宗教和种族性质的干预活动"，这一条款如果不加分析地套用到调查办案的执法合作中，必然在客观上限制警方的行动。现在时代不同了，情况也发生了重大的变化，章程条款也应有新的解释。

1984年在卢森堡，1985年在华盛顿，国际刑警组织的全体大会都通过了决议，对第3条的具体适用作出了科学的司法解释，认为一起案件是否具有政治、军事、宗教和种族的性质，需要具体情况具体分析，不能简单地一概而论。因此，国际刑警组织可以在不违反章程原则的前提下交流涉及恐怖案件的情况和线索，协调各国执法部门通缉和追捕恐怖犯罪嫌疑人。国际刑警全体大会的决议为它协调各国执法部门之间的合作提供了广阔的天地。

恐怖活动是非传统的安全威胁，反恐是一场持久的现代战争。恐怖犯罪不会因为一个反恐怖战役的胜利而减少，更不能指望几次国际执法会议通过几项决议就使这种犯罪现象消失。路要一步一步地走，一步一个脚印地走。《国际反恐怖活动工作指南》为各国执法部门对恐怖主义开展持久战奠定了法律基础，成为当时国际执法合作的指南。

小　结

打击恐怖主义融资对于国际反恐斗争意义重大。恐怖主义之所以能够长期存在并且有愈演愈烈之势，有一个很重要的原因就是其有充足的、源源不断的经济来源及资金转移使用的渠道，这些经济来源有的是通过贩毒、诈骗、绑架、抢劫的犯罪所得，有的则是合法来源，包括其支持者的自愿捐赠，甚至有的恐怖组织以慈善组织的名义获得大量捐款。恐怖资金的转移使用既可以通过正规的金融体系，又可以通过国际贸易、跨境现金运送等非常规渠道。所以，要想真正有效地消除恐怖主义，必须采取有力的反恐怖主义融资措施，消灭其经济基础，斩断其资金转移的渠道，使其丧失存在和继续行动的基础，方可达到根治的目的。

各成员应切实履行成员义务，积极做好金融行动特别工作组反洗钱和反恐怖主义融资互相评估。将国际组织评估作为完善和改进反洗钱工作的重要契机，组织动员相关单位和反恐怖主义融资义务机构，严格对照反洗钱和反恐怖主义融资国际标准，切实提高国际反洗钱和反恐怖主义融资工作的合规性和有效性。

还应将防范和打击与恐怖主义融资有关的洗钱犯罪活动作为国际反洗钱合作的重要内容，各反洗钱和反恐怖主义融资国际组织和区域性组织必须加强合作，切实履行各自的职责，完善主管机关之间的合作和金融情报中心相互交换与反洗钱有关的信息和资料的机制，参与制定反洗钱与反恐怖主义融资国际标准与政策，共同开展反洗钱与反恐怖主义融资的研究与交流。

练习题

一、名词解释
1. 反恐怖融资
2. 金融行动工作组
3. 国际货币基金组织
4. 埃格蒙特集团
5. 经济合作与发展组织

二、判断题
1. 2012 年版的《40 条建议》所指的特定非金融机构包括赌场、房地产代理商、贵金属和宝石交易商、律师、公证人、其他独立法律专业人士和会计师，以及信托和公司服务提供者。（　　）

2. 客户洗钱风险分类管理是指金融机构按照客户涉嫌洗钱风险因素或涉嫌恐怖主义融资活动特征，通过识别、分析、判断等方法，将客户划分为不同风险等级，并针对不同风险等级制定和采取不同措施的过程。（　　）

3. 金融机构和特定非金融机构应当采取预防、监管措施，建立健全客户身份识别制度、客户身份资料和交易记录保存制度、大额交易和可疑交易报告制度，履行反洗钱义务。（　　）

4. 反洗钱内部控制制度要达到"双全"要求，即覆盖范围全面和覆盖人员全面。（　　）

5. 2012 年 2 月，FATF 全会讨论通过《打击洗钱、恐怖主义融资与扩散融资的国际标准：FATF 建议》，首次将税务犯罪列为洗钱的上游犯罪。（　　）

6. FATF 的任何决议都需要得到所有成员的一致同意。（　　）

7. 2003 年 6 月，FATF 扩展、充实并强化了有关反洗钱措施，出台了 2003 年版《40 条建议》，将税务犯罪列为洗钱的上游犯罪。（　　）

8. 反洗钱国际标准和各国反洗钱法律都有规定的防范洗钱活动的核心措施是大额交易报告制度。（　　）

三、单选题

1. （　　）年，FATF 发布金融业《风险为本的反洗钱及反恐怖主义融资方法指引：高级原则和程序》，将风险为本的理念引入反洗钱工作。

A. 2003　　　　　B. 2007　　　　　C. 2012　　　　　D. 2013

2. FATF 秘书处设在（　　）。

A. 法国巴黎　　　B. 英国伦敦　　　C. 美国华盛顿　　D. 日本东京

3. 加勒比地区 FATF 成立于（　　）年。

A. 1997　　　　　B. 1992　　　　　C. 2013　　　　　D. 1990

4. 西方七国集团决定成立 FATF 是在哪一年？（　　）

A. 1989 年　　　　B. 1992 年　　　　C. 1999 年　　　　D. 2000 年

5. FATF 目前采用的《40 条建议》是在（　　）由全会通过。

A. 2012 年 1 月 1 日　　　　　　　B. 2012 年 2 月 1 日

C. 2003 年 6 月 1 日　　　　　　　D. 2004 年 10 月 1 日

6. （　　）是第一部关于反恐怖主义融资的国际公约。

A. 《制止向恐怖主义提供资助的国际公约》

B. 《进行非法贩运麻醉药品和精神药物公约》

C. 《联合国打击跨国有组织犯罪公约》

D. 《联合国反腐败公约》

7. 《反腐败公约》由联合国于（　　）年发布。

A. 2003　　　　　B. 2006　　　　　C. 2013　　　　　D. 1990

8. 亚太反洗钱组织成立于（　　）年。

A. 1995　　　　　B. 1997　　　　　C. 2000　　　　　D. 2003

9. 《制止向恐怖主义提供资助的国际公约》由（   ）发布。

A. 联合国

B. 亚太反洗钱组织

C. FATF

D. 欧亚反洗钱与反恐怖主义融资组织

10. FATF 的（   ）是国际反洗钱领域中最著名的指导性文件，对各国立法以及国际反洗钱法律制度的发展发挥了重要的指导作用。

A. 反洗钱与反恐怖主义融资建议

B. 不合作国家和地区名单

C. 洗钱类型报告

D. 最佳实践报告

11. 国际社会通过的第一个打击洗钱犯罪的国际公约是（   ）。

A. 《联合国制止向恐怖主义提供资助的国际公约》

B. 《联合国打击跨国有组织犯罪公约》

C. 《联合国禁止非法贩运麻醉药品和精神药物公约》

D. 《联合国反腐败公约》

12. FATF 在评估各国的反洗钱措施过程中，总结某些国家值得推荐的反洗钱实践做法，作为（   ）进行推广，为其他国家开展相关工作提供范本。

A. 反洗钱建议

B. 不合作国家和地区名单

C. 洗钱类型报告

D. 最佳实践报告

13. FATF 在下面哪一年没有对反洗钱《40 条建议》进行修改？（   ）

A. 1996 年   B. 2003 年   C. 2009 年   D. 2012 年

14. 以严格的银行保密制度而著称的瑞士，接受国际通行的反洗钱规则是在哪一年？（   ）

A. 2001 年   B. 2004 年   C. 2008 年   D. 2010 年

15. FATF 发布首份关于反洗钱的《40 条建议》是在（   ）。

A. 1989 年 10 月 1 日   B. 1990 年 2 月 1 日

C. 1996 年 6 月 1 日   D. 1996 年 2 月 1 日

16. 《打击跨国有组织犯罪公约》由（   ）发布。

A. 联合国

B. 亚太反洗钱组织

C. FATF

D. 欧亚反洗钱与反恐怖主义融资组织

17. FATF 于 (　　) 年公布了《没收和资产追回最佳实践报告》。

A. 2012　　　　　B. 2011　　　　　C. 2010　　　　　D. 2009

18.《反腐败公约》由 (　　) 发布。

A. 联合国

B. 亚太反洗钱组织

C. FATF

D. 欧亚反洗钱与反恐怖主义融资组织

四、多选题

1. 联合国通过的有关反洗钱和反恐怖主义融资的公约有 (　　)。

A.《禁止非法贩运麻醉药和精神药物公约》

B.《制止向恐怖主义提供资助的国际公约》

C.《打击跨国有组织犯罪公约》

D.《反腐败公约》

2. FATF 在 1990 年提出了有关反洗钱的《40 条建议》，要求各国政府加强反洗钱金融监管，包括 (　　)。

A. 督促金融机构制定和实施反洗钱内部控制制度

B. 履行客户身份识别义务

C. 履行客户信息和交易记录保存义务

D. 履行识别并报告可疑金融交易的义务

3. 以下属于区域性反洗钱国际组织的是 (　　)。

A. 亚太反洗钱组织

B. 欧洲委员会评估反洗钱措施特设专家委员会

C. 欧亚反洗钱与反恐怖主义融资组织

D. 西非政府间反洗钱工作组

4. 在反洗钱领域发挥作用的国际组织有 (　　)。

A. 联合国　　　　　　　　　B. 世界银行

C. 国际刑警组织　　　　　　D. FATF

5. FATF 在 2012 年的有关反洗钱《40 条建议》中，包括下述哪三大主题？
(　　)

A. 防止大规模杀伤性武器扩散

B. 反洗钱

C. 反恐怖主义融资

D. 打击税务犯罪

6. FATF 在发现和遏制洗钱和恐怖主义融资威胁，惩处犯罪分子并剥夺其相关资产和非法收益方面进行有效性评估时，不包括以下哪些内容？（　　）

A. 通过国际合作传递有用信息、金融情报证据，推动打击犯罪及犯罪资产的行动

B. 金融机构、特定非金融行业和职业充分运用与其风险相匹配的反洗钱和反恐怖主义融资预防措施，并上报可疑交易报告

C. 主管部门适当运用金融情报和其他所有相关信息开展洗钱和恐怖主义融资调查

D. 调查洗钱犯罪活动，起诉犯罪分子，并采取有效、适当和劝诫性处罚措施

7. FATF《40 条建议》规定的常规客户身份尽职调查措施有（　　）。

A. 确立客户身份并利用可靠的、有独立来源的文件、数据或信息来验证客户身份

B. 确立受益权人身份，并运用合理的手段进行验证，以使该金融机构明了受益权人的身份状况，对于法人和实体，金融机构应采用合理的措施了解该客户的所有权和控制权结构

C. 获得有关该项业务的目的和意图属性的信息

D. 对业务关系以及在这种业务关系的整个过程中进行的交易进行持续的尽职调查，以确保交易的进行符合该金融机构对客户及其风险状况的认识

8. 2012 年 2 月，FATF 全会讨论通过《打击洗钱、恐怖主义融资与扩散融资的国际标准：FATF 建议》，对下列哪些事项进行了修订？（　　）

A. 将税务犯罪增列为洗钱上游犯罪

B. 明确提出实施风险为本方法

C. 增加防范资质大规模杀伤性武器扩散活动的新标准

D. 增加了金融集团在集体层面建立与风险相匹配的反洗钱与反恐怖主义融资制度的要求

9. 反洗钱的目标包括（　　）。

A. 洗钱刑事犯罪化

B. 建立有效的洗钱防范机制

C. 增强金融机构和高风险的特定非金融机构抵御洗钱风险的能力

D. 维护国家切身利益

10. FATF 提出的反洗钱有效性评估的直接目标，包括以下哪些方面？（　　）

A. 通过政策、协调和合作降低洗钱和恐怖主义融资风险

B. 组织犯罪收入和支持恐怖主义的资金进入金融体系和其他领域，或能被

上述机构发现并报告

C. 发现和遏制洗钱和恐怖主义融资威胁，惩处犯罪分子并剥夺其相关资产和非法收益

D. 反洗钱和反恐怖主义融资法律法规满足 FATF 要求

11. 亚太反洗钱组织的职责包括（　　）。

A. 通过系统的洗钱类型分析，提高本地区对反洗钱和反恐怖主义融资类型的认识

B. 监督亚太地区执行国际反洗钱和反恐怖主义融资标准的情况

C. 向成员国提供技术支持

D. 评估成员国执行反洗钱标准情况

12. 下列哪些联合国制定的公约对缔约国反洗钱工作制度提出了要求？（　　）

A.《联合国禁止非法贩运麻醉药品和精神药物公约》

B.《联合国制止向恐怖主义提供资助的攻击公约》

C.《联合国打击跨国有组织犯罪公约》

D.《联合国反腐败公约》

五、简答题

1. FATF 的地区性组织和合作成员包括哪些？

2. 国际货币基金组织的核心原则具体有哪些内容？

3. 世界银行的主要职责是什么？

六、论述题

1. 论 FATF 和地区性组织和合作成员间的合作模式和成果。

2. 论埃格蒙特集团、沃尔夫斯堡集团各自的任务和目标。

3. 论国际上反洗钱与反恐怖主义融资组织机构之间的联系。

第四章
国际反洗钱与反恐怖主义融资条约

【本章导读】

★国际反洗钱与反恐怖主义融资法律条约的体系框架是怎样的?

★联合国框架下的反洗钱与反恐怖主义融资条约的主要内容是什么?

★FATF 框架下的反洗钱与反恐怖主义融资条约的主要内容是什么?

★联合国和 FATF 框架下的反洗钱与反恐怖主义融资的国际合作机制是怎样的?

【本章要点】

★联合国框架下的反洗钱与反恐怖主义融资条约的具体规定与国际合作机制。

★FATF 框架下的反洗钱与反恐怖主义融资条约的具体规定与国际合作机制。

第一节　联合国框架下的反洗钱与反恐怖主义融资条约[1]

联合国这个影响力最大、最普遍存在的国际组织肩负着自己特有的使命,即维护国际的和平与安全,促进全球各国的经济发展和社会进步。因此,联合国在反洗钱与反恐怖主义融资活动当中一直扮演着先驱者的角色,先后出台了《联合国禁毒公约》(以下简称《禁毒公约》)、联合国《制止向恐怖主义提供资助的国际公约》(以下简称《恐怖主义资助公约》)、联合国《打击跨国有组织犯罪国际公约》(以下简称《有组织犯罪公约》)和《联合国反腐败公约》(以下简称《反腐败公约》),四项公约构成了联合国在反洗钱与反恐怖主义融资方面采取措施的完整体系,为如何进行反洗钱的国际合作提供了良好借鉴。

---

〔1〕　引自王秀环:"我国反洗钱国际合作法律问题与对策研究",西北大学 2016 年硕士学位论文。

一、联合国框架下反洗钱与反恐怖主义融资条约的具体规定

（一）洗钱行为与洗钱犯罪的界定

《禁毒公约》第 3 条第 1 款不仅对毒品的一般犯罪行为作出了明确细致的规定，还对毒品的洗钱行为进行了界定，并将其规定为犯罪，为打击毒品洗钱犯罪行为提供了依据。

《恐怖主义资助公约》对洗钱行为和洗钱犯罪的界定，主要是从防止向恐怖主义提供资助的角度展开的，以预防和制止为实现恐怖主义目的提供资金的流动。其中，第 2 条第 3 款和第 4 款对犯罪未遂、犯罪预备作了较为模糊的规定。第 2 条第 5 款对共同犯罪的规定则较为详细，涉及组织犯、教唆犯、帮助犯，并强调了成立帮助犯要有帮助的故意。

《有组织犯罪公约》第 6 条第 1 款对洗钱罪进行了一般界定，其与《禁毒公约》的规定基本相同，只是在洗钱罪的上游犯罪方面，它更强调要不断扩大上游犯罪的范围。关于上游犯罪的范围如何扩大、扩大到何种程度，第 6 条第 2 款作出了规定，其上游犯罪包括但不限于：参加有组织犯罪集团的行为、腐败行为和妨害司法的行为。

《反腐败公约》规定的洗钱罪与《禁毒公约》也基本相同，它亦强调缔约国扩大洗钱犯罪上游犯罪范围的义务。同时，还规定了怎样扩大洗钱犯罪的上游犯罪，要求至少将各种腐败犯罪列为洗钱犯罪的上游犯罪。

联合国的四大公约对于洗钱行为与洗钱犯罪的界定是越来越详细和缜密的，从只对洗钱下一个基本定义到扩大洗钱上游犯罪的范围，我们可以看出不断扩大洗钱罪的上游犯罪是一个明显的趋势。

（二）反洗钱国际司法合作的规定

1. 关于管辖权的规定。洗钱的跨国性决定了其刑事管辖权的至关重要性，只有把跨国洗钱置于明确的管辖之下，才能有效避免管辖权的冲突，有关当局才能更为得心应手地采取措施对跨国洗钱进行预防和惩治，与此同时，反洗钱国际司法合作才能有一个良好的开端。

《禁毒公约》首次明确规定了洗钱犯罪的刑事管辖权，主要体现在以下几个方面：《禁毒公约》第 4 条是对强制管辖权和任意管辖权两种管辖权的规定。这样就确立了多种刑事管辖权，从而形成了并行管辖的体制，这种体制很好地避免了管辖权消极冲突的情况，对于跨国洗钱来说是一种较为有效的管辖。《禁毒公约》还确立了普遍管辖的原则，这样的原则对于惩治国际犯罪有着重要的现实意义，依据这个原则，任何国家都可以对跨国洗钱行使管辖权，使犯罪分子

不管逃到哪个国家都躲不过法律的制裁，从而有效地预防和惩治洗钱犯罪。

2. 关于引渡和司法协助的规定。洗钱犯罪的跨国性决定了引渡和司法协助是反洗钱国际司法合作的重要环节。国家之间不进行合作是无法形成合力从而有效打击跨国洗钱犯罪的，反而会给洗钱犯罪以滋生和蔓延的缝隙和土壤，形成打击犯罪的结构障碍。联合国也意识到了引渡和司法协助在反洗钱工作中无可替代的作用，因此联合国的四大公约都有关于引渡和司法协助的相关法律条文。

《禁毒公约》第6条明确规定，缔约国不仅应当把毒品洗钱犯罪列为可引渡的犯罪，还要将其列入与其他缔约国之间的引渡条约中。当两国未签订引渡条约，某一缔约国以此为由拒绝引渡请求的，相对国可将该公约作为法律依据要求引渡。缔约国应在某些特殊情况下制定可能必要的国内立法，把该公约作为引渡的法律依据。此外，第6条还规定了缔约国"或引渡或起诉"的义务。

《禁毒公约》第7条明确规定，在别的国家对本国毒品洗钱犯罪提出法律协助要求时，缔约国应该为其提供最为广泛的法律协助。同时，公约还对提出法律协助请求的范围作出了界定。

《恐怖主义资助公约》不同于《禁毒公约》，它的第10条第1款对缔约国"或引渡或起诉"的义务作了强制性的规定。此外，该公约的第11条还规定该公约可以作为缔约国之间相互引渡的法律依据。与《禁毒公约》相比而言，《恐怖主义资助公约》的规定更为严格，《禁毒公约》对引渡理由作出了限制，只有在存在特定理由不能引渡时，缔约国才有起诉义务；《恐怖主义资助公约》却规定不管国家是出于怎样的理由，该国都有起诉的义务。

《恐怖主义资助公约》第12条是对刑事司法协助的规定。该公约亦规定了缔约国之间在进行刑事司法协助时应该尽自己最大的努力提供最大限度的协助。该条还规定，各缔约国相互之间在进行刑事司法协助时可考虑与其他缔约国之间设立必要的信息或证据分享机制。

《有组织犯罪公约》关于引渡方面的规定和《恐怖主义资助公约》的规定相似。首先，"或引渡或起诉"都是强制性的义务。其次，公约也可以作为缔约国之间进行引渡的法律依据。除此之外，该公约也有自己的创新之处，它规定了在紧急情况下可以对被请求引渡人采取拘留等临时措施。公约第18条详细规定了缔约国之间相互提供司法协助的事宜。

《反腐败公约》第44条和第46条分别规定了引渡和司法协助问题，其内容与其他几项公约大致相同，但同时也具有自己鲜明的特色。一方面，它创新性地突破了引渡的"双重犯罪原则"，规定如果本国法律允许，缔约国国内法律未给予惩罚的犯罪只要是涵盖在本公约的范围之内就可准予引渡。另一方面，为了防止公职人员以政治罪为由逃避制裁，规定若缔约国本国国内法律允许，本公约确立的任何犯罪均不应视为政治犯罪。

联合国的四大公约关于引渡和司法协助的一系列规定，为各国之间进行反洗钱国际合作指明了方向，加快了国际反洗钱与反恐怖主义融资合作的步伐。

3. 关于没收犯罪收益的规定。国际社会在反洗钱斗争的过程中形成了一个新的共识：既然洗钱犯罪分子洗钱的目的是获得大量合法金钱，为其他犯罪做好充分的物质准备，金钱就是他们犯罪的生命线，我们只需要切断他们的生命线就能有效地打击洗钱犯罪，甚至洗钱犯罪的上游犯罪也会因此而得到某种程度的遏制，因此，能最有效阻止洗钱的手段就是没收犯罪收益。联合国也高度重视这个问题，在它的四大公约里都有关于没收犯罪收益的规定，而且是越来越具体、越来越成熟。

《禁毒公约》第 5 条第 1 款规定，各缔约国应该采取措施，使得本国具备没收犯罪收益的能力。同时，公约也在没收犯罪收益的国际合作方面作出了规定，在接到另一缔约国没收请求时，缔约国应积极予以配合，按本国流程予以执行没收。为了更好地执行上述命令，公约还规定了识别、追查、冻结和扣押等临时措施。针对洗钱者为了逃避没收，故意改变犯罪收益的形式或者混淆犯罪收益与其他收益，公约规定了替代没收和价值没收这两种原则。

《恐怖主义资助公约》第 8 条规定了缔约国对"收益"应采取的措施：①对用于实施或调拨以实施恐怖主义洗钱犯罪的任何资金以及犯罪所得收益可以先行进行识别、侦查、冻结或扣押，以期对其加以没收。②还可以考虑同其他缔约国之间缔结犯罪资金的分享协定，将没收收益分享。③考虑设立机制，把没收款项赔偿被害人或其家属。④如果需要执行上述规定，不能损害善意第三方的权利。

《有组织犯罪公约》第 13 条对国际合作方面的没收事宜作出相关规定，与《禁毒公约》相比，它的创新在于使没收的范围由"犯罪收益"扩大到了"犯罪收益的收益"。《有组织犯罪公约》第 14 条对国家该如何外置没收的犯罪收益作出了规定，该规定与《禁毒公约》大致相同：一方面，没收国可根据本国法律处置没收的犯罪收益；另一方面，若是与其他国家合作而采取行动，可考虑与其分享这些收益。

《反腐败公约》主要是对如何追回腐败犯罪所得资产作出了规定，对于防止腐败分子携款外逃，保护国家的国民经济发挥着不可替代的作用。《反腐败公约》第 51 条是对缔约国之间如何相互协助返还资产的规定；第 31 条规定了缔约国怎样处置犯罪所得资产；第 52 条从如何预防和监测犯罪所得以及如何转移方面作出了规定；第 53 条规定了直接追回财产采取的措施；第 54 条和第 55 条主要对缔约国在没收事宜的国际合作方面进行了规定；第 57 条是对资产的返还和处分的规定。

（三）反洗钱其他方面国际合作的规定

《禁毒公约》将惩治非法毒品犯罪的范围扩大到了国际行政合作。为了增强执法行动的有效性。《禁毒公约》第 9 条规定，各缔约国应在不违背其国内法律和行政制度的前提下，相互密切合作。为了适应洗钱的技术越来越高超和很多专业人士也加入洗钱的这一趋势，《禁毒公约》第 9 条还要求各缔约国应提出、制定或改进对本国国内执法人员和其他人员的培训方案。

首先，《有组织犯罪公约》在第 19 条对联合调查的程序作出规定，这样的规定更利于国家之间的合作。第 19 条规定，缔约国之间可以就涉及一国或多国刑事侦查、起诉或审判程序等事由进行联合调查。其次，《有组织犯罪公约》第 29 条规定，缔约国应对执法人员制定具体的培训方案，并对彼此提供技术援助。最后，《有组织犯罪公约》第 30 条特别规定，为了加快发展中国家和经济转型期国家的反洗钱进程，各缔约国应向他们提供技术援助。

《反腐败公约》第 48 条对执法合作措施作出具体规定；第 49 条对联合侦查措施作出具体规定；第 50 条对特殊侦查手段作出具体规定；第 60 条是对本国人员的培训方案、提供技术援助，特别是对发展中国家提供援助作出的具体规定；第 62 条是对缔约国应采取措施，通过经济发展和技术援助实施公约的规定。

二、联合国框架下反洗钱与反恐怖主义融资的国际合作机制

联合国作为最具普遍性和影响力的国际组织，具有广泛的职能，预防和打击洗钱与恐怖主义融资犯罪也是其分内之事。经过多年的努力，联合国推动形成了以四大国际公约为主的特色的反洗钱与反恐怖主义融资国际合作机制，并督促缔约国实施这些公约，加强国内立法，以此大大推动了反洗钱与反恐怖主义融资国际合作的历史进程。

联合国反洗钱与反恐怖主义融资国际合作机制的建立是一个循序渐进的过程，随着四大公约的相继出台，也有一个不断完善创新的过程，虽然他们各有自己的特点，但是四大公约关于反洗钱与反恐怖主义融资合作的规定主要还是从立法合作、司法合作等方面展开的。其中，《禁毒公约》具有开创性，它提供了反洗钱国际公约的范本，奠定了反洗钱司法合作的基础，主要涉及没收、相互法律协助以及引渡等方面。《恐怖主义资助公约》的创新之处在于将打击恐怖主义融资与反洗钱结合起来，从立法和司法方面对如何进行反洗钱国际合作作出明确规定，为各个国家国内的反洗钱立法提供了很好的参考价值。《有组织犯

罪公约》主要从打击跨国组织犯罪方面对反洗钱的国际合作作出了相关规定，它规定的联合调查程序适应了反洗钱跨国性的特征，使得国家之间的反洗钱合作越来越密切，这就更适应了全面打击洗钱犯罪的需要。《反腐败公约》的创新之处在于追回腐败犯罪所得资产以及犯罪收益分享机制的规定，既打击了腐败和洗钱分子，又维护了社会公平，提高了各国进行反洗钱合作的积极性。

第二节　FATF 框架下的反洗钱与反恐怖主义融资法律[1]

FATF 是国际社会致力于反洗钱行动而成立的最具权威性的国际组织，始终在反洗钱国际合作组织中处于领导地位。它成立于 1989 年，以西方大国首脑会议的经济宣言为基础。FATF 成立的宗旨在于加强以推进打击洗钱犯罪为目标的政府间的合作，其职能为专门研究和制定适合世界各国国内及国际社会反洗钱的政策，并通过国际合作来促进这些政策的广泛实施。FATF 的职责包括调查洗钱的技巧和趋势，对国内和国际层面采取的反洗钱行动进行评估，并给出仍需改进的建议。震惊世界的"9·11"事件发生之后，为了应对恐怖主义，FATF 增加了关于打击恐怖主义融资的规定。

一、FATF 框架下反洗钱与反恐怖主义融资的相关规定

1990 年 FATF 提出了著名的反洗钱指导性文件《40 条建议》，2001 年为了打击恐怖主义融资活动，FATF 在《40 条建议》的基础之上又提出了 8 条特别建议，2004 年在反恐融资 8 条特别建议的基础之上又增加了 1 条针对恐怖主义犯罪分子跨国运输现金问题的特别建议，成为 9 条特别建议，最终被合并成为"40 + 9 条建议"。FATF 关于反洗钱与反恐怖主义融资国际合作方面的规定主要体现在司法合作、执法合作两个方面。

（一）反洗钱国际司法合作

1. 在司法互助方面。"40 + 9 条建议"第 33 条是为了防止各个国家因制定了有关违法意图的不同标准影响他们之间的司法互助的意愿，要求各个国家要作出双边和多边的安排以避免这种情况的发生，更好地保障各国的司法互助。"40 + 9 条建议"第 34 条规定，国际合作的开展是以双边和多边协议的安排为基础的，这些协议和安排又是基于双方认同的法律概念形成的，其宗旨就是提供最切实际的方便，促进在最大范围内的相互协助。"40 + 9 条建议"第 37 条是关

---

[1]　引自王秀环："我国反洗钱国际合作法律问题与对策研究"，西北大学 2016 年硕士学位论文。

于使用强制措施的刑事司法协助程序的规定，涉及的证据包括金融机构和其他人士出示的有关记录，搜查有关人士和处所获得的证据，海外司法管辖区在调查、起诉和采取行动时需要的证据。

2. 在管辖权方面。"40 + 9 条建议"第 39 条规定，为了避免不同司法管辖权之间的冲突，应当按照公正的原则运用适当的机制来决定起诉被告的最佳地点。各国在此基础上还应当统筹安排有关查封和没收事宜，这其中很有可能会包括如何分配没收的资产。

3. 在资产分配方面。"40 + 9 条建议"第 38 条规定，各个国家在接到其他国家关于洗钱或者涉及洗钱罪行的要求时，必须迅速采取行动，识别、冻结、查封和没收有关收益或者与其具有同等价值的其他财产。

4. 在引渡方面。"40 + 9 条建议"第 40 条规定，各个国家都应当制定在可能的情况下引渡洗钱犯罪罪行和洗钱罪犯的程序。每个国家都应该公认洗钱是可引渡的罪行，并且各个国家应该简化引渡程序，以减少各个国家之间的引渡障碍。

（二）反洗钱国际执法合作

FATF 在执法合作方面最重要的贡献是关于反洗钱国际信息交流的规定，主要是集中在关于各个国家和国际组织之间资料的保存、分享和交流的规定。"40 + 9条建议"第 30 条的规定给各国政府提出了新的要求，要求他们监测记录自己国家的货币现金的国际流量，将这些资料和中央银行的资料进行整合，就可以在大体上对各个海外的现金量和回流情况作出一个初步估计，然后再将这些资料提供给国际货币基金组织和国际结算银行，这样就会更方便反洗钱的国际研究。"40 + 9 条建议"第 31 条规定，与反洗钱有关联的国际组织（比如国际刑警组织）也必须肩负起收集和传播有关反洗钱最新进展和洗钱技术资料的责任。另外，中央银行和银行监管机构还可以利用他们自己的网络做这些工作。在一些国家，甚至一些国家机构在与行业协会协商之后也可以向它自己国内的金融机构发布这些资料。"40 + 9 条建议"第 32 条规定，各个国家应该积极促进各个国家之间的资料跨国交流。此外，各个国家还必须制定严密的保障措施，保证资料的交流不能触犯国家有关隐私权和资料保护的规定。

二、FATF 框架下反洗钱与反恐怖主义融资的国际合作机制

FATF 的 "40 + 9 条建议" 虽然不具有强制约束力，却产生了普遍的影响力，并得到了国际社会的广泛认同。FATF 在反洗钱国际合作方面形成了具有自己特色的反洗钱国际合作机制，主要是从反洗钱国际司法合作和执法合作两个方面作出了努力。在司法合作方面，关于司法互助，FATF 主要是通过基于共同

法律概念基础之上的多边和双边协议来促进最大范围的相互协助。此外，FATF还提出了关于刑事司法互助如何实施的程序要求。关于管辖权，FATF 作出了按照公正原则来考虑和设计起诉被告最佳地点的规定，很好地避免了管辖权的冲突问题。关于资产的分配，FATF 要求各个国家在接到别的国家的打击洗钱资助请求时必须第一时间给予协助，这样的规定很好地避免了其他国家不给予协助的尴尬。关于引渡，FATF 的总思想是尽可能地扩大引渡的范围，简化引渡的程序，避免不能引渡的困难。在执法合作方面，FATF 作出的最大努力就是关于反洗钱国际合作信息交流的规定，在认识到反洗钱信息和资料的重要性之后，FATF 的 "40+9 条建议" 特别强调和规定了如何才能更好地进行反洗钱信息和资料的交流，它要求每个国家和相应的国际组织都要行动起来，保留各种记录和收集传播最新的资料，不断加深交流，同时它强调在资料交流的同时应该注意保密措施，不要触犯隐私权的相关规定。FATF 在反洗钱与反恐怖主义融资国际合作方面的努力已经得到国际社会的认同和广泛实施。此外，FATF 还与联合国、国际刑警组织、国际货币基金组织等进行合作来加强自身反洗钱措施的效果并且扩大它的影响力。

小　结

本章主要介绍了联合国和 FATF 两个框架下的反洗钱与反恐怖主义融资法律条约，其中，联合国框架下的法律文件有《联合国禁毒公约》《联合国制止向恐怖主义提供资助的国际公约》《联合国打击跨国有组织犯罪国际公约》《联合国反腐败公约》，FATF 框架下的法律文件有 "40+9 条建议"，这两个框架下的法律文件构成了国际社会在反洗钱与反恐怖主义融资方面采取措施的完整体系，为如何进行反洗钱与反恐怖主义融资的国际合作提供了良好借鉴。

练习题

一、名词解释
1. 《禁毒公约》
2. 《恐怖主义资助公约》
3. 《有组织犯罪公约》
二、判断题
1. 联合国大会是在 2003 年通过了《联合国反腐败公约》。（　　　）
2. 国际社会的第一个打击洗钱犯罪的国际公约是在 1988 年通过的。（　　　）

3. 金融行动特别工作组（FATF）第一次提出有关反洗钱《40 条建议》是在 1990 年。（　　）

4. 2012 年版的《40 条建议》所指的特定非金融机构包括赌场、房地产代理商、贵金属和宝石交易商、律师、公证人、其他独立法律专业人士和会计师，以及信托和公司服务提供者。（　　）

5. 2003 年 6 月，金融行动特别工作组扩展、充实并强化了有关反洗钱措施，出台了 2003 年版《40 条建议》，将税务犯罪列为洗钱罪的上游犯罪。（　　）

三、单选题

1. （　　）是第一部关于反恐怖主义融资的国际公约。

A. 《联合国制止向恐怖主义提供资助的国际公约》

B. 《联合国进行非法贩运麻醉药品和精神药物公约》

C. 《联合国打击跨国有组织犯罪公约》

D. 《联合国反腐败公约》

2. 《联合国反腐败公约》由联合国于（　　）年发布。

A. 2003　　　　　B. 2006　　　　　C. 2013　　　　　D. 1990

3. 《联合国制止向恐怖主义提供资助的国际公约》由（　　）发布。

A. 联合国

B. 亚太反洗钱组织

C. 金融行动特别工作组

D. 欧亚反洗钱与反恐怖主义融资组织

4. 国际社会通过的第一个打击洗钱犯罪的国际公约是（　　）。

A. 《联合国制止向恐怖主义提供资助的国际公约》

B. 《联合国打击跨国有组织犯罪公约》

C. 《联合国禁止非法贩运麻醉药品和精神药物公约》

D. 《联合国反腐败公约》

5. （　　）将有关毒品犯罪的洗钱行为规定为犯罪。

A. 《制止向恐怖主义提供资助的国际公约》

B. 《禁止非法贩运麻醉药品和精神药物公约》

C. 《联合国打击跨国有组织犯罪公约》

D. 《联合国反腐败公约》

四、多选题

1. 联合国通过的有关反洗钱和反恐怖主义融资的公约有（　　）。

A. 《禁止非法贩运麻醉药和精神药物公约》

B. 《制止向恐怖主义提供资助的国际公约》

C. 《联合国打击跨国有组织犯罪公约》

D. 《联合国反腐败公约》

2. 下列哪些联合国制定的公约对缔约国反洗钱工作制度提出了要求?（　　）

A. 《联合国禁止非法贩运麻醉药品和精神药物公约》

B. 《联合国制止向恐怖主义提供资助的攻击公约》

C. 《联合国打击跨国有组织犯罪公约》

D. 《联合国反腐败公约》

3. FATF 在 1990 年提出了有关反洗钱的《40 条建议》，要求各国政府加强反洗钱金融监管，包括（　　）。

A. 督促金融机构制定和实施反洗钱内部控制制度

B. 履行客户身份识别义务

C. 履行客户信息和交易记录保存义务

D. 履行识别并报告可疑金融交易的义务

4. FATF 在 2012 年的有关反洗钱《40 条建议》中，包括下述哪三大主题?（　　）

A. 防止大规模杀伤性武器扩散

B. 反洗钱

C. 反恐怖主义融资

D. 打击税务犯罪

5. FATF 在 1990 年提出了有关反洗钱的《40 条建议》，包括（　　）。

A. 要求各国将有关各类严重犯罪的洗钱行为定为刑事犯罪

B. 要求各国政府加强反洗钱金融监管

C. 要求各国政府建立金融情报中心

D. 要求各国进行反洗钱国际合作

五、简答题

1. 简述联合国框架下反洗钱与反恐怖主义融资的四大公约关于管辖权的规定。

2. 简述联合国框架下反洗钱与反恐怖主义融资的四大公约关于引渡和司法协助的规定。

3. 简述联合国框架下反洗钱与反恐怖主义融资的四大公约关于没收犯罪收益的规定。

六、论述题

1. 论联合国框架下反洗钱与反恐怖主义融资的国际合作机制。

2. 论 FATF 框架下反洗钱与反恐怖主义融资的国际合作机制。

第 五 章
美国反洗钱与反恐怖主义融资

【本章导读】

★美国为国际打击洗钱和恐怖主义融资犯罪作出了哪些贡献?

★"9·11"事件前后美国打击洗钱犯罪策略有何不同?

★美国哪些部门机构承担着反洗钱和反恐融资责任?

【本章要点】

★"9·11"事件前,美国打击洗钱犯罪的国际战略。

★"9·11"事件后,美国把反恐融资作为反洗钱一项重要任务。

★美国反洗钱机制。

第一节　美国反洗钱与反恐融资国际战略[1]

"9·11"事件是美国打击洗钱犯罪的国际战略的重要分水岭,此前,传统洗钱犯罪是美国打击重点,之后,美国将恐怖主义融资也列入打击重点,与打击传统洗钱犯罪并行。美国从本国利益出发,利用国际组织这个平台,积极开展双边和多边交流合作,大力推行其打击国际洗钱和恐怖主义融资犯罪的标准或准则,这在一定程度上有助于遏制这两种犯罪的兴风作浪。美国打击洗钱犯罪的国际战略的演变,可以说也是国际社会打击该犯罪的发展历程的一个缩影。

从 20 世纪末开始,经济全球化成为一种时代趋势,信息通讯技术得到快速发展,使得国与国之间的交流合作越来越密切,越来越方便。但是,这也给洗钱分子走出国界带来了便利,跨国洗钱也随之进入美国金融领域。从过去的打击洗钱犯罪的经验中,美国政府认识到,打击洗钱不能仅靠本国一己之力,必须与其他国家合作才能更有效地打击该犯罪。1988 年,美国国会批准通过了

〔1〕 史秀芬,邱志强:"借鉴美国经验　完善我国反洗钱体系",载《黑龙江金融》2004 年第 1 期。李永升、李云飞:"美国打击洗钱犯罪国际战略演变研究",载《重庆理工大学学报(社会科学出版社)》2014 年第 2 期。

《维也纳公约》，这是美国最早打击国际洗钱犯罪的标志之一。次年，美国又推动七国集团组建了 FATF，这是目前打击跨国洗钱犯罪最有影响力的国际组织。

研究美国国际反洗钱战略的发展，有助于我们了解国际反洗钱制度的建设历程，对我们正确理解美国在国际反洗钱体系中的地位和作用、借鉴美国反洗钱工作的成功经验至关重要。

一、"9·11" 事件前反洗钱国际战略

"9·11" 事件前以推动建立反洗钱国际标准为手段，利用 FATF、艾格蒙特组织等国际反洗钱工作平台，推动国际金融信息交换工作，重点打击与离岸金融中心相关的洗钱行为和贪污腐败犯罪。

（一）推动建立反洗钱国际标准

洗钱行为的国际化使美国打击该行为变得更加困难，单凭自己本国的力量很难解决这一问题。因此，美国不得不通过与国外政府合作获取相关犯罪证据或线索。然而，各国之间在反洗钱领域制定的规则或标准并不完全一致，这就为美国与他国的合作带来障碍，甚至有时洗钱犯罪分子能够利用这种差异来避免受到美国的追究。因而，要想更有力地打击国际洗钱犯罪，建立一套统一的反洗钱国际标准极其重要。美国将建立一套统一的反洗钱国际标准纳入美国国际反洗钱战略中，并贯穿于美国反洗钱国际战略的始终。美国对该项工作的推动主要通过 3 种方式。

1. 支持和推动 FATF 工作，其措施主要包括两点：①支持和推动 FATF 在全球范围内推行《40 条建议》和 FATF 的互评工作机制。推动其他国家落实《40 条建议》的实施是美国通过 FATF 实现其打击洗钱犯罪的国际战略目标的主要体现。《维也纳公约》要求各签字国将与毒品犯罪相关的洗钱行为列入犯罪行列中，但该公约并没有对各国该如何构建具体的反洗钱监管措施进行说明。FATF 的工作弥补了《维也纳公约》的这一不足，作为目前世界上最具影响力的国际反洗钱权威性国际组织之一，FATF 制定的《40 条建议》是反洗钱工作的最权威文件，对各成员国如何开展反洗钱监管工作提出了具体的要求，并进一步扩展其成员国范围，在《40 条建议》的框架下建立起一个有效、广泛的国际反洗钱体系是 FATF 的早期工作目标。美国打击洗钱犯罪的国际战略目标亦是如此。美国在《1999 年国家反洗钱战略》中已写明，打击国际洗钱犯罪的首要目标就是推动其他国家和地区采纳 FATF 的《40 条建议》、建立国际反洗钱统一标准，还写明要进一步推动区域性反洗钱组织实施 FATF 的互评制度，且该制度是以《40 条建议》为基础建立起来的。同时，《1999 年国家反洗钱战略》将《40 条

建议》的采纳情况作为美国与其他国家加强国际合作打击跨国有组织犯罪谈判中的一项重要内容。"美国《2000 年国家反洗钱战略》指出美国的国际反洗钱努力不仅仅是要打击不合作的国家和地区，更重要的是要加强国际反洗钱合作，进一步推进 FATF 的《40 条建议》在全球范围内统一采用，继续保持美国在 FATF 框架内的领导地位，扩大 FATF 成员国范围，进一步推进 FATF 的互评制度在南美等区域性反洗钱组织中的应用。"[1]②支持 FATF 开展认定不合作的国家和地区工作。美国国际反洗钱战略部署中提出，要支持 FATF 对不合作国家和地区的认定工作，并尽快对落实 FATF 的认定标准制定相应措施，鼓励 FATF 的其他成员国积极支持 FATF 的认定工作，并对 FATF 认定的不合作的国家和地区采取实质性的制裁措施，这也是《1999 年国家反洗钱战略》的内容之一。2000年 FATF 成立了认定不合作国家和地区特别工作组（简称 NCCTs），首次开展对不合作国家和地区的认定工作，美国参与其中。2001 年，美国又提出要在 FATF 不合作国家和地区的认定工作中，继续发挥其积极作用。通过 FATF 完成第二轮不合作国家和地区的评估工作。根据洗钱犯罪发展的新动向和国际打击洗钱犯罪的经验，推动 FATF 修改《40 条建议》以及对不合作国家和地区的评估标准。

2. 通过国际货币基金组织和世界银行等国际性和区域性经济组织对其成员国施压，以便推动其成员国建立有效的反洗钱机制。美国通过支持和推动 FATF 工作来推动建立世界范围内的反洗钱国际标准之外，还通过加强与其他国际性和区域性经济组织之间的合作，例如国际货币基金组织、世界银行等，以实现其上述目标。这些组织在反洗钱方面发挥了很大的作用，例如，敦促其各成员国加快金融改革，提高金融监管能力、提升金融交易的透明度、采取有效的反洗钱措施等。在《1999 年国家反洗钱战略》出台前，美国已与部分国际金融机构就如何在世界范围内建立统一的反洗钱国际标准问题进行了磋商并达成共识。《1999 年国家反洗钱战略》提出，美国将通过七国集团平台，与国际经济组织就推动其他国家采取 FATF 的《40 条建议》，对于建立有效反洗钱机制的具体问题进行进一步的商讨，并支持国际货币基金组织等国际经济组织在推动其成员国采纳反洗钱国际标准、建立反洗钱工作机制、加强监管的国际合作以及监管的透明度等方面所作的努力。《2001 年国家反洗钱战略》再次指出通过国际经济组织推动建立反洗钱国际标准的重要性，并将与国际经济组织合作的目标提高到工作有效性的建设上，督促国际货币基金组织、世界银行等国际经济组织将《40 条建议》纳入其工作制度和对其成员国的评价体系中。

---

[1] 引自李永升、李云飞："美国打击洗钱犯罪国际战略演变研究"，载《重庆理工大学学报（社会科学版）》2014 年第 2 期。

3. 通过双边谈判或采取单边措施，对不合作的国家和地区进行施压。除了通过上述两个平台在全球范围内推动各国建立统一的反洗钱国际标准外，美国还通过对尚未采取有效反洗钱措施的国家和地区进行单边制裁的方式推动反洗钱标准国际化的建设。例如，在推动洗钱行为犯罪化问题上，美国认为，洗钱行为犯罪化是建立有效的国际反洗钱体系的第一步实质性措施。在 1999～2000 年期间，美国通过打击国际有组织犯罪这个平台，积极推动各国扩大洗钱罪上游犯罪的范围，并将扩大洗钱罪上游犯罪的范围作为美国与其他国家在打击有组织跨国犯罪谈判中的重要内容。

（二）推动国际反洗钱信息交换和反洗钱调查起诉工作的合作

1. 通过七国集团和艾格蒙特组织加强与其他国家间的反洗钱信息交换工作，推行由七国集团提出的 10 项关于信息交换的主要原则。1997 年在丹佛峰会上，为有效打击严重的金融刑事犯罪，七国集团领导人提出要加强各国执法部门和金融监管部门的合作，并成立了研究该问题的工作组。该工作组在 1999 年向七国集团部长会议提交了《加强打击金融犯罪和监管滥用行为国际合作的主要原则》的报告（以下简称《报告》）。该《报告》建议七国集团成员国执法部门和监管部门应全力打击金融犯罪，并加强关于此方面的信息交换合作。在 1999 年的科隆会议上，七国集团领导人提出要在世界范围内推广《报告》提出的原则。美国通过进行多边和双边谈判方式积极支持这项工作，并要求司法部和财政部采取措施推动该项工作的开展，这项要求被写入《1999 年国家反洗钱战略》。

为有效识别国际洗钱行为，美国敦促七国集团成员国的司法部和财政部要在跨境交易规则方面进行协调。七国集团成员国各自的跨境交易规则的差异性有时并不利于打击跨境洗钱犯罪，因而在 2000 年，美国提出七国集团成员国应进一步统一、协调跨境资金交易规则。七国集团成员国应鼓励各国金融机构开展广泛和深入的对话，对包括客户信息保存、客户隐私保护等问题达成一致意见，以便实现跨境资金交易规则的统一和协调。

同时，为加强国际金融情报的交换工作，美国采取支持和扩大艾格蒙特集团成员国措施。打击洗钱犯罪，离不开金融情报信息，金融情报信息在反洗钱工作的开展至关重要。通过艾格蒙特组织扩展金融情报的获悉范围是美国国际反洗钱战略的一贯方针。支持其他国家加入艾格蒙特集团，扩大艾格蒙特集团成员国范围，这项工作在美国 1999、2000、2001 年的反洗钱国家战略中都有所规定。

2. 加强国际反洗钱调查、诉讼合作。洗钱行为的跨国性和复杂性使反洗钱调查和诉讼工作变得更复杂和更具有挑战性，所以，开展与外国相关部门调查和诉讼合作很有必要。美国要求财政部、司法部以及相关部门继续与有关国家在相关方面进行合作交流，包括法律互助、引渡、金融情报交换等，这也是《2000 年国家反洗钱战略》和《2001 年国家反洗钱战略》的规定。同时，为了查看哪些条约未包含对洗钱犯罪分子的引渡或未在反洗钱调查方面作出全面合作规定，美国还要求相关部门审查现有的法律互助条约、引渡条约、金融情报交换备忘录等。此外，为加强反洗钱调查方面的合作，可以公平分配没收的犯罪财产，这在《2001 年国家反洗钱战略》里被提到。事实上，在此之前美国在打击国际犯罪合作司法实践中已经将该种措施作为一项手段。1998～2000 年期间，美国司法部通过了国际资产共享计划，在打击国际犯罪方面将没收资产与其他 26 个合作国家分享。1994～2000 年期间，每个财政部与其他 7 个国家至少共分了 2100 万美元的犯罪所得。[1]

（三）打击离岸金融中心的洗钱行为

金融链条是一个联系十分紧密的共同体，其中每个环节发挥着不可替代的作用，一旦某个环节出现问题，那将影响整个金融链条。国际反洗钱体系亦是如此，如果在反洗钱工作中没有做到布局严密，就可能导致工作目标难以实现。在国际洗钱犯罪中，一些离岸金融中心成为那些洗钱分子的喜爱之地，因为这些离岸金融中心在金融监管方面比较宽松，这对国际反洗钱机制作用的发挥带来了不利影响，阻挡了国际上打击洗钱犯罪的统一步伐。在 20 世纪 90 年代，发生在离岸中心相关的洗钱行为发展到非常猖獗的地步。

一些离岸金融中心成为洗钱天堂，之所以会如此，原因有三个：①银行保密法在这里得到严格执行；②银行监管宽松甚至几乎没有；③不肯与其他国家的司法机关合作。一旦洗钱案件与这些地区有所牵连，美国执法部门总会在调查中碰壁，甚至使案件调查无法进行下去。所以有时会陷入令人尴尬的境地，一些洗钱案件还没有开始调查，洗钱资金就已经被转移到其他离岸中心了。

美国国际反洗钱战略的重要一环便是打击离岸金融中心的洗钱行为。在国际上，美国通过与一些国际组织合作，如巴塞尔银行监管委员会，要求离岸金融中心采取恰当的银行监管措施和严格的反洗钱制度。美国还支持国际组织，例如国际金融稳定论坛（简称 FSF），敦促离岸金融中心尽快落实国际条约中有关反洗钱方面的规定，包括金融欺诈、税务欺诈、洗钱信息交换等。1999 年 5月，FSF 成立了"离岸金融中心工作组"（成员包括工业化国家和新兴经济体的政府官员、国际组织以及国际规则和监管组织的成员），该工作组是在美国和七国集团等其他成员国的支持下成立的。"离岸金融中心工作组"主要工作内容是

---

〔1〕 引自李永升、李云飞："美国打击洗钱犯罪国际战略演变研究"，载《重庆理工大学学报（社会科学版）》2014 年第 2 期。

评估离岸金融中心在国际经济体系中的地位、作用以及离岸金融中心在信息交换、监管规则方面对国际标准的遵守情况，促使离岸金融中心尽快实施国际化的金融监管规则，包括 FATF 的《40 条建议》以及七国集团为打击国际金融犯罪和监管滥用所提出的信息交换 10 项主要原则。

美国财政部牵头在 1999 年成立了一个跨部门工作的小组，工作内容是研究如何确定一国是否属于金融犯罪天堂，判断标准是该国金融犯罪情况以及该国打击金融犯罪的措施。"2000 年该小组完成了评估标准的制定。这些认定标准主要包括：该国的洗钱犯罪是否严重；是否是犯罪资金的重要来源地、中转地或目的地；根据该国的反洗钱立法及实施情况评估其是否建立了合理的反洗钱制度；如果该国还没有建立起完善的反洗钱制度，该国是否正在积极努力地改善该制度；如果该国还没有改善反洗钱制度，是否是缺少政治意愿所致；基于许多金融犯罪天堂既是侵害税收犯罪的天堂，又是洗钱的天堂的事实，所以在评估时还要考虑该国洗钱犯罪与税收犯罪之间的关系。根据这些评估标准，2000年 5 月，美国确定了打击洗钱犯罪重点关注的国家和地区，并对这些国家和地区采取了相应的制裁措施。"[1]

1999 年，美国在解决离岸金融中心监管与合作问题上投入了很多精力，在此基础上，2000 年美国向一些国家和地区施加了更大的压力，进一步扩大了打击范围，因为这些国家在金融犯罪上放松监管并吸引洗钱。在打击金融犯罪天堂方面，美国继续与其他国家通过多边或双边关系平台进行合作交流。除此之外，美国在《2000 年国家反洗钱战略》中提出，为维护美国国家安全和金融安全，将采取单边措施对洗钱天堂进行打击。尽管如此，在打击国际金融犯罪方面，美国还是存在不足之处，因此，在 2000 年报告中，美国提出要制定国际反洗钱法，同年，美国国会通过了《国际反洗钱和反腐败法》，该法的出台使美国财政部能够采取更多手段去打击国际洗钱犯罪。

（四）推动国际反腐败斗争

洗钱行为的上游行为包括腐败行为。犯罪分子从腐败行为中获得的收益与其他犯罪所得一样也需要进行清洗。美国为打击腐败行为，也曾采取多项举措，包括与经合组织协商对在商业谈判中贿赂外国公职人员的行为进行打击，与美洲反腐败公约组织欧洲理事会、联合国特设委员会等合作采取全球性和区域性的反腐败行动。

在 2000 年前，美国没有将外国政府官员对其所收受的腐败资金在美国银行

---

〔1〕　引自李永升、李云飞："美国打击洗钱犯罪国际战略演变研究"，载《重庆理工大学学报（社会科学版）》2014 年第 2 期。

进行清洗的行为犯罪化，这无疑是立法的一项重大漏洞，给美国推动国际反腐败行动带来不便。2000 年通过的《国际反洗钱和反腐败法》弥补了这个漏洞，允许美国政府对外国政府官员通过美国银行清洗其腐败所得的行为进行起诉。

在国际上，美国政府一边督促其他国家将洗钱犯罪的上游犯罪扩大至腐败犯罪；一边与国际组织合作，推动国际社会认知反洗钱与反腐败的牵连性，将反洗钱作为国际反腐败的一项重要措施。《2000 年国家反洗钱战略》提出调查外国政府官员利用国际金融体系将公有资产用于私人使用的问题，由财政部与国务院、司法部开展跨部门合作完成，同时要求这三大部门评估识别、追踪、没收腐败资产方面的机制。

二、"9·11"事件后反洗钱与反恐怖主义融资并行国际战略

"9·11"事件使美国深刻认识到恐怖主义融资对恐怖主义组织和恐怖袭击的重要性，把打击恐怖主义融资纳入打击洗钱犯罪行动中是很有必要的。因此，美国由反洗钱国际战略调整为反洗钱与反恐怖主义融资并行国际战略。2001 年，美国通过了《爱国者法案》，该法案对恐怖主义融资进行解剖，并将打击恐怖主义融资作为反恐战略中一项重要内容。美国财政部、国务院、司法部等反洗钱部门可以依据该法案的授权来打击恐怖主义融资活动。同时，美国通过 FATF、世界银行等国际组织在全球范围内进一步推进反恐融资国际标准在各国的采纳，通过加强恐怖主义融资信息交流，加强对"哈瓦拉"等支付方式的监管，公布涉恐人员名单，重点打击利用慈善机构、现金走私等方式进行恐怖主义融资的行为，切断恐怖主义融资渠道。

《2002 年国家反洗钱战略》中提出要打击恐怖主义融资，这是美国第一次从国家层面提出这个问题。《2003 年国家反洗钱战略中》将国际战略放在所有战略之首，这是美国第一次这么做，同时还规定首要战略目标就是打击洗钱和恐怖主义融资、维护国家安全。

（一）《爱国者法案》授予财政部特定权力打击洗钱和恐怖主义融资

"9·11"事件发生后，美国国会立即通过《爱国者法案》。该法案第 311 条明确规定为保护美国金融系统的稳定，授权财政部长对那些给美国金融系统带来具体风险的特定国家、地区或特定的金融业务类型采取针对措施，并将它们确定为首要关注的洗钱对象。这些措施包括：要求国内金融机构保存交易记录、报告交易关系，识别交易的最终受益人，从代理账户获取相关信息，在必要的情况下终止代理账户 5 项特权。例如，2002 年 1 月，美国财政部向国内金融机构发布公告，要求国内金融机构终结与瑙鲁有关的多家空壳银行之间的代理银

行关系。

（二）推动 FATF 建立打击恐怖主义融资的国际标准

建立打击恐怖主义融资活动的国际标准，发挥长效机制，增强金融交易的透明度，这是美国在《2003 年国家反洗钱战略》中明确提出的。美国在通过《爱国者法案》后，FATF 修订《40 条建议》、构建起打击恐怖主义融资活动的制度框架，就是在美国的支持和推动下完成的。

当然，打击洗钱与恐怖主义融资需要采取很多策略，建立国际标准仅是第一步，因为如果国际社会未能有效执行这些标准，洗钱和恐怖主义融资分子便会利用国与国之间的差异钻漏洞，那么之前的努力也将覆水东流。为此美国通过对各国采纳反恐融资建议的情况进行客观评估，支持和帮助那些需要帮助的主要国家，采取制裁措施惩罚未能合理采取国际标准打击洗钱和恐怖主义融资的国家和地区，以推动国际社会能够积极采用这些建议。此外，《2007 年国家反洗钱战略》再次要求司法部、财政部、国务院、国土安全部等部门继续通过单边或多边条约推进实施 FATF 的 "40 + 9 条建议"，打击洗钱和恐怖主义融资行为。[1]

（三）推动评估全球反恐融资工作

国际金融领域统一采用反洗钱和反恐怖主义融资标准对打击洗钱和恐怖主义融资十分重要，美国和七国集团其他成员国一直在强调它的重要性，并要求国际货币基金组织和世界银行在监管和评估工作中将它列入其中。美国在推动反恐融资国际标准的建立过程中，除利用七国集团平台外，美国还利用 FATF 这个国际组织来实现在全球建立反恐融资国际标准。

美国通过多边或双边合作的方式在多个领域帮助和提高其他国家的反恐融资能力，例如，在立法、金融情报中心的建设、执法队伍的培训、监管、调查等领域，就是为了确保反恐怖主义融资的国际标准得到全世界范围内的遵守。例如，2003 年菲律宾反洗钱立法就得到了美国的支持与帮助。

（四）加强反恐融资信息交流

在反洗钱和反恐融资行动中，情报信息发挥着相当重要的作用。在 "9·11" 事件之后，艾格蒙特组织采取充分利用、共享其收集的信息一系列措施来支持全球打击恐怖主义活动，这是在美国的督促和支持下实行的。2001 年美国金融犯罪执法网络（FinCEN）主持了关于金融情报中心在打击恐怖主义中的角色的会议，参加会议的是艾格蒙特组织成员国。这次会议取得重大成果，与会

---

〔1〕引自李永升、李云飞："美国打击洗钱犯罪国际战略演变研究"，载《重庆理工大学学报（社会科学版）》2014 年第 2 期。

各国在许多方面达成一致意见，包括以下几个方面：一是要消除妨碍各国间信息交换的壁垒；二是要将可疑交易报告范围扩展至恐怖主义融资行为；三是要加强联合研究那些可能被洗钱和恐怖主义融资利用的金融业务；四是将已进行处理的案件作为教学案例，为提高金融情报机构员工分析可疑交易的能力，艾格蒙特组织将继续加强对其成员的培训。为加大反恐融资和反洗钱信息的分享范围和力度，FinCEN 将继续加强同其他国家金融情报机构之间的合作，《2007 年国家反洗钱战略》对此作出规定。除此之外，2001 年"9·11"事件之后，为了使信息共享在打击恐怖主义融资和洗钱方面最大化地实现，美国加强了与多个部门机构的国际合作，包括金融情报中心、监管部门、海关、移民局、执法部门。

（五）公布涉恐人员名单，切断全球恐怖主义融资渠道

鉴别和拦截恐怖分子的资金，是反恐行动的一项重要手段。《2003 年国家反洗钱战略》指出，冻结恐怖主义支持者的资产、打击恐怖主义融资网络和公布恐怖分子名单将继续是美国打击恐怖主义活动的重要任务。到《2003 年国家反洗钱战略》出台时为止，美国政府已对 315 名恐怖分子和恐怖分子支持者名单进行公布，并冻结了恐怖主义融资 13 600 万美元。美国公布恐怖主义分子名单的做法起到了多种积极效果，包括：①冻结恐怖主义融资；②恐怖主义资金通过主流金融机构进行转移的渠道被关闭；③防止其他人被恐怖分子利用从事恐怖主义融资活动；④迫使恐怖主义融资分子使用成本更高或效率更低的非正式方式进行融资。

（六）加强对"哈瓦拉"（Hawala）等可替代的资金汇划系统的监管[1]

恐怖分子通常会利用金融市场上的各种手段进行恐怖主义融资，尤其是通过 Hawala 等非正规资金汇划系统汇划资金已成为恐怖主义融资的常规手段，对此，美国政府认为必须要采取恰当手段打击恐怖分子利用这些非正规金融体系肆无忌惮地进行恐怖主义融资。"9·11"恐怖袭击以来，通过 Hawala 等可替代性的非正式汇款系统暗中转移大额资金的行为成为关注的焦点。这些非正式的汇款系统在南亚、中东、欧洲、北美的一些国家普遍存在。在一些国家，Hawala 是非法的，在一些国家这种业务不受监管。2001 年美国开始采取措施对 Hawala 等非正式的业务系统进行监管，在《爱国者法案》中对从事汇款业务的非正规金融机构提出了监管要求，"这是美国第一次以立法的方式规范从事汇款业务的非正规金融机构"。该法案要求所有从事汇款业务的非正规金融机构必须作为货币服务商进行注册登记，并需要履行可疑交易报告义务。

---

〔1〕 引自李永升、李云飞："美国打击洗钱犯罪国际战略演变研究"，载《重庆理工大学学报（社会科学版）》2014 年第 2 期。

根据《爱国者法案》的规定，如果上述机构的所有人或工作人员在明知交易资金属于犯罪所得或虽非犯罪所得但用于恐怖主义融资目的，为其办理业务的属于犯罪行为。对从事货币服务商业务但未向 FinCEN 登记，或者未取得营业许可证但仍从事该业务的，也属于犯罪行为。《2003 年国家反洗钱战略》中指出，美国将通过双边和多边合作，在全球范围内加强非正规汇款系统的统一性和透明性。FATF 之特别建议六也要求各国对非正规汇款系统进行登记和监管，并要求这些机构履行银行等金融机构应履行的反洗钱义务。此外，2002 年在阿拉伯联合酋长国举行的关于"哈瓦拉"业务的会议上，与会的四十多个国家签署了《阿布扎比宣言》，要求各国采取包括 FATF 第 6 项特别建议在内的规制措施，对"哈瓦拉"等非正规资金汇划系统进行监管。随后，阿拉伯联合酋长国宣布将"哈瓦拉"业务纳入监管范围。

（七）打击利用慈善机构进行的恐怖主义融资行为

目前，已证实一些名义上的慈善机构实际上是恐怖分子及其组织进行融资的渠道，因此，在全球打击洗钱和恐怖主义融资犯罪中也要把一些名义上的慈善机构作为重点关注对象。2003 年美国认定了 23 家与"基地"组织或其他恐怖组织有关联的慈善机构，包括圣地救济与发展基金会在内，并关闭这些慈善机构和惩罚了相关责任人。在国际上，美国全力打击利用慈善组织进行洗钱的行为，主要通过以下两种方式：①与主要国家签订双边协定；②通过 FATF 与其他国家达成多边协定。一些国家开始采取行动响应美国的号召，例如，加强对慈善组织的监督和管理，一旦发现涉嫌恐怖主义，便立即进行调查和及时关闭这些慈善机构。

第二节　美国反洗钱机制

一、美国反洗钱立法[1]

美国现行的反洗钱法律体系由三个层次构成：①由国会制定的反洗钱法律；②由政府机关制定的反洗钱行政法规；③由监管机构或行业组织制定的反洗钱行业准则。

1. 反洗钱相关法律。1970 年，美国国会通过《银行保密法》，该法对传统的银行保密规则进行了改革，并对金融机构增加了报告金融交易、保存记录、

---

[1]　边维刚："美国反洗钱体系及其启示——赴美学习考察报告"，载《南方金融》2004 年第 12 期。

对违反者的处罚措施等规定。该法规定了多个部门合作进行反洗钱监管，实际上揭开了与洗钱做斗争的序幕。美国于 1986 年颁布了《洗钱控制法》，1992 年颁布了《阿南齐奥—怀利反洗钱法》，1994 年颁布了《禁止洗钱法》，这三部法律更加详细地规定了反洗钱要求，具有更强的可操作性，因而美国多部门合作进行反洗钱的模式，也得到进一步发展。2000 年美国出台了《国家反洗钱战略》，由美国财政部会同司法部共同制定，该战略的提出，强化了美国反洗钱监管的纵向结构。2001 年，美国又出台了《爱国者法》，这是一部专门针对反恐和反恐融资的法律。这些法案以及它们以后的修正案，共同构建了多部门交叉合作的反洗钱监管体系。

2. 反洗钱相关行政法规。美国财政部制定了《银行保密法规》（其包括一系列行政法规），该法规的出台是为了配合《银行保密法》的实施。《银行保密法规》具体指明了哪些金融机构应该履行《银行保密法》，规范了申报和记录现金交易的要求，并明确了违反该法的民事处罚幅度。

3. 反洗钱相关行业准则。美国存在很多金融监管部门，如货币监理署、联邦储备委员会、联邦储备保险局等。每个监管部门都按照各自职责，或是从指导金融机构反洗钱角度出发，或是从监管业务角度出发，制定和发布反洗钱的具体操作规则和要求。

二、美国反洗钱机构[1]

美国建立了比较完善的反洗钱组织机构体系。美国的反洗钱工作由多个部门分工合作开展。美国主要由财政部、司法部、税务总署、海关总署、美联储、联邦调查局、毒品管制局和美国邮政总局等机关承担反洗钱任务。

1. 财政部。财政部是美国反洗钱执法机构中最重要的部门，是美国法律授权负责全面执行和实施《银行保密法》的国家中央执法机关和核心部门，负责监督执行有关反洗钱政策，承担全美反洗钱信息的收集、整理、分析和传递工作，而且是负责实施《爱国者法案》的主要部门。该部门还下设了金融执法局等重要部门，具有执法权、制定金融监管法规权和向国会提交立法草案权等。

2. 司法部。美国司法部负责法律授权范围内的洗钱犯罪案件的起诉和执行民事罚款等工作，主要职责是制定政策、支持各州的反洗钱工作、宣传法规、财产罚没及分配和国际事务等。司法部共有 40 名律师，其中，司法部内设的罚没和反洗钱处具体负责反洗钱工作。

---

〔1〕 史秀芬、邸志强："借鉴美国经验完善我国反洗钱体系"，载《黑龙江金融》2014 年第 1 期。

3. 海关总署。海关总署下设金融调查处，具体负责跨境洗钱行为、大规模现金走私、跨境犯罪等非法所得，逃避金融票据转移报告义务等；该署下设金融计划组、反洗钱工作组和反洗钱协调中心三个部门。其中，反洗钱协调中心与金融情报网络联系密切，它负责所有与洗钱交易相关的数据资料的收集以及与金融情报网络的联系。

4. 税务总署。美国税务总署负责监督有关金融机构及其从业人员或者其他企业、个人遵守税法规定的金融交易报告义务。税务总署的刑事调查局负责调查违反金融交易报告义务的案件，然后移交给司法部起诉或处以民事罚款。

5. 联邦调查局。美国联邦调查局拥有广泛的跨部门、跨行业调查洗钱案件的权力。在通常情况下，联邦调查局负责侦查美国国内跨州或者跨国犯罪案件。

6. 邮政总局。美国邮政总局负责在有关法律授权范围内，财产在邮政总局保管、占有之下，或者财产属于邮政总局所有，或者利用邮政或者其他邮政犯罪所产生的财产的洗钱案件。

7. 毒品管制局。美国毒品管制局负责调查与毒品犯罪有关的洗钱案件。

8. 联邦储备银行。美联储负责监管在美国联邦储备体系内注册的成员银行，同样也负责监管在美国注册的外国银行。联储内部下设银行监管小组和执行小组两个部门，如在监管、检查过程中发现构造性交易可疑迹象，即把交易金额控制在 1 万美元以下或银行在反洗钱程序方面出现问题，则这两个部门可能采取公开处理或私下协议措施，对该银行进行罚款或行政性处罚，共同改善反洗钱工作。

美联储要求每家银行都须制定反洗钱政策及程序，根据《银行保密法案》指定一名官员专门负责反洗钱方面工作。美联储并不对银行作出具体规定，只是提出政策性指导意见，要求银行的具体政策和程序都必须符合美国法律规范。要求银行贯彻"了解你的客户"原则和落实可疑交易报告制度。例如，美联储要求银行开立账户时应了解企业管理层情况及管理层过去的经历，企业还应提交营业执照及财务状况的证明；美联储要求各银行在金融交易后 30 天内须提交可疑交易报告。

三、美国金融机构反洗钱的法定责任[1]

（一）识别责任

1992 年，美国国会授权财政部发布行政法规，要求金融机构制定反洗钱的工作程序，包括建立"了解你的客户"的规范和程序。此后，1994 年美国制定

---

[1] 引自边维刚："美国反洗钱体系及其启示——赴美学习考察报告"，载《南方金融》2004 年第 12 期。

的《禁止洗钱法令》、1996 年建立的汇款报告制，均要求银行（或其他类型的金融机构和非特定金融机构）了解客户的如下情况：客户的整体框架，客户所从事的业务，客户经营思想及其所拥有的资金，客户的客户及其供应商，客户的经营场地，客户汇出汇入资金的大致线路，客户财富的来源，客户合法存在方式等。这些行政法规还要求对客户提供的材料要进行审核。

（二）记录责任

美国法律要求金融机构必须完整地保留对客户或交易对象的身份记录和交易内容记录。《银行保密法》将记录保存制度分为四类：一是识别金融票据现金出售的记录。在开具或者出售在 3000 美元以上的金融票据时，都必须识别和记录购买银行支票、汇票、现金支票、旅行支票的交易人的身份，并保存交易的有关信息和资料。二是交易建议、指令与申请的记录。即要求金融机构对涉及国内和国际资金转移的某些记录予以保存，这些记录包括对资金转移的申请人和受益人的姓名或名称、住址和账号等的记录。三是信贷延长的记录。所有金融机构必须保存数额在 1 万美元以上的信贷延长的记录，不包括以不动产作抵押的信贷延长。四是其他特别记录。根据有关法律规定，对于银行、证券经纪人和经销商、赌博公司和货币交易人与兑换人，还要求他们保存额外的记录，其中包括签名卡、开户声明、已经重建账户时存入的数额在 1000 美元以上的款项。金融机构应保存交易记录的时间为 5 年，以备执法当局查处犯罪案件时查阅或调取，作为案件线索或者证据。

（三）报告责任

美国相关法规至少将交易报告分为三大类：

1. 金融机构大额交易报告制度。其中包括：①货币交易报告，即要求金融机构和非特定金融机构对每一笔数额超过 1 万美元的存款、提款、货币兑换，或者其他货币支付或转让的货币交易，向税务总署报告。②货币或者金融票据转移报告，即要求金融机构和非特定金融机构将通过陆地运输、邮寄、船运等方式转移任何形式的各种货币、旅行支票以及可转让的数额在 1 万美元以上的金融票据，向海关总署报告。③外国银行账户报告制度，即任何受美国法律管辖的人，包括金融机构，在一个或者多个外国银行、证券公司或者其他金融账户拥有利益、签字权或者其他权利，并且在账户内的资金额在一个自然年度中的任何时候超过 1 万美元的，应当向财政部报告。

2. 金融机构可疑交易报告制度。金融机构遇有下列情形时，应当向有关的司法机关或其监管机构报告他们明知的或者怀疑是犯罪的交易活动：①怀疑某个职员或其下属的某个机构实施了犯罪或参与实施了犯罪的。②所造成的实际损失或可能造成的损失为 1000 美元以上，或者在不明损失原因情况下，造成的损失数额在 5000 美元以上的。③怀疑自己已被犯罪分子利用作为犯罪行为管道的。在这种情况下，不论所涉及的数额大小，均须报告。报告必须在发现损失或者明知、怀疑犯罪行为后的 30 日内向有关政府机关、监管机构提出，包括当地的检察机关和联邦调查局。

3. 其他人的交易报告制度。根据《国内税收法》的有关规定，除金融机构之外的其他商业机构或者个人，应当报告自己收到 1 万美元以上货币和特定的金融票据的交易行为。"其他人"包括航空公司、旅馆、饭店、抵押经纪人以及飞机、古董、珠宝、贵金属、家庭用具、娱乐器具的批发商或零售商等。上述机构或者人员应当在客户交易时让客户填写税务总署特制的表格，向税务总署报告。

（四）内控责任

有关法规要求金融机构必须建立和保持适当的内部控制制度和程序，以保证履行《银行保密法》及其配套法规的有关规定。有关法规还要求内部控制制度和程序必须是以书面形式制定的，并且通过了董事会的批准和载入董事会的会议记录。其最低目标必须达到：①为不间断地履行反洗钱的义务提供程序上的保证；②为银行职员或者任何银行之外的从业人员、机构提供监督履行上述义务的规范标准；③指定专门人员负责日常的履行反洗钱规定的义务工作。

（五）培训责任

美国在 1992 年就颁布专门法规，要求银行对雇员进行必要的反洗钱培训。它规定，银行的下列人员应能识别洗钱现象：高级管理层、与客户联络人员、信贷部门、对私业务部门、从事汇出汇入款项的人员、现金出纳人员，以及任何能够接触客户或其账户的雇员。

（六）保密责任

根据法律规定，金融机构及其董事、高级职员、一般雇员或者任何其他代理人，在提出可疑交易报告后或者配合执法过程中，不得向任何与自己实施交易的人透露已向有关政府机关提出了可疑交易报告的情况，即不得泄露报告信息。否则，将受到法律追究。

（七）合作责任

要求金融机构应尽可能与执法部门合作，不得利用有改动的、不完整的或有欺骗性的资料蒙骗执法部门。值得一提的是，当怀疑交易活动涉及犯罪行为时，金融机构在报告之后应该如何处理？对此，美国法律规定，金融机构在报告之后如果继续与客户保持商业关系的，并不能受到不予起诉指控的豁免。除此之外，为了鼓励金融机构积极向司法当局或其监管机构提供可疑报告，美国有关法律规定，金融机构或其从业人员出于善意向执法机关或者其监管机构报告可疑交易的，保护其不受任何人依据美国国内法而提出的民事追究。不过，金融机构在提出报告之前，应根据《金融隐私法》的有关规定，与法律顾问进行充分研究，以保证可疑交易报告的提出合乎法律的规定。

四、对洗钱罪的具体处罚措施[1]

《美国法典汇编》对洗钱活动规定了四个罪名：非法金融交易罪、非法金融转移罪、推定洗钱罪和以非法所得进行金融交易罪。对犯前三种罪的，依法应当处 50 万以下罚金或者 2 倍于该交易涉及的货币票据或资金价值的罚金，或处 20 年以下的监禁，或者两刑并罚。此外，对本罪还可以处民事罚款。对犯以非法所得进行金融交易罪的，处 50 万美元以下罚金或者 10 年以下监禁，或者两刑并罚，或者处以不超过 2 倍于交易所涉及的非法所得财产的罚金。

对洗钱犯罪的处理，美国采取了从重、从严、从快的原则。在刑事罪名中，把洗钱列为联邦级重罪，洗钱罪名一旦成立，罪犯会受到严厉的刑事处罚。在对洗钱犯罪的民事处罚上，则对犯罪界定实行宽松的司法解释，对犯罪行为给予严重处罚，包括没收用于实施犯罪或与犯罪活动有关的资金、场所、工具；没收犯罪分子的银行存款、住房、汽车；没收洗钱后购置的所有资产；对参与犯罪的企业处以罚款、没收财产、强制关闭，并一律不承认涉及的所有贷款、担保、抵押等银行债券，由银行自行承担全部业务损失。例如，《银行保密法》规定，任何参与洗钱的个人将被判处最高长达 20 年的有期徒刑；参与洗钱的包括银行在内的任何机构将受到 50 万美元以下或 2 倍于该交易涉及的资金价值的罚金；交易中涉及的任何财产或可追索的犯罪过程中涉及的任何财产，包括抵押贷款、个人财产以及个人账户中的资金（即使其中一些资金为合法的）将予以没收。此外，银行还将面临被吊销执照，个人将面临遭解雇的危险。2001 年颁布的《爱国者法案》则进一步加重了惩罚力度，对涉嫌参与恐怖主义金融活动的机构处以交易金额 2 倍以上但不超过 100 万美金的罚款。2004 年美国对瑞士 UBSAG 银行的重罚就是一例。瑞士 UBS 银行曾与纽约联邦储备银行签订合约，通过现金存储服务分派和向美国汇入美元以经营海外的延期保管存货业务（ECI）。由于与 UBS 有关的前管理者和雇员被指控隐瞒同纽约联邦储备银行的交易，2004 年 5 月美联储（FRB）对 UBS 开出 1 亿美元的罚单，其结果之一就是促使财政部外国资产管制局计划对所有通过 ECI 分派现金的银行展开检查。

美国建立在相应法规基础上的反洗钱惩罚机制具有极大的惩罚力度，其采

---

[1]　引自张红军："美国反洗钱惩罚机制对我国的借鉴意义"，载《经济管理》2005 年第 24 期。

取的基本策略是重点打击和全面防范相结合，在与洗钱可能相关的各个领域重点防范的基础上，重点打击的对象是大案要案，一经查处给予重罚，相关责任人也要为此负刑事责任。

小　结

"9·11"事件是美国打击洗钱犯罪国际战略发生改变的转折点。"9·11"事件之前，美国为打击国内国外洗钱犯罪，制定了反洗钱国际战略。美国支持和推动 FATF 制定《40 条建议》并敦促各国落实该建议，建立世界范围内的反洗钱国际标准，并推动 FATF 建立和推行互评机制，开展认定不合作国家和地区工作，支持和帮助其他国家建立反洗钱机制。为保证洗钱案件调查和诉讼能顺利进行，美国积极推动国与国之间建立反洗钱信息交流和诉讼合作机制。离岸金融中心为国际反洗钱行动带来很多阻碍，有"避税天堂"之称，美国采取措施全力打击离岸金融中心。另外，基于腐败与洗钱行为常常相伴而行，美国在国际社会上大力开展反腐败行动，督促各国在打击腐败行为方面进行合作。

"9·11"事件发生后，恐怖主义融资行为进入人类视野，并引起世界各国的重视。美国把反洗钱国际战略调整为反洗钱与反恐怖主义融资并行。美国颁布《爱国者法案》，授予财政部打击洗钱和恐怖主义融资的特定权力。与建立反洗钱国际战略一样，美国积极推动 FATF 建立反恐怖主义融资国际标准，增加 9 项特别建议，利用 G7、IMF 等区域性或国际性组织推动反恐融资工作全球评估，加强反恐融资情报信息交流。为引起世界各国的警惕，美国公布恐怖分子名单，切断恐怖主义融资渠道。针对一些名义上的慈善机构也被恐怖分子利用进行融资的现象，美国号召各国对这些慈善机构进行预防和打击。"哈瓦拉"等非可替代的资金汇划系统常常吸引大量恐怖分子，打击这些系统也被纳入了美国反恐怖主义融资国际战略。美国国内建立的反洗钱机制主要表现在以下几个方面：其一，建立了较为完备的法律体系，包括由国会制定的反洗钱法律、由政府机关制定的反洗钱行政法规和由监管机构或行业组织制定的反洗钱行业准则。其二，建立了多个部门分工合作机制，主要由财政部、司法部、税务总署、海关总署、美联储、联邦调查局、毒品管制局和邮政总局等机关承担反洗钱的任务。其三，明确了金融机构反洗钱法定责任，包括识别、记录、报告、内控、培训、保密和合作等责任。其四，对制定对洗钱罪的处罚措施，采取的基本策略是重点打击和全面防范相结合，对于大案要案，一经查处，则给予重罚，相关责任人也要为此负刑事责任。美国较为完善的反洗钱机制为预防和打击洗钱行为提供强大保障。

练习题

一、名词解释

1. 美国金融犯罪执法网络
2. 货币交易报告
3. 离岸金融中心

二、判断题

1. 美国在《维也纳公约》写明，打击国际洗钱犯罪的首要目标就是推动其他国家和地区采纳 FATF 的《40 条建议》，建立国际反洗钱统一标准。（　　）

2.《1999 年国家反洗钱战略》提出美国将通过 G7 平台，与国际经济组织就推动其他国家采取 FATF 的"40 + 9 条建议"、建立有效的反洗钱机制的具体问题进行进一步的商讨。（　　）

3. "哈瓦拉"等非正式的汇款系统在南亚、中东、欧洲、北美的一些国家普遍存在。（　　）

4. 2003 年美国认定了 26 家与"基地"组织或其他恐怖组织有关联的慈善机构。（　　）

5. 国土安全部是美国反洗钱执法机构中最重要的部门，是美国法律授权负责全面执行和实施《银行保密法》的国家中央执法机关和核心部门。（　　）

6.《银行保密法》规定金融机构应保存交易记录的时间为 5 年，以备执法当局查处犯罪案件时查阅或调取，作为案件线索或者证据。（　　）

三、单选题

1. 1988 年，美国国会批准通过了（　　），这是美国最早打击国际洗钱犯罪的标志之一。

A.《银行保密法》　　　　　　B.《维也纳公约》
C.《国际反洗钱和反腐败法》　　D.《爱国者法案》

2. 在（　　），离岸中心相关的洗钱行为发展到非常猖獗的地步。

A. 20 世纪 70 年代　　　　　B. 20 世纪 80 年代
C. 20 世纪 90 年代　　　　　D. 21 世纪前 10 年

3.（　　）中提出要打击恐怖主义融资，这是美国第一次从国家层面提出这个问题。

A.《2000 年国家反洗钱战略》　　B.《2001 年国家反洗钱战略》
C.《2002 年国家反洗钱战略》　　D.《2003 年国家反洗钱战略》

4.《爱国者法案》第（　　）条明确规定为保护美国金融系统的稳定，授权财政部长对那些给美国金融系统带来具体风险的特定国家、地区或特定的金融业务类型采取针对措施，并将其确定为首要关注的洗钱对象。

A. 311　　　　　　B. 312　　　　　　C. 321　　　　　　D. 322

5. 1992 年，美国国会授权（　　）发布行政法规，要求金融机构制定反洗钱的工作程序，包括建立"了解你的客户"的规范和程序。

A. 司法部　　　　　　　　　　B. 国土安全部

C. 金融犯罪执法网络　　　　　D. 财政部

6. 根据《国内税收法》的有关规定，除金融机构之外的其他商业机构或者个人，应当报告自己收到（　　）美元以上货币和特定的金融票据的交易行为。

A. 1000　　　　　B. 5000　　　　　C. 10 000　　　　D. 100 000

四、多选题

1. 在 1999 年的科隆会议上，G7 领导人提出要在世界范围内推广《加强打击金融犯罪和监管滥用行为目标合作的主要原则》提出的原则。美国的积极支持这项工作，并要求以下哪些部门采取措施推动该项工作的开展？（　　）

A. 司法部　　　　　　　　　　B. 财政部

C. 联邦储备银行　　　　　　　D. 国土安全部

2.《2000 年国家反洗钱战略》提出调查外国政府官员利用国际金融体系将公有资产用于私人使用的问题，由财政部与国务院、司法部开展跨部门合作完成，同时要求这三大部门评估以下哪几个方面的机制？（　　）

A. 识别　　　　　　B. 调查　　　　　　C. 追踪　　　　　D. 没收腐败资产

3. 美国的反洗钱法律体系包括（　　）。

A. 由国会制定的反洗钱法律

B. 由政府机关制定的反洗钱行政法规

C. 由监管机构制定的反洗钱行业准则

D. 由行业组织制定的反洗钱行业准则

4.《银行保密法》将记录保存制度分为四类，下列哪些选项属于这四类记录保存制度？（　　）

A. 识别金融票据现金出售的记录　B. 交易建议、指令与申请的记录

C. 信贷延长的记录　　　　　　　D. 其他特别记录

5. 金融机构遇有下列哪些情形时，应当向有关的司法机关或其监管机构报告他们明知的或者怀疑是犯罪的交易活动？（　　）

A. 怀疑某个职员实施了犯罪或参与实施了犯罪

B. 怀疑其下属的某个机构实施了犯罪或参与实施了犯罪

C. 怀疑自己已被犯罪分子利用作为犯罪行为管道

D. 所造成的实际损失或可能造成的损失为 500 美元以上

五、简答题

1. "9·11" 事件之前，美国反洗钱国际战略举措有哪些？

2. 美国反洗钱法律体系是什么？

3. 美国反洗钱部门机构有哪些？

六、论述题

1. 美国是如何推动 FATF 建立打击恐怖主义融资国际标准的？

2. 公布恐怖分子名单的作用有哪些？

3. 美国对洗钱犯罪的处罚措施有哪些？

第六章
我国反洗钱与反恐怖主义融资实践

【本章导读】

★中国的反洗钱与反恐怖主义融资的立法状况如何？

★中国的反洗钱与反恐怖主义融资的主要监管部门及其工作机制是怎么样的？

★中国反洗钱与反恐怖主义融资有什么新规定？

【本章要点】

★中国反洗钱与反恐怖主义融资的具体实践及一些国内外案例。

★中国反洗钱与反恐怖主义融资存在的不足之处。

★中国反洗钱与反恐怖主义融资的改进建议。

本章从法律体系、工作组织体系、工作机制、反洗钱监督和执行情况以及国际合作等多方面阐述我国反洗钱与反恐怖主义融资的具体实践，探讨经济新常态下，我国现有反洗钱和反恐怖主义融资制度体系不健全、监管不到位、反洗钱基层力量薄弱等问题，并提出相关建议。同时附加了一些国内外案例，使读者更易理解。国家新出台的"三反意见"尤其重要，将在未来一段时间内指导国家的反洗钱和反恐怖主义融资实践。

第一节 我国反洗钱与反恐怖主义融资现状

一、反洗钱和反恐融资法律体系基本建立

当今的中国已经开始全面依法治国，反洗钱和反恐怖主义融资工作也不例外，而要坚持依法打击洗钱与恐怖主义融资犯罪的前提是要有完善的相关法律体系。我国自 20 世纪末就开始了相关的立法工作，且主要体现在以下几个方面：一是将洗钱行为刑罚化确立为打击洗钱和恐怖主义融资犯罪的法律基础。

从 1997 年《刑法》修正案第 191 条将洗钱行为定为洗钱罪，到 2006 年《刑法修正案（六）》将第 191 条"洗钱罪"的上游犯罪由 4 项扩大为 7 项，将第 312 条"窝赃罪"修改为"掩饰、隐瞒犯罪所得、犯罪所得收益罪"，基本实现了洗钱行为刑罚化。二是建立我国预防洗钱的基本制度，明确职能部门和义务机构的反洗钱权利和义务。2006 年我国正式颁布《反洗钱法》，标志着由人民银行主导、国务院相关部门协同履职的反洗钱监督管理架构的形成。同时明确了反洗钱监管机构、金融机构和特定非金融机构的权利和义务，与《刑法》第 191 条和第 312 条共同构成打击洗钱及其上游犯罪的反洗钱基本制度。三是人民银行出台的《反洗钱法》配套法规成为人民银行和义务机构反洗钱工作基本操作规章。四是由人民银行对金融机构执行法规所遇问题形成的批复和复函作为《反洗钱法》及其配套法规的有效补充。洗钱犯罪的刑事法律规定、《反洗钱法》及其配套法规细则和相关法规释疑，共同构成我国监测、发现、追踪、调查、惩处洗钱和恐怖主义融资犯罪的反洗钱和反恐融资的法律体系[1]。五是 2015 年 12 月 27 日全国人大常委会通过了《反恐怖主义法》。这是一部专门打击恐怖主义的法律，其中在第三章"安全防范"中有专门规定对恐怖主义融资的监管措施。从《刑法》到《反洗钱法》再到《反恐怖主义法》，可以看到中国反洗钱和反恐融资的法律体系在不断完善。

二、反洗钱和反恐融资工作组织体系的建立与运行

（一）人民银行成立反洗钱局，负责具体履行人民银行反洗钱职能

2003 年人民银行成立的反洗钱局开始承担原由公安部负责的组织协调国家反洗钱工作的职责，并在全国 36 个分行、省会中心支行、副省级城市中心支行设立了反洗钱处，地市设立反洗钱科，将反洗钱监管职能延伸至县域区域。2006 年人民银行反洗钱局吸收合并国家外汇管理局的外币反洗钱职能，实现了反洗钱本外币管理机构的统一。2008 年人民银行广州分行、济南分行、武汉分行、杭州中心支行、长沙中心支行等省级分行在其重点反洗钱地市中单设反洗钱科，强化反洗钱履职。2015 年人民银行总行批复地市中心支行单设反洗钱科，为反洗钱工作提供强有力的组织体系保障。

（二）建成金融机构、支付机构大额交易和可疑交易监测管理体系

1. 建立中国反洗钱监测分析中心。2004 年中国反洗钱监测分析中心（以下简称"反洗钱中心"）成立并隶属于人民银行，标志着我国开始拥有专门的国家

---

[1] 廖怡、李绰卿："新形势下对我国反洗钱工作的几点思考"，载《区域金融研究》2017 年第 A1 期。

反洗钱情报机构，并正式开展对银行业大额交易和可疑交易数据的接收分析工作。2006 年反洗钱中心完成对本外币反洗钱数据的统一接收、统一分析工作，同年修订的《金融机构大额交易和可疑交易报告管理办法》完成了对金融机构大额交易和可疑交易数据的总对总报送工作。2012 年人民银行制定了《支付机构反洗钱和反恐怖主义融资管理办法》要求支付机构报送可疑交易报告。至此，覆盖我国金融机构和支付机构的大额交易和可疑交易监测管理体系基本建成。

（1）反洗钱中心[1]的法律地位：根据《人民银行法》第 4 条，中国人民银行指导、部署金融业反洗钱工作，负责反洗钱资金的监测工作。反洗钱中心是中国政府根据联合国有关公约的原则和 FATF 建议，以及中国国情建立的行政型国家金融情报机构（简称 FIU），隶属于中国人民银行，负责接收、分析和移送金融情报。

2006 年《反洗钱法》第 10 条规定确立了反洗钱中心的法律地位："国务院反洗钱行政主管部门设立反洗钱信息中心，负责大额交易和可疑交易报告的接收、分析，并按照规定向国务院反洗钱行政主管部门报告分析结果，履行国务院反洗钱行政主管部门规定的其他职责。"

反洗钱中心由此成为中国反洗钱框架中的一个重要法律实体。自成立以来，反洗钱中心在反洗钱方面发挥了重要作用，为执法机关打击洗钱及相关犯罪提供了有力金融情报支持。

（2）反洗钱中心的主要职责：

第一，收集、整理并保存大额和可疑资金交易信息及相关调查、案件信息。

第二，分析、研究大额交易与可疑交易信息，与有关部门研判和会商可疑资金交易线索，配合有关部门进行可疑资金交易线索协查。

第三，指导协助人民银行相关部门及分支行开展反洗钱调查工作，协调跨省（市）、自治区的可疑资金交易线索研判。

第四，按照规定程序向有关部门移送、提供可疑交易线索，受理国家有关部门的协查。

第五，根据授权，负责与境外金融情报机构的交流与合作，负责反洗钱情报的国际合作。

第六，负责国家反洗钱数据库建设和管理，研究、开发反洗钱信息接收及监测分析系统，负责系统的运行和维护。

第七，研究分析反洗钱犯罪的方式、手段及发展趋势，为制定反洗钱政策

---

[1]　"反洗钱中心简介"，载中国人民银行中心官网，http：//camlmac. pbc. gov，cn/fxqzhongxin/3558095/index. html，最后访问时间：2018 年 9 月 20 日。

提供依据。

第八，会同有关部门研究、制定大额交易与可疑交易信息报送技术标准。

第九，承办人民银行授权或交办的其他事项。

（3）反洗钱中心的机构设置：反洗钱中心内设 15 个处室，包括综合处、收集处、线索移送处、协查一处、协查二处、分析一处、分析二处、分析三处、分析四处、信息管理与支持处、方案开发处、研究处、国际交流处、财务处、人事处，另设上海分中心筹备组。

2. 完善大额交易和可疑交易报告制度。2016 年 12 月，中国人民银行修订发布了《金融机构大额交易和可疑交易报告管理办法》（中国人民银行令〔2016〕第 3 号），明确了金融机构切实履行大额交易和可疑交易报告义务的新要求，主要包括：明确以合理怀疑为基础的可疑交易报告要求；新增建立和完善交易监测标准、交易分析与识别、涉恐名单监测等要求；删除了原规章中已不符合形势发展需要的可疑交易报告标准；将大额现金交易的人民币报告标准由 20 万元调整为 5 万元；新增大额跨境交易的人民币报告标准 20 万元；对交易要素内容进行调整；等等。

三、反洗钱工作部际联席会议制度

（一）简介

2004 年经国务院批复，人民银行牵头召集 23 个部委参加反洗钱工作部际联席会议，明确联席会议组织架构、工作机制和职责分工，标志着国家层面反洗钱协调机制正式建立运行，由人民银行、银监会、证监会、保监会和外汇局参加的金融监管部门反洗钱协调制度正式建立。同时，人民银行强化与地方政府的反洗钱协调机制建设，探索适合本地反洗钱合作模式。人民银行分支机构分别与地方政府建立了反洗钱工作联席会议制度；与金融监管部门建立反洗钱协调机制；与公安机关建立了反洗钱情报会商和案件会商制度。金融机构自身建立了反洗钱合规官和反洗钱报告员制度。

经国务院批准，人民银行为反洗钱工作部际联席会议牵头单位。反洗钱工作部际联席会议下设办公室，组织开展反洗钱工作部际联席会议日常工作。办公室设在人民银行反洗钱局，办公室主任由反洗钱局局长兼任，各成员单位指定一名联络员为办公室成员。

反洗钱工作部际联席会议在党中央、国务院的领导下，指导全国反洗钱工作，制定国家反洗钱的重要方针、政策，制定国家反洗钱国际合作的政策措施，协调各部门、动员全社会开展反洗钱工作。

反洗钱工作部际联席会议各成员单位在国务院确定的反洗钱工作机制框架内开展工作。反洗钱工作部际联席会议办公室的职责是：掌握全国各地区和各部门反洗钱工作情况，加强对洗钱活动手法、规律、特点的研究，就反洗钱工作的政策、措施、计划、项目向联席会议提出建议和方案；负责筹备联席会议的召开，督促落实联席会议作出的各项决定，及时通报反洗钱工作情况；统一协调各行业、各部门开展反洗钱工作，逐步实现有关工作信息共享；具体组织协调反洗钱国际合作，负责与国际或区域反洗钱组织、各国政府间的反洗钱合作事项，以及履行有关国际公约的义务。组织做好反洗钱工作联席会议的会务工作。根据各成员单位意见提出会议议题，经召集人批准或全体联络员会议研究同意后组织召开。每次全体会议后，应就会议主要内容形成文字纪要，分送会议各成员单位，并督促落实相关工作。反洗钱工作部际联席会议原则上每年召开一至两次全体会议，如有需要，经成员单位提议，可随时召开全体会议或部分成员会议。

联席会议的议题包括：传达、贯彻党中央、国务院领导同志关于反洗钱工作的指示精神；研究反洗钱工作的新情况、新问题；讨论需要沟通的政策规定及有关重点工作；交流通报反洗钱工作情况；就有关工作进行协商，并提出落实意见。对反洗钱工作的重大问题，经联席会议研究后，报国务院审定。联席会议形成的决议，按部门职能，分工负责落实。联席会议办公室定期或不定期组织召开成员单位联络员会议。

（二）第九次全体会议[1]

2017 年 6 月 30 日，反洗钱工作部际联席会议第九次全体会议召开，反洗钱工作部际联席会议召集人、中国人民银行行长周小川出席会议并发表了重要讲话，中国人民银行副行长殷勇作了反洗钱工作部际联席会议工作报告。最高人民检察院检察委员会专职委员陈国庆、公安部副部长孟庆丰、监察部副部长崔鹏、海关总署副署长胡伟、税务总局总经济师任荣发、国务院法制办副主任刘炤、证监会副主席方星海、保监会副主席黄洪、外汇管理局副局长郑薇及其他部际联席会议成员单位相关负责同志参加会议，中央国安办、中央政法委、全国人大法工委和国土资源部有关同志应邀出席会议。周小川在讲话中指出，党中央、国务院高度重视反洗钱、反恐怖主义融资和反逃税工作（以下简称"三反"工作），将此作为深化改革的重点任务之一。部际联席会议全体成员单位要

---

[1] "反洗钱工作部际联席会议第九次全体会议召开，"载中国人民银行反洗钱局（保卫局）官网，http://www.pbc.gov.cn/fanxiqianju/135153/135159/1351663425106/index.html，最后访问时间：2018年9月20日。

从维护国家金融安全、推进国家治理体系和治理能力现代化的高度认识反洗钱工作，着力补齐制度"短板"，强化部门间务实合作，健全"三反"监管体制机制，争取在国际反洗钱领域发挥更大作用，全面提升"三反"工作水平。

殷勇在工作报告中强调，各成员单位要按照党中央和国务院的要求，重点做好以下工作：一是完善组织机制，发挥好部际联席会议的组织协调作用；二是抓紧完善反洗钱相关法律法规；三是推进国家洗钱风险评估，建立反洗钱战略形成机制；四是全面加强监管力度，提升义务机构风险管理水平；五是加强部门协作，有效打击洗钱和恐怖主义融资等犯罪活动；六是健全反洗钱数据信息共享机制；七是深化反洗钱国际合作；八是扎实做好评估的各项工作。

此次会议还传达了中央全面深化改革领导小组审议通过的《关于完善反洗钱、反恐怖主义融资、反逃税监管体制机制的意见》和国务院批准的《应对金融行动特别工作组第四轮反洗钱和反恐怖主义融资互评估工作方案》精神，总结了第八次工作会议以来反洗钱工作，分析了当前国内外反洗钱和反恐怖主义融资的形势，审议了工作报告、《落实〈关于完善反洗钱、反恐怖主义融资和反逃税监管体制机制的意见〉分工方案》和《反洗钱工作部际联席会议制度（修订版)》，交流了反洗钱工作情况。

四、2016 年人民银行反洗钱监管管理总体情况

2016 年，中国人民银行反洗钱监管工作稳中求进，继续围绕风险为本方法和法人监管原则两大主线，不断完善反洗钱监管制度，改进反洗钱监管方法，加强反洗钱执法检查，妥善应对反洗钱跨境监管问题，加强与相关监管部门的信息共享与协调配合，反洗钱监管有效性明显提高。

1. 反洗钱监管制度体系持续完善。2016 年，人民银行坚持以风险为本和法人监管为导向，采取切实措施加强反洗钱监管制度体系建设。除修订发布《金融机构大额交易和可疑交易报告管理办法》外，人民银行还研究制定了《法人金融机构反洗钱分类评级管理办法（试行)》，以法人金融机构为重点，以分类监管为目标，进一步细化和完善评级工作程序和标准；研究制定了《反洗钱行政处罚裁量基准（试行)》，探索实现全国统一的反洗钱行政处罚标准；调研银行机构风险自评估工作情况，研究起草《法人义务机构洗钱和恐怖融资风险管理指引》。

2. 反洗钱执法检查工作显著加强。2016 年，中国人民银行提前规划、持续跟踪、突出重点、查深查实，做好反洗钱执法检查工作。人民银行分支机构结合本地实际，灵活运用监管措施，采取切实措施推动辖内义务机构不断提高反洗钱工作有效性：全年质询义务机构 957 家，对 1496 家机构开展监管谈话，对

3849 家机构进行监管走访，对 811 家机构进行风险评估，对 344 家机构采取现场检查、跟踪回访、巡查、风险提示等其他措施。全年共对 1901 家金融机构和支付机构开展反洗钱专项执法检查，依法对其中 249 家违规机构和 483 名违规从业人员实施了行政处罚。其中，检查银行业金融机构 955 家，处罚违规机构 155 家；检查证券期货业机构 215 家，处罚违规机构 13 家；检查保险业机构 693 家，处罚违规机构 72 家；检查支付机构 32 家，处罚违规机构 9 家。

3. 反洗钱分类评级工作扎实有效。2016 年，人民银行反洗钱分类评级工作稳步推进、扎实有效。一是人民银行组织完成对 24 家全国性法人义务机构的分类评级工作。人民银行分支机构累计完成对 32 459 家义务机构的反洗钱评级工作。二是组织完成支付机构分类评级和支付业务许可证续展有关反洗钱措施部分的审查工作，包括对 267 家支付机构进行分类评级和对 93 家支付机构进行支付业务许可证续展审查。

4. 特定行业和领域反洗钱制度建设稳步推进。针对贵金属、房地产、互联网金融等特定行业，研究起草反洗钱和反恐怖融资管理办法，确定监管框架，明确思路、原则与主要任务。

5. 重点推动义务机构提高风险管理和合规水平。2016 年，中国人民银行反洗钱监管突出健全洗钱风险管理机制和督促违规问题整改，不断提高监管的针对性和连续性。加强对义务机构的政策宣导，指导主要义务机构建立健全风险自评估制度和机制。

6. 主动探索建立跨境监管合作机制。配合国家扩大金融业双向开放，以及"一带一路"建设的整体工作部署，主动探索与有关国家建立反洗钱监管合作机制。积极推动与美国、加拿大、澳大利亚、俄罗斯等主要国家反洗钱监管部门建立监管信息交换常态机制和重大监管活动通报机制。研究反洗钱跨境监管合作机制，按照国际标准，加强、规范反洗钱跨境监管工作。

7. 反洗钱监管信息系统建设不断加强。按照人民银行金融业信息化"十三五"规划，切实落实"完善金融基础设施，提高风险监管能力""完善反洗钱监管信息化体系"等重点工作任务。进一步提升反洗钱监管信息系统的完整性和有效性，改进反洗钱业务综合管理系统，提升反洗钱监管档案信息使用功效，升级反洗钱监管交互平台系统，扩展反洗钱监管网络体系。研究起草银行机构、支付机构反洗钱执法检查数据提取标准，进一步规范反洗钱执法检查工作[1]。

----

〔1〕 反洗钱局："2016 年人民银行反洗钱监管管理总体情况"，载中国人民银行反洗钱局（保卫局）官网，http://www.pbc.gov.cn/fanxiqianju/135153/135163/135169/3137442/index.html，最后访问时间：2018 年 5 月 11 日。

五、2011 年至 2015 年反洗钱调查及案件查处总体情况

2015 年中国人民银行各分支机构发现和接收可疑交易报告 8504 份，筛选后对 732 份可疑交易报告开展了反洗钱行政调查；向侦查机关移送线索 1965 份，同比增长 27.60%；协助侦查机关调查涉嫌洗钱案件 1652 件，同比增长 10.58%；协助破获涉嫌洗钱等案件 307 起，同比增长 14.55%。反洗钱中心全年共向国内有关部门移送可疑交易线索 282 份、通报 438 份，线索与通报合计同比增长 22.45%；接收并反馈有关部门协查 2701 份，同比增长 2.04%。

2014 年人民银行各分支机构接收可疑交易报告 4940 份，筛选后对 604 份开展了反洗钱行政调查；全年共向侦查机关报案 866 起，同比增长 82.3%；协助侦查机关调查涉嫌洗钱案件 925 起，同比增长 49.7%；协助破获涉嫌洗钱等案件 180 起。反洗钱中心全年对外移送线索 282 份、通报 134 份，其中，人民银行分支机构上报研判线索经评审后移送 186 份、通报 15 份。共接收中央纪委监察部、最高检、安全部、公安部及海关总署等部门协查 1684 份，反馈 1699 份，同比增加均超过 70%。反洗钱调查和协查数量创历史最高水平，有力支持了中央反腐败和打击相关犯罪工作。

2013 年，人民银行共发现和接收 4854 份洗钱案件线索，对其中 473 起重点线索实施反洗钱调查 3832 次，向侦查机关报案 474 起。各地侦查机关针对人民银行分支机构的报案线索立案侦查 168 起。同时，金融系统配合侦查机关调查涉嫌洗钱及上游犯罪案件 618 起，配合侦查机关破获涉嫌洗钱案件 225 起。反洗钱中心全年向公安部等部门移送洗钱案件线索 165 份，编发通报 39 份，受理并反馈国内有权部门协查 989 件，数量超过前两年总和。

2012 年，人民银行共发现和接收 4800 起洗钱案件线索，对其中 530 起重点线索实施反洗钱调查 2235 次，向侦查机关报案 490 起。各地侦查机关针对人民银行分支机构的报案线索立案侦查 100 起。同时，金融系统配合侦查机关调查涉嫌洗钱及上游犯罪案件 1034 起，配合侦查机关破获涉嫌洗钱案件 352 起。反洗钱中心全年向公安部等部门移送可疑交易线索 87 份，编发通报 35 份，受理并反馈国内有权部门协查 507 件。

2011 年，人民银行共发现和接收 8585 起洗钱案件线索，对其中 1593 起重点线索实施反洗钱调查 7803 次，向侦查机关报案 595 起。各地侦查机关针对人民银行分支机构的报案线索立案侦查 146 起。同时，人民银行配合侦查机关调查涉嫌洗钱案件 982 起，配合侦查机关破获涉嫌洗钱案件 292 起。反洗钱中心全年向最高人民检察院、公安部及中央纪委监察部移送可疑交易线索 56 份，受理

最高人民检察院、公安部、中央纪委监察部、海关总署等单位协查 311 件[1]。

六、2016 年打击洗钱犯罪成果丰硕

2016 年，反洗钱工作紧密围绕维护国家安全和社会稳定大局，落实中央重大工作部署，打击洗钱和恐怖主义融资犯罪，取得了显著成效。深入开展洗钱类型分析及应用工作，进一步提升义务机构反洗钱资金监测水平；反洗钱调查数量再创新高，积极推动洗钱案件的起诉和审判；进一步完善恐怖主义融资交易监测模型，充分发挥反洗钱部门在国家反恐怖斗争中的作用；继续深入开展"打击利用离岸公司和地下钱庄转移赃款专项行动"，不断取得实效；为切实打击涉众型经济犯罪，要求金融机构对涉嫌电信诈骗的可疑交易采取后续控制措施，制定下发非法集资资金交易监测预警指导意见。

（一）批捕和起诉

2016 年，全国检察机关批准逮捕涉嫌洗钱犯罪案件 3370 件 6842 人，提起公诉 5587 件 19 688 人。其中，批准逮捕涉嫌《刑法》第 191 条 "洗钱罪" 的案件 20 件 47 人，提起公诉 16 件 27 人；批准逮捕涉嫌《刑法》第 312 条 "掩饰、隐瞒犯罪所得、犯罪所得收益罪" 的案件 3322 件 6754 人，提起公诉 5533 件 15 920 人；批准逮捕涉嫌《刑法》第 349 条 "窝藏、转移、隐瞒毒品、毒赃罪" 的案件 28 件 41 人，提起公诉 38 件 141 人。批准逮捕涉嫌《刑法》第 120 条之一 "帮助恐怖活动罪" 的案件 141 件 355 人，提起公诉 134 件 313 人。

（二）审判

2016 年，全国人民法院一审审结涉嫌洗钱案件 5309 件，生效判决 9367 人。其中，以《刑法》第 191 条 "洗钱罪" 审结案件 28 件，生效判决 17 人；以《刑法》第 312 条 "掩饰、隐瞒犯罪所得、犯罪所得收益罪" 审结案件 5226 件，生效判决 9249 人；以《刑法》第 349 条 "窝藏、转移、隐瞒毒品、毒赃罪" 审结案件 55 件，生效判决 101 人。以《刑法》第 120 条之一 "帮助恐怖活动罪" 审结案件 147 件，生效判决 153 人[2]。

七、积极推进我国接受 FATF 第四轮互评估工作[3]

中国人民银行设立 FATF 第四轮互评估工作领导小组办公室，专职负责协调

---

[1] 反洗钱局："反洗钱调查与案件查处"，载中国人民银行反洗钱局（保卫局）官网，http://www.pbc.gov.cn/fanxiqianju/135153/index.html，最后访问时间：2018 年 5 月 11 日。
[2] 中国人民银行："中国反洗钱报告 2016"，载《中国人民银行金融服务报告》2017 年第 2 期。
[3] 中国人民银行："中国反洗钱报告 2016"，载《中国人民银行金融服务报告》2017 年第 2 期。

推进我国接受 FATF 第四轮互评估准备工作。根据第八次反洗钱工作部际联席会议决定和互评估时间安排，修改完善《关于应对 FATF 第四轮反洗钱和反恐怖主义融资互评估的工作方案》，明确了路线图、时间表和行内外职责分工。为按照国际标准开展国家洗钱风险评估工作，中国人民银行会同反洗钱工作部际联席会议有关成员单位、部分行业协会和义务机构共同研究制定了《中国洗钱和恐怖主义融资风险评估框架（2016）》。2016 年 8 月，中国人民银行会同上述单位和机构集中开展了我国反洗钱工作自评估，对照国际标准，全面梳理我国反洗钱、反恐怖主义融资和反扩散融资工作现状，找准与国际标准的差距，为下一步有针对性地改进和提高反洗钱工作奠定了基础。

2016 年，中国人民银行邀请世界银行为国家洗钱和恐怖主义融资风险评估提供量化评估工具和专家指导，完善我国洗钱和恐怖主义融资风险评估体系；邀请国际反洗钱专家为反洗钱工作部际联席会议有关成员单位、协会、义务机构及人民银行分支机构培训 FATF 国际标准、评估方法和国家洗钱风险评估工具。2016 年，中国人民银行反洗钱部门牵头接受国际货币基金组织与世界银行金融部门评估规划（FSAP）反洗钱与反恐怖主义融资现场评估，组织 FSAP 评估专家与最高人民检察院、公安部、司法部、监察部（国家预防腐败局）、财政部、国家税务总局、国家工商行政管理总局、中国银行业监督管理委员会、中国证券监督管理委员会、中国保险监督管理委员会及金融机构共 20 家单位代表现场会谈 18 场。FSAP 评估组重点评估了我国反洗钱监管和反腐败工作的进展情况，肯定了我国反洗钱监管和反腐败领域取得的显著进展，同时指出了我国反洗钱制度和实践中存在的问题，并提出了改进建议。

八、对外反洗钱国际合作逐步深化[1]

（一）加入反洗钱组织

积极加入反洗钱国际组织，强化我国反洗钱和反恐怖主义融资多边合作关系。为深化国际反洗钱情报交换和合作关系，应对"三股势力"给国际社会带来的严重威胁，2004 年，我国与俄罗斯等 6 国作为创始成员组建欧亚反洗钱与反恐融资小组。2007 年，我国正式成为 FATF 的成员，标志着我国反洗钱工作与国际接轨。我国始终坚持在平等互利的基础上，与各成员国开展情报信息交流、合作培训、协助调查、追回财产、引渡或遣返犯罪嫌疑人等反洗钱国际合

---

〔1〕　廖怡、李绰卿："新形势下对我国反洗钱工作的几点思考"，载《区域金融研究》2017 年第 A1 期。

作，有效增强我国反洗钱国际话语权。

（二）签署反洗钱国际公约

签署反洗钱国际公约，分享反洗钱国际合作成果，承担反洗钱国际义务。①1988 年我国签署了联合国《禁止非法贩运麻醉药品和精神药物公约》，并将公约中防范打击毒品犯罪洗钱的原则和规范纳入 1997 年《刑法》修正案中，我国由此确立洗钱为刑事犯罪。②1999 年至 2000 年我国签署了联合国《与犯罪收益有关的洗钱、没收和国际合作示范法》和《打击跨国有组织犯罪公约》，为我国制定反洗钱法规和建立反洗钱情报机构提供法理参考。③2001 年我国签署了联合国《制止向恐怖主义提供资助的国际公约》，奠定我国打击恐怖主义组织和开展反恐怖主义融资活动的法律基石。④2003 年我国签署了《联合国反腐败公约》，相应地我国在《刑法修正案（六）》和《反洗钱法》中明确将贪污贿赂犯罪纳入到洗钱上游犯罪。⑤2012 年我国按照 FATF 新制定的《反洗钱、反恐怖主义融资和反扩散融资国际标准》（以下简称《新 40 条建议》）要求，将我国反洗钱工作原则从合规性审查转为"以风险为本"的方法，紧跟国际反洗钱领域的变革方向。

（三）加强反洗钱反恐融资情报交流合作

中国人民银行与俄罗斯央行签署《关于预防洗钱和恐怖主义融资谅解备忘录》，建立了中俄反洗钱监管交流与合作机制；分别与美国、中国香港特别行政区、加拿大就开展反洗钱监管合作进行实质性磋商，推动双边反洗钱监管合作向纵深发展；成功举办中美第七次反洗钱与反恐怖主义融资研讨会，就中美双方共同关注的议题进行深入探讨，取得实效；配合外交部，积极参与中俄、中以、中沙（特）等双边反恐磋商，加强双边反恐怖主义融资交流与合作；反洗钱中心与澳大利亚、以色列等 7 个国家签订反洗钱和反恐怖主义融资金融情报交流与合作谅解备忘录。截至 2016 年底，反洗钱中心已与 42 个境外对口机构签订金融情报交流与合作谅解备忘录；2016 年共接收美国和俄罗斯等 35 个国家或地区金融情报中心发来的反洗钱国际情报交流函件 655 份；并向美国、加拿大等国家或地区发出 10 份跨境协查请求。

2017 年 11 月，反洗钱中心与纳米比亚金融情报中心完成了《关于反洗钱和反恐融资金融情报交流合作谅解备忘录》的签署工作。这是中国反洗钱监测分析中心与境外金融情报机构签署的第 49 份合作文件。根据该谅解备忘录，双方将基于互惠原则在涉嫌洗钱、恐怖主义融资及其他相关犯罪的信息收集、研判和互协查方面开展合作。纳米比亚金融情报中心成立于 2007 年 10 月，起初为纳米比亚中央银行的一个内设部门。2012 年纳米比亚《金融情报法案》颁布后，该机构成为一个独立的国家机构，负责打击洗钱、恐怖主义融资和扩散融资。

截至 2017 年 11 月，反洗钱中心已先后与韩国、俄罗斯、白俄罗斯、乌克兰、印度尼西亚、马来西亚、墨西哥、格鲁吉亚、吉尔吉斯斯坦、蒙古、泰国、比利时、法国、秘鲁、亚美尼亚、荷兰、瑞士等国家和我国香港、澳门地区的金融情报机构签署了情报交流谅解备忘录。

九、围绕《反洗钱法》颁布十周年深入开展反洗钱宣传与培训[1]

2016 年，中国人民银行组织反洗钱工作部际联席会议成员单位及全国金融系统开展了主题为"《反洗钱法》颁布十周年——预防洗钱活动、打击洗钱犯罪、维护金融秩序"的大型宣传活动，通过多种形式和渠道增强义务机构的依法合规经营意识和社会责任感，进一步提升了社会公众的反洗钱意识。为彰显打击地下钱庄犯罪的决心和态度，震慑不法分子，中央电视台及有关媒体赴四川、广东等地，对有关典型案例开展采访报道，取得了良好社会效果。多地证监会派出机构全力配合人民银行当地分支机构，开展面向行业机构的反洗钱知识竞赛和面向投资者的集中反洗钱宣传活动，同时鼓励行业机构采取多种手段开展反洗钱宣传，巩固行业机构的反洗钱工作知识，增强投资者反洗钱责任意识。人民银行积极开展反洗钱远程培训，全年共培训金融机构反洗钱岗位人员 13 万人。人民银行分支机构组织义务机构 1000 余人参加反洗钱高级管理人员培训班，进一步提高义务机构中高层管理人员反洗钱业务能力。中国证监会各派出机构联合人民银行当地分支机构、行业协会，开展针对行业机构高级管理人员、新设分支机构及营业部工作人员等的多形式多主题培训；同时，各派出机构还督促行业机构分阶段、分层次、有针对性地举办常态化内部反洗钱培训，不断提高证券行业机构相关人员反洗钱理论水平和履职能力。另外，人民银行还组织金融机构赴英国交流学习反洗钱和反恐怖主义融资经验。反洗钱工作部际联席会议成员单位、义务机构、有关行业自律组织、科研院校围绕新形势下反洗钱和反恐怖主义融资出现的新问题、新情况展开深入研究，针对互联网金融反洗钱、特定非金融行业反洗钱制度建设、证券保险行业创新业务洗钱风险等重大课题形成了高价值的研究报告，成为反洗钱政策制定的重要参考。反洗钱工作部际联席会议办公室编写《中国反洗钱实务》，全年采编反洗钱工作部际联席会议成员单位、义务机构、社会各界研究成果近 300 篇。

---

[1]　中国人民银行："中国反洗钱报告 2016"，载《中国人民银行金融服务报告》2017 年第 2 期。

十、国内外反洗钱处罚案例[1]

（一）重庆陈某、杨某毒品洗钱案

表 6 - 1　重庆陈某、杨某毒品洗钱案

案件名称		重庆陈某、杨某毒品洗钱案
本罪	罪名	洗钱罪
	罪犯类型	个人
	罪犯国籍	中国
上游犯罪	罪名	走私、贩卖、运输毒品罪
	罪犯类型	个人
	罪犯国籍	中国
涉及行业		银行、房地产
涉及业务		现金、转账、汇款
涉及国家（地区）		中国
洗钱类型		提供银行账户、转账、私人放贷、购买不动产
犯罪收益流向		购买房产、私人放贷
线索来源		破获上游犯罪案件

2009 年 3 月 20 日，重庆市第五中级人民法院公开宣判杨 Y 等 9 人贩毒案和陈某、杨某两人洗钱案：被告人杨 Y 犯走私、贩卖、运输毒品罪，判处死刑，缓期二年执行，剥夺政治权利终身，并处没收个人全部财产；被告人陈某、杨某犯洗钱罪，分别被判处有期徒刑一年，并处罚金各 1 万元。

经查，2008 年 3 月至 5 月，杨 Y 伙同何某等人从缅甸购买毒品"麻古"、"海洛因"，先后以运输水果、大蒜为掩护，将 19 000 余克"麻古"和"海洛因"运回重庆市和四川省贩卖。陈某（杨 Y 妹夫）、杨某（杨 Y 妹妹）在明知杨 Y 贩毒的情况下，通过提供本人及子女账户、汇款等方式协助转移隐藏杨 Y 贩毒所得资金 140 万元。

本案洗钱犯罪具有如下特点：

---

[1]　案例来源于中国人民银行反洗钱局（保卫局）官网，http://www.pbc.gov.cn/fanxiqianju/135153/index.html，最后访问时间：2018 年 1 月 10 日。

第一，家族式洗钱。陈某和杨某是毒贩杨 Y 的妹夫、妹妹，他们虽然知道杨 Y 在从事毒品犯罪活动，但还是按照杨 Y 的吩咐提供了本人和其儿子的资金账户，替杨 Y 掩饰、隐瞒、转移犯罪所得及其收益。

第二，掩饰隐瞒犯罪所得意图明显。虽然陈某和杨某并不认为自己的行为是犯罪，但其帮助杨 Y 洗钱的意图非常明显。例如，陈某在某商业银行新开一个账户并帮助杨 Y 转移 45 万元毒资后，立即将该账户销户；陈某和杨某夫妇多次用其儿子的账户帮助转移毒资；杨某将毒资以其本人名义借给他人，以避免杨 Y 在犯事后被公安机关追缴。

（二）奥地利中央合作银行受到英国金融监管局（简称 FSA）反洗钱处罚15 万英镑

奥地利中央合作银行（简称 RZB）伦敦分行是一所合法存款机构，顾客超过 800 名，业务以批发为主，另外也提供外汇产品给少量企业。

2004 年 3 月 18 日，英国 FSA 按照《2000 金融服务与市场法案》对 RZB 伦敦分行违反 FSA 的《洗钱原卷》（Moneylaundering Sourcebook）的第 2.1.1 条和第 3.1.3 条关于客户身份识别的规定，对 RZB 处以 15 万英镑的罚款。

1. 违规事实。2002 年 9 月，FSA 监管人员对 RZB 伦敦分行进行走访，认定其反洗钱程序自 1999 年 6 月起再没有更新过，并在多种业务中未遵循《反洗钱联合指导小组指引》（2001 年 12 月版，以下简称《指引》）来确认客户身份，也未采取其他的适当方法核实客户身份。根据有关规定，FSA 于 2002 年 11 月 20 日任命了调查员对上述走访结果开展调查。调查后，FSA 总结认定 RZB 违反了《洗钱原卷》第 2.1.1 条和第 3.1.3 条的规定。严重违规事实包括：

（1）未及时更新本行合规指导文件。FSA 于 2002 年 2 月通知 RZB 伦敦分行，将在当年第四季度对其进行走访，评估反洗钱控制体系。2002 年 8 月，FSA 再次通知 RZB 伦敦分行具体走访时间为 2002 年 9 月。RZB 伦敦分行在 2002 年上半年收到了两份内部报告，指出在开户和身份识别程序方面有关文件记录存在的具体问题。

然而 RZB 伦敦分行的高级管理层并未充分督促 RZB 伦敦分行遵循《洗钱原卷》关于客户身份识别的要求。RZB 伦敦分行没有更新其反洗钱措施，没有按照《洗钱原卷》更新其合规指导文件，尤其没有确保遵守客户身份识别要求，缺失的要求包括：对代理人、海外企业及信托业务的客户身份识别缺乏指导；对核实非欧盟金融机构身份缺乏指导；缺乏 FATF 认定的非合作国家的信息，以及应该采取什么步骤来核实居住在非合作国家的客户身份；对可进行第三方支付的客户（尽管 RZB 伦敦的绝大部分业务不设计第三方支付）进行额外检查缺乏清晰指导；缺乏对非面对面客户进行额外审查的指导。

RZB 伦敦分行营业所需的相关指导文件在《洗钱原卷》生效 11 个月以后才更新，2002 年 11 月 1 日才开始使用，不符合及时更新要求。

（2）身份识别违规事实。RZB 伦敦分行的业务性质决定其经常进行高价值交易，因此很有可能被客户利用，通过为数不多的交易清洗大量金钱。而其未采取适当程序确保其执行《洗钱原卷》关于客户识别的规定，导致其无法承受可能出现的洗钱风险。检查中发现的违规事实证明 RZB 伦敦分行为洗钱风险极高的客户开户，而并未按照《指引》进行身份识别。这种违规操作说明 RZB 伦敦分行的反洗钱措施是不充分的，违反了《洗钱原卷》第 2.1.1 条的规定。

2001 年 12 月以来，93 名新客户应按规定进行识别和核实，其中在 FSA 走访之前开户的有 77 名，40 名应按要求进行客户身份核实，其中 23 名未按照《指引》或其他途径核实。其余的客户中，有一家来自某群岛的私人公司，该群岛没有与英国反洗钱类似的要求，但 RZB 伦敦分行也未进行有关的客户识别和核实，说明该行对此类公司识别存在程序缺陷，表明极可能存在洗钱和违反《洗钱原卷》第 3.1.3 条规定的风险。此外，某银行位于 FATF 所列"不合作国家与地区"（简称 NCCT）名单，RZB 伦敦分行也未采取充分措施核实该银行身份。

2. RZB 伦敦分行整改措施。FSA 监管走访之后，RZB 伦敦分行投入了大量资源进行整改，并执行了全面整改行动计划，包括修改其开户表单、修正反洗钱指南、开通了专门的合规服务热线等。在新客户开户方面，该行已对所有新客户都按照《洗钱原卷》第 3.1.3 条的规定进行开户。RZB 伦敦分行还重新组织其业务，专注于拓展洗钱风险较低的客户。RZB 伦敦分行在 FSA 调查过程中全程配合，为 FSA 努力实现其法定目标（包括减少金融犯罪）提供了协助。

鉴于 RZB 伦敦分行在 FSA 现场检查后采取了补救措施，重新将其业务重点定位于洗钱风险较低的业务，FSA 对其处罚金额有所减少，否则，FSA 开出的罚款金额将更高。

3. 荷兰银行受到美国五家金融监管部门反洗钱联合处罚 7500 万美元。荷兰银行是一家总部位于荷兰的银行，属于美国境内的外资银行，包括纽约分行和芝加哥分行（合称"分支机构"），同时也是一家注册的银行控股公司。

（1）处罚情况。2005 年，荷兰银行在美国因违反有关反洗钱规定遭到五部门联合处罚 7500 万美元，作出处罚决定的监管部门和处罚金额如下：荷兰银行在美国的东道国监管部门——美联储理事会与财政部共同处罚 4000 万美元，其中，反洗钱管理部门——财政部金融犯罪执法局（简称"FinCEN"）处罚 3000 万美元，负责美国有关涉外资产禁令的部门——美国财政部外国资产管理办公室（简称"OFAC"）根据《涉及伊朗交易条例》和《利比亚制裁条例》有关规定处罚 1000 万美元。负责向荷兰银行纽约分行发放执照和日常监管的纽约州银行监管厅（简称"NYSBD"）处罚 2000 万美元。负责外国银行监管的伊利诺伊州金融和专业监管厅的银行监管部门（简称"IDFPR"）处罚 1500 万美元。另外，荷兰银行还自愿向伊利诺伊州银行检察官教育基金会（IBEEF）捐款 500 万美元。

（2）违规情况。

第一，缺乏风险管理。由于荷兰银行缺乏足够的风险管理措施和法律要求的审查程序以确保符合美国法律要求，而且未能坚持执行以前制定的政策和措施，导致某海外分支机构为实现特殊资金的转移、支票结算操作及信用证交易而制定实施了一项特殊的程序，拟用于海外分支机构规避美国法律要求，尤其是规避 OFAC 的有关规定。

第二，缺乏审计监督。荷兰银行缺乏有效的管理体系和审计制度，缺乏监督分支机构经营活动是否合规的内控制度，而且未能遵守以前制定的反洗钱政策和程序，包括实施《银行保密法》（简称"BSA"）的程序、美国财政部颁布的条例和规则及美联储《K 条例》规定的可疑活动报告要求，因此，导致了以下一系列不良后果：①未能全面制定相关制度、对内部审计中发现的问题未能及时报告并改进；②未能及时向美国监管部门和内部管理机构报告审计中发现的问题；③未能及时跟进海外事务办公室关于纽约分行遵守美国法律的调查；④向内部审计员、合规人员和美国监管部门夸大美国以外的某些分支机构对代理行业务有关高风险客户进行尽职调查的能力；⑤未能改进审查贸易加工业务或报告流程范围之外的特殊程序。

第三，违反《涉及伊朗交易条例》。随着荷兰银行某海外分支机构删除或修改了识别关联方的措施，其分支机构开始直接或间接地从事涉及伊朗的服务或出口贸易的有关交易和业务，包括运抵伊朗和向伊朗提供便利的出口贸易服务，此项服务违反了《涉及伊朗交易条例》中规避或有目的性地逃避相关交易禁令的规定。具体事实包括：①2004 年 8 月 1 日前，荷兰银行纽约分行处理来自伊朗国家银行（一家由伊朗政府拥有的金融机构）的电汇业务时，荷兰银行的某海外分支机构修改了电汇业务的付款指令内容，导致汇款方——伊朗国家银行的信息缺失。②在 2004 年 8 月 1 日前，由伊朗国家银行向银行各分支机构签发信用证。荷兰银行的某海外分支机构重新签发了信用证，导致该信用证原签发行——伊朗国家银行的信息缺失。

第四，违反《利比亚制裁条例》。随着荷兰银行某海外分支机构删除或修改了识别关联方的措施，其分支机构所从事的与利比亚政府有关的交易违反了《利比亚制裁条例》的规定，一些旨在规避或逃避该条例的交易也违反了条例中的有关规定。具体事实包括：①2004 年 8 月 1 日前，荷兰银行分支机构向阿拉伯外贸投资银行（简称"ARBIFT"）签发信用证，这是一家阿联酋特许银行，由利比亚政府财政部长控制。荷兰银行的某海外分支机构重新签发了信用证，从而模糊了这些信用证的原始签发者阿拉伯投资外贸银行。②2004 年 8 月 1 日前，荷兰银行的芝加哥分行为阿拉伯外贸投资银行清算美元支票。这些支票由荷兰银行的某海外分支机构转到芝加哥分行，且没有阿拉伯投资外贸银行的背书或签章。

（3）OFAC 后续督导决定。荷兰银行需聘用有资格的独立第三方对 2003 年 1 月 1 日到 2004 年 8 月 31 日之间在印度钦奈（Chennai）发生的所有交易进行审查，判定其中受到《涉及伊朗交易条例》和《利比亚制裁条例》管辖的全部交易是否属于美国个人或实体进行的交易，或是否与美国个人或实体有关（包括但不限于美国银行的海外分支机构）。审查报告需包括上述所有交易内容，并在决定生效之日起 6 个月内送达 OFAC。

荷兰银行需聘用有资格的独立第三方对其迪拜分行和印度钦奈的交易进行审查，判定受 OFAC 有关条例（包括《涉及伊朗交易条例》、《利比亚制裁条例》和《联邦法规汇编》第 31 卷第五章）管辖的全部交易是否属于美国个人或实体进行的交易，或是否与美国个人或实体有关（包括但不限于美国银行的海外分支机构）。审查时间段是从 2002 年 8 月 1 日到 2004 年 8 月 31 日。审查报告需包括上述所有交易内容，并在决定生效之日起 6 个月内送达 OFAC。

荷兰银行应在年度审查的基础上，每 3 年聘用有资格的独立第三方对其迪拜分行和印度钦奈 2004 年 9 月 1 日后的交易进行审查，判定受 OFAC 有关条例（包括《涉及伊朗交易条例》、《利比亚制裁条例》和《联邦法规汇编》第 31 卷第五章）管辖的全部交易是否属于美国个人或实体进行的交易，或是否与美国个人或实体有关（包括但不限于美国银行的海外分支机构）。审查报告需包括上述所有交易内容，并在本处罚决定的周年日送达 OFAC。

OFAC 将视需要派代表与独立第三方就上述审查进行商讨，并将联络荷兰中央银行和当地的监管部门。荷兰银行保证在当地法律允许的范围内全力合作，并同意支付 OFACE 代表商讨和联络所产生的旅费。

4. 阿拉伯银行纽约分行受到美国 OCC 和 FinCEN 反洗钱处罚 2400 万美元。美国货币监理署（OCC）的国民银行检查员和总署办公室工作人员对阿拉伯银行纽约分行进行了检查和调查，发现该银行在内控方面存在问题，尤其是在执行银行保密法和反洗钱方面存在不足。

阿拉伯银行纽约分行已执行 2005 年 8 月 17 日签署的"民事罚款同意令"（Stipulation and Consent），货币 OCC 也已接受。

（1）检查结果。纽约分行进行了大量的资金转移操作，其中包括为很多在本行没有账户，但通过阿拉伯银行其他办事处及其附属机构或其他第三方代理银行建立业务关系或开展交易的客户进行资金转移。

对分行检查的主要结果包括：①没有充分执行可疑资金转移监测程序；②没有获得足够的信息判断客户进行资金转移时是否履行了可疑交易报告有关规定的法律义务；③没有对可疑资金转移监测程序的实施情况进行适当审计和管理。

鉴于很多资金转移操作交易的高风险特点，纽约分行执行《银行保密法》的控制措施存在严重问题。银行进行资金转移操作必须具有健全的体制，对交易监测的控制也应遵守与银行业务风险水平相符的法律规定。

（2）民事罚款。根据上述检查结果及该行 2005 年 2 月 24 日签署的同意令，并按照《联邦存款保险法》修订版和《国际银行法》（1978 年）修订版相关规定所赋予的权利，OCC 对阿拉伯银行纽约分行进行了 24 000 000 美元的民事罚款。本项处罚决定将与金融犯罪执法局（FinCEN）对纽约分行进行的 24 000 000 美元处罚同时执行，罚款应一次性支付给财政部。

第二节　我国反洗钱和反恐怖主义融资工作存在的问题

由于国际洗钱和恐怖主义融资犯罪活动形势日趋严峻，反洗钱和反恐怖主义融资工作成为国家间政治和经济合作的重要选项。新形势下，我国既要面对国际上反洗钱和反恐怖主义融资工作压力，又要面对国内以互联网金融为代表的新兴经济发展暴露出的洗钱风险敞口，给现有反洗钱和反恐怖主义融资工作带来极大的挑战。

一、反洗钱和反恐怖主义融资制度体系不健全[1]

FATF 对我国开展第四轮互评估工作，届时 FATF 根据 2012 年发布的《FATF 建议技术性合规评估方法与反洗钱和反恐怖主义融资体系有效性评估方法》和《新 40 条建议》的核心标准要求，对我国反洗钱和反恐怖主义融资制度的合规性和有效性进行评估。但目前，我国反洗钱制度建设仍较难满足新评估标准要求，主要表现为以下几方面：

第一，我国的洗钱和恐怖主义融资风险评估机制还处在起步阶段，相关评

---

[1]　廖怡、李绰卿："新形势下对我国反洗钱工作的几点思考"，载《区域金融研究》2017 年第 A1 期。

估标准细化程度不够，可操作性不强，在基层操作方面主观评判多于量化客观评定，特别在对特定非金融行业、互联网金融领域、恐怖主义融资和扩散融资方面的风险评估工作较为薄弱，相关领域反洗钱监管还处于空白，这给我国开展国家洗钱风险评估工作带来较大阻碍。

第二，我国沿用现有反洗钱和反恐怖主义融资制度来防止扩散融资，但是根据联合国 1540 委员会的提醒"非国家行为者对大规模杀伤武器进行扩散可能并非出于恐怖目的，也可能不是为了协助恐怖活动"，也就是说，当扩散融资的资金来源合法，且扩散融资最终并非出于恐怖目的，反洗钱法规和反恐怖主义融资法规将不适用，金融制裁无法可依，因此，制定专门的防扩散融资反洗钱制度成为当务之急。

第三，我国对工商企业注册制度进行改革，实施企业信息公示制度，要求金融机构对法人客户受益所有人进行识别，较好地提高法人及法律安排透明度，但由于现有客户身份识别制度没有配套具体的实施措施和标准，企业主动公示的信息有限，现阶段金融机构仍较难对法人客户受益所有人或实际控制人身份进行有效识别。

第四，我国已将 FATF 关于洗钱、恐怖主义融资、扩散融资的预防措施融入现有反洗钱制度，但由于国家层面配套法规的欠缺和金融机构管理水平的差别，执行的有效性仍存在较多问题。

第五，反洗钱中心没有独立行政能力，较难获取和调用执法、司法、行政等部门的信息和资源，与 FATF 关于加强金融情报中心独立性及强化与执法部门合作的要求不匹配。

第六，我国没有制定国际刑事司法协助制度，根据互惠原则，我国不能享受到外国提供的冻结、扣押财产等刑事司法协助。同时，一些国家对我国的刑事追诉和司法制度等存在误解和疑虑，加大了缔结双边司法协助条约难度，与 FATF 关于扩大反洗钱国际司法合作的要求存在一定的差距。

二、反洗钱工作管理水平薄弱[1]

我国金融机构反洗钱和反恐怖主义融资内控制度不健全，较难满足西方发达国家对反洗钱合规性的要求。我国金融机构主要按照国内有关反洗钱制度的要求，结合经营实际制定反洗钱和反恐怖主义融资内控制度，但是出于国内反洗钱法规的完善程度与西方发达国家存在较大差距，且国内反洗钱监管存在一

---

〔1〕　廖怡、李绰卿："新形势下对我国反洗钱工作的几点思考"，载《区域金钱研究》2017 年第 A1 期。

定的执法宽松度，使我国金融机构反洗钱内控制度建设无论从制度的完善性、管理的有效性，还是执行的合规性上，都难以达到西方发达国家反洗钱管理要求。

现有客户身份识别制度中关于客户尽职调查措施的欠缺，使我国金融机构常常面临西方发达国家以涉嫌协助洗钱为由的反洗钱调查和处罚。FATF 提出若客户尽职调查程序遇到阻碍或无法获得满意的结果时，应采取的措施是终止交易或业务关系，并考虑出具可疑交易报告，但由于我国没有对客户尽职调查措施制定操作细则，加之金融机构为了拓展客户资源，在客户不配合且无法实施客户尽职调查措施的情况下，仍为客户办理业务，必然给西方发达国家授予涉嫌协助洗钱的口实，我国金融机构将面临严厉的反洗钱处罚。

我国金融机构可疑交易监测和报告工作未能体现风险为本的原则，与西方发达国家注重业务系统性风险的要求不符。例如，美国在检查金融机构履行大额交易和可疑交易义务时，重点检查是否存在对某个业务整体风险评估和监控存在漏洞的情形，关注系统性风险。但我国金融机构还停留在由系统自动筛选、被动进行可疑交易分析和报告的状态，自定义异常交易或自主识别可疑交易的能力较差。美联储对中国建设银行纽约分行的反洗钱检查指出，可疑交易监督规则应考虑客户类型、产品或服务类型等系统风险因素，反映我国金融机构未能按照风险为本的原则来对可疑交易进行监测和报告。

三、反洗钱监管措施不到位[1]

我国执行"风险为本"的反洗钱监管措施不到位，不利于构建国内新兴业态发展所需的适度宽松环境。现阶段，我国处在产业结构升级换代的调整期，加快培育和促进新兴经济发展已成为推动中国经济增长的战略性抉择。其中，以互联网金融为代表的新兴业态和以房地产销售中介、会计师事务所、律师事务所、贵金属和珠宝交易机构、拍卖行等为代表的特定非金融机构，借助国家给予的政策扶持不断发展壮大，并快速深入到资金融通这一金融服务实体经济的基本核心。但是，新兴业态快速发展的同时又蕴含着巨大的洗钱风险，而我国执行"风险为本"的反洗钱监管措施不到位，给新兴经济长期健康发展埋下隐患。

一方面，我国现有反洗钱监管框架主要是针对线下传统金融业务构建的，对于目前迅速发展的互联网金融业务没有监管约束，与之发展相配套的反洗钱

---

〔1〕 廖怡、李绰卿："新形势下对我国反洗钱工作的几点思考"，载《区域金钱研究》2017 年第 A1 期。

法规仍然处于空白状态；另一方面，特定非金融机构具有较高的现金使用密集度和较高的行业进入壁垒，使其与生俱有洗钱风险特性，我国《反洗钱法》虽将特定非金融机构纳入反洗钱义务主体范围，但并未对其所涉及的行业、职业范围和具体反洗钱义务作出规定，现阶段只能通过强化金融机构的反洗钱工作去堵截来自特定非金融机构的洗钱风险，这种"以堵代防"的做法难以从根源上消除特定非金融机构的洗钱风险。

四、反洗钱基层力量不足

我国基层反洗钱力量薄弱，难以有效预防和打击日益频发的国内洗钱及其上游犯罪案件。《2012 年中国反洗钱报告》和《2014 年中国反洗钱报告》显示：2014 年全国检察机关批准逮捕涉嫌洗钱犯罪案件 10 595 起，共 21 007 人，与2012 年相比分别增长 31.12% 和 35.83%。批准逮捕涉嫌洗钱上游犯罪案件132 360 起，共 165 787 人，与 2012 年相比分别增长 30.95% 和 26.93%。上述数据反映出我国洗钱及其上游犯罪案件呈现高发态势，但是作为打击和预防洗钱犯罪中坚力量的基层反洗钱队伍，由于反洗钱资源配置的不合理和管理体制的欠缺，其自身职能履行出现一定程度的弱化，较难对洗钱及其上游犯罪保持高压打击态势。

基层人民银行存在反洗钱资源配置错位现象，无法充分履行反洗钱监管责任。由于现有管理体制的束缚，基层人民银行反洗钱科所配置的执法资源较少，与其覆盖金融机构、支付机构和特定非金融机构的监管职能和监管范围极不相称，而且缺乏有效的监管手段和检查技术，未能对反洗钱义务机构形成高强度的监管威慑力，难以充分履行反洗钱的监管职责。

基层金融机构不注重反洗钱人才培养。由于担心失去同业竞争优势，许多基层金融机构不愿加大对反洗钱领域的投入，不注重反洗钱人才培养，使得反洗钱人员专业素质参差不齐，难以保证反洗钱工作的质量和效果。

基层执法部门警力不足，激励机制欠缺，矛盾突出。洗钱犯罪属于高智能犯罪，要求办案人员具有较高的业务素质，使得洗钱类案件侦办难度较大。但由于基层执法部门警力不足，洗钱犯罪案件考核约束和激励机制欠缺，制约了基层执法部门侦办洗钱犯罪的积极性。

基层人民银行与执法职能部门反洗钱协商难以形成有效合力，联合预防惩治洗钱及其上游犯罪机制作用不明显。目前，基层人民银行与执法职能部门主要依据 2005 年制定的反洗钱协商会议制度来开展相关合作，但由于基层人民银行没有反洗钱调查权，加之与各专业部门没有签订具体的反洗钱合作协议，反洗钱监管部门与执法职能部门协调配合并不畅通，反洗钱信息互通存在障碍，难以形成打击洗钱及其上游犯罪的有效合力[1]。

第三节 完善我国反洗钱与反恐怖主义融资措施

一、完善我国金融机构反洗钱和反恐融资制度

恐怖主义融资活动带来的风险既是国家安全风险，也是某种程度上的金融风险。在社会实践中，金融风险一般包含信用风险、市场风险、流动性风险、操作风险、系统性风险及声誉风险等，恐怖活动造成的恐怖主义风险主要集中在声誉风险和操作风险方面。具体的分析，涉及恐怖主义融资等不道德的金融活动会为金融机构带来声誉风险，这种声誉的风险会直接削弱银行的信用和融资能力，比方如，2017 年法国邮局银行涉嫌使用现金授权服务，暗地里帮助恐怖主义组织进行洗钱活动，随后其被巴黎法院命令展开司法调查，导致该银行的信用受损，可能流失优质客户和损失交易机会。

除声誉风险外，恐怖主义融资活动还会为金融机构带来操作风险中的法律风险，在典型的例子便是金融行动特别工作组在《反恐融资 9 条特别建议》中确定"向恐怖组织提供资助或为期金融交易提供便利的行为，应依照国内法处以刑事和民事的双重制裁"。如何采取适当的立法规范来指导银行和金融机构，防止他们直接或间接向恐怖活动组织和恐怖活动人员服务，以避免潜在的金融风险，是金融监管部门应当承担的责任。为更好地预防应对恐怖活动带来的金融风险，可采用以下措施，着手建立以风险为本的反恐怖主义融资监管体系。

（一）建立风险为本的中国特色反洗钱工作模式图表[2]

风险为本原则理念的普适性并不能替代各个国家的政策选择趋向，因体制机制的不同，每个国家都在全力摸索更加切合自身需求与特点的体制。在我国《反洗钱法》实施 5 年之后，全方面评估我国现有的反洗钱制度有效性的时机已经成熟。贴近中国的洗钱风险实际状况，着力建立具有中国特色的以风险为本的反洗钱工作模式任务紧迫。

1. 将风险防范确定为金融业反洗钱工作首要目标。依据我国《反洗钱法》的立法宗旨，预防和遏制洗钱活动是金融业反洗钱工作的首要目标。在追求这

---

〔1〕 引自廖怡、李绰卿："新形势下对我国反洗钱工作的几点思考"，载《区域金融研究》2017 年第 A1 期。

〔2〕 杜金富："我国实施风险为本反洗钱原则的探讨"，载《中国金融》2012 年第 11 期。

一目标的过程中，监管部门和金融机构从自身角度出发可能存在不同的理解。监管部门可能更为重视市场稳健，而金融机构可能更为重视合规与声誉风险。但双方目标的实现路径是一致的，即通过风险有效识别、防范和化解，发现并制止洗钱行为，减少潜在洗钱风险对金融机构造成的危害，维护金融秩序的稳定，并以此推动建立符合国际标准和适应中国国情的以预防为主的反洗钱工作制度和机制框架。需要注意的是，在反洗钱目标确定、体制架构以及各项制度措施的推进过程中，应适当考虑监管成本和金融机构合规成本，重视对客户隐私及商业秘密的保护，在防范、制止洗钱犯罪活动与维护社会公众及金融机构合法权益之间寻求平衡。尤其是在目标制定过程中，这一原则应得到充分的重视与遵守。

2. 应当给予金融机构反洗钱工作更多的自主性。有学者认为，银行家如果按照日益增加的监管条文和细节行事，他们实际上已经成功地把属于自身的责任转嫁出去了。在反洗钱领域，金融机构始终处于工作的第一线，其反洗钱义务的核心任务，就是将具有洗钱嫌疑的交易报告递交监管部门。因此，各国均把金融机构的可疑交易识别能力作为监管重点。按照 FATF 风险为本建议要求，金融机构应建立起以"合理怀疑"为标准的可疑交易报告要求，尝试由金融机构根据洗钱案例、业务特点、经营规模等，自定可疑交易监测指标，打造个性化的交易报告指标体系，自主识别判断可疑交易，并依据风险变动状况予以及时调整。2012 年以来，中国人民银行已经在符合条件的金融机构组织开展可疑交易报告综合业务试点工作，在交易报告甄别筛选方面赋予金融机构以更强的自主性，要求试点机构通过人工分析判断的方法对缺乏聚类特征的可疑交易进行筛选识别，使金融机构可以更好地发挥反洗钱工作第一道防线的作用。

3. 着力优化金融机构反洗钱工作的外部环境。根据毕马威公司《2011 年全球反洗钱调查报告》披露的内容，银行业金融机构普遍反映，在反洗钱领域"管理机关很主动，但银行希望协作性更高的方法，而不是单纯的惩罚措施"。金融机构开展反洗钱工作既是自身风险防控的需要，又是维护社会经济金融秩序稳定工作的需要，是金融机构为社会目的所做的一项工作，理应得到监管部门乃至全社会的支持与配合。人民银行将完善反洗钱监管配套制度，提供畅通的信息管理系统。针对当前反洗钱工作中面临的实际问题，人民银行将推进研究采取相应配套措施。一是建立健全信用代码制度，为金融机构查询客户基本身份信息提供便利，特别是逐步解决由于不同类别的对公客户编码规则不统一而可能产生的反洗钱交易监测漏洞。二是加快建立信息交流平台，建立金融机构反洗钱信息共享制度，不定期公布最新监管要求，改善人民银行和金融机构之间的反洗钱信息沟通。三是针对现金、网上银行等洗钱风险高发领域，研究发布指引性文件，为金融机构在相关业务环节实施反洗钱监控提供支持。

4. 推动建立与支持风险为本原则的反洗钱监管框架。在风险为本的监管理念下，金融机构反洗钱措施及流程的个性化增强，对监管部门风险评估以及差别监管提出了更高要求。为此，人民银行将积极探索建立支持风险为本原则的监管框架，增强制度弹性：①制定政策。不断完善和优化风险为本的反洗钱法规制度体系，弱化合规性要求。②收集信息。优化交易报告系统，发挥监测系统的统计分析功能，通过定性与定量结合的分析方法，开展对国家、区域、产品等洗钱风险的分析和预测，为金融机构提供风险预警。③风险评价。建立金融机构反洗钱风险评估制度，研究评估方法，科学合理地确定被监管机构的风险等级，增强监管的针对性。④分类监管。实现以法人为单位评价金融机构内部控制制度体系的完整性，重点关注其洗钱风险控制措施的有效性，即能否起到有效降低洗钱风险与损害的作用，对风险高的金融机构和风险低的金融机构采取不同的监管措施。⑤强化审查。对忽视风险、应对不利、造成严重后果的金融机构要强化检查、从严处理，体现反洗钱激励机制的公平性。

在反洗钱领域，全面推行风险为本原则是一个新的课题，无论是监管部门还是金融机构，在逐步推进过程中都必须面对潜在的实践多样性。在这一实践探索过程中，我们需要秉承开放性的态度，积极探索，在科学与经验之间、成本和效益之间、国际形势与国内发展需要之间寻求平衡，通过风险为本反洗钱原则的推行，实现反洗钱工作的科学均衡发展，达到反洗钱工作的防范风险的最终目的。

（二）组建金融反恐部门

依据《反恐怖主义法》的规定，目前我国由国家反洗钱行政主管部门、国务院有关部门和机构承担反恐怖主义融资工作，具体部门是中国人民银行反洗钱局和反洗钱监测分析中心。但在实践过程中，反洗钱局和反洗钱监测分析中心承担的主要任务是收集分析可疑交易资金报告和反洗钱管理，在实际工作中对反恐怖主义融资及反恐金融制裁的职责承担得较少。此外，除银行业外，保险、证券以及其他特定非金融行业的反恐怖主义融资监管更是远远超出反洗钱局和反洗钱监测中心的监管范围。现行的中国人民银行、中国银行业监督管理委员会、中国证券监督管理委员会和中国保险监督管理委员会的监管形式很难全面促进金融层面的反恐事业的发展，从长远看来，成立专门的金融反恐部门是解决这一问题的治本之策。

（三）完善可疑交易报告制度

尽管中国已经建立了基本的反恐融资可疑交易报告机制，但是从实施的效果来看，有关机构提供的报告中有效的线索是微乎其微的，大多数的报告缺乏主观的筛选和客观的筛选，结果产生了众多的垃圾信息，有价值的报告较少。为提高可疑交易报告的质量，建议从以下几个方面加强和优化可疑交易报告：一是加强监管力度，转变监管方向。努力调动报告主体的积极性，弥补一成不变的报告监管制度带来的不足。与此同时，在严格检查、打击犯罪的基础上，可以对有效的可疑报告进行奖励，一定程度上刺激报告主体的积极性，对履行反恐怖主义融资义务较好的金融机构或非金融机构予以资金、信贷额度等奖励，有效地调动报告主体的积极能动性，大力提升可疑交易报告的质量。二是加强报告主体的自我识别能力。报告主体应对报告的内容进行有效的筛选，主动对可疑交易进行报告，通过对监管部门制定的报告指导文件，积极开展职工能力培训，提高报告主体对涉嫌恐怖主义犯罪交易的识别能力。

（四）完善恐怖主义融资风险监测机制

虚拟的交易环境中客户实施电子交易过程中，只需通过互联网就能自动进行交易，极少遭遇经验丰富的银行柜员，但网上交易的立法具有滞后性，不利于及时有效地打击网上恐怖主义融资，所以网络恐怖主义融资很隐蔽。只要通过健全的支付交易监测机制，就可以从中筛选出可疑交易。因此，可通过以下几个方面来完善恐怖主义融资风险监测机制：①加强专项反恐融资业务培训。我国金融监管部门可以制定符合国情的反洗钱和反恐怖主义融资指导手册，为金融机构和非金融机构履行反恐怖主义融资职责提供规范标准，提高反恐怖主义融资工作敏感性和能力。②完善恐怖主义融资风险评估体系。基于金融机构及特定非金融机构交易报告数据，从国家层面拟定国内反恐怖主义融资政策，创建国家内部恐怖主义融资类型统计和风险评估制度，定期发布《中国恐怖主义融资风险评估报告》，修订现行反恐怖主义融资法律法规。建立对恐怖主义融资风险可能性的科学评估，完整反映风险信息，研究建立金融机构动态评估体系，全面评估金融机构的恐怖主义融资风险。③加强金融机构和非金融机构的现场检查。借鉴金融行动特别工作组恐怖主义融资类型的长期经验，对我国的相关恐怖案例进行整合，在实际案例的基础上，阐释评估我国恐怖组织和恐怖分子的资金需求以及使用资金和转移资金的特点、形式等。以防止客户资助恐怖主义融资风险为主线，通过检查有关机构的风险控制流程，有效监督反恐融资体系和合规程序的严密性，保障金融机构和特定的非金融机构严格执行反恐融资业务。从而全面开展恐怖主义融资监测和有效打击恐怖主义融资活动。

（五）加强对非金融行业反恐怖主义融资监管

国家可以通过制定全面而具体的反恐怖主义融资条例和相关制度，办理反恐怖主义融资活动做到有法可依、有法必依，逐步解决反恐怖主义融资的诸多难题。针对我国的具体国情，我们应该先逐步扩大对特定非金融行业的反恐怖主义融资监管范围，逐步积累监管经验，制定规范性文件，有序创建特定非金融机构金融反恐监督机制。金融行动特别工作组的建议就是很好的参照，可以通过出台专门的法律法规文件，将非营利组织、房地产开发商、贵金属交易商和珠宝商、信托和商业服务提供者等资金相对密集的特定非金融机构纳入监管的范围。同时加强金融监管机构与特定非金融行业主管部门的协调与合作，防范恐怖主义融资可能带来的风险，明确相关部门的职责和义务，强化对非金融行业反恐怖主义融资的监管力度，推动反恐怖主义融资合作高效开展，应在有关法律法规尚不完善的情况下，探索联合监管机制，确保反恐融资监管不存在漏洞。

（六）重视专门人才培养

应重视培养反洗钱专业人才。风险的多样性、复杂性和多变性对反洗钱从业人员的专业知识、判断能力等有严格要求，风险为本的原则对人民银行和金融机构反洗钱从业人员的专业能力提出了更高的要求，在缺乏足够专业知识和经验的情况下采用风险为本理念，容易引起高估风险导致的反洗钱资源浪费，或者低估风险造成洗钱控制系统漏洞的问题。人民银行应加强监管部门和金融机构两个层面的反洗钱从业人员培训，强化持续学习和持证上岗的要求。通过高水平的培训提升专业队伍的素质和专业能力，建设一支专家型反洗钱人才队伍。

随着恐怖主义融资犯罪活动的不断演变，反恐怖主义融资工作受到了国际和国内的高度重视，尤其是互联网金融的快速发展，反恐怖主义融资的从业人员的学科背景和专业技能将面临更为严峻的挑战。我国应重视反恐怖主义融资专业人才的培养：①相应地在高等院校增加相关学科和专业，为以后从事反恐融资工作打下坚实的基础；②金融机构要按照监管部门的要求制定严格的培训计划，积极组织反恐怖主义融资人员参加岗前培训，积极选派反恐怖主义融资人员参加上级行举办的各种培训班，并将互联网金融反恐融资项目纳入培训范围，及时掌握最新最前沿的知识，逐步提高反恐怖主义融资从业人员的工作效率，着力培养一批具有反恐怖主义融资专业技能的从业人员，全面提升反恐怖主义融资工作水平。

（七）反恐融资中金融机构的核心任务[1]

应促进反洗钱系统化建设，尤其是反恐怖主义融资的监测和控制，通过全面的对比分类功能提高反洗钱审查的精确度。强化反洗钱意识，加强反洗钱培训。目前，反恐怖主义融资工作还处于起步阶段，部分银行管理者对反洗钱的

---

[1] 冯炜："加强基层金融机构反恐融资工作"，载《金融时报》2017年11月20日，第11版。

重要性认识不足，应当采取必要措施加强针对反洗钱的相关培训，强化洗钱与恐怖主义融资风险意识，同时通过培训提高员工的客户尽职调查敏感度和可疑交易的分析能力。强化反洗钱反恐怖主义融资相关的客户尽职调查。客户尽职调查除获取客户的基本身份信息外，还需要调查客户代理人、受益权人、关联方的基本信息。进一步健全在反洗钱和反恐怖主义融资方面的风险评估机制，强化认知反洗钱反恐怖主义融资相关风险因素，包括目标市场与客户分类、高风险客户数量、客户交易金额及数量、地区风险评级、银行产品及服务的性质、种类及规模，并使用定量及定性分析以得出风险报告。

（八）完善互联网金融制度建设[1]

互联网金融背景下，金融机构要做好反洗钱、反恐怖主义融资工作，必须结合业务实际，制定完备的具体实施办法，建立健全反洗钱、反恐融资内控制度。深入研究科学开展客户洗钱风险评估的基本原则、指标体系和评估模型，修改完善反洗钱内控制度和操作流程，重新划分并确认客户风险等级，提高客户风险评估的科学有效性；结合自身业务实际再造客户风险等级划分流程，逐步建立健全以客户为中心的反洗钱风险管理机制和流程控制措施；将反洗钱工作贯穿各个业务条线，加强信息的统筹分析，不断提高可疑交易报告质量，同时注意收集本单位反洗钱内控制度和反洗钱系统存在的问题和风险漏洞，为及时修订相关制度，修改流程、系统打下基础。

1. 增强宣传培训力度。为提高全员反洗钱责任意识，应构建反洗钱培训长效机制，不断持续提升一线人员在反洗钱工作上的意识，系统提升各级反洗钱人员的专业分析能力。加强反洗钱集中宣传和日常宣传，充分发挥金融机构的先锋堡垒作用，积极构建打击洗钱犯罪、人人有责的社会环境，扩大反洗钱工作的覆盖率和普及度，强化责任共筑坚韧防线。在当地人民银行的指导下，继续加强战略层面布局，加大人才队伍建设与技术投入，构建起更加坚实、严密的反洗钱管控体系。

2. 完善身份认证系统。将公安部门管理的户口簿、护照、港澳台通行证等公民身份信息，全部融入公安内网核查公民身份信息系统，实现公民身份信息的完全对接。普及各种身份证件知识，提高临柜人员的证件识伪、防伪水平。以金融机构领域的身份认证系统为基础来进一步优化互联网身份认证系统。一是与客户初次建立网上银行业务关系时，采取严格有效的措施，掌握客户的真实情况，甄别客户身份，避免为有洗钱、恐怖主义融资活动嫌疑的客户提供网

---

[1]　吴连俊、黄译萱：“【调查研究】互联网金融反洗钱及反恐怖融资工作难点与对策”，载搜狐网，http：//www.sohu.com/a/114374094__481890，最后访问时间：2018年3月1日。

上银行服务，要根据客户特点或账户属性，考虑地域、业务、行业等因素，划分风险等级，杜绝匿名账户，严把客户准入关。二是要加大事中管理，加强网上大额交易和可疑交易的控制机制，在客户行为或者交易情况出现异常，客户有洗钱、恐怖主义融资活动嫌疑等情况下，重新识别客户身份。三是强化事后监控。建议人民银行在当前实现公民个人身份信息联网核查的基础上，积极协调，力争实现与工商、税务等部门的联网，帮助金融机构确定客户身份。

3. 推进客户尽职调查。有效地进行客户尽职调查是银行后续的反洗钱工作的重要保障。银行不得开立或保留匿名或以假名开立的账户。客户尽职调查除获取客户的基本身份信息外，还需要调查客户代理人、受益权人、关联方的基本信息。银行对客户身份信息进行核查的同时还应要求客户填写真实性声明。当多笔交易涉及同一汇款人或收款人时，银行还应关注这些交易是否被有意拆分以躲避审查。客户尽职调查可以采取分层次调查，具体可细分为一般类型客户、简化型客户以及加强型客户。简化型客户尽职调查相较于一般类型的客户尽职调查，减少了更新客户信息的频率，降低了持续监控的程度。当银行可以有效控制洗钱与恐怖主义融资风险使其处于低水平时，可对各类型客户采取简化型客户尽职调查。加强型客户尽职调查则是针对一些高风险的客户群体。金融机构对加强型客户的资金流向、交易动态应密切关注。

4. 构建以"合理怀疑"为基础的可疑交易报告制度。由于互联网金融行为的特殊性，可以不再设立大额交易和异常交易标准，建议中国人民银行将可疑交易报告标准的制定权力交给互联网金融涉及机构，要求互联网金融涉及机构对客户身份信息、交易背景和特征综合分析后，有合理理由怀疑与洗钱、恐怖主义融资等犯罪活动有关的，提交可疑交易报告。实施"合理怀疑"为基础的可疑交易报告制度，可以有效吸取总结金融机构多年来可疑交易报告的经验与教训，同时应考虑互联网金融的特殊性和业务特点，落实风险为本的原则，提高互联网金融的反洗钱以及恐怖主义融资的防控性。适应互联网金融的迅猛发展，应加快社会信用体系建设，大力发展信用中介机构，健全互联网金融发展的信用数据平台，致力于第一时间了解到企业和个人信用，避免信用风险，在个人征信和企业征信的基础上进行信息共享，以推动反洗钱及反恐怖主义融资工作在互联网金融领域的健康发展。

（九）加强对涉恐人员账户交易的监控

根据公安部通报的涉恐人员名单，中国人民银行、银监会要部署金融机构和特定非金融机构加强日常交易监测，如发现与名单有关的资金或者其他资产，应立即通报当地公安机关反恐怖部门并向上级部门报告。中国人民银行要充分履行反洗钱监测职能，加强对涉恐人员大额和可疑交易的监测分析，及时向公安机关移送相关可疑交易线索。公安机关在侦办涉恐融资重大专案时，金融机构和特定非金融机构要根据公安机关的请求，协助对涉案账户和人员交易情况进行监控，采取可行方式，准确、及时提供交易发生地、交易方式、交易对手等信息。

此外，对于涉恐黑名单之外的可疑账户，金融机构则应根据恐怖主义融资的外在表现形式，增强及时发现、检测和控制相关可疑账户的能力，在日常工作中重视加强对如下账户的监控：一是公司和个人账户长期受到敏感国家和地区及宗教慈善机构资助、捐款；二是背景复杂的公司账户的单笔交易金额常为整数额，与正常贸易特征不符；三是居住地址相同或者相近的敏感地区非居民或者境内敏感地区特定居民在某段时间内，频繁存取现金或者结售汇；四是账户资金以单向流动为主，可能涉嫌"以商养恐"；五是正常贸易的物流对应的资金流表现出不相匹配等异常情形特征的过渡账户。

应研究建立涉恐融资活动资金交易模型。涉恐融资活动资金交易模型，系指通过对涉恐案件资金交易的主体、时间、区域、品种、方式等进行梳理、甄别和分析，并结合人员、物品、地域等匹配性信息，归纳、总结涉恐融资犯罪资金交易的普遍性特征、流程和规律，最终运用文字、图表、数学程式等方式进行综合描述和固化后，对涉恐融资活动形成的一种可视化分析模式。

资金交易模型的建立是西方发达国家打击交易频繁或交易流程有固定规律可循的资金密集型经济犯罪及恐怖、贩毒、走私、贪污贿赂等严重犯罪的共同做法，它抓住"资金"这个核心环节和要素，实现了对犯罪活动的另类"刻画"，不但有助于银行等金融机构和金融情报中心更加准确地甄别和分析客户交易信息，及时发现涉嫌犯罪线索，而且有助于提高侦查部门打击犯罪活动的主动性和针对性，还有助于预判犯罪趋势，实现对犯罪活动的前瞻性防范和控制。[1]

政府部门要联系具体办案情况，认真总结涉恐案件资金交易特点，并结合交易主体特征等匹配性信息，总结犯罪资金交易规律，研究建立涉恐融资资金交易模型，提高主动发现、打击能力，实现对恐怖活动的前瞻性防范和控制。中国人民银行、银监会要指导金融机构和特定非金融机构，根据公安机关提供的资金交易模型，不断完善相关资金交易监控系统，提高监测分析水平。

加强对非正规资金汇兑系统的管控。非正规资金汇兑系统的管控也称为替代性汇款类地下钱庄。这种金融系统主要依赖于家庭或者企业间（如进出口公

---

〔1〕　范万栋："资金查控：金融信息在侦查中的深度应用"，载《山东警察学院学报》2015 年第 1 期。

司）的信赖关系，为客户办理异地或跨境汇款，其特征是不透明和无纸化。由于其不属于正规的金融机构，它的内部信息采集储存表现出极不规范的特点，客户可以任意编造身份进行交易。此外，因为整个资金的移转交易都建立在地下银行经营商之间的信任的基础上，整个过程中几乎没有纸制交易凭证，经营者之间的沟通也主要通过电话或电子邮件，这种不透明性和无纸化增加了交易的模糊性，为司法机关取证、跟踪资金流向制造了很大的困难。也正是由于这一点，替代性汇款系统越来越受到犯罪分子的青睐。而恐怖分子，如同其他犯罪分子一样，也热衷于这种不留痕迹的地下金融系统。由于替代性汇款类地下钱庄以在我国境内收付人民币方式帮助客户完成本外币的跨境汇兑，金融监管部门无法掌握实际形成的外汇跨境支付，对国内金融管理威胁巨大。因此，应着力重点打击此类地下钱庄。

与此同时，地下钱庄为其他终端犯罪提供服务的中间型犯罪，其上游犯罪的社会危害性远大于地下钱庄非法经营本身，地下钱庄的交易信息中又蕴含了大量的犯罪线索和政府监管部门不掌握的地下金融数据，所以我们还应强化地下钱庄的控制工作，有效发挥地下钱庄的犯罪识别功能。

增强涉恐融资重大案件资金查控效率。大额、可疑资金交易特点包括：一是跨地区；二是电子转账（如网上银行、银行卡），及时性是资金查控的基本要求。但目前相对查询速度，无疑是"老鼠跑得比猫快"。特别是在 2010 年公安部、人民银行及银监会联合下发《关于进一步完善涉案账户资金查询、冻结工作程序的通知》后，对于跨地区的账户查询，审批手续更加复杂，降低了资金查询的效率。现在亟须建立账户速查工作机制，实现可疑交易卡、交易信息的快速查询、冻结。

对于传统的结构化数据的挖掘和分析，银行是处于领先水平的，但一方面银行传统的数据库信息量并不丰富和完整，如客户信息、银行拥有客户的基本身份信息，[1]但客户其他的信息，如性格特征、兴趣爱好、生活习惯、行业领域、家庭状况等却是银行难以准确掌握的；另一方面，对于多种异构数据的分析是难以处理的，如银行有客户的资金往来的信息，网页浏览的行为信息，服务通话的语音信息，营业厅、ATM 的录像信息，无法打破"信息孤岛"的格局。也就是说，在"大数据时代"，银行的数据挖掘和分析能力严重不足。大数据分析的实质就是将"客户"放到更大的社会背景下加以分析，准确定位环境中客户所处的位置，因此，下一步在涉恐融资查控方面应着重加强公安、金融、工商等多部门的信息共享与合作交流。在数据共享与融合的背景下，

---

〔1〕　刘天白、廖常如："银行试水大数据时代"，载《银行家》2013 年第 2 期。

可以对恐怖组织进行多元关系分析和时空关系分析，即依据人员、组织、资源、技能、任务等关系建立多元关系网络，依据关系随时间变化建立动态关系网络，或依据人员与地理位置关系建立人物地理空间网络。通过解构犯罪组织，进而发现犯罪成员体系、结构特征与行动目标，对恐怖主义犯罪进行有效预防和打击。

加大查控重点地区旅客携带现金出入境的行为。现金走私是最为传统的恐怖主义融资手段，在当今金融电子化、信息化背景下，虽然携带巨额现金出入境风险比较大，但现金作为犯罪收益的主要形式，现金走私一旦成功，即可切断资金的非法来源之间的联系，因此还是有很多恐怖组织选择此类涉恐资金转移方式。公安部、海关总署建立携带现金出入境通报制度。由海关总署缉私局每半年将工作中掌握的旅客携带现金出入境电子数据等相关信息通报公安部。各地公安机关则应及时对可疑人员携带大额现金的来源和用途落地查证。

二、完善涉恐资产冻结罚没制度

资产冻结罚没制度，作为限制财产权的法律举措，有多种不同的表现形式。在刑事诉讼中，司法机关可以对涉嫌犯罪所得、犯罪收益或犯罪工具的财产进行刑事冻结；在民事诉讼中，法院能够对构成诉讼对象或处决对象的财产实行民事冻结；在一些行政执法活动中，执法机关能够对涉及违法行为的财产实行行政冻结。上述冻结措施的适用具有明确的保全目的：防止当事人转移、隐匿或者毁损有关财产，保障随后公布的财产处理裁定能够得到有效执行。基于恐怖主义犯罪的特征，它与普通的犯罪不同，拥有反社会、反人类等特点，是全社会和全人类的公敌，所以，对待恐怖主义，应该有别于一般市民，应该根据反对敌人的原则，采取一切可用的手段对其进行打击和预防。事实上，虽然敌人刑法理论在学术界引起了争议，但是在包括美国和英国在内的反恐怖主义实践中却有不同程度的反映。我国是恐怖主义的受害国，目前国际和国内反恐形势都非常严峻。在严峻的形势下，引入敌人刑法理论具有非常积极的意义。除此以外，所谓的金融制裁的本质，作为金融霸权的表现形式，它是与敌人斗争的武器，与敌人刑法理论不谋而合。尤其是在资产冻结和第三方制裁等方面，无论是联合国安理会决议，还是美英等国的法律法规中，都体现了与敌人斗争的思想，值得我们国家认真研究学习和借鉴，也使得我国目前的反恐金融制裁制度逐步完善。接下来结合我国的反恐实际，建议完善反恐金融制裁制度：

（一）涉恐资产冻结制度[1]

尽管中国已初步建立了涉恐资产的冻结制度，但仍有许多地方需要继续完善，最大的问题就在于冻结名单的制定和联合国安理会反恐决议冻结名单的效力。借鉴其他国家的立法经验，结合我国的反恐现状，我们可以从以下几个方面入手，进一步完善我国涉恐资产冻结制度：①建立涉恐资产冻结名单联合发布机制。当前，我们国家的恐怖组织和恐怖人员的名单由国家反恐怖主义工作领导机构公布，然后由金融机构和特定非金融机构根据公布的名单依法对恐怖组织和恐怖人员的资产进行冻结。事实上，国家反恐怖主义工作领导机构并不是一个政府的实体组成部分，而是国务院日常工作领导机构，没有执法权，也没有立法权或司法权，其发布的文件并不当然具有法律效力，行政效力到底如何也有待确定。在这个尴尬的情况下，为了依法实施现行的涉恐资产冻结机制和恐怖名单发布机制，提议由国家反恐怖主义工作领导机构与最高人民法院、外交部和中国人民银行进行联合发布，确实有必要认定为恐怖组织和恐怖活动人员的，应通过三方或更多方来联合发布公告，这样就可以在一定程度上弥补涉恐资产冻结名单缺乏合法性的问题。②建立自动冻结机制。我国对恐怖活动组织及其人员的认定采取"双轨制"的认定模式，即以行政认定为主、司法认定为补充的混合模式。《反恐怖主义法》规定，有管辖权的中级以上人民法院在审判刑事案件的过程中，可以依法认定恐怖活动组织和人员。人民法院依法认定的恐怖活动组织和人员，对认定不服的，其救济适用《刑事诉讼法》的规定。经鉴定后，需要公示的，由国家反恐机构领导机构公告。但在具体实施过程中，当中级以上法院的判决生效并由国家反恐怖主义工作领导机构正式公布时，这中间有足够的时间提供给恐怖组织或恐怖分子的其他同伙转移资产来逃避冻结。因此，提议设置一个自动冻结程序，全部经由中级以上人民法院认定为恐怖组织或恐怖人员的，法院立即下达冻结令，其资产将被自动冻结。对涉恐冻结资产中涉及善意第三人和家庭共有的，有关当事人可以按照法定程序申请解除。

（二）涉恐资产罚没制度[2]

传统的金融制裁制度通常只会冻结被制裁者的资产，在将制裁者处理后则解除了冻结，把财产返还给了他们。美国在"9·11"恐怖袭击之后，立刻通过并颁行了《爱国者法案》，进一步增强了政府首脑使用金融制裁措施的权力。该法案第106条增加了一种实施金融制裁的新情形，即"当美国成为武装敌对行动指向对象或者成为外国或外国国民袭击目标时"，即便美国总统没有宣告或者

---

[1]　王为："我国反恐金融制裁对策研究"，载《武汉公安干部学院学报》2017年第3期。
[2]　王为："我国反恐金融制裁对策研究"，载《武汉公安干部学院学报》2017年第3期。

认为没有必要宣告国家进入紧急状态，美国总统能够针对部分的或者单独的敌对事件或者受袭事件，对外国人、外国组织或者外国进行金融制裁。另外，第106条还增加了资产没收措施，并规定：被没收的资产应当划归总统指定的相关人员或者机构并且根据总统确定的条件为满足美国的国家利益而加以使用或者处置。2003年，美国在行动中没收了伊拉克政府和中央银行持有的19亿美元资本。既起到了打击敌人的作用，又增强了自身的成效，在一定程度上反映了敌人刑法理论。我国《刑法》的第120条虽然也有类似的有关没收财产的规定，但是随着《反恐怖主义法》的实施，关于"恐怖活动""恐怖组织、恐怖人员"的界定有了新的变化和发展，与《刑法》中的有关规定并不完全一致，《刑法》中的罚没制度是否同样适用于《反恐怖主义法》界定的"恐怖活动"和"恐怖组织与人员"，还需要有关法律解释进一步完善和明确。

（三）引入第三方制裁制度[1]

第三方制裁是指禁止境外金融机构和其他组织或个人与恐怖活动组织进行金融交易或向其提供金融服务，对于违反禁止规定的国外金融机构、组织或个人实施大额罚款，禁止其进入国内市场，通过这种制裁，最大限度地切断恐怖主义活动组织和人员活动的资金来源。一般来说，只有在世界金融体系上有很大的话语权国家才有执行第三方制裁的权力。第三方制裁对我国的最大现实意义就在于此，通过制裁与恐怖组织和恐怖分子进行交易的机构和组织，让通过境外渠道资助恐怖组织和人员的可能性降到最小。随着中国在国际金融体系中的呼声越来越高，第三方制裁将成为日益强大的打击恐怖主义的武器，应该尽早研究和引入。

三、完善网上银行反洗钱及反恐融资的措施

（一）增强网上银行反洗钱及反恐融资法规制度建设[2]

增强和完善网上银行等相关方面的法规制度建设，实施对网上资金划拨、网上支付的有效监管，是预防和打击洗钱及恐怖主义融资犯罪活动的重要措施。我国网上银行发展速度较快，相应的法规制度建设已经滞后于网上银行实践。要在规范网上银行业务的基础上，及时制定针对网上银行业务的反洗钱、反恐融资法律规章，避免网上监管出现真空。要根据《反洗钱法》《金融机构报告涉嫌恐怖主义融资的可疑交易管理办法》等法律法规，督促金融机构构建针对网

---

[1]　王为："我国反恐金融制裁对策研究"，载《武汉公安干部学院学报》2017年第3期。

[2]　原永中、穆晓东、谢坤："网上银行反洗钱及反恐融资的难点与对策"，载《华北金融》2008年第5期。

上银行的反洗钱、反恐融资制度和操作规程，将反洗钱及反恐融资工作机制纳入其网上银行业务中。

（二）持续开展客户身份识别

《金融机构客户身份识别和客户身份资料及交易记录保存管理办法》第17条规定，金融机构利用网上银行为客户提供非柜台方式的服务时，应当实行严格的身份认证，强化内部管理程序，识别客户身份。金融机构一是要加强事前防控。与客户初次建立网上银行业务关系时，采取严格有效的措施，掌握客户的真实情况，甄别客户身份，避免为有洗钱、恐怖主义融资活动嫌疑的客户提供网上银行服务，要根据客户特点或账户属性，考虑地域、业务、行业等因素，划分风险等级，杜绝匿名账户，严把客户准入关。二是要健全事中管理，加强网上大额交易和可疑交易的控制机制，在客户行为或者交易情况出现异常，客户有洗钱、恐怖主义融资活动嫌疑等情况下，重新识别客户身份。三是要强化事后监控。人民银行应在当前实现公民个人身份信息联网核查的基础上，积极协调，力争实现与工商、税务等部门的联网，帮助金融机构确定客户身份。

（三）通过科学技术加强反洗钱、反恐融资资金监测

信息技术的进步和网上银行产品的不断创新，造就网上银行业务量大量增大。要有效控制利用网上银行从事洗钱、恐怖主义融资活动的行为，必须建立和完善银行反洗钱大额和可疑交易自动识别报告系统。目前国际上较流行的是"数据挖掘与人工智能"，采用数据挖掘工具，对各种金融数据进行分析，设定相应的大额和可疑交易识别指标、模型，对客户交易信息进行全方位、多角度的检索、汇总及分析，由金融机构反洗钱工作人员根据对客户的了解，对客户经营活动的认识，或者根据客户账户的性质及使用情况等，确认客户交易应有的合理方式，对客户交易行为明显背离其应有的合理交易方式的，要及时向反洗钱部门报告，使反洗钱工作逐步规范化、科学化、人民银行应充分利用账户管理系统和征信系统，采集账户资料，为异常交易的识别提供基础信息，提高网上银行反洗钱、反恐融资的敏锐度、时效性和准确性。

针对网上银行电子数据集中管理的情况，金融机构在提供给其分支行的数据接口中，应提供客户账户资料、企业、个人本外币交易流水、SWIFT电子信息数据等接口工具，满足反洗钱、反恐融资监管、调查的及时性要求，预防和打击洗钱、恐怖主义融资犯罪活动。

（四）增强反洗钱、反恐融资人员队伍建设

做好网上银行反洗钱、反恐融资监管工作，必须将懂金融，熟悉反洗钱、反恐融资工作，具有专业网络知识及法律知识的人才充实到反洗钱部门，发挥他们的专业优势，提高执法水平。

（五）积极开展国际合作

当前，不法分子的犯罪所得及恐怖主义融资往往通过网上银行在全球范围运作，打击此类犯罪，必须有效开展国际合作。2007 年 6 月 28 日，我国正式加入了金融行动特别工作组（FATF），标志着中国的反洗钱、反恐融资工作开启了新的一页。目前应从以下几个方面继续开展国际合作：①加大信息交流。及时将洗钱、恐怖主义融资犯罪嫌疑人的相关信息准确送达要求协查的国家。②开展技术共享。在交流打击网上银行洗钱、恐怖主义融资犯罪经验的基础上，共同开发和享有针对网上银行洗钱、恐怖主义融资犯罪活动的先进技术。③加强司法协作。签订司法协作条约，堵塞网上银行洗钱、恐怖主义融资活动的漏洞。

四、完善对贵金属行业反洗钱和反恐融资的措施[1]

当前，我国特定非金融行业的反洗钱工作基础薄弱，贵金属交易商和珠宝交易商行业更不例外。因此，有必要兼顾国际标准和市场现实，建立健全国内法规管理体系，加大突出风险的防控和治理，加强监测管理，强化宣传和教育，逐步形成涵盖整个产业链条的洗钱风险防控体系。

（一）完善反洗钱制度体系，健全市场管理架构

按照"风险为本"的原则，日前，中国人民银行发布《中国人民银行关于加强贵金属交易场所反洗钱和反恐怖融资工作的通知》（银发〔2017〕218 号），初步明确反洗钱义务主体和要求，下一步，有必要进一步完善黄金市场管理的现行法规及实施细则，逐步积累经验，探索出台形成管理条例或者特定非金融行业的专门反洗钱法规。同时，鉴于黄金产业链条较长、主管部门众多，应发挥各地黄金行业协会、珠宝玉石协会的自律管理职责，把反洗钱要求提升为行业规范，指导并督促义务主体健全反洗钱内部控制制度。此外，丰富各类监管手段，加大黄金市场的监督检查力度，强化对违反反洗钱法律法规行为的处罚，有序推进反洗钱和反恐怖主义融资管理工作。

（二）加强信息统计监测，建立跨部门共享和协调机制

我国场内交易所均初步建立反洗钱和反恐怖主义融资基础设施，黄金行业洗钱风险相对集中于场外，且总体难于监管。因此，有必要在场内执行更为严格的反洗钱要求，健全尽职调查和可疑报告机制。同时，以反洗钱工作部际联席会议为依托，强化场外市场的监管，尤其是建立跨部门的"三反"工作协调机制，形成跨部门情报分享和工作协调流程，建议以"分层分批，试点推进"

---

〔1〕 年四伍："对加强黄金市场洗钱风险防控的思考"，载《金融纵横》2018 年第 2 期。

的原则，加大人民银行、工商、税务、海关、公安部门的信息交换和共享，尽可能覆盖加工、零售、回购和贸易业务及机构的相关业务信息，确保场内、场外市场管理同步，以完善风险监测机制，有助于打击各类犯罪活动，将反洗钱工作落到实效。

（三）参照国际标准，重点加强场外反洗钱管理

从 FATF 反洗钱与反恐怖主义融资 40 条建议来看，要求贵金属和珠宝玉石交易商在参与达到或超过 15 000 美元（欧元）的交易时，应开展客户身份识别、报告可疑交易、保存客户身份资料和交易记录等工作。从我国现实来看，场外黄金、珠宝零售商反洗钱意识较为薄弱，且商业银行、工商企业的黄金制品销售、投资交易品种等业务，总体远超出交易所场内市场的交易规模，因此，应坚持风险为本的原则，突出洗钱风险的防控重点环节，针对从事批发零售业务的工商企业和商业银行的贵金属交易，尤其是分布广泛、数量众多的中小型黄金零售企业和珠宝销售商，逐步探索纳入反洗钱义务主体范围。在兼顾行业发展需要和市场自身运行特点的基础上，指导其逐步建立健全洗钱风险控制机制，完善相关业务监督管理，稳步有序建立适合本国贵金属市场实际、适应国际标准的贵金属市场管理体系。

（四）探索规范互联网黄金业务管理

针对黄金市场中的新业务、新技术，有必要识别和评估并重视其产生的洗钱和恐怖主义融资风险，动态监测市场风险变化。尤其是当前国内的贵金属交易场所众多（除国家批准的交易所外，还有诸多珠宝和黄金制品的交易市场），以"互联网＋黄金"为代表的各类新业态，需要在厘清平台合法性、业务模式合规性的前提下，出台相关法规，明确行业准入资质和门槛，健全黄金和资金安全管理机制。可以考虑将此类交易平台、"互联网＋黄金"业务的各类机构明确纳入反洗钱义务主体，要求做好客户身份识别和信息采集、监测客户交易并上报可疑交易报告等内容，严格监督其全面履行各项反洗钱义务，封堵市场中的洗钱风险漏洞，确保黄金市场的各类创新业务（技术）风险可控，实现线上线下市场、场内场外市场的政策同步和规范发展。

（五）加强教育和宣传，提高行业反洗钱意识

随着改革的推进，我国黄金市场不断放开，黄金经营企业按一般企业流程即可成立，准入门槛相对较低，且业务规模和合规性差距较大，黄金产业链环节众多，参与主体多样，加之黄金市场反洗钱法规建设刚起步，市场参与主体的反洗钱意识薄弱，因此，有必要参照金融机构的反洗钱工作推广经验，加大培训教育力度，积极鼓励创新反洗钱培训教育形式，充分利用现代科技手段扩大受众范围，面向行业开展各类反洗钱活动，加大各类机构和义务主体对于反

洗钱工作的重视力度，提升从业人员队伍的反洗钱意识，以奠定黄金行业反洗钱工作的良好基础。

五、加强对 FATF 反恐融资国际标准的吸收和借鉴

FATF 修订了反洗钱反恐融资的国际标准，对反恐融资工作和金融反洗钱提出了许多新要求。新标准正式确立了"风险为本"的反洗钱反恐融资方法，增加了关于制裁扩散融资的要求，更加重视对识别的受益人，提出了对国内政要的特殊反洗钱要求，规范了电汇业务信息的透明度，进一步明确了金融情报单位的职责。本部分对上述变化进行深入分析，同时结合我国反洗钱/反恐融资工作实践，提出应对 FATF 标准变化的政策建议。[1]

目前国际上影响力最大的反洗钱反恐怖主义融资政府间组织是金融行动特别工作组。FATF 于 1990 年首次发布了反洗钱《40 条建议》，2001 年和 2004 年又相继发布了 9 项《反恐怖主义融资的特别建议》，两部建议通常合称 FATF 反洗钱/反恐融资 "40 +9 条建议"。"40 +9 条建议"发布以来，历经数次修订，日臻完善，现已得到联合国、国际货币基金组织、世界银行等国际组织和 180 多个国家和地区的承认，成为指导全球反洗钱及反恐融资工作的基本准则。我国于 2007 年成为 FATF 的正式成员国，在反洗钱/反恐融资体系建设和运行中一直较好地遵循 FATF 标准，2012 年成为 FATF 第 13 个达标国家，也是第 1 个达标的发展中国家。

为了增强应对世界经济、政治和军事等方面复杂变化所带来的新的洗钱、恐怖主义融资以及大规模杀伤性武器扩散融资活动风险，FATF 最近又对其标准进行了较大修改完善，于 2012 年 2 月发布了名为《打击洗钱、恐怖主义融资、扩散融资国际标准》的 "40 条建议"，取代了原 "40 +9 条建议"。新标准除了将原先的《反恐融资 9 条特别建议》融入反洗钱《40 条建议》，使建议条目数量有所改变之外，在一些实质内容上也有较大调整，例如明确了反洗钱/反恐融资的基本原则和方法，新增了防止扩散融资要求等。本部分就 FATF 新标准针对金融反洗钱/反恐融资提出的新要求以及我国应采取的应对策略进行深入分析，为我国继续执行好 FATF 标准提供政策建议。

(一) 确立以"风险为本"的反洗钱反恐融资方法

FATF 将采用风险为本的反洗钱/反恐融资方法作为根本性规定，以首项建

---

[1] 贾科："FATF 标准的新变化及我国金融反洗钱/反恐融资应对策略分析"，载《华北金融》2014 年第 4 期。

议的形式正式引入新标准。该项建议的出台，标志着历经多年国际讨论和探索，风险为本的方法被正式确立为各国今后开展反洗钱/反恐融资工作的基本方法。

风险为本方法的核心前提是科学评估洗钱和恐怖主义融资风险，也是执行FATF新标准所面临的主要挑战。新建议要求在国家层面、监管层面以及金融机构层面均要开展动态持续的风险评估。系统地评估洗钱/恐怖主义融资风险在我国乃至全球尚无成熟的经验，因此研究探索评估方法应是我国全面推进风险为本反洗钱工作的首要任务。鉴于洗钱和反怖主义融资风险具有主、客观双重判定标准的特性，可采用层次分析法等主、客观评价相结合的方法，将风险评估分解为确定风险的构成元素和建立各元素的权重关系两项任务，逐项解决。新"建议10：客户尽职调查"的注解针对金融机构层面给出了一个两层级洗钱/恐怖主义融资风险构成元素的示例。其中第一层级包括客户风险，国家或地理风险，产品、服务、交易或转移渠道风险三类元素，每一类元素下又给出了第二层级风险元素，例如客户的所有权结构、经营中的现金密集性、是否为私人银行业务、是否为非面对面业务等。可尝试按照FATF的建议思路，细化风险元素，深入开展国家和金融机构的洗钱/恐怖主义融资风险评估。

此外，根据FATF建议，"风险为本的方法对于反洗钱/反恐融资能力强、经验丰富的金融机构更为适用"。现阶段可重点推动一些反洗钱/反恐融资工作水平较高的金融机构率先开展风险评估。

（二）添加了关于制裁扩散融资的规定

新标准通过"建议7：与扩散融资相关的定向金融制裁"，在FATF建议中首次正式引入了防止"大规模杀伤性武器扩散融资"的内容，要求根据《联合国宪章》第七章有关规定对指定个人或实体实施定向金融制裁。该项建议在新标准中具有较高的独立性，与其他建议几乎没有重叠或承接关系。例如，不能按照"建议3：洗钱犯罪"的要求对扩散融资刑罚化，也无法按照"建议20：可疑交易报告"的要求根据怀疑涉嫌犯罪来报告可疑交易。该项建议强调了金融机构的反洗钱/反恐融资机制在应对扩散融资中的金融制裁作用，尤其是对特定对象的资金冻结作用，使金融机构的工作任务更加明晰。

联合国的有关决议和金融制裁名单在我国能够通过外交部门、反洗钱行政主管部门以及金融监管部门及时向金融机构转发，目前存在的主要问题是相关名单在金融机构内部不能有效传达和使用。很多机构尚未建立反洗钱/反恐融资电子监控名单库系统，对于以纸质或PDF文件等传统形式保存的名单也不能及时转发至各内设部门和分支机构，无法供业务人员比对使用。人民银行天津分行于2012年6月开展的一项调查显示，在天津全部40家中资银行中，有15家未建立或上线运行监控名单库系统，25家运行了监控名单库系统的银行中，有

16 家的系统不能对全部客户业务进行实时监控，14 家不能根据新获得的监控名单对存量客户进行回溯性调查，仅有 5 家的监控名单库系统可同时满足实时监控和回溯性调查两项要求。再以外交部 2012 年前 5 个月转发的 6 个联合国安理会有关制裁决议文件为例，天津市所有 30 家非总部银行机构中，只有 5 家收到了总部转发的全部 6 个文件，有 11 家全部文件均未收到（其中 7 家且未运行电子监控名单库系统）。因此，应持续推动对《中国人民银行关于明确可疑交易报告制度有关执行问题的通知》和《中国人民银行执行外交部关于执行安理会有关决议通知的通知》等文件的执行，尤其是按照以风险为本的原则，首先重点督促大型银行、保险等金融机构及时传达并有效利用定向制裁名单，加强监控名单库系统建设。

（三）提出对客户受益所有人的识别

新标准较原标准更加鲜明和具体地提出了识别法人客户受益所有人的要求。一是通过"建议 24：透明度和法人的受益所有权"及其注解，要求必须保证法人客户受益所有权和控制权的信息透明性，有关部门应为金融机构及特定非金融机构了解法人客户的基本信息以及股东名单、持股数量等受益所有权信息提供便利。二是通过"建议 10：客户尽职调查"及其注解给出了分步识别受益所有人的方法。

目前我国金融机构在反洗钱和反恐融资工作中很少识别客户的受益所有权情况。前述调查显示，天津市的 40 家中资银行中，仅 16 家规定了开立企业账户必须登记客户股权结构及主要出资人信息，对客户受益所有权情况进行了初步识别。造成这一问题的原因主要有两方面：一是监管要求较宽松，目前未就客户受益所有权识别工作对金融机构规定具体的措施和标准。二是相关法律法规不完善，金融机构无法有效向客户或其他第三方征询企业股权结构、受益权人身份等信息，信息获取渠道有限。上述 16 家银行均无例外地将"直接询问客户"作为了解和核实客户受益所有权情况的首选途径，只有部分机构提及了向工商、税务部门核实。因此，人民银行应以 FATF 新标准出台为契机，推动相关法律制度建设，严格金融机构识别客户受益权人身份的要求，同时积极协调工商、税务等部门加大企业信息共享机制建设。

（四）对国内政要和国际组织重要人物的特殊反洗钱要求

FATF 原标准只要求对外国政治公众人物实施特殊的反洗钱措施，仅在建议注解中鼓励将这些措施应用于国内政要。新标准则通过"建议 12：政治公众人物"明确规定，对国内政要及一些国际组织的重要人物也要采取特殊的反洗钱措施，并且包括这些政治公众人物的家庭成员和密切关系人。

在很多国家和地区，该项新建议都有一定的执行困难：一是对"政要"的概念界定不明晰，对于级别、在职或离职时间等较多细节问题没有统一的规定，国际上尚无权威准确的政要及其家属名录。二是在国内相关立法不到位的情况下，金融机构很难对本国政要采取 FATF 标准所要求的"确定其财产和资金来源"和"对业务关系进行强化的持续监测"等措施。2007 年的统计显示，37 个被 FATF 评估过的国家或地区中，仅有 1 个国家在执行 FATF 关于对政要的反洗钱标准时达到"完全合规"，仅有 2 个"大部合规"，其余均为"部分合规"（8个）或"不合规"（26 个），有 24 个国家未将国内政要纳入特别要求。第一个困难属遗留问题，需要国际社会共同探索解决。对于新出现的第二个困难，目前可以在 FATF 新标准中获得解决思路，即"以风险为本"。"建议 12"在最后指出，"与国内政要的业务关系出现高风险时，需要实施特别的反洗钱措施"，若与国内政要的业务关系不属于高风险，则不必须采取特殊措施。因此，现阶段的工作重点应是引导金融机构识别和评估相关业务关系的风险水平，而不是全面推行对国内政要客户实施调查和监测。

（五）加强电汇业务信息透明度要求

新标准关于电汇业务的规定主要有两方面变化：一是除了保留跨境电汇中要附带汇款人信息的要求外，还要求所有跨境电汇必须要附带收款人信息，包括名称或姓名、收款账户号码或标明该笔交易的唯一代码。二是增加了中间行和收款行的责任。中间行除了要履行原先的完整保留汇款信息的义务外，还要采取合理措施识别信息不完整的电汇，采取有效的、以风险为本的政策或流程来确定是否继续办理、拒绝或是暂停该类业务以及应采取的跟进措施。收款行除了按原标准要采取合理措施识别汇款人身份信息不完整的电汇，并视情况报告可疑交易之外，还要履行识别收款人身份的义务，并且与中间行一样，也要采取有效的、以风险为本的政策或流程来确定是否继续办理、拒绝或是暂停该类业务以及应采取的跟进措施。

第二项调整是应对的重点。人民银行天津分行于 2011 年开展的一项关于国外金融机构在跨境电汇业务中汇款人身份信息透明情况的调研表明，在汇入天津的单笔 1000 美元以上的跨境汇款中，汇丰银行、花旗银行等七家大型跨国金融机构作为中间行时出现的问题电汇笔数是它们作为汇出行时问题电汇笔数的 1.84 倍。这一方面说明大型机构在国际电汇业务中更多的是承担中间行的角色，另一方面也说明中间行对于其所中转的问题电汇的"放任"程度较严重，甚至不排除有中间行擅自截留或缺省电汇信息的情况。同一项调查还显示，被调查的天津市 10 家国际业务量较大的银行机构所接收的 5782 笔 1000 美元以上跨境电汇中，有 2856 笔不同程度地存在汇款人信息不完整的问题，占比 49%，对此，10 家银行均基本未采取跟进的反洗钱/反恐融资措施。就国家应对角度来讲，目前应首先以大型金融机构为推动重点，在中国银行等跨境业务量较大的金融机构推动执行 FATF 新标准，有效提高我国金融机构对于 FATF 新标准的总体合规程度。

（六）进一步明确金融情报单位的职责

新标准比原标准更加具体地规定了金融情报单位在接收或索取金融信息、分析信息、移送信息以及保密等方面的权利和义务。其中，分析信息是核心职责，应包括对特定案件线索的"战术性分析"和对洗钱趋势、类型的"战略性分析"。新标准专门强调了对金融情报单位的独立性要求，指出其在运行上应尽量避免受到政治的、行政的、行业的以及所属部门的影响。

现在国际上对金融情报单位的通行分类为：行政管理型、执法型、司法型、混合型四种。其中，行政管理型金融情报单位在国际上采用较多，其一般下设在国家财政部或中央银行，是金融机构与执法部门之间的"中介"，具有较强的中立性。美国、法国、澳大利亚、加拿大、俄罗斯、比利时、西班牙等国的金融情报单位均属于行政管理型。执法型金融情报单位通常是警察部门的延伸，在获取和使用信息方面具有较大的权力，但它们往往更专注于案件调查而不是洗钱预防。德国、英国、瑞典、奥地利、香港、新加坡等国家和地区的金融情报单位属于执法型。司法型金融情报单位通常设立在司法部门尤其是起诉部门的内部，受政治影响相对较小，能迅速采取资金扣押、搜查、问讯以及起诉等措施，但同样重打击轻预防，代表国家为塞浦路斯和卢森堡。我国的反洗钱监测分析中心具有接收、分析、保存、移交大额和可疑交易信息以及研究洗钱/恐怖主义融资发展趋势等职责，勉强可归为第一类金融情报单位，但在对报告义务主体的监督和管理方面职能有限。实践中，反洗钱局承担较多的对金融机构的监管职能，同时其本身或通过分支行还开展大量的洗钱/恐怖主义融资线索调查工作。应进一步明晰反洗钱局与反洗钱中心的工作职责，合理配置资源，有效开展监督管理和情报分析。

（七）我国成为 FATF 正式成员后采取的具体措施

我国的反洗钱和反恐融资工作虽然在较短时间内取得了显著的进展并得到了包括 FATF 在内的国际组织的肯定，但目前在很多领域还没有完全达到 FATF "40＋9 条建议"的要求。成为 FATF 正式成员后，我国反洗钱和反恐怖主义融资将在以下方面进一步完善有关工作，在新的征程上迎接挑战。

第一，进一步完善对洗钱和恐怖主义融资活动的刑罚化。例如，对自行洗钱是否可以按洗钱犯罪（本部分所称洗钱犯罪，包括《刑法》第 191 条、第 312 条和第 349 条规定的所有犯罪，而不仅限于《刑法》第 191 条规定的洗钱罪。这是因为尽管我国对第 312 条和第 349 条规定的犯罪并不使用"洗钱罪"这一罪名，但从构成要件上看，第 191 条、第 312 条和第 349 条规定的犯罪都属于有关国际公约规定的洗钱犯罪）进行处理，是否可以对"恐怖活动"和"资助"的内涵进行明确界定，等等。

所谓自行洗钱，是指实施上游犯罪的人自己又对其非法所得及其收益进行清洗。根据《联合国打击跨国有组织犯罪公约》及 FATF "40＋9 条建议"，除非有法律基本原则明确规定，洗钱犯罪应适用于实施上游犯罪的人。我国对自行洗钱是否可以按洗钱罪处理没有明确规定，国内司法界对此存在争议。一些专家认为，对本犯追究洗钱犯罪的刑事责任，违背了我国刑法理论中的吸收犯理论。然而，由于实际发生的洗钱活动与上游犯罪逐步分离并与金融活动紧密结合，形成跨越时间和空间的独立犯罪行为，已不能被简单地视为上游犯罪的自然延续行为。比如，在中国经济日渐开放的背景下，一些人将国外贩毒、贪污、逃税等犯罪所得通过种种方式转移到中国，并在中国投资或使用。在这种情况下，我国对发生在境内的洗钱活动具有管辖权，而对发生在国外的上游犯罪并不具有管辖权，如果坚持上游犯罪吸收洗钱犯罪，将导致我国不能处理这些相对独立的洗钱行为。可见，上游犯罪主体一律不构成洗钱罪主体的立法模式正日益受到司法实践的挑战，自行洗钱是否可以按洗钱犯罪处理有待通过立法或司法解释进一步明确。

另外，《联合国制止向恐怖主义提供资助的国际公约》要求各国将资助恐怖活动的行为规定为犯罪，并对恐怖活动给出了两种定义方式：一种是描述性的定义，即意图致使平民或在武装冲突情势中未积极参与敌对行动者死亡或重伤的行为；另一种是列举性定义，即联合国 9 个有关公约规定的犯罪行为。同时，该公约规定，"资助"包括以任何手段，直接或间接地为恐怖活动提供或收集资金。我国《刑法修正案（三）》虽然增设了资助恐怖活动罪，但并没有对恐怖活动、恐怖活动犯罪以及资助恐怖活动进行明确定义，且没有明确界定"资助"是否包括单纯地为恐怖主义收集资金。因此，为了在加入 FATF 之后尽快使我国的反洗钱和反恐融资工作与国际接轨，我国《刑法》需明确"恐怖活动"的定义和范围，阐明"资助"行为的内涵。

第二，进一步严格执行联合国安理会决议中有关冻结和没收恐怖分子资产义务的程序和规定。联合国安理会第 1267 号和第 1737 号决议要求各国毫不延迟地冻结有关恐怖分子或恐怖组织的资产。我国目前除在金融领域分发联合国安理会决议中有关恐怖主义实体和个人名单外，尚未就执行联合国安理会上述决议制定专门的程序与机制。为达到 FATF 关于有效执行联合国安理会相关决议的要求，我国有关部门需共同研究，尽快制定执行联合国有关冻结和没收涉恐资产的具体程序与规定。比如，在行政领域改进涉恐名单的信息分发机制和程序，针对金融机构和部分非金融机构出台细化的操作指引与更为明确的要求；在执法、司法领域，制定报告、查封、冻结、扣押和没收相关资产的专门规定及有效程序，制定除名、解冻及保护善意第三人的具体措施等。

第三，逐步在非金融行业开展反洗钱和反恐融资工作。FATF"40 + 9 条建议"要求房地产代理商、贵重金融及宝石交易商、律师、公证师、会计师等履行与金融部门类似的反洗钱和反恐融资义务，如识别客户身份、报告可疑交易、保存有关记录等。由于特定非金融行业的内部治理结构和监管环境与金融部门大为不同，特定非金融行业反洗钱和反恐融资工作应在充分分析其行业特性及涉及风险的基础上稳妥、科学地逐步展开。我国有关部门应着手分析非金融领域涉及的洗钱和恐怖主义融资的风险，并根据特定非金融行业的具体特点，研究制定相应的反洗钱和反恐融资工作方案，首先可在律师行业、房地产和彩票行业等启动有关工作。

总之，成为 FATF 正式成员后，我国的反洗钱和反恐融资工作仍将面临严峻挑战，很多方面都需要我们进一步开阔视野，转变观念，跟上国际反洗钱和反恐融资最新理念和制度的变化，从我国的实际出发，进一步改进和完善我国的反洗钱和反恐融资工作机制，为惩治和预防腐败、维护国家经济安全和构建和谐社会服务。

六、国务院办公厅关于完善反洗钱、反恐怖主义融资、反逃税监管体制机制的意见[1]

反洗钱、反恐怖主义融资、反逃税（以下统称"三反"）监管体制机制是建设中国特色社会主义法治体系和现代金融监管体系的重要内容，是推进国家治理体系和治理能力现代化、维护经济社会安全稳定的重要保障，是参与全球治理、扩大金融业双向开放的重要手段。反洗钱法公布实施以来，我国"三反"监管体制机制建设取得重大进展，工作成效明显，与国际通行标准基本保持一致。同时也要看到，相关领域仍然存在一些突出矛盾和问题，主要是监管制度尚不健全、协调合作机制仍不顺畅、跨部门数据信息共享程度不高、履行反洗钱义务的机构（以下简称反洗钱义务机构）履职能力不足、国际参与度和话语权与我国国际地位不相称等。为深入持久推进"三反"监管体制机制建设，完善"三反"监管措施，经国务院同意，现提出如下意见。

（一）总体要求

1. 指导思想。全面贯彻党的十八大和十八届三中、四中、五中、六中全会

---

[1] 张末冬："国务院办公厅印发完善反洗钱、反恐怖融资反逃税监管体制机制的意见"，载《金融时报》2017 年 9 月 30 日，第 1 版。

精神，以邓小平理论、"三个代表"重要思想、科学发展观为指导，深入贯彻习近平总书记系列重要讲话精神和治国理政新理念新思想新战略，认真落实党中央、国务院决策部署，坚持总体国家安全观，遵循推进国家治理体系和治理能力现代化的要求，完善"三反"监管体制机制。

2. 基本原则。

（1）坚持问题导向，发挥工作合力。进一步解放思想，从基本国情和实际工作需要出发，深入研究、有效解决"三反"监管体制机制存在的问题。反洗钱行政主管部门、税务机关、公安机关要切实履职，国务院银行业、证券、保险监督管理机构及其他相关单位要发挥工作积极性，形成"三反"合力。探索建立以金融情报为纽带、以资金监测为手段、以数据信息共享为基础、符合国家治理需要的"三反"监管体制机制。

（2）坚持防控为本，有效化解风险。开展全面科学的风险评估，根据风险水平和分布进一步优化监管资源配置，强化高风险领域监管。同时，不断优化风险评估机制和监测分析系统，健全风险预防体系，有效防控洗钱、恐怖主义融资和逃税风险。

（3）坚持立足国情，为双向开放提供服务保障。根据国内洗钱、恐怖主义融资和逃税风险实际情况，逐步建立健全"三反"法律制度和监管规则。根据有关国际条约或者按照平等互利原则开展国际合作。忠实履行我国应当承担的国际义务，严格执行国际标准，加强跨境监管合作，切实维护我国金融机构合法权益，为金融业双向开放保驾护航。

（4）坚持依法行政，充分发挥反洗钱义务机构主体作用。依法确定相关单位职责，确保各司其职，主动作为，严控风险。重视和发挥反洗钱义务机构在预防洗钱、恐怖主义融资和逃税方面的"第一道防线"作用。

3. 目标要求。到2020年，初步形成适应社会主义市场经济要求、适合中国国情、符合国际标准的"三反"法律法规体系，建立职责清晰、权责对等、配合有力的"三反"监管协调合作机制，有效防控洗钱、恐怖主义融资和逃税风险。

（二）健全工作机制

1. 加强统筹协调，完善组织机制。进一步完善反洗钱工作部际联席会议制度，统筹"三反"监管工作。以反洗钱工作部际联席会议为依托，强化部门间"三反"工作组织协调机制，制定整体战略、重要政策和措施，推动贯彻落实，指导"三反"领域国际合作，加强监管合作。

2. 研究设计洗钱和恐怖主义融资风险评估体系，建立反洗钱和反恐怖主义融资战略形成机制。积极发挥风险评估在发现问题、完善体制机制、配置资源方面的基础性作用，开展风险导向的反洗钱和反恐怖主义融资战略研究。建立国家层面的洗钱和恐怖主义融资风险评估指标体系和评估机制，成立由反洗钱行政主管部门、税务机关、公安机关、国家安全机关、司法机关以及国务院银行业、证券、保险监督管理机构和其他行政机关组成的洗钱和恐怖主义融资风险评估工作组，定期开展洗钱和恐怖主义融资风险评估工作。以风险评估发现的问题为导向，制定并定期更新反洗钱和反恐怖主义融资战略，确定反洗钱和反恐怖主义融资工作的阶段性目标、主要任务和重大举措，明确任务分工，加大高风险领域反洗钱监管力度。建立多层次评估结果运用机制，由相关单位和反洗钱义务机构根据评估结果有针对性地完善反洗钱和反恐怖主义融资工作，提升资源配置效率，提高风险防控有效性。

3. 强化线索移送和案件协查，优化打击犯罪合作机制。加强反洗钱行政主管部门、税务机关与监察机关、侦查机关、行政执法机关间的沟通协调，进一步完善可疑交易线索合作机制，加强情报会商和信息反馈机制，分析洗钱、恐怖主义融资和逃税的形势与趋势，不断优化反洗钱调查的策略、方法和技术。反洗钱行政主管部门要加强可疑交易线索移送和案件协查工作，相关单位要加强对线索使用查处情况的及时反馈，形成打击洗钱、恐怖主义融资和逃税的合力，维护金融秩序和社会稳定。

4. 加强监管协调，健全监管合作机制。在行业监管规则中嵌入反洗钱监管要求，构建涵盖事前、事中、事后的完整监管链条。充分发挥反洗钱工作部际联席会议作用，加强反洗钱行政主管部门和金融监管部门之间的协调，完善监管制度、政策和措施，开展联合监管行动，共享监管信息，协调跨境监管合作。

5. 依法使用政务数据，健全数据信息共享机制。以依法合规为前提、资源整合为目标，探索研究"三反"数据信息共享标准和统计指标体系，明确相关单位的数据提供责任和数据使用权限。稳步推进数据信息共享机制建设，既要严格依法行政，保护商业秘密和个人隐私，又要推进相关数据库建设，鼓励各方参与共享。建立相关单位间的电子化网络，为实现安全、高效的数据信息共享提供支撑。

6. 优化监管资源配置，研究完善监管资源保障机制。按照金融领域全覆盖、特定非金融行业高风险领域重点监管的目标，适时扩大反洗钱、反恐怖主义融资监管范围。优化监管资源配置与使用，统筹考虑"三反"监管资源保障问题，为"三反"监管提供充足的人力、物力。

（三）完善法律制度

1. 推动研究完善相关刑事立法，修改惩治洗钱犯罪和恐怖主义融资犯罪相关规定。按照我国参加的国际公约和明确承诺执行的国际标准要求，研究扩大洗钱罪的上游犯罪范围,将上游犯罪本犯纳入洗钱罪的主体范围。对照国际公约要求,根据我国反恐实际需要,推动逐步完善有关恐怖主义融资犯罪的刑事立法,加强司法解释工作。研究建立相关司法工作激励机制,提升反洗钱工作追偿效果。

2. 明确执行联合国安理会反恐怖主义融资相关决议的程序。建立定向金融制裁名单的认定发布制度,明确相关单位在名单提交、审议、发布、监督执行、除名等方面的职责分工。完善和细化各行政主管部门、金融监管部门和反洗钱义务机构执行联合国安理会反恐怖主义融资决议要求的程序规定和监管措施,进一步明确资产冻结时效、范围、程序、善意第三人保护及相关法律责任,保证联合国安理会相关决议执行时效。

3. 加强特定非金融机构风险监测,探索建立特定非金融机构反洗钱和反恐怖主义融资监管制度。加强反洗钱行政主管部门、税务机关与特定非金融行业主管部门间的协调配合,密切关注非金融领域的洗钱、恐怖主义融资和逃税风险变化情况,对高风险行业开展风险评估,研究分析行业洗钱、恐怖主义融资和逃税风险分布及发展趋势,提出"三反"监管政策建议。对于反洗钱国际标准明确提出要求的房地产中介、贵金属和珠宝玉石销售、公司服务等行业及其他存在较高风险的特定非金融行业,逐步建立反洗钱和反恐怖主义融资监管制度。按照"一业一策"原则,由反洗钱行政主管部门会同特定非金融行业主管部门发布特定行业的反洗钱和反恐怖主义融资监管制度,根据行业监管现状、被监管机构经营特点等确定行业反洗钱和反恐怖主义融资监管模式。积极发挥行业协会和自律组织的作用,指导行业协会制定本行业反洗钱和反恐怖主义融资工作指引。

4. 加强监管政策配套,健全风险防控制度。研究建立各监管部门对新成立反洗钱义务机构、非营利组织及其董事、监事和高级管理人员的反洗钱背景审查制度,严格审核发起人、股东、实际控制人、最终受益人和董事、监事、高级管理人员背景,审查资金来源和渠道,从源头上防止不法分子通过创设组织机构进行洗钱、恐怖主义融资和逃税活动。研究各类无记名可转让有价证券的洗钱风险以及需纳入监管的重点,研究无记名可转让有价证券价值甄别和真伪核验技术,明确反洗钱行政主管部门与海关监管分工,推动对跨境携带无记名可转让有价证券的监管及通报制度尽快出台。制定海关向反洗钱行政主管部门、公安机关、国家安全机关通报跨境携带现金信息的具体程序,完善跨境异常资金监测制度。

(四)健全预防措施

1. 建立健全防控风险为本的监管机制,引导反洗钱义务机构有效化解风险。以有效防控风险为目标,持续优化反洗钱监管政策框架,合理确定反洗钱监管风险容忍度，建立健全监管政策传导机制，督促、引导、激励反洗钱义务机构积极主动加强洗钱和恐怖主义融资风险管理，充分发挥其在预防洗钱、恐怖主义融资和逃税方面的"第一道防线"作用。综合运用反洗钱监管政策工具，推行分类监管，完善风险预警和应急处置机制，切实强化对高风险市场、高风险业务和高风险机构的反洗钱监管。

2. 强化法人监管措施，提升监管工作效率。反洗钱行政主管部门和国务院银行业、证券、保险监督管理机构要加强反洗钱监管，以促进反洗钱义务机构自我管理、自主管理风险为目标，逐步建立健全法人监管框架。围绕法人机构和分支机构、集团公司和子公司在风险管理中的不同定位和功能，对反洗钱监管政策适度分层分类。加强反洗钱义务机构总部内控机制要求，强化董事、监事和高级管理人员责任，督促反洗钱义务机构提高履行反洗钱义务的执行力。探索建立与法人监管相适应的监管分工合作机制，搭建满足法人监管需要的技术平台，逐步实现反洗钱监管信息跨区域共享。在严格遵守保密规定的前提下，研究建立反洗钱义务机构之间的反洗钱工作信息交流平台和交流机制。

3. 健全监测分析体系，提升监测分析水平。不断拓宽反洗钱监测分析数据信息来源，依法推动数据信息在相关单位间的双向流动和共享。强化反洗钱监测分析工作的组织协调，有针对性地做好对重点领域、重点地区、重点人群的监测分析工作。不断延伸反洗钱监管触角，将相关单位关于可疑交易报告信息使用情况的反馈信息和评价意见，作为反洗钱行政主管部门开展反洗钱义务机构可疑交易报告评价工作的重要依据。丰富非现场监管政策工具，弥补书面审查工作的不足。发挥会计师事务所、律师事务所等专业服务机构在反洗钱监测预警和依法处置中的积极作用，研究专业服务机构有关反洗钱的制度措施。

4. 鼓励创新和坚守底线并重，妥善应对伴随新业务和新业态出现的风险。建立健全反洗钱义务机构洗钱和恐怖主义融资风险自评估制度，对新产品、新业务、新技术、新渠道产生的洗钱和恐怖主义融资风险自主进行持续识别和评估，动态监测市场风险变化，完善有关反洗钱监管要求。强化反洗钱义务机构自主管理风险的责任，反洗钱义务机构推出新产品、新业务前，须开展洗钱和恐怖主义融资风险自评估，并按照风险评估结果采取有效的风险防控措施。鼓励反洗钱义务机构利用大数据、云计算等新技术提升反洗钱和反恐怖主义融资工作有效性。

5. 完善跨境异常资金监控机制，预防打击跨境金融犯罪活动。以加强异常交易监测为切入点，综合运用外汇交易监测、跨境人民币交易监测和反洗钱资金交易监测等信息，及时发现跨境洗钱和恐怖主义融资风险。遵循反洗钱国际标准有关支付清算透明度的要求，指导金融机构加强风险管理，增强跨境人民币清算体系的"三反"监测预警功能，维护人民币支付清算体系的良好声誉，降低金融机构跨境业务风险。

6. 建立健全培训教育机制，培养建设专业人才队伍。建立全面覆盖各类反洗钱义务机构的反洗钱培训教育机制，提升相关人员反洗钱工作水平。积极鼓励创新反洗钱培训教育形式，充分利用现代科技手段扩大受众范围，加大对基层人员的教育培训力度。

（五）严惩违法犯罪活动

1. 有效整合稽查资源，严厉打击涉税违法犯罪。建立健全随机抽查制度和案源管理制度，增强稽查质效。推行风险管理导向下的定向稽查模式，增强稽查的精准性和震慑力。防范和打击税基侵蚀及利润转移。在全国范围内开展跨部门、跨区域专项打击行动，联合查处一批骗取出口退税和虚开增值税专用发票重大案件，摧毁一批职业化犯罪团伙和网络，严惩一批违法犯罪企业和人员，挽回国家税款损失，有效遏制骗取出口退税和虚开增值税专用发票违法犯罪活动高发多发势头，维护国家税收秩序和税收安全。

2. 建立打击关税违法犯罪活动合作机制。加强反洗钱行政主管部门与海关缉私部门的协作配合，合力打击偷逃关税违法犯罪活动。反洗钱行政主管部门要与海关缉私部门联合开展有关偷逃关税非法资金流动特征模型的研究，提升对偷逃关税违法犯罪资金线索的监测分析能力，及时向海关缉私部门通报；会同国务院银行业监督管理机构积极协助海关缉私部门打击偷逃关税违法犯罪活动资金交易，扩大打击偷逃关税违法犯罪活动成果，形成打击合力。海关缉私部门要及时将工作中发现的洗钱活动线索通报反洗钱行政主管部门及相关有权机关，积极协助反洗钱行政主管部门及相关有权机关开展工作。

3. 加大反洗钱调查工作力度，建立健全洗钱类型分析工作机制。进一步规范反洗钱调查工作程序，完善反洗钱调查流程，优化调查手段，加强可疑交易线索分析研判，加强反洗钱调查和线索移送，积极配合有权机关的协查请求，不断增强反洗钱调查工作实效。加强洗钱类型分析和风险提示，指导反洗钱义务机构开展洗钱类型分析，及时向反洗钱义务机构发布洗钱风险提示，督促反洗钱义务机构加强风险预警。

（六）深化国际合作

1. 做好反洗钱和反恐怖主义融资互评估，树立良好国际形象。切实履行成员义务，积极做好金融行动特别工作组（FATF）反洗钱和反恐怖主义融资互评估。将国际组织评估作为完善和改进反洗钱工作的重要契机，组织动员相关单位和反洗钱义务机构，严格对照反洗钱国际标准，结合我国实际情况，切实提高反洗钱工作合规性和有效性。

2. 深化反洗钱国际合作，促进我国总体战略部署顺利实施。进一步深入参与反洗钱国际标准研究、制定和监督执行，积极参与反洗钱国际（区域）组织内部治理改革和重大决策，提升我国在反洗钱国际（区域）组织中的话语权和影响力。继续加强反洗钱双边交流与合作，推进中美反洗钱和反恐怖主义融资监管合作。建立与部分重点国家（地区）的反洗钱监管合作机制，督促指导中资金融机构及其海外分支机构提升反洗钱工作意识和水平，维护其合法权益。配合"一带一路"倡议，做好与周边国家（地区）的反洗钱交流与合作。加强沟通协调，稳步推进加入埃格蒙特集团相关工作。利用国际金融情报交流平台，拓展反洗钱情报渠道。

3. 深化反逃税国际合作，维护我国税收权益。深度参与二十国集团税制改革成果转化，积极参与国际税收规则制定，积极发出中国声音，提出中国方案，贡献中国智慧，切实提升中国税务话语权。加强双/多边税收合作，充分发挥国际税收信息交换的作用，提高税收透明度，严厉打击国际逃避税，充分发挥反逃避税对反洗钱的积极作用，同时运用好反洗钱机制，不断提高反逃避税的精准度。

（七）创造良好社会氛围

1. 加强自律管理，充分发挥自律组织积极作用。各主管部门要指导相关行业协会积极参与"三反"工作，制定反洗钱自律规则和工作指引，加强自律管理，强化反洗钱义务机构守法、诚信、自律意识，推动反洗钱义务机构积极参与和配合"三反"工作，促进反洗钱义务机构之间交流信息和经验，营造积极健康的反洗钱合规环境。

2. 持续开展宣传教育，提升社会公众参与配合意识。建立常态化的"三反"宣传教育机制，向社会公众普及"三反"基本常识，提示风险，提高社会公众自我保护能力。采取灵活多样的形式开展宣传教育，提升社会公众"三反"意识，增强其主动配合"三反"工作的意愿，为开展"三反"工作营造良好氛围。

七、完善国内立法

（一）加强我国反洗钱法律体系建设[1]

随着经济体制改革的不断深化和市场经济的迅速发展，中国政府也在不断加大打击洗钱犯罪活动的力度。除了依靠传统的行政手段外，近年来主要是重视采取法律手段打击洗钱活动。在《反洗钱法》出台前，反洗钱法规散落于诸多法规之中，形成了以刑法为核心、以行政法规为准则、以部门规章为规范的

---

[1]　岳改枝："反洗钱立法的国际比较及对我国的启示"，载《金融理论与实践》2007 年第 2 期。

反洗钱法律框架。缺乏一套系统化的"基本大法",存在着法律体系不完整、系统性、协调性差等问题,影响了反洗钱的力度和效果。《反洗钱法》的颁布,正式建立了我国预防、监控洗钱活动的基本法律制度,与《刑法》有关制裁、打击洗钱犯罪的法律条款共同构成了我国全面预防、控制和打击洗钱犯罪活动的基本法律框架,形成了一道全面预防监控洗钱活动的反洗钱"法网"。但从国际社会看,反洗钱法律体系一般包括三个层次:第一层次,立法机关制定的专门反洗钱法律;第二层次,由政府或政府部门根据法律授权颁布的行政法规;第三层次,由金融监管部门制定的规章制度或者具有法律效力的反洗钱政策指引。我国出台的《反洗钱法》第一次在法律层面全面确立了我国的反洗钱监督管理机制,明确了国务院反洗钱行政主管部门、国务院有关部门、机构的反洗钱职责分工;将反洗钱义务主体从金融机构扩大到特定非金融机构,并明确了应履行反洗钱义务的金融机构的范围、义务以及违反《反洗钱法》应承担的法律责任;规定了反洗钱调查措施的行使条件、主体、批准程序和期限,以及开展反洗钱国际合作的基本原则等内容。《反洗钱法》与《刑法》有关制裁、打击洗钱犯罪的法律规定共同构筑了我国预防和打击洗钱犯罪活动的基本法律制度,对预防洗钱活动,遏制洗钱犯罪及其上游犯罪,发现和切断资助犯罪行为的资金来源和渠道,防范新的犯罪行为,消除洗钱行为给金融机构带来的潜在金融风险和法律风险,维护金融安全,具有非常重要的意义。但随着洗钱犯罪方式的复杂化,反洗钱方式也必须融入高科技手段,综合调动多方面的力量对洗钱犯罪进行追踪和监测。因此,由金融监管部门制定的规章制度也应尽快出台。

(二) 与时俱进调整洗钱犯罪定义的领域

根据我国《刑法》第191条的规定,洗钱罪的上游犯罪包括走私犯罪、毒品犯罪、黑社会性质组织犯罪与恐怖组织犯罪等。与多数国家相比,上游犯罪范围显得较窄。例如,英国刑法上所规定的"犯罪财产"即上游犯罪包括一切犯罪。金融行动特别工作组"40+9条建议"也明确要求成员对洗钱罪的定义应"涵盖最大范围指定罪行",应规定洗钱罪的上游犯罪为所有犯罪,或者规定为一定量刑起点以上的所有犯罪(如可判处一年有期徒刑以上的罪行均可为洗钱罪上游犯罪),并建议各国立法应涵盖20类"指定罪行"。这20类"指定罪行"包括:参与有组织的犯罪集团和诈骗行为,恐怖主义,贩卖人口和组织偷渡,性剥削,非法贩运麻醉药品和精神药物,非法军火交易,非法交易赃物和其他货物,贪污受贿,诈骗,假冒和盗版产品,环境犯罪,谋杀和重伤,绑架、非法拘禁和劫持人质,抢劫或盗窃,走私,敲诈,伪造,盗版,内幕交易和市场操纵等。这20类洗钱犯罪基本上包括了所有重要犯罪行为。从近几年的司法实践看,贪污、贿赂、腐败犯罪有不断上升的势头,其中一个重要原因是对这类犯罪所得的洗钱活动打击不力。随着我国市场经济逐步与全球经济体系融合，走私、贩毒、偷税逃税、贪污受贿、金融诈骗等活动也大量产生，洗钱活动在海内外日益猖獗。尤其是公职人员的贪污腐败犯罪与洗钱活动越来越紧密地联系在一起，已经构成一条完整的上下游犯罪链，并通过洗钱贪官将贪污受贿的黑钱转移到国外披上了合法外衣。因此，考虑将贪污、贿赂、腐败犯罪和其他严重犯罪规定为洗钱罪的上游犯罪，既是反洗钱工作的需要，也是无法阻挡的趋势。

（三）增加反洗钱义务主体范围

目前，国际国内反洗钱的客观形势要求必须把反洗钱义务的主体延伸到社会主体的各个方面，包括从反洗钱监管机构、司法机关到金融机构、特定非金融机构等多个层面，构建全面的预防洗钱犯罪体系。我国《反洗钱法》一项重要的规定就是将特定非金融机构纳入反洗钱义务主体，这也是国际反洗钱立法的发展趋势。为了确保特定非金融领域反洗钱工作的有效开展，《反洗钱法》授权中国人民银行会同国务院有关部门制定明确应当履行反洗钱义务的特定非金融机构的范围、其履行反洗钱义务和对其监督管理的具体办法。必须注意的是，《反洗钱法》明确地把证券公司、保险公司、期货经纪公司纳入反洗钱义务主体范围之内。但国际上特定非金融机构一般是指房地产、黄金宝石交易商、律师等，这些机构或个人通常能接触到大额资金交易。我国在这些领域开展反洗钱工作尚缺乏经验，对于这些领域判断"大额""可疑交易"的标准还不明确。因此，《反洗钱法》只是在总则中对特定非金融机构的反洗钱义务作出了描述，今后不应该对这些特定的非金融机构制定一些必要的具体规定，而且，要进一步把从事房地产销售、贵金属和珠宝交易等机构纳入反洗钱涵盖的义务主体。另外，从国际经验看，只有政府、企业、银行、个人的反洗钱意识不断成熟与合理化，反洗钱才能获得坚实的社会土壤。但在我国，普通公众觉得洗钱活动距离自己很远，实践中，随着洗钱手段的多样化和洗钱方式的复杂化，犯罪分子除了把非法收入洗为合法资金之外，还把合法资金洗成黑钱以作非法用途，例如，把银行贷款通过洗钱而用于走私；把一种合法的资金洗成另一种表面也合法的资金，如侵占国有资产、偷税漏税；把合法收入通过洗钱逃避监管，如外资企业把合法收入通过洗钱转移到境外。这些常见的洗钱行为与社会的各行各业甚至普通人密切相关。因此，在扩大反洗钱义务主体范围的同时，要转变反洗钱的社会意识，提高普通公众对反洗钱的理解，积极配合反洗钱机构的执法并提供必要信息，共同构造完善的反洗钱情报网。

（四）我国反洗钱立法的发展前景

从总体上看，我国反洗钱形势是好的，有关反洗钱的政策措施已经取得成效，各个层面的协调和工作机制已经步入正轨，并且随着工作的深入，效果还将进一步显现。由于反洗钱工作事关全局，任务艰巨，意义重大，需要各成员单位通力配合，做好以下几个方面工作：

1. 加强深化反洗钱工作协调机制。继续深入贯彻落实党中央和国务院关于反腐倡廉、打击经济犯罪的一系列指示精神。为有效防范和打击洗钱犯罪，维护国家经济、金融安全和正常的经济秩序，反洗钱工作部际联席会议制度将在国务院的领导下，指导全国的反洗钱工作，制定国家反洗钱的重要方针、政策以及反洗钱国际合作的政策措施，协调各部门、动员全社会开展反洗钱工作。作为牵头单位，人民银行将积极致力于加强对反洗钱政策措施的研究，改进对反洗钱工作的管理，强化对金融机构反洗钱的监管，加强反洗钱资金监测和分析；会同有关部门制定银行、证券、保险以及其他洗钱活动高风险行业的反洗钱业务指引，推动金融机构和其他洗钱活动高风险机构完善反洗钱内部控制制度；发现洗钱犯罪线索，及时移交公安等刑事侦查部门；配合公安、安全、商务、海关、工商行政管理以及税收等部门，通过反洗钱监测系统调查有关的违法犯罪案件。

2. 促进反洗钱法律制度。反洗钱法已列入十届全国人大常委会的立法规划。2004 年 3 月，全国人大常委会预算工作委员会召开了反洗钱法起草组成立会议，成立了由全国人大牵头，最高人民法院、最高人民检察院、公安部、财政部以及人民银行等 18 家单位参加的反洗钱法起草领导小组和起草工作小组。按计划，2005 年初，反洗钱法法律草案正式提交人大常委会讨论，2006 年 10 月 31 日通过并公布了《中华人民共和国反洗钱》，并于 2007 年 1 月 1 日实施。

反洗钱法的制定，进一步明确了我国的反洗钱工作机制，明确了反洗钱主管部门及相关部门在反洗钱工作中的职责，规定金融机构及其他洗钱活动高风险行业的反洗钱义务，从而极大地推动和促进我国的反洗钱工作。

3. 健全完善金融业反洗钱监管体制。人民银行将继续会同银监会、证监会、保监会、外汇局等金融监管部门，进一步完善和制定各金融领域反洗钱工作指引，切实做好大额和可疑资金的收集、分析、识别和监测工作，督促指导金融机构建立和完善反洗钱内部控制制度，完善反洗钱工作的操作规程，切实履行客户身份识别、大额和可疑资金报告和交易记录保存等反洗钱义务，防范金融风险，维护金融秩序稳定。

4. 积极推进反洗钱国际合作。加强在反洗钱领域的国际合作是当前国际形势发展的需要，是我国积极参与国际经济合作的需要，也是我们做好反洗钱工作的需要。我们要与世界各主要国家和地区反洗钱工作部门建立反洗钱双边合作关系，在多边和双边的框架内，开展反洗钱信息交流、情报互换、合作培训、协助调查、追回财产并引渡外逃犯罪嫌疑人等工作。通过加强反洗钱国际合作，严厉打击和遏制将犯罪资产转移海外以及犯罪嫌疑人潜逃海外的势头，防止国有资产流失。在互惠的前提下，为外国执法机关提供协作。

八、依据《反恐怖主义法》的规定制定反恐融资措施

2015 年 12 月 27 日，全国人大常委会通过了《中华人民共和国反恐怖主义法》。作为我国第一部全面防范和惩治恐怖活动、加强反恐怖主义工作的法律，《反恐怖主义法》中第一次出现了恐怖主义融资的概念，并对反恐怖主义融资主要制度作了原则性规定。该法第 3 条将为恐怖活动组织、恐怖活动人员、实施恐怖活动或者恐怖活动培训提供资金、物资等支持、协助、便利的行为认定为恐怖活动，第 24～26 条则规定了国务院反洗钱行政主管部门等有关部门、机构反恐怖主义融资的职责、措施等内容。[1]

需要看到的是，虽然《反恐怖主义法》为反恐怖主义融资提供了基本法律依据，但相关规定比较宽泛，在具体实践中还需要有关方面针对恐怖主义融资新趋势创造性地开展工作，特别是应当从抓紧组建国家反恐怖主义融资专门工作队伍、构建国家反恐怖主义融资监控网络和加强我国在反恐怖主义融资国际合作中的话语权三个方面开展相关工作，才能有效打击恐怖主义融资。

（一）尽快建立反恐怖主义融资专门工作机构

针对当前反恐怖主义融资监管部门分散、职能交叉、效率欠缺等突出问题，有必要成立专门的国家反恐怖主义融资工作机构，承担全国反恐怖主义融资具体工作，并配备政治素质高、业务水平强的执法人员。国家反恐怖主义融资专门工作机构具体职能主要包括对内构建国家反恐怖主义融资监控网络，建立健全预防和打击恐怖主义融资活动的各项制度，执行反恐怖主义融资监管措施，对外代表我国参加有关反恐怖主义融资国际交往与合作。

（二）构建完善国家反恐怖主义融资监控网络

针对化整为零的小额资金筹集和转移方式难以识别，社交媒体、电子支付、众筹等新型资金筹集和转移方式的管控手段明显不足，以及对恐怖组织通过国际贸易手段出口其所占有的资源获取资金缺少必要的监管和打击手段等新问题，有必要加快构建国家反恐怖主义融资监控网络，扩大监管对象和监管范围，特别是可以运用大数据分析等新型技术措施，开展针对恐怖主义融资或者疑似恐

---

〔1〕　朱作鑫："恐怖主义融资新趋势及我国应对策略"，载《中国发展观察》2016 年第 17 期。

怖主义融资的全面监测、分析、溯源和阻断措施，查清涉嫌恐怖主义融资的资金来源与去向，跟踪、切断恐怖主义资金链，实现反恐怖主义融资监控网络全覆盖。

（三）增强我国在反恐怖主义融资国际合作中的话语权

鉴于金融活动的全球化，反恐怖主义融资需要各国监管部门协调行动，可由国家反恐怖主义融资专门工作机构代表我国积极参与有关反恐怖主义融资政府间国际组织活动，一方面，学习相关国际组织、发达国家在如何识别可疑资金、跟踪资金流向、阻断资金流向等方面所积累的经验，并加大反恐怖主义融资情报共享、开展跨国反恐怖主义融资联合行动等方面的合作；另一方面，对一些国家借反恐怖主义融资合作之名提出我国完全开放金融业等无理要求予以警惕和回绝。同时，国家反恐怖主义融资专门工作机构还应代表我国在相关国际组织中积极发声，主张我国利益诉求，并努力将我国反恐怖主义融资的良好措施和经验转化为相关国际组织的行动指南、标准和建议，从而提升我国在相关国际组织中的话语权，更好地维护国家安全和国家利益。

九、完善国际司法合作与协助制度

金融活动正向全世界快速发展，在金融监管部门追堵恐怖分子的资金流动方向的同时，也需要全世界金融部门进行协助其行动。从国际政治角度来看，我国是联合国的常任理事国，也是特别行动工作组的正式成员。除负责树立大国形象外，还具有制定和执行反恐金融制裁等国际规则的权利和义务。我国可以从以下几个方面加强国际司法合作和协助：

（一）反恐怖主义融资法律规范方面与国际接轨

在建立健全中国的反恐融资法律的同时，应做到国际规则国内化，借鉴国际组织和其他有关国家的反恐融资立法的建议和经验，适时完善我国对恐怖主义融资行为的界定。使反恐融资法律规范具有国际兼容性。

（二）加强国际司法协助与合作

1. 我国的恐怖组织与国际恐怖组织存在着紧密的联系，有境外组织向我国进行渗透的可能，还有我国恐怖组织向国际恐怖组织寻找帮助的种种迹象。

2. 国际组织有可能利用我国的金融系统进行融资活动。在怎样识别可疑资金、怎么跟踪资金流向、何时冻结资金等方面，发达国家以及一些国际组织积累了较为丰富的经验。我们应该适应反恐国际化的形势要求，广泛开展国际司法合作。

3. 加强恐怖主义融资犯罪证据方面的协助。比如接受外国法院的委托，协助其进行查封、扣押、调查和送达等。

（三）加强反恐怖主义融资国际信息交流和共享

我国若不积极同其他国家和国际组织交流有关恐怖组织融资活动的信息，仅靠自己获得的一些信息，很难对付恐怖犯罪集团的要害部门，就不能扼杀这些恐怖活动组织和恐怖人员。另外，恐怖主义融资活动除了区域的国际性以外，还包括恐怖主义融资犯罪技术的国际化。这就需要我国加强和扩大国际情报信息资源交流和共享，与国际反恐部门通力合作，构筑国际反恐的统一防线。

小　结

成为 FATF 正式成员后，我国的反洗钱和反恐融资工作仍将面临严峻挑战，很多方面都需要我们进一步开阔视野，转变观念，跟上国际反洗钱和反恐融资最新理念和制度的变化，从我国的实际出发，为有效应对中国经济、政治、军事等方面复杂变化所带来的新的洗钱、恐怖主义融资、大规模杀伤性武器扩散融资等风险提供具体的建议和意见，应当进一步改进和完善我国的反洗钱和反恐融资工作机制，通过九大措施，即完善我国金融机构反洗钱和反恐融资制度、完善涉恐资产冻结罚没制度、完善网上银行反洗钱及反恐融资措施手段、完善防范贵金属行业反洗钱和反恐融资的策略、加强对 FATF 反恐洗钱和反恐融资国际标准的吸收和借鉴、贯彻落实《国务院办公厅关于完善反洗钱、反恐怖主义融资、反逃税监管体制机制的意见》、依据《反恐怖主义法》的规定制定反恐融资措施、完善国内相关立法、完善国际司法合作与协助制度，将有效惩治和预防腐败、维护国家经济安全、构建统一和谐社会。

练习题

一、名词解释

1. 反洗钱中心

2. 反洗钱工作部际联席会议制度

3. 涉恐融资活动资金交易模型

4. 资产冻结罚没制度

5. 第三方制裁

二、判断题

1. 目前我国反洗钱工作原则是合规性审查，紧跟国际反洗钱领域的变革方

向。（　　）

2. 反洗钱局指导、部署金融业反洗钱工作，负责反洗钱资金监测。（　　）

3. 目前我国的洗钱和恐怖主义融资风险评估机制已经基本完善。（　　）

4. 对反洗钱工作的重大问题，经联席会议研究后，报中国人民银行审定。
（　　）

5. 我国《反恐怖主义法》规定，由检察院承担反恐怖融资活动。（　　）

6. 客户尽职调查除获取客户的基本身份信息外，还需要调查客户代理人、
收益权人、关联方的基本信息。（　　）

7. 我国《反恐怖主义法》中第一次出现了恐怖主义融资的概念。（　　）

三、单选题

1. 2016 年 12 月，中国人民银行修订发布了《金融机构大额交易和可疑交易
报告管理办法》规定大额现金交易的人民币报告标准是（　　）。

A. 1 万元　　　　　B. 5 万元　　　　　C. 10 万元　　　　　D. 20 万元

2. 我国（　　）正式成为 FATF 的成员，标志着我国反洗钱工作与国际
接轨。

A. 2001 年　　　　B. 2003 年　　　　C. 2007 年　　　　D. 2009 年

3. 2016 年 12 月，中国人民银行修订发布了《金融机构大额交易和可疑交易
报告管理办法》新增大额跨境交易的人民币报告标准为（　　）。

A. 1 万元　　　　　B. 5 万元　　　　　C. 10 万元　　　　　D. 20 万元

4. 下列哪一项不属于完善涉恐资产冻结罚没制度的内容（　　）。

A. 涉恐资产冻结制度　　　　　　　B. 涉恐资产罚没制度

C. 完全由行业自律　　　　　　　　D. 引入第三方制裁制度

5. 可以交易报告制度的基础是（　　）。

A. 合理怀疑　　　B. 大额交易　　　C. 异常交易　　　D. 客户尽职调查

6. 下列哪一项属于洗钱罪的上游犯罪（　　）。

A. 盗窃罪　　　B. 抢劫罪　　　C. 毒品犯罪　　　D. 失火罪

四、多选题

1. 反洗钱中心的主要职责包括（　　）。

A. 收集、整理并保存大额和可疑资金交易信息及相关调查、案件信息

B. 分析、研究大额交易与可疑交易信息，与有关部门研判和会商可疑资金
交易线索，配合有关部门进行可疑资金交易线索协查

C. 研究分析反洗钱犯罪的方式、手段及发展趋势，为制定反洗钱政策提供
依据

D. 统一协调各行业、各部门开展反洗钱工作，逐步实现有关工作信息共享

2. 反洗钱工作部际联席会议办公室的职责包括（　　）。

A. 掌握全国各地区和各部门反洗钱工作情况，加强对洗钱活动手法、规律、特点的研究，就反洗钱工作的政策、措施、计划、项目向联席会议提出建议和方案

B. 具体组织协调反洗钱国际合作，负责与国际或区域反洗钱组织、各国政府间的反洗钱合作事项，以及履行有关国际公约的义务

C. 负责与境外金融情报机构的交流与合作，负责反洗钱情报的国际合作

D. 指导协助人民银行相关部门及分支行开展反洗钱调查工作，协调跨省（市）、自治区的可疑资金交易线索研判

3. 中国反洗钱工作部际联席会议的议题主要包括（　　）。

A. 传达、贯彻党中央、国务院领导同志关于反洗钱工作的指示精神

B. 研究反洗钱工作的新情况、新问题

C. 讨论需要沟通的政策规定及有关重点工作；交流通报反洗钱工作情况

D. 就有关工作进行协商，并提出落实意见，制定相关规章

4. 互联网金融形势下完善制度建设的措施包括（　　）。

A. 增强宣传培训力度

B. 完善身份认证系统

C. 构建以"合理怀疑"为基础的可疑交易报告制度

D. 推进客户尽职调查

5. 建立以支持风险为本原则的反洗钱监管框架的内容包括（　　）。

A. 制定政策　　　B. 收集信息　　　C. 事后监控　　　D. 风险评价

6. 国务院办公厅关于完善反洗钱、反恐怖主义融资、反逃税监管体制机制的意见的基本原则包括（　　）。

A. 坚持结果导向，三部门独立工作

B. 坚持防控为本，有效化解风险

C. 坚持立足国情，为双向开放提供服务保障

D. 坚持依法行政，充分发挥反洗钱义务机构主体作用

五、简答题

1. 简要介绍中国反洗钱和反恐融资法律体系。

2. 简要介绍中国反洗钱国际合作化途径。

3. 简要介绍 2016 年人民银行反洗钱监管管理的总体情况。

4. 完善网上银行反洗钱及反恐融资的措施。

5. 完善对贵金属行业反洗钱和反恐融资的措施。

六、论述题

1. 分析中国反洗钱和反恐融资的不足之处。

2. 试述我国如何执行好 FATF 标准。

3. 试述我国《反恐怖主义法》关于反恐融资的规定。

第七章
客户尽职调查

【本章导读】
★什么是客户尽职调查?
★什么是客户身份识别?
★客户尽职调查的要素有哪些?
【本章要点】
★客户尽职调查的相关概念。
★我国反恐怖融资客户尽职调查面临的问题及解决对策。

第一节 客户尽职调查的相关概念

一、客户尽职调查的概念及发展

随着互联网的高速发展,互联网金融也得以迅速发展、壮大。支付宝、微信支付、财付通等第三方支付机构打破了银行等原有传统金融机构的垄断地位,迅速占领市场份额,极大地满足了消费者对金融产品的个性化需求,带动了电子商务的迅猛发展。互联网金融蓬勃发展的同时,通过网络或第三方支付平台完成交易从而实现资金跨境流动及洗钱等犯罪的风险大增。互联网金融放松的监管环境给恐怖融资和洗钱犯罪带来极大诱惑,这对反恐怖融资和反洗钱监管部门来说是巨大的挑战。客户尽职调查被公认为是反恐怖融资和反洗钱预防措施的基石,更是反恐怖融资和反洗钱工作的难点与关键,在互联网金融发展的新形势下分析研究客户尽职调查工作,对防范恐怖融资和洗钱风险有着十分重要的意义。

(一)客户尽职调查的概念

"客户尽职调查"翻译自英文 Customer Due Diligence,简称 CDD。客户尽职调查本来是一个西方的商务术语,起源于美国,意为在与一个陌生的客户签署商务协议前的例行客户背景调查程序，以对即将开展的业务关系可能存在的风险进行评估。这个术语在我国港台地区又译为"客户应尽努力""客户审查""客户合理审慎""客户应有审慎"等，我国台湾地区还曾翻译为"客户实地调查"，取其为尽审慎义务实地考察之意。从字面上解释，客户尽职调查至少包含两层意思：一是应尽的义务和职责；二是为获取足够信息应当主动付出各种勤勉努力，而不应有所懈怠取巧。[1]

客户尽职调查作为金融机构了解客户的第一道程序，在国际银行监管和反洗钱国际组织制定的标准规范中，都被放在了首要地位。FATF《40 条建议》中，在第 5~9 项建议中规定了金融机构的客户尽职调查措施，其措施包括以下几个方面：一是确定客户身份，并利用可靠的、独立来源的文件、数据或信息来验证其身份。二是确定受益权人身份，并运用相关手段进行验证，以使该金融机构了解受益权人的身份情况。对于法人和实体，金融机构应采取合理的措施了解该客户的所有权和控制权结构。三是获得有关该项业务关系的目的和意图属性的信息。如果金融机构无法实施上述前三项要求，则不应开设账户、开始业务关系或进行交易，或者应当终止业务关系，并应考虑提交相关客户的可疑交易报告。

（二）客户尽职调查发展

1933 年美国证券法规定，如果证券发行人或者帮助发行证券的承销商能够证明自己已经对发行证券的公司进行了"审慎的"调查，并且将调查中所发现的问题对投资人或者股民做了披露，那么他们就不必为无法披露调查过程中没有发现的信息而承担责任。自此以后，"尽职调查"被迅速使用，并被标准化，从证券发行业渗透到各个行业，并且成为法律、财务和技术等专业领域的例行实践。

关于客户尽职调查，最为系统全面的表述是巴塞尔委员会 2001 年 10 月颁布的《银行客户尽职调查》，该份文件以"了解你的客户"为核心，把对新客户和现有客户充分的尽职调查作为实施"了解你的客户"政策的关键组成部分。而"了解你的客户"政策在巴塞尔委员会看来，并不仅仅局限于反洗钱的角度，而是在银行监管方面具有更为宽泛的审核含义，因为了解你的客户标准实施的缺失或不足，将导致银行面临严重风险，还可能会导致银行蒙受巨大损失。巴塞尔委员会指出，采取有效的"了解你的客户"的措施是全世界所有银行风险管理和内控体系的组成部分，银行应从自身的风险管理和控制的角度出发，来设计客户尽职调查程序，但应包括如下四个基本要素：客户接受政策，客户身份

[1] 孙玉刚："客户尽职调查的国际标准与中国实践"，载《武汉金融》2009 年第 1 期。

识别，对账户和交易进行持续监控，风险管理。由美国联邦金融机构检查委员会（FFIEC）发布的《银行保密法/反洗钱检查手册》中也论述了客户尽职调查的意义，它认为"客户尽职调查的目的是使银行能够在相当程度上对某一客户会进行何种交易做出预期，从而协助银行判别交易是否潜在可疑"。客户尽职调查首先是确认客户身份，然后对与客户相关联的风险进行评估，还应包括对高风险客户做进一步尽职调查以及持续监控方面的流程。[1]

2007 年 6 月，中国人民银行会同中国银行业监督管理委员会、中国证券监督管理委员会、中国保险监督管理委员会联合发布了《金融机构客户身份识别和客户身份资料及交易记录保存管理办法》（以下简称《管理办法》），这成为当时我国金融机构客户尽职调查的基本规范。《管理办法》针对 FATF 的评估意见，进行了完善，被认为已完全与国际标准接轨，达到国际先进标准。2010 年 6 月 21 日，中国人民银行制定了《非金融机构支付服务管理办法》，将支付机构纳入监管范围。在 2012 年，中国人民银行为规范支付机构反洗钱与反恐融资工作，参考《管理办法》对网络支付机构、预付卡机构、收单机构等对非金融机构支付业务组织进行规范，出台了《支付机构反洗钱和反恐怖融资管理办法》，并在第 10 条至第 25 条对客户尽职调查进行了详细规定。

二、客户身份识别及其演变

（一）客户身份识别[2]

谈到客户尽职调查，不得不提及客户身份识别。客户尽职调查的第一步就是要确认客户身份，然后对与客户的相关风险行为及关联交易进行评估，还应包括对高风险客户做进一步尽职调查以及持续监控等方面的流程。

客户身份识别又称识别客户身份或客户身份验证，是指金融机构在与客户建立业务关系或与其进行交易时，使用可靠的、独立来源的文件数据和信息识别核实客户身份，登记客户身份基本信息，不保留匿名账户或明显以假名开立的账户。客户身份识别是金融机构开展反恐怖融资活动的工作基础，没有有效的客户身份识别，识别和报告可疑交易无从谈起。客户身份识别制度特别强调金融机构首次与客户进行交易时，金融机构了解客户身份的重要性。

FATF 在 2003 年修订《40 条建议》时，将客户身份识别作为客户尽职调查措施的一种纳入客户尽职调查流程中。FATF《40 条建议》第 5 项建议中明确要

---

[1]　连永先："反洗钱工作中客户身份识别与客户尽职调查的演进"，载《海南金融》2010 年第 12 期。
[2]　引自郑家庆："金融机构持续客户尽职调查问题探析"，载《武汉金融》2017 年第 1 期。

求金融机构不应设立匿名账户或明显以假名设立的账户。金融机构应实施客户身份尽职调查措施，包括在下列情况下确定和验证客户身份：一是建立业务关系；二是进行非经常性交易，如超过适用的指定限额、在《反恐融资9条特别建议》第7条的注释中列举的情况下进行电汇；三是有洗钱或恐怖筹资嫌疑；四是金融机构怀疑先前所获客户身份资料的真实性或充分性。美国联邦金融机构检查委员会（FFIEC）发布的《银行保密法/反洗钱检查手册》中对客户身份识别程序的规定明确指出，客户身份识别必须包括账户开立程序，详细说明必须获取的客户身份识别信息。

我国在《反洗钱法》出台之前，相关法律法规虽然并未直接使用"客户身份识别"的字眼，但其主要内容在我国金融机构（尤其是银行业金融机构中）已经建立，早在《贷款通则》中就有体现：借款人办理贷款申请时要提供借款人及其保证人的基本情况资料，对贷款人在贷款时要进行贷款调查，其后《个人存款实名制制度》等相关文件中对禁止开立匿名或假名账户，通过有效身份证件或者其他证明文件和资料审查客户身份的要求也进行了明确。《个人存款账户实名制规定》第7条规定，在金融机构开立个人存款账户的，金融机构应当要求其出示本人身份证件，进行核对，并登记其身份证件上的姓名和号码。代理他人在金融机构开立个人存款账户的，金融机构应当要求其出示被代理人和代理人的身份证件，进行核对，并登记被代理人和代理人的身份证件上的姓名和号码。不出示本人身份证件或者不使用本人身份证件上的姓名的，金融机构不得为其开立个人存款账户。

同时，我国现行金融法律制度除规定金融机构应核对有效的个人身份证件或者单位营业执照等证明文件外，针对不同的金融业务，还规定了更为严格的要求。《商业银行法》第35条规定，商业银行贷款，应当对借款人的借款用途、偿还能力、还款方式等情况进行严格审查。《票据法》第57条规定，付款人及其代理付款人付款时，应当审查汇票背书的连续，并审查提示付款人的合法身份证明或者有效证件。因此，我国现阶段客户身份识别要求金融机构不仅要了解客户的真实身份，还要根据交易需要了解客户的职业或经营背景、履约能力、交易目的、交易性质以及资金来源等有关情况。实践中，金融机构为客户办理金融业务，一般需要客户填写开户申请文件或业务申请表格，或者签订合同，而开户申请文件、业务申请表格以及合同的内容往往超过个人身份证件或者单位营业执照等证明文件上记载的身份信息，还包括职业、经营范围、收入来源、资金用途等其他信息。尽管上述部分内容不是我国现行法律制度的强制性要求，但足以表明金融机构在具体实施客户身份识别措施时，已不仅仅局限于核对有效的个人身份证件或者单位营业执照等证明文件。

（二）客户识别演变[1]

"客户身份识别"和"客户尽职调查"两个概念均出自巴塞尔银行监管委员会（简称巴塞尔委员会）所制定的巴塞尔协议，其中"客户身份识别"一词在巴塞尔委员会 1988 年 12 月制定的《关于防止利用银行系统用于洗钱的声明》中首次提出；"客户尽职调查"出现的时间相对较晚，在巴塞尔委员会 2001 年 10 月颁布的《银行客户尽职调查》中提出。

由于巴塞尔委员会本身并不具备跨国监管和执法的权力，因此其所作结论或推行的监管标准与指导原则在法律上也没有强制效力。为确保客户身份识别和客户尽职调查在各国实行和推广，作为目前反洗钱国际组织中最具权威的 FATF 分别在 1996 年和 2003 年修订《40 条建议》时将巴塞尔协议中提到的客户身份识别和客户尽职调查相关措施作为国际反洗钱预防标准引入建议中。

三、客户尽职调查要素

（一）客户尽职调查国际标准的基本要素[2]

1. FATF 评估方法手册对客户尽职调查基本要素的规定。2008 年版的 FATF 评估方法手册中，对"40 + 9 条建议"中与客户尽职调查相关内容的评估方法做了详细描述。对于金融机构何时必须采取客户尽职调查措施，列举了 5 种场合：①创建业务关系时；②从事超出规定限额的非经常性交易，交易包括单笔或相关联的多笔交易；③从事"特别建议 7"涵盖的非经常性汇兑交易；④只要怀疑具有洗钱或恐怖融资嫌疑，就不必受限于 FATF 建议中其他地方提到的豁免或限额款项；⑤金融机构对以前获取的客户身份信息真实性或充分性有质疑时。

2. 巴塞尔委员会的客户尽职调查标准的基本要素。巴塞尔委员会颁布的文件《银行客户尽职调查》认为，采取有效的"了解你的客户"措施是银行风险管理的基本要求，银行客户尽职调查的基本要素都应从银行的内控制度与风险管理程序出发，归纳起来包括四个部分：①客户接纳政策；②客户身份识别；③对高风险账户的持续监控；④风险管理。在客户接纳政策部分，文件特别要求对高风险客户规定清晰明确的接纳政策，并对其加以更为严格的尽职调查；在客户身份识别部分，要求"银行必须获取能够令其满意地确认每个新客户身份及其业务关系目的和本质的一切必要信息，信息的详尽程度与实质内容取决于开户申请者的类别（个人、企业等）以及账户的预期金额"，其中对政治公众

---

[1] 连永先："反洗钱工作中客户身份识别与客户尽职调查的演进"，载《海南金融》2010 年第 12 期。

[2] 引自汤俊："客户尽职调查国际标准的基本要素与我国的实施策略"，载《海南金融》2008 年第 11 期。

人物以及伴随电子银行等新技术产生的非面对面客户的尽职调查问题也做了专门要求；在账户和交易持续监控的部分，认为"银行只有对其客户正常与合理的账户行为具备真正理解，从而得以识别偏离正常账户行为模式之外的交易，才能有效控制和降低风险"，持续监控主要针对高风险账户；在风险管理部分，文件特别强调了内部审计和员工培训的作用。

对于必备的客户尽职调查措施，评估方法作出了 5 条详细阐释，总的原则是必须对客户做全面的调查措施，但也允许各国在合理条件下，根据风险敏感的程度调整客户尽职调查的强度。值得注意的是，FATF《40 条建议》及其注释和评估标准中，特别强调了对代理人、受益人、托管人等人员身份、授权、真实受益者以及控制结构等信息的确认。

FATF 要求对高风险范畴的客户采取强化客户尽职调查措施，而对低风险客户可采取简化的要求。至于高风险与低风险的范畴，评估方法以示例的形式作了说明，例如非常住居民、私人银行、有信托、代理等关系的法人、协议等应纳入高风险范畴，而那些被严格监管的金融机构、公司、政府机关、寿险、养老基金等可视为低风险范畴。

对于客户尽职调查程序遇到阻碍或无法获得满意结果的情况，FATF 提出的要求为：一是终止交易或业务关系，二是"应考虑出具可疑交易报告"。

3. 美国《银行保密法/反洗钱检查手册》的客户尽职调查要素。从 2005 年开始，美国联邦银行监管委员会为应对各界对银行保密法检查、执法与处罚过程提出的大量批评意见，连续 3 年每年一次地颁布经过修订完善的《银行保密法/反洗钱检查手册》以向监管对象明确监管部门检查的要求与流程。在厚达四百多页的检查手册中，客户尽职调查部分特别强调了对客户的风险分级、对高风险客户实施强化的客户尽职调查措施。2006 年版客户尽职调查检查评估流程描述如下：

（1）判别银行的客户尽职调查政策、程序和工作流程是否与该银行的风险形势相称。判别银行是否制定开户时信息获取的流程，以及确保对已有信息的维护。

（2）判别银行的政策、程序和工作流程是否考虑到客户风险级别与风险形势可能会发生变动情况。判别银行是否有专人对此类变动进行评估或确认。

（3）评估银行对高风险客户实施的强化客户尽职调查程序和工作流程。

（4）判别银行是否制定专门指引文件，以指导工作人员在遇到信息不全或不准等问题时如何出具书面报告。

（5）在风险评估和银行审计结果的基础上，对银行的高风险客户的客户尽职调查资料进行抽样检查，结合其可疑交易报告监控流程，判别银行信息收集的充分性与有效性。

（6）在检查流程与资料信息抽样检查的基础上，出具对客户尽职调查有关政策、程序与工作流程充分性判别的结论。

4. 英国财政部的释义。英国财政部 2007 年 12 月 15 日颁布实施的《英国洗钱监管规定》中写到客户尽职调查的三个基本要素。文件中明确指出，客户尽职调查措施应包括：①识别客户身份，并在通过可靠和独立来源获取的文档、数据或信息基础上核实客户身份；②如实际受益人并非客户本人，应识别实际受益人，且应采取充分措施，在风险敏感性基础上，核实其身份，了解实际受益人情况，包括诸如法人、信托或类似法律协议、所有权和控制权等信息；③获取关于业务关系目的及其内在本质方面的信息。[1]

（二）我国客户尽职调查要素

我国客户尽职调查要素可参照以下法律法规：

1. 金融机构客户身份识别法律法规。摘自 2007 年 6 月 21 日中国人民银行、中国银行业监督管理委员会、中国证券监督管理委员会、中国保险监督管理委员会令〔2007〕第 2 号发布，自 2007 年 8 月 1 日起施行的《管理办法》[2]第二章"客户身份识别制度"。

第七条　政策性银行、商业银行、农村合作银行、城市信用合作社、农村信用合作社等金融机构和从事汇兑业务的机构，在以开立账户等方式与客户建立业务关系，为不在本机构开立账户的客户提供现金汇款、现钞兑换、票据兑付等一次性金融服务且交易金额单笔人民币 1 万元以上或者外币等值 1000 美元以上的，应当识别客户身份，了解实际控制客户的自然人和交易的实际受益人，核对客户的有效身份证件或者其他身份证明文件，登记客户身份基本信息，并留存有效身份证件或者其他身份证明文件的复印件或者影印件。

如客户为外国政要，金融机构为其开立账户应当经高级管理层的批准。

第八条　商业银行、农村合作银行、城市信用合作社、农村信用合作社等金融机构为自然人客户办理人民币单笔 5 万元以上或者外币等值 1 万美元以上现金存取业务的，应当核对客户的有效身份证件或者其他身份证明文件。

第九条　金融机构提供保管箱服务时，应了解保管箱的实际使用人。

第十条　政策性银行、商业银行、农村合作银行、城市信用合作社、农村

---

〔1〕　汤俊："客户尽职调查国际标准的基本要素与我国的实施策略"，载《海南金融》2008 年第 11 期。

〔2〕　中国人民银行、中国银行业监督管理委员会、中国证券监督管理委员会、中国保险监督管理委员会《金融机构客户身份识别和客户身份资料及交易记录保存管理办法》，载中华人民共和国人民政府网，http：//www. gor. cn/gongbao/confent/2008/content - 901306. htm。

信用合作社等金融机构和从事汇兑业务的机构为客户向境外汇出资金时，应当登记汇款人的姓名或者名称、账号、住所和收款人的姓名、住所等信息，在汇兑凭证或者相关信息系统中留存上述信息，并向接收汇款的境外机构提供汇款人的姓名或者名称、账号、住所等信息。汇款人没有在本金融机构开户，金融机构无法登记汇款人账号的，可登记并向接收汇款的境外机构提供其他相关信息，确保该笔交易的可跟踪稽核。境外收款人住所不明确的，金融机构可登记接收汇款的境外机构所在地名称。

接收境外汇入款的金融机构，发现汇款人姓名或者名称、汇款人账号和汇款人住所三项信息中任何一项缺失的，应要求境外机构补充。如汇款人没有在办理汇出业务的境外机构开立账户，接收汇款的境内金融机构无法登记汇款人账号的，可登记其他相关信息，确保该笔交易的可跟踪稽核。境外汇款人住所不明确的，境内金融机构可登记资金汇出地名称。

第十一条　证券公司、期货公司、基金管理公司以及其他从事基金销售业务的机构在办理以下业务时，应当识别客户身份，了解实际控制客户的自然人和交易的实际受益人，核对客户的有效身份证件或者其他身份证明文件，登记客户身份基本信息，并留存有效身份证件或者其他身份证明文件的复印件或者影印件：

（一）资金账户开户、销户、变更，资金存取等。

（二）开立基金账户。

（三）代办证券账户的开户、挂失、销户或者期货客户交易编码的申请、挂失、销户。

（四）与客户签订期货经纪合同。

（五）为客户办理代理授权或者取消代理授权。

（六）转托管，指定交易、撤销指定交易。

（七）代办股份确认。

（八）交易密码挂失。

（九）修改客户身份基本信息等资料。

（十）开通网上交易、电话交易等非柜面交易方式。

（十一）与客户签订融资融券等信用交易合同。

（十二）办理中国人民银行和中国证券监督管理委员会确定的其他业务。

第十二条　对于保险费金额人民币 1 万元以上或者外币等值 1000 美元以上且以现金形式缴纳的财产保险合同，单个被保险人保险费金额人民币 2 万元以上或者外币等值 2000 美元以上且以现金形式缴纳的人身保险合同，保险费金额人民币 20 万元以上或者外币等值 2 万美元以上且以转账形式缴纳的保险合同，保险公司在订立保险合同时，应确认投保人与被保险人的关系，核对投保人和人身保险被保险人、法定继承人以外的指定受益人的有效身份证件或者其他身份证明文件，登记投保人、被保险人、法定继承人以外的指定受益人的身份基本信息，并留存有效身份证件或者其他身份证明文件的复印件或者影印件。

第十三条 在客户申请解除保险合同时，如退还的保险费或者退还的保险单的现金价值金额为人民币1万元以上或者外币等值1000美元以上的，保险公司应当要求退保申请人出示保险合同原件或者保险凭证原件，核对退保申请人的有效身份证件或者其他身份证明文件，确认申请人的身份。

第十四条 在被保险人或者受益人请求保险公司赔偿或者给付保险金时，如金额为人民币1万元以上或者外币等值1000美元以上，保险公司应当核对被保险人或者受益人的有效身份证件或者其他身份证明文件，确认被保险人、受益人与投保人之间的关系，登记被保险人、受益人身份基本信息，并留存有效身份证件或者其他身份证明文件的复印件或者影印件。

第十五条 信托公司在设立信托时，应当核对委托人的有效身份证件或者其他身份证明文件，了解信托财产的来源，登记委托人、受益人的身份基本信息，并留存委托人的有效身份证件或者其他身份证明文件的复印件或者影印件。

第十六条 金融资产管理公司、财务公司、金融租赁公司、汽车金融公司、货币经纪公司、保险资产管理公司以及中国人民银行确定的其他金融机构在与客户签订金融业务合同时，应当核对客户的有效身份证件或者其他身份证明文件，登记客户身份基本信息，并留存有效身份证件或者其他身份证明文件的复印件或者影印件。

第十七条 金融机构利用电话、网络、自动柜员机以及其他方式为客户提供非柜台方式的服务时，应实行严格的身份认证措施，采取相应的技术保障手段，强化内部管理程序，识别客户身份。

第十八条 金融机构应按照客户的特点或者账户的属性，并考虑地域、业务、行业、客户是否为外国政要等因素，划分风险等级，并在持续关注的基础上，适时调整风险等级。在同等条件下，来自于反洗钱、反恐怖融资监管薄弱国家（地区）客户的风险等级应高于来自于其他国家（地区）的客户。

金融机构应当根据客户或者账户的风险等级，定期审核本金融机构保存的客户基本信息，对风险等级较高客户或者账户的审核应严于对风险等级较低客户或者账户的审核。对本金融机构风险等级最高的客户或者账户，至少每半年进行一次审核。

金融机构的风险划分标准应报送中国人民银行。

第十九条 在与客户的业务关系存续期间，金融机构应当采取持续的客户身份识别措施，关注客户及其日常经营活动、金融交易情况，及时提示客户更新资料信息。

对于高风险客户或者高风险账户持有人，金融机构应当了解其资金来源、资金用途、经济状况或者经营状况等信息，加强对其金融交易活动的监测分析。客户为外国政要的，金融机构应采取合理措施了解其资金来源和用途。

客户先前提交的身份证件或者身份证明文件已过有效期的，客户没有在合理期限内更新且没有提出合理理由的，金融机构应中止为客户办理业务。

第二十条 金融机构应采取合理方式确认代理关系的存在，在按照本办法的有关要求对被代理人采取客户身份识别措施时，应当核对代理人的有效身份证件或者身份证明文件，登记代理人的姓名或者名称、联系方式、身份证件或者身份证明文件的种类、号码。

第二十一条 除信托公司以外的金融机构了解或者应当了解客户的资金或者财产属于信托财产的，应当识别信托关系当事人的身份，登记信托委托人、受益人的姓名或者名称、联系方式。

第二十二条 出现以下情况时，金融机构应当重新识别客户：

（一）客户要求变更姓名或者名称、身份证件或者身份证明文件种类、身份证件号码、注册资本、经营范围、法定代表人或者负责人的。

（二）客户行为或者交易情况出现异常的。

（三）客户姓名或者名称与国务院有关部门、机构和司法机关依法要求金融机构协查或者关注的犯罪嫌疑人、洗钱和恐怖融资分子的姓名或者名称相同的。

（四）客户有洗钱、恐怖融资活动嫌疑的。

（五）金融机构获得的客户信息与先前已经掌握的相关信息存在不一致或者相互矛盾的。

（六）先前获得的客户身份资料的真实性、有效性、完整性存在疑点的。

（七）金融机构认为应重新识别客户身份的其他情形。

第二十三条 金融机构除核对有效身份证件或者其他身份证明文件外，可以采取以下的一种或者几种措施，识别或者重新识别客户身份：

（一）要求客户补充其他身份资料或者身份证明文件。

（二）回访客户。

（三）实地查访。

（四）向公安、工商行政管理等部门核实。

（五）其他可依法采取的措施。

银行业金融机构履行客户身份识别义务时，按照法律、行政法规或部门规章的规定需核对相关自然人的居民身份证的，应通过中国人民银行建立的联网核查公民身份信息系统进行核查。其他金融机构核实自然人的公民身份信息时，可以通过中国人民银行建立的联网核查公民身份信息系统进行核查。

第二十四条　金融机构委托其他金融机构向客户销售金融产品时，应在委托协议中明确双方在识别客户身份方面的职责，相互间提供必要的协助，相应采取有效的客户身份识别措施。

符合下列条件时，金融机构可信赖销售金融产品的金融机构所提供的客户身份识别结果，不再重复进行已完成的客户身份识别程序，但仍应承担未履行客户身份识别义务的责任：

（一）销售金融产品的金融机构采取的客户身份识别措施符合反洗钱法律、行政法规和本办法的要求。

（二）金融机构能够有效获得并保存客户身份资料信息。

第二十五条　金融机构委托金融机构以外的第三方识别客户身份的，应当符合下列要求：

（一）能够证明第三方按反洗钱法律、行政法规和本办法的要求，采取了客户身份识别和身份资料保存的必要措施。

（二）第三方为本金融机构提供客户信息，不存在法律制度、技术等方面的障碍。

（三）本金融机构在办理业务时，能立即获得第三方提供的客户信息，还可在必要时从第三方获得客户的有效身份证件、身份证明文件的原件、复印件或者影印件。

委托第三方代为履行识别客户身份的，金融机构应当承担未履行客户身份识别义务的责任。

第二十六条　金融机构在履行客户身份识别义务时，应当向中国反洗钱监测分析中心和中国人民银行当地分支机构报告以下可疑行为：

（一）客户拒绝提供有效身份证件或者其他身份证明文件的。

（二）对向境内汇入资金的境外机构提出要求后，仍无法完整获得汇款人姓名或者名称、汇款人账号和汇款人住所及其他相关替代性信息的。

（三）客户无正当理由拒绝更新客户基本信息的。

（四）采取必要措施后，仍怀疑先前获得的客户身份资料的真实性、有效性、完整性的。

（五）履行客户身份识别义务时发现的其他可疑行为。

金融机构报告上述可疑行为参照《金融机构大额交易和可疑交易报告管理办法》（中国人民银行令〔2006〕第2号发布）及相关规定执行。

2. 非金融机构客户身份识别法律法规。摘自中国人民银行根据《反洗钱法》《非金融机构支付服务管理办法》等有关法律、法规和规章制定的《支付机构反洗钱和反恐怖融资管理办法》（2012年3月5日实施）第二章"客户身份识别"。

第十条　支付机构应当勤勉尽责，建立健全客户身份识别制度，遵循"了解你的客户"原则，针对具有不同洗钱或者恐怖融资风险特征的客户、业务关系或者交易应采取相应的合理措施，了解客户及其交易目的和交易性质，了解实际控制客户的自然人和交易的实际受益人。

第十一条　网络支付机构在为客户开立支付账户时，应当识别客户身份，登记客户身份基本信息，通过合理手段核对客户基本信息的真实性。

客户为单位客户的，应核对客户有效身份证件，并留存有效身份证件的复印件或者影印件。

客户为个人客户的，出现下列情形时，应核对客户有效身份证件，并留存有效身份证件的复印件或者影印件。

（一）个人客户办理单笔收付金额人民币1万元以上或者外币等值1000美元以上支付业务的；

（二）个人客户全部账户30天内资金双边收付金额累计人民币5万元以上或外币等值1万美元以上的；

（三）个人客户全部账户资金余额连续10天超过人民币5000元或外币等值1000美元的；

（四）通过取得网上金融产品销售资质的网络支付机构买卖金融产品的；

（五）中国人民银行规定的其他情形。

第十二条　网络支付机构在为同一客户开立多个支付账户时，应采取有效措施建立支付账户间的关联关系，按照客户进行统一管理。

• **第十三条**　网络支付机构在向未开立支付账户的客户办理支付业务时，如单笔资金收付金额人民币1万元以上或者外币等值1000美元以上的，应在办理业务前要求客户登记本人的姓名、有效身份证件种类、号码和有效期限，并通过合理手段核对客户有效身份证件信息的真实性。

第十四条　网络支付机构与特约商户建立业务关系时，应当识别特约商户身份，了解特约商户的基本情况，登记特约商户身份基本信息，核实特约商户有效身份证件，并留存特约商户有效身份证件的复印件或者影印件。

第十五条　预付卡机构在向购卡人出售记名预付卡或一次性金额人民币1万元以上的不记名预付卡时，应当识别购卡人身份，登记购卡人身份基本信息，核对购卡人有效身份证件，并留存购卡人有效身份证件的复印件或者影印件。

代理他人购买记名预付卡的，预付卡机构应采取合理方式确认代理关系的存在，在对被代理人采取前款规定的客户身份识别措施时，还应当登记代理人身份基本信息，核对代理人有效身份证件，并留存代理人有效身份证件的复印件或者影印件。

第十六条 预付卡机构在与特约商户建立业务关系时，应当识别特约商户身份，了解特约商户的基本情况，登记特约商户身份基本信息，核实特约商户有效身份证件，并留存特约商户有效身份证件的复印件或者影印件。

第十七条 预付卡机构办理记名预付卡或一次性金额人民币 1 万元以上不记名预付卡充值业务时，应当识别办理人员的身份，登记办理人员身份基本信息，核对办理人员有效身份证件，并留存办理人员有效身份证件的复印件或者影印件。

第十八条 预付卡机构办理赎回业务时，应当识别赎回人的身份，登记赎回人身份基本信息，核对赎回人有效身份证件，并留存赎回人有效身份证件的复印件或者影印件。

第十九条 收单机构在与特约商户建立业务关系时，应当识别特约商户身份，了解特约商户的基本情况，登记特约商户身份基本信息，核实特约商户有效身份证件，并留存特约商户有效身份证件的复印件或者影印件。

第二十条 支付机构应按照客户特点和交易特征，综合考虑地域、业务、行业、客户是否为外国政要等因素，制定客户风险等级划分标准，评定客户风险等级。客户风险等级标准应报总部所在地中国人民银行分支机构备案。

首次客户风险等级评定应在与客户建立业务关系后 60 天内完成。支付机构应对客户持续关注，适时调整客户风险等级。支付机构应当根据客户的风险等级，定期审核本机构保存的客户基本信息。对本机构风险等级最高的客户，支付机构应当至少每半年进行一次审核，了解其资金来源、资金用途和经营状况等信息，加强对其交易活动的监测分析。

第二十一条 在与客户的业务关系存续期间，支付机构应当采取持续的客户身份识别措施，关注客户及其日常经营活动、交易情况，并定期对特约商户进行回访或查访。

第二十二条 在与客户的业务关系存续期间，支付机构应当及时提示客户更新身份信息。

客户先前提交的有效身份证件将超过有效期的，支付机构应当在失效前 60 天通知客户及时更新。客户有效身份证件已过有效期的，支付机构在为客户办理首笔业务时，应当先要求客户更新有效身份证件。

第二十三条 在出现以下情况时，支付机构应当重新识别客户：

（一）客户要求变更姓名或者名称、有效身份证件种类、身份证件号码、注册资本、经营范围、法定代表人或者负责人等的；

（二）客户行为或者交易情况出现异常的；

（三）先前获得的客户身份资料存在疑点的；

（四）支付机构认为应重新识别客户身份的其他情形。

第二十四条　支付机构除核对有效身份证件外，可以采取以下的一种或者几种措施，识别或者重新识别客户身份：

（一）要求客户补充其他身份资料；

（二）回访客户；

（三）实地查访；

（四）向公安、工商行政管理等部门核实；

（五）其他可以依法采取的措施。

第二十五条　支付机构委托其他机构代为履行客户身份识别义务时，应通过书面协议明确双方在客户身份识别方面的责任，并符合以下要求：

（一）能够证明受托方按反洗钱法律、行政法规和本办法的要求，采取客户身份识别和身份资料保存的必要措施；

（二）受托方为本支付机构提供客户信息，不存在法律制度、技术等方面的障碍；

（三）本支付机构在办理业务时，能立即获得受托方提供的客户身份基本信息，还可在必要时从受托方获得客户的有效身份证件的复印件或者影印件。受托方未采取符合本办法要求的客户身份识别措施的，由支付机构承担未履行客户身份识别义务的法律责任。

第二节　我国反恐怖融资客户尽职调查面临的问题

近年来，我国通过颁布《反洗钱法》《管理办法》等法律法规，逐步完善对金融机构及非金融支付机构的客户尽职调查要求，从立法层面上看，已基本与国际标准保持一致，但在事件中仍存在着不少问题和严峻的挑战，具体问题如下：

一、金融机构反恐怖融资意识不足

（一）金融机构重视不足

"最少投入、最大回报""经营利润最大化"一直是金融机构经营的最终目标，金融机构在开展客户尽职调查过程中，必然要付出大量的人力、物力，甚至还会侵犯到客户隐私，这些都与金融机构的经营目标相违背。因此部分金融机构为了销售金融产品、挽留客户，简化了客户尽职调查的程序，把本应认真实施的客户尽职调查工作做成了简单核查客户预留信息的表面工作[1]。未充分关注了解客户的地域、职业等相关信息，在对公司客户的身份识别中，未了解客户的所有权和控制权结构，未按照反洗钱数据监测系统的相关数据和公检司法等部门反馈的信息及时对涉及的客户进行强化身份识别措施，客户身份尽职调查停留在形式合规的阶段。[2]

（二）金融机构持续尽职调查意识有待加强

部分金融机构的客户信息收集工作只是停留在表面，有的甚至是为了应付人民银行检查才着手收集客户资料，而且除了通过"公民身份信息联网核查系统"对客户提供的身份证进行验证外，很少对客户提供的其他信息进行核实、验证。同时，一些金融机构仅仅满足于在与客户建立业务关系时所获得的客户信息，而忽略了在与客户业务关系存续期内对客户进行持续尽职调查的程序[3]。客户身份信息动态变化从客观上要求金融机构对客户身份信息进行持续识别，适时开展客户尽职调查。对于客户变更重要信息、交易行为异常等情况均应进行客户身份信息的重新识别，然而多数金融机构只是依据客户口头的说明进行客户身份信息的重新识别，开展的客户尽职调查多数限于核对、核查初次办理业务时留存的客户有效身份证明文件，未依据"了解你的客户"的原则开展客户身份持续、实质的审查。[4]

（三）相关机构间缺乏合作意识

目前社会各界对金融机构的身份识别和调查工作都还在适应阶段，合作意识缺乏。客户尽职调查特别强调对客户身份材料身份识别的准确性和完备性的要求。由于银行自身信息来源和识别技能的局限，相关工作只有在社会相关部门的有力支持下才能得到落实。例如，目前各地银行普遍都遇到了身份证、军官证、工商执照的真伪鉴定识别的困难，而这一问题仅靠金融机构是无力解决的。对于银行账户的实际控制人和受益人的调查，同样由于银行信息渠道和调查手段有限，也必须借助社会资源的配合与协助，而国内相关的信息资源库和第三方机构都还处于起步阶段。[5]

---

[1] 邱成晟、陈玉辉、李凌："论银行业金融机构反洗钱工作中的客户尽职调查"，载《福建金融》2010年第1期。

[2] 何元媛："客户尽职调查在新形势下的挑战和对策建议"，载《时代金融》（中旬刊）2017年第12期。

[3] 郑家庆："金融机构持续客户尽职调查问题探析"，载《武汉金融》2017年第1期。

[4] 邱成晟、陈玉辉、李凌："沦银行业金融机构反洗钱工作中的客户尽职调查"，载《福建金融》2010年第1期。

[5] 郑家庆："金融机构持续客户尽职调查问题探析"，载《武汉金融》2017年第1期。

（四）互联网金融主体在反恐怖融资认识和培训欠缺

当前，互联网金融主体对不法分子利用互联网金融平台虚拟交易进行恐怖融资和洗钱犯罪活动的认知还处于初级阶段，反恐怖融资和反洗钱主管部门有必要向互联网金融企业、电子商务企业及其他组织或个人告知恐怖融资和洗钱风险，敦促他们认真开展客户尽职调查及落实其他反洗钱监管要求。这一过程往往会耗费大量的人、财、物，且成效并不明显。因此，互联网金融主体在开展工作过程中并没有认真落实相关政策及遵守法律法规的要求，开展客户尽职调查工作阻力重重。进行有效的专业培训与业务指导，对反恐怖融资主管部门来说也是一项新的挑战。[1]

二、客户尽职调查程序不完善

金融机构应将客户尽职调查程序与日常经营管理、风险控制等工作结合起来，才能达到较好的效果。金融机构在业务实践中，通常将客户的尽职调查等同于账户管理工作，按照《人民币银行结算账户管理办法》和《个人存款账户实名制规定》等法规制度要求进行资料收集和审查，未按照反恐怖融资和反洗钱工作中客户身份尽职调查的要求多渠道、多措施了解交易目的和交易性质、实际控制客户的自然人和交易的实际受益人，未在业务关系存续的整个过程中持续地展开了解[2]。程序上的不完善，造成客户尽职调查的制度性漏洞。

三、客户风险等级划分过于形式化

目前已有反洗钱客户风险等级分类综合评价指标体系，只是在总结已出现的洗钱活动金融异常特征的基础上构建出来的，而随着洗钱活动和恐怖融资活动的不断发展，其必然会表现出新的异常特征，故已有指标体系必然会被现实的反洗钱和反恐怖融资工作的需要所淘汰。当前，绝大部分金融机构均能按照中国人民银行《关于进一步加强金融机构反洗钱工作的通知》的要求，以及《金融机构洗钱和恐怖融资风险评估及客户分类管理指引》的建议，对客户进行了风险评估和等级划分。持续客户尽职调查工作建立在合理的客户风险评估和等级划分上，但仍有一些金融机构的客户风险等级划分工作过于被动和形式化，

---

〔1〕 崔建英："客户尽职调查在金融服务创新形势下的挑战与对策"，载《时代金融》2015 年第 35 期。

〔2〕 何元媛："客户尽职调查在新形势下的挑战和对策建议"，载《时代金融》（中旬刊）2017 年第 12 期。

往往仅凭一纸问卷便确定了客户风险等级，而不是主动地对客户资料和身份信息进行采集、核实和调查。这类形式化的客户风险等级划分远不能满足整个反恐怖融资和反洗钱工作的要求。[1]

四、金融机构自身技术原因

（一）有效识别客户身份证件的手段有限

当前金融机构在进行客户身份识别时主要是通过人民银行与公安部建立的身份信息系统进行核查，二代身份证还直接通过专门的仪器进行识别，有效性较高；一代身份证件只能由人工鉴别，有效性低。由于通过联网核查公民身份信息时存在身份信息采集滞后、数据库数据不全等现象，金融机构在核查过程中时常会出现一些人证不符的情形。除此之外，军人证、护照、户口簿等都可以作为自然人客户开立个人结算账户的有效身份证件，但是对于以上证件，由于没有能有效整合相关信息的系统，金融机构没有有效识别真伪的手段。[2]

（二）获取客户额外信息存在困难

辨别客户信息的真实程度以及获取尽可能多的客户信息是持续客户尽职调查的核心内容，但金融机构受到自身信息来源和识别技术的限制，很难凭借一己之力将这一问题解决。而对实际控制人和受益人的调查，同样由于金融机构信息渠道和调查手段有限，也必须借助社会资源的配合与协助才能完成。大部分客户出于对隐私保护的考虑，也不会轻易地向金融机构提供信息，这在一定程度上增加了金融机构开展持续客户尽职调查的难度。[3]

（三）代理关系识别存在困难

客户在银行办理存取款、账户等业务时，银行的凭证上均设有"经办人签名"栏，从业务的真实性和法律责任等角度，经办员签名应签署办理业务客户的真实本名。但在实践中，在办理代理业务时，许多代理人在"经办人签名栏"不填写本人姓名，而是直接填写被代理人（即账户所有人）的姓名，这样从银行的业务凭证上反映出的是客户本人在自己账户上存取资金，掩饰了代理关系的存在，银行难以了解其真实的交易性质和目的。[4]

〔1〕 郑家庆："金融机构持续客户尽职调查问题探析"，载《武汉金融》2017 年第 1 期。

〔2〕 何元媛："客户尽职调查在新形势下的挑战和对策定议"，载《时代金融》（中旬刊）2017 年第 12 期。

〔3〕 郑家庆："金融机构持续客户尽职调查问题探析"，载《武汉金融》2017 年第 1 期。

〔4〕 邱成晟、陈玉辉、李凌："论银行业金融机构反洗钱工作中的客户尽职调查"，载《福建金融》2010 年第 1 期。

五、互联网和非面对面业务带来困难

互联网金融服务机构与客户之间的完全的非面对面特性给客户尽职调查工作带来了全新挑战。互联网的远程特性使得金融机构与客户建立业务关系时的初次识别到后续业务的办理、业务结束几乎都是在非面对面的情况下进行的，许多服务的注册与登录只需要一个匿名的电子邮件即可完成，他人可在别国通过网络随意进行相关操作。这一非面对面特性使客户身份识别与真实性验证难度大增。同时，第三方支付机构对客户的管理没有金融机构那么严格的身份审查，匿名开户、匿名交易在网上支付平台完全可能实现[1]。在这种金融服务创新形势下，如何落实 FATF 新标准"建议 10"中关于"各国应当禁止金融机构保持匿名账户或明显以假名开立的账户"的客户尽职调查要求及《反洗钱法》第 16 条中"不得为身份不明的客户提供服务或者与其进行交易，不得为客户开立匿名账户或假名账户"的客户身份识别要求给反恐怖融资主管部门与互联网金融组织带来新的挑战。[2]

随着"互联网＋"概念在我国发展壮大，金融机构互联网业务和非面对面业务得以飞速发展，以往单靠密码和电子证书认证客户身份的方法已经不能适应新形势下反洗钱工作的需求。这些新兴业务特点决定了金融机构无法通过面对面与客户进行接触，往往只能通过与客户建立业务关系时取得客户资料，而对互联网业务和非面对面业务的客户身份信息认证、变更、调整及其账户的实际掌控、使用情况却无法及时有效更新和重新识别，在一定程度上影响了持续尽职调查工作的开展。[3]

FATF 的《40 条建议》第 8 条要求对随着技术创新而出现的易于隐匿客户身份的交易手段予以特别关注。《管理办法》第 17 条中据此要求加强对利用电话、网络、ATM 等非柜台方式（也称非面对面）方式服务的身份识别。近年来，银行的网上资金划拨和利用 POS 机套现、规避 ATM 的取款限额的情况越来越多，但银行对这些网络交易的客户身份识别的唯一依据，仅限于开卡之初客户登记留存的信息，如何识别实施网络交易者的真实身份以及对网络交易的监控，目前还没有摸索出一套行之有效的办法。[4]

---

〔1〕 崔建英："客户尽职调查在金融服务创新形势下的挑战与对策"，载《时代金融》2015 年第 35 期。

〔2〕 崔建英："客户尽职调查在金融服务创新形势下的挑战与对策"，载《时代金融》2015 年第 35 期。

〔3〕 郑家庆："金融机构持续客户尽职调查问题探析"，载《武汉金融》2017 年第 1 期。

〔4〕 连永先："反洗钱工作中客户身份识别与客户尽职调查的演进"，载《海南金融》2010 年第 12 期。

六、技术监测利用不足

(一) 电子交易识别存在困难

随着金融工具电子化、金融服务网络化程度的不断提高，通过电子银行办理各项业务的客户也随之增多，网络服务的快捷与便利在给银行柜面减轻业务压力、为客户提供优质服务的同时，也加大了金融机构的业务和法律风险，其特有的隐蔽性和匿名性给不法分子利用电子银行进行转移资金提供了通道，金融机构通过电子银行为客户办理业务时，不直接接触客户，很难了解账户背后的真实使用人和交易的性质及目的。[1]例如，自助办卡设备在金融机构网点的大量投入使用，客户仅凭个人身份证件就可以完成个人开卡业务，客户职业、经常居住地等信息无法有效了解核实，且此类设备识别主要采用人脸识别技术，设备技术标准、核对的有效性等无明确的制度依据。在第三方支付、移动支付等支付结算领域，在支付认证上，采用短信认证、人脸识别等方式，如何在这些业务中持续关注客户身份信息的变更，有效分辨代理关系和业务的实际操作人，这些金融服务创新带来的新问题都为金融机构客户尽职工作提出新要求。[2]

(二) 基于风险的交易监测得不到体现

随着科技投入的不断增大，金融机构对客户的交易监测已经实现从最初的人工监测向计算机软件自动甄别、抓取、筛选的转变，极大地减轻了金融机构工作人员的压力。但与此同时，一些金融机构由于过分依赖计算机软件功能，而缺乏人工识别的过程，目前金融机构上报可疑交易信息的有效性和准确性明显不足，并且计算机软件只能对既定的数值加以判断，对于一些非数值型的异常交易信息，计算机软件很难进行准确的判断和抓取，加之一些金融机构工作人员对客户的交易监测缺乏主观判断意识，导致金融机构无法充分利用异常交易这一触点启动客户重新识别和增强型客户尽职调查程序。[3]主要是因为：①以目前互联网的技术，交易过程可自动完成，无需人工干预，客观上难以对业务合法性做严格审核。②网络用户多，交易量大，交易监测困难。以支付宝为例，截至 2017 年底，支付宝用户已近 5.2 亿，移动支付占比为 82%[4]，据

---

〔1〕 邱成晟、陈玉辉、李凌："论银行金融机构反洗钱工作中的客户调查"，载《福建金融》2010 年第 1 期。

〔2〕 何元媛："客户尽职调查在新形势下的挑战和对策建议"，载《时代金融》(中旬刊) 2017 年第 12 期。

〔3〕 郑家庆："金融机构持续客户尽职调查问题探析"，载《武汉金融》2017 年第 1 期。

〔4〕 中国证券报："支付宝 2017 全民账单：全国 5.2 亿用户移动支付占比 82%"，载中证网，http://www.cs.com.cn/xwzx/201801/t20180103_5652877_3.html，最后访问时间：2018 年 5 月 11 日。

国家统计局电子商务交易平台调查显示，2017 年全国电子商务交易额达 29.16 万亿元，交易庞大，为监控可疑交易带来困难。③电子商务结合的支付业务使得洗钱分子可利用新型的基于贸易方式的洗钱手法，利用虚构交易或转移定价等方式实施一系列复杂的交易与资金转移，以混淆资金来源。网上交易品种繁多，甚至连枪支、战斗机等军需品都可以放到网上拍卖，利用网络支付购买贵重物品如珠宝、贵金属、不动产、有价证券等方式，成为潜在的被用于洗钱归并阶段的风险[1]。实践层面，互联网金融反恐怖融资工作处于起步阶段，相关支付组织尚未采取措施开展持续尽职调查与交易监测，未有效履行可疑交易报告义务。如何落实 FATF 新标准"建议 10"中的尽职调查要求，对业务关系采取持续的尽职调查，对整个业务关系存续期间发生的交易进行详细审查，以确保进行的交易符合金融机构对客户及其业务、风险状况，尤其是对庞大的交易进行持续审查与监测，对反洗钱主管部门与互联网金融组织来说是个空前的挑战。

（三）未重视大数据带来的便利

传统数据技术的应用，在开展反恐怖融资工作的过程中，逐渐显露出疲软的迹象。例如，在反恐怖融资的监测系统技术的应用过程中，自动的可疑支付交易电子识别系统的管理滞后性。少数融资能力不足的银行为求成本的减免而索性不设置这种识别系统，而部分城市商业银行或村镇信用社中则缺乏全面的业务综合系统，因此，在无法实现大额和可疑资金交易数据信息的计算机系统提取的情况下，各商业银行只能依靠人工提取和手工上报，以至于反恐怖融资的工作量很大，效率也很低。未能高度重视大数据技术研究应用战略带来的金融机构"了解你的客户"能力显著提升的优势，从而忽略了在为客户提供更为个性化、更优质的金融服务的同时，在客户尽职调查、可疑交易识别等反洗钱义务方面带来履职能力的提升空间[2]。

第三节　完善我国反恐怖融资客户尽职调查对策

一、提高反恐怖融资意识，加强人员培训

（一）转变观念，提高反恐怖融资工作意识

人民银行当前应该针对金融机构持续客户尽职调查工作的现状，尽快制定

---

〔1〕 崔建英："客户尽职调查在金融服务创新形势下的挑战与对策"，载《时代金融》2015 年第 35 期。
〔2〕 汤俊、王妍、车奕蓉："大数据技术在反洗钱工作中的应用前景"，载《海南金融》2016 年第 2 期。

金融机构持续客户尽职调查实施细则和操作指引，明确告知金融机构持续客户尽职调查内容和操作方法，帮助金融机构提高交易监测水平。在规范金融机构报送可疑交易的同时，人民银行应当对金融机构建立基于风险的交易监测方法提出指导性意见和规范性要求，各级分支机构在对金融机构开展专项检查的同时，也可适时组织当地金融机构开展专题培训，提升金融机构对异常交易的主观判断意识，指导和帮助金融机构正确设定启动客户重新识别和增强型客户尽职调查的触点，从而更加有效地降低恐怖融资风险。[1]

除此之外，各金融机构应：①将反恐怖融资和反洗钱工作纳入金融机构负责人资质评审范围，促进金融机构高级管理层对反恐怖融资和反洗钱工作的重视；②严格落实反洗钱行政处罚双罚制，对金融机构违反《反洗钱法》等法律法规的，不但要对机构也要对相关责任人严格处罚，提高金融机构反恐怖融资和反洗钱工作人员的责任心；③加大对金融机构反恐怖融资工作的监督检查力度，通过对各级金融机构履职情况进行监督检查，促进反恐怖融资工作有效开展。[2]

（二）加大金融机构反恐怖融资工作内部检查力度

反恐怖融资内部检查是对金融机构反恐怖融资工作情况的客观评价，各金融机构相关职能部门应积极对各业务部门履行反恐怖融资各项义务情况开展自上而下或同级的检查，严格对照相关法律、规章对履行义务主体的要求，结合具体业务操作规范，及时发现业务流程中存在的问题与不足，并指出今后整改的方向，促进金融机构加强客户尽职调查。[3]

首先，各级金融机构应加强人员配备，按照反洗钱法律法规的要求在高级管理层设置反恐怖融资和反洗钱工作人员，在部门层面加强核心业务部门的反恐怖融资和反洗钱岗位人员配置。对反恐怖融资和反洗钱核心工作人员要合理分配兼职任务，在确保有足够的时间精力投入本职工作的同时，还要兼顾反恐怖融资和反洗钱。其次，按照风险为本原则设置客户尽职调查业务流程，充分将客户尽职调查融入账户管理、信贷、银行卡发行等业务流程中，重点对客户尽职调查与业务非重合部分的工作制定详细的责任分工和业务流程，确保客户尽职调查全面有效落实。[4]

---

〔1〕 郑家庆："金融机构持续客户尽职调查问题探析"，载《武汉金融》2017 年（第 1 期）。

〔2〕 何元媛："客户尽职调查在新形势下的挑战和对策建议"，载《时代金融》（中旬刊）2017 年第 12 期。

〔3〕 邱成晟、陈玉辉、李凌："论银行业金融机构反洗钱工作中的客户尽职调查"，载《福建金融》2010 年第 1 期。

〔4〕 何元媛："客户尽职调查在新形势下的挑战和对策建议"，载《时代金融》（中旬刊）2017 年第 12 期。

（三）积极进行反恐怖融资宣传

当前，网络金融在反恐怖融资方面的宣传基本处于空白，互联网金融组织反恐怖融资风险管理政策与意识尚处于起步阶段，不能平衡恐怖融资风险控制与经营业务发展两项目标之间的关系，造成《支付机构反洗钱和反恐怖融资管理办法》等法规难以落实到实处，风险控制措施弱化、不能充分认识到恐怖融资的严重危害性，就会影响到有关部门对恐怖融资的打击力度，反恐怖融资主管部门要积极对互联网金融组织开展专业培训，提高对反恐怖融资工作的认知与重视。此外，要抓好互联网反恐怖融资和反洗钱宣传，优化反恐怖融资和反洗钱网络生态环境。建议从以下两方面加强反洗钱宣传，提高网民的积极性：一是每年定期或不定期组织 1～2 次主题宣传，普及反恐怖融资和反洗钱常识及网络案例信息，特别是互联网金融客户应履行的反恐怖融资和反洗钱义务及注意事项。二是建议互联网金融支付机构、电子商务企业及其他产业链组织在给客户发送支付或买卖业务信息提示的同时，附加恐怖融资和洗钱风险提示。通过发挥网络在宣传方面的优势，全面提高全民反恐怖融资和反洗钱的意识。[1]

二、合理地进行客户风险等级划分

（一）提高客户接受金融服务的准入门槛

各金融机构间通过制定客户身份识别制度方面的统一规则，提高对客户提供金融服务的门槛。客户到金融机构办理各项业务时，金融机构应遵循"了解你的客户"的原则为客户办理各项业务，在办理各项业务前，金融机构应详细了解客户的履约能力、交易背景、交易性质、交易目的、资金的来源与用途、资金交易的大小与频率是否与客户身份相符等，待一系列客户尽职调查工作完毕后，再为客户办理相关业务。[2]

（二）完善相关系统，为反恐怖融资风险等级分类提供足够的数据支撑

在实际工作中，金融机构获取的数据质量太差是阻碍反恐融资客户风险等级分类的最大障碍。为此，一方面，建议完善和改造金融机构相关业务操作系统；另一方面，建议加强对金融机构一线员工的培训和考核，以使其在相关系统录入原始数据时尽量勤勉尽责，以尽快实现提升反洗钱客户风险等级分类所需数据的完整性和准确性，为反洗钱客户风险等级分类提供足够的数据支撑。

---

〔1〕 崔建英：“客户尽职调查在金融服务创新形势下挑战和对策”，载《时代金融》2015 年第 35 期。
〔2〕 邱成晟、陈玉辉、李凌："论银行业金融机构反洗钱工作中的客户尽职调查"，载《福建金融》2010 年第 1 期。

（三）进行客户风险等级划分

客户风险等级划分能使金融机构针对不同风险等级的客户合理分配监控资源，并最大限度地节约监控资源。但如果对所有的客户都采取一致的、高标准的客户尽职调查措施，必然会导致资源浪费，同时也会引起客户对金融机构的不满。为此，金融行动特别工作组（FATF）在其"40＋9条建议"中提出了"基于风险的客户尽职调查"的反洗钱思想，指出："对高风险的研究对象（包括客户、商业关系和交易），金融机构应该执行加强的客户尽职调查。在特定情况下，金融机构可以采取简化的客户尽职调查措施。"因此，金融机构应当根据与客户建立业务关系时所掌握的客户身份、职业、住所、背景和经济经营状态等资料，结合后期通过其他渠道和有关部门获取的相关信息，科学合理地对客户进行风险等级划分，并根据不同的等级采取不同的尽职调查措施。[1]因此，相关部门有必要对恐怖融资活动的微观和宏观金融异常特征进行研究，以更新已有客户恐怖融资风险等级分类管理的评价指标体系，进而使所得的客户风险等级评价指标更能反映客户实际所具有的洗钱和恐怖融资风险。

各金融机构还应严格按照反洗钱法律、规章的要求，依据"了解你的客户"的原则，对存量客户进行风险等级划分，划分过程应将初次识别客户时获取的客户直接的身份信息与客户尽职调查时获取的客户间接的身份信息相结合，比照分析客户办理业务的风险种类、账户资金的来源与去向、资金交易的大小与频率、交易的真实背景与性质目的等，进一步判断客户的交易行为异常与否，同时对划分好风险等级的客户，应依据客户身份信息、交易情况等综合因素的变动，适时地进行重新划分。对于中、高风险客户，银行业金融机构应加强客户尽职调查的力度和频率，对于身份信息或其他要素发生变更，且不配合银行业金融机构开展重新识别工作的客户[2]，银行应及时中止为其办理业务，变被动开展客户尽职调查为客户主动要求接受客户尽职调查。

（四）加强国内外各职能部门间的信息互通

恐怖融资风险等级分类管理的综合评价涉及的领域较多，国内有关职能部门难以独自完成此项工作。这就要求：一方面，我国反恐怖融资和反洗钱职能部门有必要与国外对应部门及时保持沟通，以获得最新的数据和资料；另一方面，中国人民银行总行及各地分支机构有必要在反洗钱部级联席会议制度的协调下及时与中国银行保险监督管理委员会、海关、税务、公安、法院、检察院、

---

[1]　郑家庆："金融机构持续客户尽职调查问题解析，"载《武汉金融》2017年第1期。

[2]　吴朝平："综合评价在反洗钱监测分析中的应用——对提高反洗钱客户风险等级分类准确性的思考"，载《金融科技时代》2011年第4期。

财政等国内职能部门及时交流信息,获得第一手资料,并在可行的条件下将这些信息及时传达至各商业银行对应部门。这样,才能保证客户洗钱和恐怖融资风险等级分类管理的综合评价的准确性和及时性。[1]

三、加强互联网金融和非面对面业务方面客户尽职调查的指引

(一) 探索非柜面业务客户身份识别的有效途径

《管理办法》中仅规定了利用电话、网络等提供非柜台方式的服务时,金融机构应实行严格的身份认证措施,但并未细化相关认证的措施及手段。金融机构应该认真研究各项非柜面业务的特点及可能存在的恐怖融资风险,加强机构内部管理,根据客户相关身份特性,为其开通相适应的业务,限定资金交易额度,同时备注资金的来源与用途,对超过限额的转账交易,应由金融机构工作人员进行人工审核,主动降低恐怖融资风险。[2]除此之外,人民银行可针对新兴、业务指引金融机构合理开展客户尽职调查工作:①嵌入远程客户身份验证系统,如声波识别、指纹识别、虹膜识别等,加强远程操作对客户的身份核验。②结合客户风险等级、交易习惯、交易类别等特征,比对前期取得的客户资料并加以分析,对客户及其交易进行判别。③要求金融机构严把互联网业务和非面对面业务的准入关,加强此类业务与银行网点的物理联系,定期做好客户回访和客户身份重新识别。④督导金融机构建立完善互联网业务和非面对面业务的规章制度和业务流程,在本系统内从制度层面对新兴业务加以规范。[3]

(二) 加强技术监测

目前随着我国金融行业的迅速发展,利用电话、网络、ATM 机、移动支付等非面对面的交易形式日益普及,这些易于隐匿客户真实面目的新技术手段的出现加大了金融机构识别客户身份的难度,有关部门应根据最新形势发展变化,加强对这类交易方式的监管措施的研究,制定有效的管理和技术方案。[4]金融机构还应加强与相关部门、单位的技术合作,采用新的网络技术,识别和确认客户的真实身份信息,例如,针对在线金融服务,大力发展指纹、人脸识别等生物识别手段进行有效客户身份识别。加强反洗钱监测系统建设,利用相关技

---

[1] 吴朝平:"综合评价在反洗钱监测分析中的应用——对提高反洗钱客户风险等级分类准确性的思考"载《金融科技时代》2011 年第 4 期。

[2] 邱成晟、陈玉辉、李凌:"论银行业金融机构反洗钱工作中的客户尽职调查",载《福建金融》2010 年第 1 期。

[3] 郑家庆:"金融机构持续客户尽职调查问题探析",载《武汉金融》2017 年第 1 期。

[4] 汤俊:"客户尽职调查国际标准的基本要素与我国的实施策略",载《海南金融》2018 年第 11 期。

术监测手段加强对非柜面业务的信息监测，及时发现可疑交易。[1]

四、将反恐怖融资客户尽职调查与金融机构其他业务流程整合

巴塞尔银行监管委员会颁布的文件《银行客户尽职调查》认为，采取有效的识别措施是银行风险管理的基本要求，银行客户尽职调查的基本要素都应从银行的内控制度与风险管理程序出发，归纳起来包括四个部分：①客户接纳政策；②客户身份识别；③对高风险账户的持续监控；④风险管理。咨询性文件《银行客户尽职调查》对这四个基本要素的细节进行了阐释，并指出客户尽职调查并不是单一静态的环节，而是一个贯穿于银行业务流程各个环节的持续不断、随时根据风险程度变化加以调整的动态过程。[2]

金融机构应该从各项风险管理与防范、审慎经营的角度，加大反恐怖融资和反洗钱工作力度，把反恐怖融资和反洗钱工作与各项具体业务相结合，提高履行反恐怖融资和反洗钱各项义务的能力，深化反恐怖融资和反洗钱工作效果，把本金融机构可能发生的恐怖融资风险和洗钱风险控制在最小范围内。客户尽职调查不仅适用于反恐怖融资和反洗钱工作，在金融机构的信贷业务、产品营销等业务领域也都会涉及客户尽职调查程序。因此，人民银行应指导金融机构将基于反恐怖融资和反洗钱目的而获得的客户信息应用到信贷、营销等其他业务领域，又可将其他业务领域所获得的客户身份信息与反洗钱客户尽职调查资料共享整合，金融机构在需要进行客户重新识别或加强客户尽职调查时，也可从本单位其他部门获取更多的客户信息，从而实现资源合理配置，节约工作成本。[3]

五、持续客户尽职调查

从巴塞尔委员会文件《银行客户尽职调查》的表述来看，客户尽职调查并不是单一静态的环节，而是一个贯穿于银行业务流程各个环节的持续不断、随时根据风险程度变化加以调整的动态过程，即"银行不仅仅应当对客户身份加以认定，而且应当监控账户动态，以判定这些账户的交易是否与客户或账户类别所应有的正常或预期的行为一致"。同时为了提高效率，"在基本要素规定之

---

[1] 何元媛："客户尽职调查在新形势下的挑战和对策建议"，载《时代金融》（中旬刊）2017 年第 12 期。
[2] 郑家庆："金融机构持续客户尽职调查问题探析"，载《武汉金融》2017 年第 1 期。
[3] 郑家庆："金融机构持续客户尽职调查问题探析"，载《武汉金融》2017 年第 1 期。

外的'了解你的客户'程序的强度可以根据风险程度加以裁剪调整"。[1]

金融机构应严格按照《管理办法》的要求，履行重新识别客户身份、开展客户尽职调查的义务，对于需要进行重新识别的客户以及重新识别客户身份中发现的问题，应及时与客户取得联系，对客户新的身份信息进行核实并通过相关手段查实发现的问题。金融机构除了完成对客户的初次识别外，还应在日常为客户办理各项业务、提供各项金融服务中，依据客户各项资料的完整性、时限性、准确性，客户资金交易频率性与资金大小的异常性等，及时通过业务系统或人工方式开展对存量客户的重新识别工作，了解掌握客户最新的身份信息，补充完善并更新各项留存资料，同时对获取的最新信息应采取相关手段进行核实，以便确保更新信息的真实性和准确性。对于没有在合理期限内到银行业金融机构更新身份信息且没有提出合理理由的客户，金融机构应中止为其办理业务。[2]

（一）持续客户尽职调查方法[3]

1. 建立有效的持续尽职调查制度。持续客户尽职调查是客户身份初次识别的延续，金融机构应将其制度化、规范化，针对不同金融产品的适用客户群，在开展现有产品和服务、新兴产品和服务中对潜在的洗钱风险不断进行评估、调整、审查和更新，从而形成一套动态管理制度。其中应包括持续识别的路径、风险响应的程度、评估结果的留存和管理等。

2. 建立基于风险的交易监测方案。金融机构应当建立基于风险的交易监测方案，不仅要能对《金融机构大额交易和可疑交易报告管理办法》中规定的48种可疑情形进行监测，还应当能对办法中未列明的一些交易种类（如复杂交易、异常交易、无明确目的或无实质意义的资金往来）进行主观判断，还应对先前取得的客户身份不符的交易进行重点关注和监测，并根据监测情况决定是否执行可疑交易报告或是否继续予以关注。

3. 重新识别客户身份信息。金融机构应以与客户建立业务关系时所收集的客户身份信息为基础，设定启动重新识别客户身份信息程序的启动点。一旦出现符合启动点的情形，金融机构便可立即对先前收集的客户资料真实性、完整性进行进一步验证、核实，并根据实际情况对客户开展重点交易监测或增强型的尽职调查措施。这些启动点可以设定在当金融机构对客户身份或交易性质产生怀疑时，或是符合《管理办法》第22条所列的7种情形时启动。

---

〔1〕 汤俊："客户尽职调查国际标准的基本要素与我国的实施策略"，载《海南金融》2008年第11期。

〔2〕 邱成晟、陈玉辉、李凌："论银行业金融机构反洗钱工作中的客户尽职调查"，载《福建金融》2010年第1期。

〔3〕 郑家庆："金融机构持续客户尽职调查问题探析"，载《武汉金融》2017年第1期。

4. 增强型客户尽职调查程序。增强型客户尽职调查程序在金融机构认为其客户存在较高恐怖融资和洗钱风险或已经出现可疑交易特征时必须启动。这些情形包括（但不限于）客户大量使用现金交易、交易实际受益人或单位实际控制人难以确定、客户从事洗钱高风险行业或来自洗钱高风险地区、客户资金来源无法核实或难以核实、客户是政界人士或者企业高管等。金融机构一旦对客户身份或交易性质产生怀疑，且在启动客户身份重新识别程序后也不能排除风险时，应当通过各种渠道加强对客户的信息收集，对先前取得的客户身份信息进行重新识别和验证，并向客户或通过其他来源获取更多的信息，同时对客户之前、现在以及将会发生的交易进行更详尽的分析，对确属可疑的，按照规定上报可疑交易。

对高风险等级的客户，金融机构应立即着手对先前取得的客户资料进行验证、核实，并对客户启动重新识别程序。启动客户身份重新识别程序后仍不能排除风险的，金融机构则应立即启动增强型客户尽职调查程序，并对客户交易进行更为详尽的分析，对有合理理由认为客户交易行为可疑的，在及时上报可疑交易信息的同时，对客户持续开展交易监测，又或可直接终止与客户的业务关系。

（二）持续客户尽职调查操作流程

有效的持续客户尽职调查操作流程应将"触发"和"主动"两个理念贯穿其中。"触发"即金融机构要设定启动客户重新识别和增强型客户尽职调查程序的触点；"主动"即金融机构应立足于主观，增强客户尽职调查和交易监测的主动性，并借持续客户尽职调查实现反恐怖融资和反洗钱"主动防御"的目的。[1]

1. 金融机构在与客户建立业务关系并收集客户第一手资料后，应在第一时间综合考虑业务风险、客户性质等因素，对客户进行合理的风险等级划分。

2. 对低、中风险等级的客户，金融机构应对其采取基于风险的常规交易监测，并根据实际情形对取得的客户信息进行验证、核实。如果在常规交易监测过程中发现客户交易行为异常或出现其他可疑情形，金融机构可比照对高风险等级客户的处理方式进行处理。

六、协调各职能部门共同建立综合数据库

目前，虽然一些行政部门提供了利用互联网查询企业信息等功能（如市场

---

[1]　郑家庆："金融机构持续客户尽职调查问题探析"，载《武汉金融》2017 年第 1 期。

监督管理部门的企业信用信息系统等），但是仍不能满足反恐怖融资和反洗钱工作的要求。有关部门应尽快会同军队、公安、海关等相关部门，联合建立一套跨部门的综合身份鉴别信息系统，将军人身份证、户口簿、护照、通行证等有效实名证件信息全部收集到系统内；加强与市场监督管理、通信、公安机关等部门的信息交流共享，为多渠道开展客户尽职调查提供高效、便捷的信息支持系统，整合金融系统内部的信息系统，破除信息孤岛，实现金融机构间信息共享，提高金融机构客户身份识别的准确性。[1]

七、完善相关法律法规

监管部门目前的当务之急是应根据我国目前金融机构和相关部门工作基础和信息准备情况，制定管理办法的工作指引与实施细则：一是指导金融机构制定客户风险评估分级制度；二是协调各相关部门（包括公安、工商、税务、海关等），就有关信息交流与工作协调事宜制定明确规范；三是应当参照美国联邦监管委员会的《银行保密法/反洗钱检查手册》，制定清晰明确的监管检查流程，保证执法与处罚的规范。[2]

● 小　结

从"客户身份识别"到"客户尽职调查"的发展，客观上反映了金融机构监管理念随着时间的推移而发生变化，这两个概念之间既有联系也有区别，不能简单在它们之间画等号，"客户尽职调查"应该看作"客户身份识别"的继承和发展。在我国，尽管"客户身份识别"涵盖了部分"客户尽职调查"的内容，但我们还是应该明确这二者之间的不同。事实上，"客户尽职调查"更能反映当前国际反恐怖融资和反洗钱监管工作及理念发展的新趋势，更能满足日趋复杂的国际反恐怖融资和反洗钱斗争的新要求。

客户尽职调查应贯穿金融机构各项业务的全过程。尽管目前我国在反恐怖融资和反洗钱领域还未明确"客户尽职调查"的提法，但随着众多商业银行实施国际化战略，我国成为 FATF 正式成员，全面遵循和实施相关的国际标准已是大势所趋。目前在《甘肃省银行业金融机构反洗钱工作指导意

---

〔1〕　何元媛："客户尽职调查在新形势下的挑战和对策建议，"载《时代金融》（中旬刊）2017 年第 12 期。

〔2〕　汤俊："客户尽职调查国际标准的基本要素与我国的实施策略"，载《海南金融》2008 年第 11 期。

见（试行）》文件中，已按照 FATF 国际标准要求引入了客户尽职调查措施。[1]

我们不能忽视大数据在反恐怖融资工作中的作用。我国的金融业能够与时俱进迎接大数据时代的机遇，并具备挑战风险的勇气，主要原因在于大数据技术在我国的反洗钱以及其他金融风险应对工作中具有不可估量的挖掘价值和应用前景。除此之外，我们不能忽视大数据对提高客户尽职调查效率的意义。在反恐怖融资工作中，客户身份的识别是客户尽职调查的核心，通过对客户已有信息和关联信息进行研究分析，可以省去人为层面在甄别、分析和判定过程中的重复脑力劳动，有利于金融机构在第一时间准确生成并提交可疑性报告，也可实现了恐怖融资活动的事前预防、事中监控和事后追溯作用，因此能够提高反恐怖融资工作的整体效率和质量。

练习题

一、名词解释

1. 客户尽职调查

2. 客户身份识别

二、判断题

1. 客户身份识别和客户尽职调查是一个概念。

2. 客户尽职调查是金融机构了解客户的第一道程序。

3. FATF 是巴塞尔委员会的缩写。

4. 客户尽职调查本来是一个西方的商务术语，起源于英国。

5. "客户尽职调查"一词比"客户身份识别"一词先出现。

三、单选题

1. 客户身份识别一词首次出现在以下哪个文件中？（   ）

A. 《关于防止利用银行系统用于洗钱的声明》

B. 《FATF 40 条建议》

C. 《古巴协议》

D. 《京东议定书》

2. 客户尽职调查出自以下哪个文件？（   ）

A. 《FATF 40 条建议》   B. 《贷款通则》

C. 《银行客户尽职调查》   D. 《金融机构客户尽职调查》

---

〔1〕 连永先："反洗钱工作中客户身份识别与客户尽职调查的演进"，载《海南金融》2010 年第 12 期。

3. 客户尽职调查的英文缩写是？（　　）

A. CDD　　　　　B. DDC　　　　　C. BBC　　　　　D. FATF

4. FATF 的全称是？（　　）

A. FATF

B. 反恐怖主义行动特别工作组

C. 巴塞尔银行监管委员会

D. 巴塞尔金融行动特别工作组

5. 《40 条建议》由以下哪个机构制定？（　　　）

A. FATF

B. 中国人民银行

C. 世界贸易组织

D. 巴塞尔银行监管委员会

四、多选题

1. 银行客户尽职调查的基本要素都应从银行的内控制度与风险管理程序出发，归纳起来包括哪些部分？（　　　）

A. 客户接纳政策

B. 客户身份识别

C. 对高风险账户的持续监控

D. 风险管理。

2. FATF《40 条建议》中，在第 5～9 项建议中规定了金融机构的客户尽职调查措施，其措施包括以下哪些方面？（　　　）

A. 确定客户身份，并利用可靠的、独立来源的文件、数据或信息来验证其身份

B. 确定受益权人身份，并运用相关手段进行验证，以使该金融机构了解受益权人的身份情况。对于法人和实体，金融机构应采取合理的措施了解该客户的所有权和控制权结构

C. 获得有关该项业务关系的目的和意图属性的信息

D. 获取客户的个人隐私

3. 英国财政部 2007 年 12 月 15 日颁布实施的《英国洗钱监管规定》中提及客户尽职调查的 3 个基本要素。文件中明确指出，客户尽职调查措施应包括以下哪几项？（　　）

A. 识别客户身份，并在通过可靠和独立来源获取的文档、数据或信息基础上核实客户身份

B. 如实际受益人并非客户本人，应识别实际受益人，且应采取充分措施，在风险敏感性基础上，核实其身份，了解实际受益人情况，包括诸如法人、信托或类似法律协议、所有权和控制权等信息

C. 获取关于业务关系目的及其内在本质方面的信息

D. 客户银行账号及个人收入信息

4. 金融机构在下列哪些情况下应实施客户身份尽职调查措施以确定和验证客户身份？（　　）

A. 建立业务关系

B. 进行非经常性交易

C. 有洗钱或恐怖筹资嫌疑

D. 金融机构怀疑先前所获客户身份资料的真实性或充分性。

5. 以下哪些词出自巴塞尔银行监管委员会所制定的巴塞尔协议中？（　　　）

A. 客户身份识别　　　　　　B. 客户尽职调查

C. 客户履约　　　　　　　　D. 客户身份调查

五、简答题

1. 什么是客户尽职调查？

2. 什么是客户身份识别？

3. 客户尽职调查的要素有哪些？

六、论述题

1. 试论客户尽职调查与客户身份识别的关系。

2. 论我国反恐怖融资客户尽职调查面临的问题及解决对策。

3. 试论国外尽职调查要素对我国客户尽职调查要素的启示。

第 八 章

可疑交易报告[1]

【本章导读】

★什么是可疑交易报告？

★可疑交易报告在反恐怖主义融资工作中扮演着什么样的角色？

★我国是如何实施可疑交易报告制度的？

★我国实施可疑交易报告制度有哪些不足之处，应如何进一步完善？

【本章要点】

★可疑交易报告制度概念。

★我国实施可疑交易报告制度的概况。

★完善我国可疑交易报告制度的措施。

第一节　可疑交易报告制度概述

一、可疑交易报告制度概念的界定

（一）学界的界定

对于可疑交易报告制度的概念，学界目前主要有以下几种观点：

1. 从广义和狭义两个层面对可疑交易报告制度进行理解，广义上是指识别并分析提炼涉嫌洗钱的可疑交易过程，狭义上是指分析识别涉嫌洗钱的可疑交易的过程。

2. 认为可疑交易报告制度是金融机构基于中国人民银行制定的相关标准或基于合理怀疑认为进行交易的资金可能来源于犯罪活动时，向中国人民银行报

---

〔1〕 杨晏："从反恐融资角度看我国可疑交易报告制度"，西北政法大学 2017 年硕士学位论文；作者现为西安市未央区人民法院法官助理，于 2017 年在导师王永宝教授指导下完成了该论文，因专业所需，特将之选编为本教材其中一章。

告的制度。[1]

3. 主张可疑交易报告制度是指在金融交易中，通过对客户身份信息、交易信息、资金信息等内容的收集、分析，结合相关规定和实践经验，提取可能涉及洗钱行为或有洗钱犯罪线索交易的过程。[2]或者将可疑交易报告制度视作中国人民银行通过对信息情报监控而遏制洗钱犯罪的基础性手段。

上述对该制度的界定有一定的合理之处，但均将报告主体仅限定为金融机构，将运用范围仅限定在反洗钱领域，将怀疑对象限定为可能来源于犯罪活动的资金则值得商榷。而该制度的报告主体、运用范围及怀疑对象范围到底如何，笔者将在下文"（二）FATF 的相关规定"中详细阐述。

（二）FATF 的相关规定

FATF 制定《40 条建议》《反恐融资 9 条特别建议》对于可疑交易报告制度有明确规定，虽然 2012 年 FATF 对前述规定进行了修订并重新发布，但其修订的核心内容是将范围从洗钱和恐怖主义融资扩展至核扩散领域，对可疑交易报告制度未做大的修改，因此对可疑交易报告制度的理解仍可以 2003 年的《40 条建议》及 2004 年的《反恐融资 9 条特别建议》为基础进行理解。

《40 条建议》第 13 条规定："如果金融机构有合理理由怀疑资金来源于犯罪收益或与恐怖主义融资活动有关，应当按照法律或条例要求，立即直接向金融情报中心报告。"第 16 条规定："建议第 13 条中的规定适用于所有特定的非金融行业和专业服务领域，当律师、公证人、其他独立法律专业人士和会计师代表客户或为客户从事与建议第 12 条（d）中描述的活动有关的金融交易时，应按照要求报告可疑交易；当贵金属和宝石交易商与客户的现金交易额达到或超过规定下限时，应当按照要求报告可疑交易；当信托和公司服务提供者代表客户或者为客户从事与第 12 条（e）中提及的活动有关的交易时，应按照要求报告可疑交易。"《反恐融资 9 条特别建议》第 4 条规定："具有反洗钱义务的金融机构、其他企业或组织，一旦怀疑或有正当理由怀疑某笔资金将用于恐怖主义、恐怖活动或恐怖组织，或者与之有关联，则要求他们立即将该疑点上报主管部门。"[3]

从 FATF 的相关规定来看，对该制度界定至少应从如下几个方面理解：①从报告主体上看，不仅应当包括金融机构，还应当包括具有反恐融资义务的特定非金融机构、其他企业或组织。②从运用范围上看，可疑交易报告制度不仅是

---

〔1〕　张晓丽："我国商业银行可疑交易报告法律制度研究"，西南大学 2015 年硕士学位论文。

〔2〕　张成虎：《反洗钱中的可疑金融交易识别》，经济管理出版社 2013 年版，第 29 页。

〔3〕　俞光远主编：《反洗钱的理论与实践》，中国金融出版社 2006 年版，第 692 页。

反洗钱的重要手段，也是反恐融资的有力举措，将该制度的运用范围仅限于反洗钱领域不利于对可疑交易报告制度的充分利用。③从报告客体上看，不仅应当包括可能涉及洗钱或者能提供相关洗钱犯罪线索的交易，还应包括可能与恐怖主义融资活动有关的交易；不仅应当包括在金融机构的可疑交易，还应当包括房地产买卖，资金、证券或其他资产管理，银行、储蓄或证券账户管理，法人实体的创立、运作或管理，商业实体买卖等过程中的可疑交易。

2007 年我国成为 FATF 的正式成员，在反恐融资工作中遵从其制定的"40 + 9条建议"之规定，因此，对于可疑交易报告制度的界定也应遵循FATF 的前述规定，不应将运用范围仅限定在反洗钱领域，将报告主体仅限定为金融机构，将怀疑对象限定为可能来源于犯罪活动的资金。

综上所述，可以将可疑交易报告制度理解为负有反洗钱和反恐融资义务的金融机构、特定非金融机构、其他企业或组织，根据相关指标或基于合理怀疑，对涉嫌洗钱、恐怖主义融资活动的可疑交易，进行识别、分析并报告给主管部门的制度。

二、可疑交易报告制度对反恐融资的意义

毫无疑问，可疑交易报告制度是反恐融资的重要手段，发挥着不可替代的作用。具体可以从以下三方面进行理解：

1. 切断恐怖主义融资渠道。通过可疑交易报告制度对可疑交易进行筛选识别，能够有效切断恐怖主义资金来源，使得恐怖组织和恐怖分子无法通过金融交易募集和转移资金。例如，英国在 2010 年 1 月 7 日反洗钱短期调研阶段性报告中介绍了这样一个典型的案例，某国的金融情报中心收到其国内一家银行的可疑交易报告，报告指出邻国的一个客户在该行开设了银行账户，资料显示几家欧洲的公司都属于该客户管理，这个客户以前述欧洲公司的名义向银行申请贷款、数额巨大，申请用途为购买该客户所在国的豪华酒店，银行因对交易有所怀疑而没有批准，最后通过金融情报中心调查发现，受该客户操作的将贷款用于购买豪华酒店的几家公司之中，有一家公司将紧接着被另一个国家的个人收购，而该个人及其家族被怀疑与恐怖组织有关联。[1]因涉密和隐私保护的原因，该调查虽未能公布该案中的国家和相关组织具体名称，但仅分析案情仍旧可以发现，正是因为银行严格执行了可疑交易报告，采取不批准贷款措施的同

---

[1] "洗钱与恐怖主义融资案例精选"，载百度文库，http://wenku.baidu.com/link? url = uEvEhy1，最后访问时间：2017 年 3 月 1 日，原网址为 FATF 官方网站：www. FATF – fafi. org。

时向金融情报中心报告，才使得该笔贷款没有流向恐怖组织。

2. 情报提供。如前所述，恐怖组织或恐怖分子通过金融机构和特定非金融机构，以合法生意、社交活动或慈善捐助作掩护进行资金募集或资金转移，单笔金融交易所涉金额往往较小，加之专业性较强，侦查机关往往难以通过自侦发现，而贯彻落实可疑交易报告制度，通过相关机构内部系统发现可疑交易，提炼涉恐融资活动的情报，进而锁定恐怖主义融资犯罪和恐怖主义犯罪，为公安机关和国家安全机构追查恐怖主义融资犯罪提供情报线索。例如，英国在2010 年 1 月 7 日反洗钱短期调研阶段性报告中还记载了这样一个案例（因涉密和隐私保护未公布相关国家和组织的名称），某国国内的一家金融机构有这样一个个人客户，他的年收入仅为几万美金，但有一年其账户资金交易额猛增至几十万美金，经工作人员调查得知该客户并非真实存在的个人，用于开设账户的身份系伪造，银行制定了可疑交易报告并向侦查机关移送，后侦查机关通过侦查发现，前述账户与国外一家慈善机构存在关联，被伪造的账户是用来为恐怖组织存储、筹集恐怖资金的。[1]该案表明，正是因为可疑交易报告为侦查机关提供了情报线索，才使得侦查机关发现犯罪分子通过慈善组织进行诈骗，向恐怖组织提供资金的罪行。

3. 证据支持。报告主体提交的可疑交易报告，能够在涉恐融资类犯罪的刑事诉讼过程中，作为书证提供证据支持，帮助检察机关和审判机关查明犯罪事实，对恐怖分子进行定罪量刑。从我国《刑事诉讼法》的相关规定可以发现，书证在我国刑事诉讼中有着重要地位，该法第 48 条将书证列为法定证据的一种，其顺序仅次于物证。恐怖主义融资犯罪作为一种金融犯罪，通常不会像传统刑事犯罪那样留下痕迹、血迹、凶器等物证，物证能够发挥作用的空间十分有限，但恐怖分子进行融资活动过程中会产生大量的交易文件，且能够以其特有的固定形态将案件事实固定，文件毁损风险较小，是查明犯罪事实的关键突破口之一。可是，要在浩如烟海的金融交易文件中寻找能够证明恐怖分子进行恐怖主义融资活动的证据难度较大，加之专业性较强，加大了司法工作人员提取有效证据的难度。而可疑交易报告能够克服这一困难，其呈现的是涉恐融资活动可疑交易的分析结果，无需司法工作人员在大量的交易文件中二次提取有效信息，并且来源合法、形式确定，加之报告主体在刑事诉讼过程中与犯罪嫌疑人无直接利害关系，真实性和客观性较强，是涉恐融资案件中证明恐怖分子犯罪事实的有力证据。从目前我国公布的司法裁判来看，虽然尚未公布恐怖主

---

〔1〕 "洗钱与恐怖主义融资案例精选"，载百度文库，http：//wenku. baidu. com/link? url = uEvEhy1，最后访问时间：2017 年 3 月 1 日，原网址为 FATF 官方网站：www. FATF - fafi. org。

义融资犯罪的司法裁判案例，但从公布的洗钱犯罪裁判案例来看，可疑交易报告为查明犯罪事实提供了有力的证据支持，如林某某犯洗钱罪一案中，人民法院将农业银行建瓯支行关于林某某可疑资金交易报告作为定案证据使用，[1]对于案件的定罪量刑起到了很大的帮助作用。

第二节　我国可疑交易报告制度的现状

一、我国可疑交易报告制度的立法情况

（一）立法概况

关于我国可疑交易报告制度的立法，可以 2003 年、2007 年和 2016 年为节点分为三个阶段。

1. 2003 年至 2006 年，是我国可疑交易报告制度的确立阶段，对于反恐融资仅有零星的规定，对可能为恐怖主义融资活动的交易未明确的规定相关机关的报告义务。

2003 年 1 月，我国颁布了《人民币大额和可疑支付交易报告管理办法》和《金融机构大额和可疑外汇资金交易报告管理办法》（以下简称 2003 版《管理办法》），初步建立了可疑交易报告制度，对反恐融资仅有零星的规定，将恐怖活动严重地区相关交易列为可疑交易的情形。2006 年《反洗钱法》从法律层面将可疑交易报告制度作为反洗钱的基本制度之一，但未规定反恐融资的内容；同年 11 月的《金融机构大额交易和可疑交易报告管理办法》（以下简称 2006 版《管理办法》）对可疑交易报告制度进一步完善，明确了报告标准、工作流程，理念上从注重合规向注重风险转变，将可能与恐怖活动有关的交易列为规定为需要报告的情形之一。

2. 2007 年至 2015 年，是我国可疑交易报告制度的发展阶段，对涉嫌恐怖主义融资活动的可疑交易报告作了较为详尽的规定。

2007 年 6 月颁布的《金融机构报告涉嫌恐怖主义融资的可疑交易管理办法》（以下简称 2007 版《管理办法》）首次较为全面地将反恐融资的内容纳入可疑交易报告制度体系中，对恐怖主义融资进行了列举式界定，明确规定了反恐融资的主管机构、报告主体、报告方式和涉恐融资的可疑交易标准。2009 年 4 月，

---

[1]　《建瓯市人民法院林某某犯洗钱罪一审刑事判决书》，载无讼案例，http：//www.itslaw.com/detail? judgementId = ad，最后访问时间：2017 年 3 月 1 日。

央行发布指引，将对恐怖主义融资活动可疑交易报告的报告主体扩大到中国银联，赋予农信银、城商行两个资金清算中心监督权，明确了报告流程。2010 年 2 月，央行下发通知，要求金融机构全面提高可疑交易报告质量，建立健全合规管理策略和工作流程，将"风险为本"的理念运用到金融机构承担的法律责任上，规定对特定类型的恐怖主义融资活动进行重点监测，并确定专人负责反恐融资监控名单的维护工作。2012 年 3 月发布的《支付机构反洗钱和反恐怖主义融资管理办法》将"风险为本"监管理念正式运用到可疑交易报告制度中，明确了支付机构建立反恐融资内部控制制度的义务，并设计了应当包括的内容。2014 年 1 月发布的《涉及恐怖活动资产冻结管理办法》将报告主体进一步扩大到特定的非金融机构，并将报告涉嫌恐怖主义融资活动的可疑交易规定为其法定义务。2014 年 3 月央行下发有关通知，要求金融机构和支付机构更新业务系统数据库中的恐怖人员名单，并与公安部发布的名单进行核实。

3. 2016 年至今，是我国可疑交易报告制度的完善阶段，实现了从规则性监管到原则性监管的转变。

2016 年 12 月修订了《金融机构大额交易和可疑交易报告管理办法》（以下简称 2016 版《管理办法》），从法律制度上对可疑交易的监管实现了从规则性监管到原则性监管的转变。[1]结合《反恐怖主义法》，在可疑交易报告制度中细化了反恐融资的内容，将涉恐融资交易的报告方式扩大到书面形式，强调了金融机构的反恐融资义务，并增加了对涉恐人员名单开展实时监测、对金融机构对其制定的监测标准有效性负责的内容。

（二）立法内容分析

可疑交易报告制度中关于反恐融资的内容，从立法主体来看，主要由中国人民银行进行立法；从立法形式来看，主要是部门规章；从立法趋势来看，越来越具有灵活性；从立法内容来看，笔者将现行立法对我国可疑交易报告制度的规定，总结为以下几方面内容：

1. 界定了恐怖主义融资。2007 版《管理办法》对"恐怖主义融资"进行了列举式界定，将恐怖组织、恐怖分子占有、使用、募集资金或财产，为了恐怖组织、恐怖分子实施前述活动，以资金或财产形式协助恐怖主义活动，为恐怖主义活动实施而占有、使用、募集资金或财产四类行为界定为恐怖主义融资行为。

2. 明确了主管部门职责。2004 年开始由中国人民银行进行一体化监管，包

---

[1] 李云飞、董迪："可疑交易报告制度：规则监管转向原则监管"，载《检察日报》2017 年 2 月 13 日，第 3 版。

括对相关机构执行情况的监督检查，也包括对可疑交易活动本身的监测；制定反恐融资的规定及指引，发布风险提示和风险评估报告，对未履行反恐融资义务的相关机构进行处罚，对发现的可疑交易进行调查，调查可以采取询问工作人员、查阅复制相关资料等方式进行。下设反洗钱监测分析中心，负责接收、分析相关机构提交的涉恐融资可疑交易报告，发现存在误报或漏报情况的，通知有关机构在限定时间内补正。

3. 确定了报告义务主体。随着恐怖主义融资活动波及的范围不断扩大，可疑交易的报告主体也随之不断调整。从我国现行规定来看，对涉恐融资可疑交易报告主体未能统一规定，飘忽不定。目前确定负有恐怖主义融资活动可疑交易报告义务的主体有以下六类：一是政策性银行、商业银行、农村合作银行、农村信用社、村镇银行；二是证券公司、期货公司、基金管理公司；三是保险公司、保险资产管理公司、保险专业代理公司、保险经纪公司；四是信托公司、金融资产管理公司、企业集团财务公司、金融租赁公司、汽车金融公司、消费金融公司、货币经纪公司、贷款公司；五是从事汇兑业务、支付清算业务和基金销售业务的机构；六是中国人民银行确定并公布的应当履行反洗钱义务的从事金融业务的其他机构。[1]

4. 规定了可疑交易报告的提交方式。在法律法规规定的"总对总"模式下，涉恐融资可疑交易报告方式主要有两种：一是电子形式，二是书面形式。一般情况下以电子方式报送，特殊情况下使用书面形式，如 2016 版《管理办法》规定，可疑交易明显涉嫌恐怖主义融资等犯罪活动的，可以书面或电子形式报告。

5. 明确了可疑交易标准。根据 2016 版《管理办法》的规定，我国可疑交易报告制度的可疑交易标准由客观标准和主观标准两部分组成。客观标准由金融机构本机构制定，内容可以包括客户相关资料和交易相关信息等，同时应当参考中国人民银行及其分支机构、公安机关、司法机关等发布的相关规定、指引、风险评估结论、本机构的风险评估结论等因素。中国人民银行在 2006 版《管理办法》中列举了 3 种金融机构共计 48 种应当报告的情形，并要求进行主观分析。主观标准分为两个方面：一是对监测系统筛选出来的交易需要进行人工分析识别；二是工作人员的合理怀疑，包括对客户、客户交易对手及交易本身的怀疑。

就涉恐融资的可疑交易而言，在适用前述标准的同时，2007 版《管理办

---

〔1〕 "金融机构大额交易和可疑交易报告管理办法答记者问"，载微口网，http://www.vccoo.com，最后访问时间：2017 年 3 月 1 日。

法》还列举了 7 种情形，简而言之，即客户或交易凡与恐怖主义存在关联的，都应提交可疑交易报告；另外，关于涉恐融资客户和交易对手，该办法还列举了 4 种相关名单类型，即政府机关、司法机关、中国人民银行、国际组织发布或要求关注的名单。

6. 明确了违规操作的法律责任。关于未按规定报送可疑交易报告的法律责任，我国规定了责令限期改正，罚款，向银监会、证监会、保监会提出处罚建议等处罚措施。

7. 采用"风险为本"方法。"风险为本"是指根据恐怖主义融资风险的高低配置资源，并采取相应的措施。2010 年我国开始了"风险为本"的尝试，将"风险为本"作为合理确定金融机构应负法律责任的方法之一。2012 年我国正式确定了"风险为本"的方法，规定支付机构应当根据客户来源和交易特征评定其风险等级，风险等级不同采取的措施也不同，对于风险级别高的客户需要持续监测、定期审核。除此以外，我国可疑交易报告制度还规定了报告主体建立健全内部控制制度、对相关信息保密等方面的义务。

二、我国可疑交易报告制度的实践情况

从实践情况来看，经历十余年的发展，我国已经搭建起全面覆盖的可疑交易报告制度，该制度在我国得到了一定程度的贯彻落实。

（一）主管部门积极履行可疑交易监管、追查职责

主管部门积极履行可疑交易监管、追查职责，中国反洗钱监测分析中心发挥的作用越来越大。从中国人民银行公布的近 5 年《反洗钱调查及案件查处总体情况》来看，2011 年中国人民银行发现和接收洗钱案件线索 8585 起，对其中 1593 起展开调查 7803 次，向公安机关报案 595 起，侦查机关针对报案线索立案 146 起；中国反洗钱监测分析中心向相关机关移送可疑交易线索 56 份。2012 年中国人民银行发现和接收洗钱案件线索 4800 起，对其中 530 起展开调查 2235 次，向公安机关报案 490 起，侦查机关针对报案线索立案 100 起；中国反洗钱监测分析中心向相关机关移送可疑交易线索 87 份。2013 年中国人民银行发现和接收洗钱案件线索 4854 起，对其中 473 起展开调查 3832 次，向公安机关报案 474 起，侦查机关针对报案线索立案 168 起；中国反洗钱监测分析中心向相关机关移送可疑交易线索 165 份。2014 年中国人民银行发现和接收洗钱案件线索 4940 起，筛选后对其中 604 起展开行政调查，向公安机关报案 866 起；中国反洗钱监测分析中心向相关机关移送可疑交易线索 282 份、通报 134 份。2015 年中国人民银行发现和接收可疑交易报告 5893 起，筛选后展开行政调查的有 764 起；中

国反洗钱监测分析中心向相关机关移送可疑交易线索 186 份、通报 402 份。[1]

（二）负有报告义务的机构，总体上能够履行可疑交易报告义务

报告主体通常的做法是，采用系统自动甄别和人工分析补录相结合的方式，首先由反洗钱监控系统对业务系统所有的交易日志进行扫描，系统会根据量化指标参数将异常交易数据进行自动提取，并导入监控系统；再由柜台人员登录前述监控系统，对系统自动提取的数据进行人工识别和分析，同时对符合可疑交易标准而提供未自动提取的数据进行补录；[2]然后将确定为可疑交易的数据提交反洗钱操作人员，由其再次审核后进行层层上报，对涉嫌恐怖主义融资的可疑交易进行重点上报。但各个银行做法存在一定差别，如中信银行监测系统以客户为基础进行识别，交通银行则以组织机构代码或身份证号进行识别。

（三）对"风险为本"的方法运用较好

根据中国人民银行公布的《反洗钱监督总体情况》来看，2013 年中国人民银行对 992 家金融机构（含 450 家法人机构）展开了风险评估，结果显示各机构能够积极适用《金融机构反洗钱风险评估标准》，并结合实践进一步完善洗钱风险评估机制，评估标准的适用性不断被提高。[3]2015 年已基本形成地区洗钱风险评估、人民银行对义务机构的风险评估、义务机构风险自评估的三层架构。风险评估结果在开展差别化分类监管、确定现场检查对象、选择使用监管措施、指导设计整改方案以及完善可疑交易监测指标等方面得到了广泛运用。[4]

（四）取得了一定的实际效果，但存在诸多不足

从前述中国人民银行、中国反洗钱监测分析中心发现、接收或移送的可疑交易报告数量，及公安机关立案、破案追究的数量来看，我国可疑交易报告制度取得了一定的成效，但也存在报告数量大但有效性不足、报告主体参与动力不足、防御型报告行为严重、对可疑交易的识别过度依赖客观识别系统、主观分析不足、机构之间协调配合不够等问题，详细情况将在本章第三节进行介绍，并在第四节提出具体解决措施。

（五）重点关注恐怖主义融资问题的时间较晚

需要说明的是，从对恐怖主义融资活动的监测来看，制度侧重于对包含恐

---

〔1〕 "反洗钱调查与案件查处：年度总体情况"，载中国人民银行官网，http：//www. pbc. gov. cn/fanx-iqianju/135153/135178/index. html，最后访问时间：2017 年 2 月 25 日。

〔2〕 韩晓蕾："网上银行业务可疑交易报告现状及对策建议"，载《金融经济》2014 年第 10 期。

〔3〕 "2013 年反洗钱监督管理总体情况"，载中国人民银行官网，http：//www. pbc. gov. cn/fanxiqianju/135153/135163/135169/2807831/index. html，最后访问时间：2017 年 2 月 25 日。

〔4〕 "2015 年反洗钱监督管理总体情况"，载中国人民银行官网，http：//www. pbc. gov. cn/fanxiqianju/135153/135163/135169/3137442/index. html，最后访问时间：2017 年 2 月 25 日。

怖主义融资活动在内的整体洗钱活动的监测，而开始重点关注恐怖主义融资问题的时间较晚。根据中国人民银行发布的最近 5 年（2011～2015）《反洗钱调查与案件查处总体情况》和《反洗钱监督管理总体情况》，2011 年至 2015 年期间，可疑交易报告制度对于恐怖主义融资活动的监测自 2015 年才开始有数据，此前几年均无反恐融资方面的数据记载；2015 年中国人民银行及其分支机构发现和接收可疑交易报告 5893 份，对其中 764 件展开了行政调查，协助侦查机关调查涉嫌洗钱案件 1494 起，其中涉恐案件 338 起；中国反洗钱监测分析中心 2015 年向国内有关部门移送可疑交易线索共 186 份、通报可疑交易 402 份，其中移送和通报的涉恐融资可疑交易线索 140 份。[1] 从《反洗钱监督管理总体情况》来看，2015 年积极运用可疑交易报告质量和数量的变化情况、可疑交易监测和洗钱类型分析结果、恐怖主义融资活动案件线索，切实提高了可疑交易报告数据质量，坚守住了不发生系统性和区域性金融风险的底线。[2] 以上数据表明，可疑交易报告制度对于恐怖主义融资活动的重点监测时间虽然较晚，但不可忽视其对于反恐融资、切断恐怖主义资金来源的重要作用。

三、以 FATF 标准来看我国可疑交易报告制度

FATF 颁布的《反洗钱 40 条建议》形成了进行反洗钱斗争的最低标准，通过 2001 年、2003 年、2004 年的修订，加入了反恐融资的内容，形成了《40 条建议》和《反恐融资 9 条特别建议》，是反洗钱和反恐融资的权威性文件。2012 年 FATF 重新修订并发布了《打击洗钱、恐怖主义融资、扩散融资国际标准的 40 条建议》，取代了原来的《40 条建议》和《反恐融资 9 条特别建议》，从修订内容来看：一是在原有建议基础上进行拆分或合并；二是对原来规定的内容进行了部分文字表述的修订；三是增加了一些新的要求，例如，将税务犯罪作为洗钱的上游犯罪[3]，将反洗钱、反恐融资的主管部门扩大，明确了风险为本方法的实施、防止扩散融资等。对于可疑交易报告制度，基本沿用原来的规定。因此，看我国可疑交易报告制度是否符合 FATF 规定的国际标准，可以原来的《40 条建议》和《反恐融资 9 条特别建议》规定的标准作为依据。

FATF 不仅制定反洗钱和反恐融资的通用标准，还会对各国执行 FATF 建议

〔1〕　"2015 年反洗钱调查及案件查处总体情况"，载中国人民银行官网，http：//www. pbc. gov. cn/fanx-iqianju/135153/135178/135227/3137410/index. html，最后访问时间：2017 年 2 月 25 日。

〔2〕　"2015 年反洗钱监督管理总体情况"，载中国人民银行官网，http：//www. pbc. gov. cn/fanxiqianju/135153/135163/135169/3137442/index. html，最后访问时间：2017 年 2 月 25 日。

〔3〕　查宏："FATF 新标准的变化"，载《金融会计》2014 年第 5 期。

的情况进行评估，每条建议都有四个评价等级，合规、基本合规、部分合规、不合规。合规即建议所有基本标准都得以完全遵守；基本合规即仅有少量缺陷，绝大部分基本标准得以完全遵守；部分合规即该国已采取实质性行动，并已遵守部分基本标准；不合规是指存在严重缺陷，绝大部分标准未得以遵守。极少数情况下，某条建议也会别评为不可行，即某项建议在该国不适用。

2007 年 FATF 对我国洗钱与反恐融资工作进行了评估并出具了评估报告，涉及可疑交易报告制度的相关建议，总体来看属于基本合规，即遵守了绝大部分 FATF 的基本标准，有少量缺陷。[1]近几年，通过立法和实践的努力，对不足之处进行了一定的完善，2012 年我国成为 FATF 第 13 个达标国家就是一个很好的例证。[2]但 2007 年 FATF 指出的某些缺陷仍然存在，结合最新立法和实践笔者将具体情况总结如下：

（一）制度设计和执行"基本合规"

如前所述，我国可疑交易报告制度自 2003 年建立，经过多次调整和完善，立法明确了主管部门的职责、报告提交的方式、报告标准、法律责任及风险文本的方法等方面的内容，实践中也得到了较好的贯彻执行，主管部门能够积极履行管理职责、报告主体总体上能够履行报告义务、较好地运用了"风险为本"的方法，从中国人民银行公布的监督管理总体情况和调查与案件查处情况来看，也取得了一定的实际效果，"基本符合"FATF 的标准。结合 2007 年 FATF 对于我国洗钱与反恐融资工作的第三次评估报告指出的不足来看，我国可疑交易报告制度还存在整体上有效性不足、汇报机构缺乏主观上的判断的问题，并建议我国执行一个更为主观的可疑交易报告制度，将汇报义务主体范围扩大。

（二）机构保障"基本合规"

1. 金融情报机构。我国是中国反洗钱监测分析中心，成立于 2004 年，成立后在短时间内接收了大量的可疑交易报告，被 FATF 评价为"基本合规"。但存在未配置足够的人力资源来处理海量的可疑交易报告、其他部门信息共享机制不完善的不足。FATF 在对于中国洗钱与反恐融资工作的第三次评估报告中指出中国应当考虑如何对提交的大量的可疑交易报告进行有效处理、如何完善获得其他部门掌握信息的途径。

2. 执法机构。公安机关和国家机关是我国负责对可疑交易进行追究的执法机关，FATF 对其评价是"基本合规"。公安部的反恐融资局负责与恐怖主义融资活动相关的一般犯罪的侦查，危及国家安全恐怖活动及相关犯罪的由国家安

〔1〕 何萍：《洗钱与反洗钱动态研究》，法律出版社 2012 年版，第 225～262 页。

〔2〕 王新：《反洗钱：概念与规范诠释》，中国法制出版社 2012 年版，第 186 页。

全机关负责，总体运行良好。但打击重点仍在传统犯罪上，在恐怖活动犯罪的资金上集中打击力度不够，为此 FATF 建议我国应当确保执法机构对于恐怖主义融资活动本身进行重点打击，而不仅限于与之有关的传统犯罪，从而提高可疑交易报告制度的有效性，可以考虑整理一个综合多部门职责的专门工作小组。另外，执法机构与检察机关之间的合作需要加强。

3. 可疑交易报告机构。我国报告主体在可疑交易报告制度执行上被 FATF 认为"部分合规"。在执行过程中的保密义务、对金融机构的指导方面被评为"合规"，对违法行为的处罚方面存在一定不足，而最大的不合规是没有明确特定非金融机构的范围，FATF 指出我国没有将可疑交易汇报义务范围扩展到特定非金融行业和职业，如律师、房产公司、公证员及公司服务提供者等。

（三）配套措施"部分合规"

从我国可疑交易报告制度的配套措施上看：一是内部控制制度，被认为"部分符合"FATF 的标准，FATF 指出在我国反洗钱和相关规章中没有明确要求金融机构维持一个具有独立审计职能且资源充分的机构，以监测是否符合反恐融资的内部控制制度。二是从冻结和没收涉恐资产上，被认为"不符合"FATF 要求，主要在于没有规定对善意第三人的适当保护。三是对违规操作的处罚上，被认为"部分合规"，对于违规行为《反洗钱法》规定的处罚较轻，规定了针对轻微违规的处罚，但对重大违规行为的处罚规定有所缺失。

（四）国际合作"基本合规"

我国与许多国家进行了情报交流、联合执法和帮助调查，签署了 40 余项合作协议、缔结了 70 余个谅解备忘录，总体上符合 FATF 规定的国际标准，但最大的不合规之处在于中国反洗钱监测分析中心至今仍不是恩格蒙特的成员。

第三节　我国可疑交易报告制度存在的问题

一、制度设计上存在的问题

（一）对报告主体范围界定不清

报告义务主体是指负有向主管机关报告涉嫌恐怖主义融资活动的机构和个人。从我国现行立法来看，对涉恐融资的可疑交易的报告主体范围界定不清，主要表现以下两个方面：

1. 对报告主体范围规定不统一。2006 版《管理办法》及 2007 版《管理办法》将涉恐融资可疑交易报告主体规定为"金融机构及从事汇兑、支付清算、基金销售业务的机构"，2009 年制定的《银行卡组织和资金清算中心反洗钱和反恐怖融资指引》将"中国银联"纳入报告主体范围，2010 年发布的《关于明确可疑交易报告制度有关执行问题的通知》又将报告主体限定为"金融机构"，2012 年制定的《支付机构反洗钱和反恐怖主义融资管理办法》将"取得支付业务许可证的非金融机构"纳入报告主体，2014 年制定的《涉及恐怖活动资产冻结管理办法》将报告主体规定为"金融机构和特定的非金融机构"，2016 版《管理办法》将报告主体再次限定为"在中华人民共和国境内依法设立的下列金融机构"。

从以上规定来看，我国关于涉恐融资可疑交易报告主体的规定，一直处于反复变化的不确定状态，且以上规定均为中国人民银行制定的部门规章，具有同等效力，无法按法律位阶确定效力大小。再看它们的上位法律，《反洗钱法》将报告主体规定为"金融机构和特定非金融机构"，但仅限于涉嫌洗钱活动的可疑交易报告，不包括恐怖主义融资活动。金融机构是涉恐融资可疑交易报告主体确定无疑，但特定非金融机构是否包括在内，立法反复变化未加以确定。

2. 缺乏对特定非金融机构的界定。我国立法不仅未确定特定非金融机构是否属于涉恐融资可疑交易报告主体，还缺乏对特定非金融机构的界定。

迄今为止，除了 2009 年制定的《彩票管理条例》将彩票发行机构、彩票销售机构，以及 2010 年发布的《支付机构反洗钱和反恐怖融资管理办法》针对取得支付业务许可证的非金融机构，列入负有提交可疑交易报告的义务主体外，对其他"特定非金融机构"具体范围现行有效的法律界定仍为空白。2016 版《管理办法》第 2 条虽然对报告主体范围进行了兜底性规定，但仍将此类机构限定为在中国境内依法设立的金融机构；第 25 条将非银行支付机构、从事汇兑业务和基金销售业务的机构纳入该办法适用范围，但简单列举式规定无法涵盖"特定非金融机构"的全部内容。

（二）对可疑交易监测标准规定存在疏漏

2016 年 12 月，我国发布了 2016 版《管理办法》，不再制定具体的可疑交易标准，而是运用一般性、抽象性的原则指导金融机构，[1] 将具体监测标准的制定权限交由各金融机构，由金融机构自行制定并对其有效性负责，列举了应当包括的内容和应当参考的因素，从立法上达到了规则监管向原则监管的转变，这是一大进步，但存在的问题同样不可忽视。

由各金融机构独立开发监测系统，因各机构的操作习惯、技术水平、发展

---

〔1〕 李云飞、董迪："可疑交易报告制度：规则监管向原则监管"，载《检察日报》2017 年 2 月 13 日，第 3 版。

状况的差异，所开发的监测系统在智能程度和识别模式往往会存在一定的差别，例如，中信银行的监测系统以客户为标识，根据资金划转频率、金额来甄别大额交易和可疑交易；中国银行将可疑交易按照交易主体归类到同一客户下，每一个客户生成一个案例，系统自动赋予该案例一个案例号，每个案例都有诸如特征码、可疑程度、采取措施、可疑行为描述等信息；交通银行以组织机构代码或身份证号码对客户进行有效识别并筛选，即使客户在交行不同分支机构办理业务，账户不同，总行也可以对该客户所有业务信息进行分析甄别；建设银行以身份证号码区别对私客户进行识别、筛选，交易机构和开户机构按照缺少要素分别补录后，由开户机构确认并报告。[1]这样一来，可能会造成同一交易行为在不同的监测系统下出现截然不同的结果，在这一机构的监测系统中被视为正常交易，而在另一机构的监测系统中则被视为可疑交易。

因此，中国人民银行将监测标准的制定权限交由各金融机构的同时，也应保证一定程度的统一监管，而2016版《管理办法》将其发布的反恐怖主义融资规定、指引、评估报告等内容列为金融机构制定监测标准时应当"参考"的因素。"参考"一词在《现代汉语词典》中的含义为"查阅、利用有关资料帮助学习、研究或了解"，如此一来，中国人民银行发布的规定、指引及风险提示等内容对各金融机构的约束力会大大降低，各金融机构是否进行了参考无法直接体现，有很大的主观解释空间，即使存在不符合规定的情况，也完全可以说进行了参考。

（三）对违规操作的制裁措施不够科学

2007版《管理办法》第11条规定，对违规操作的金融机构，中国人民银行依据《反洗钱法》第31条、第32条予以处罚，区别不同情况建议证监会、银监会、保监会采取责令停业整顿、吊销营业执照、取消相关人员任职资格、禁止相关人员从事金融工作和责令金融机构对相关责任人进行纪律处分的措施。2016年中国人民银行对该《办法》进行了修订，取消了反洗钱主管部门对证监会、银监会、保监会的建议措施，仅剩中国人民银行依据《反洗钱法》规定予以处罚。但无论是2007年规定的制裁措施，还是2016年修订实施的制裁措施，均存一定不足。

1. 制裁模式单一，仅规定了责令限期改正、罚款、责令停业整顿、吊销营业执照等传统处罚措施，缺乏对互联网时代新型制裁方式的利用。

2. 处罚标准单一，金融机构违规操作的行为仅按照未按规定报送、情节严

---

〔1〕　王卫红："关于当前我国商业银行可疑交易报告机制问题的研究"，载《中国总会计师》2011年第4期。

重、情节特别严重的客观后果标准进行处罚，而实践中违规操作情形可能千姿百态，有因过失发生的，也有故意而为之的，需要区别对待。

3. 处罚范围有限，如仅依据《反洗钱法》的关于法律责任的规定，则将处罚范围限定在了未按规定报告情形，对金融机构未对可疑交易进行监测、未配备专业人员等方面的法律责任则被排除在外；此外，为了预防"防卫型报告"行为，2016 版《管理办法》规定了金融机构对其监测标准的有效性负责，但却未规定监测标准失效的法律责任。

（四）对金融消费者隐私权保护不足

《反洗钱法》和《金融机构大额交易和可疑交易报告管理办法》规定了金融机构对涉恐融资的可疑交易提交报告的义务，但我国《消费者权益保护法》也规定了经营者负有保护消费者隐私的义务，金融机构在履行报告义务和保护消费者个人信息上存在义务冲突，涉及公法义务与私法义务之间的平衡，从客户角度来看存在社会利益、国家利益和私人利益之间的冲突。面对打击恐怖主义融资活动和维护国家安全的公共利益，金融消费者个人应在一定范围内允许相关部门为了公共利益查看其个人信息。为了弥补金融消费者个人隐私为公共利益的所做的牺牲，前述法律规定了金融机构的保密义务，以达到个人利益和公共利益的平衡，但对金融消费者隐私权的保护仍有不足。

1. 从金融领域的相关立法来看，对于金融消费者隐私权的保护几乎都是一些原则性、笼统性的规定，且未规定违反保密义务的法律责任。例如，《商业银行法》规定商业银行应遵循为存款人保密的原则；2003 版及 2016 版《管理办法》仅规定金融机构及其工作人员不得违法向他人提供监测信息。

2. 免责规定在一定程度上为金融机构违反保密义务提供了"免死金牌"，以迎合监管当局的需要。我国《反洗钱法》规定，履行反洗钱义务的机构及工作人员依法提交的可疑交易报告受法律保护；2016 版《管理办法》第 11 条及第 18 条规定，金融机构有合理理由怀疑客户、客户的交易和试图进行的交易、客户的交易对手等与恐怖主义融资活动有关的，应当提交报告。而什么是"依法提交"，是否金融机构及其工作人员提交的所有的可疑交易报告均为依法提供，不得而知；何为"合理怀疑"也缺乏判断标准。

结合金融机构防御型报告盛行的现状，显然金融机构提交的可疑交易并非都是非法交易，甚至大部分都是合法交易，在对金融机构保密义务要求宽松、免责范围却很广泛的环境下，暴露出对合法金融消费者隐私权保护的不足，甚至可能造成金融机构为了规避制裁风险，而毫无顾忌地侵犯消费者的隐私。

（五）新法对旧法的废止造成立法部分内容空白

根据 2016 版《管理办法》第 30 条的规定，该办法自 2017 年 7 月 1 日实施，实施之日起，2006 版《管理办法》及 2007 版《管理办法》将同时废止。

2007 版《管理办法》对恐怖主义融资行为和涉恐融资的可疑交易标准有明确界定，虽然采用列举式规定不尽完全科学，但新法却并未对恐怖主义融资行为和涉恐融资可疑交易标准进行界定，仅笼统地提到涉及恐怖主义融资活动相关的，不论所涉资产价值大小均应提交可疑交易报告。再看我国《反恐怖主义法》，主要针对恐怖活动组织、情报信息、安全防范等方面进行明确，而对反恐融资却未进行详尽规定。从我国利用可疑交易报告制度进行反恐融资的实践来看，2015 年才开始发挥实际作用，经验不够充足，加之反洗钱与反恐融资存在诸多不同，对于涉恐融资可疑交易识别标准不光需要参考洗钱活动可疑交易的识别标准，还需要有针对恐怖主义融资活动可疑交易的特定标准，新法对旧法的废止会造成恐怖主义融资活动及恐怖主义融资可疑交易参考标准的进一步缺失。

二、制度执行过程存在的问题

根据中国人民银行公布的近 5 年《反洗钱调查及案件查处总体情况》和《反洗钱监督管理总体情况》来看，立案或破案占可疑交易报告线索的比例不高，涉恐融资案件所占比例则更低，可以发现有效性不高是我国可疑交易报告制度目前存在的较为突出的问题，一是由于制度设计存在一定不足，二是执行过程中存在诸多问题。

（一）报告主体参与动力不足，防御型报告盛行

1. 报告主体与监管主体目标冲突，导致报告主体并不关注报告质量。监管主体一方代表国家利益，其目标在于让报告主体尽可能收集较为全面的有效信息，最理想的状态是提供的恐怖主义融资信息准确有效，没有多余也没有遗漏，从而有效地打击恐怖主义融资活动、维护宏观金融安全和社会稳定。而作为报告主体一方，营利性决定了其追求的是利润最大化，打击恐怖主义融资犯罪并不会为其带来直接的经济利润，因此其目标侧重于如何规避因未报告可疑交易而带来的处罚风险，无法同监管机构一样注重报告的有效性和质量。

2. 报告主体投入成本较大而收益有限，导致参与积极性不高。即使不考虑报告主体与监管主体的目标冲突问题，要执行可疑交易报告制度也需要报告主体投入一定成本：一是直接成本，为了执行制度报告主体需要建立内部控制制度、雇佣员工、对员工进行培训、开发监测系统等，这些工作无疑伴随着一定的经济投入；二是间接成本，报告主体对客户及其交易进行识别、监测时，在一定程度上会影响客户关系，面临着失去客户带来的损失。报告主体履行可疑

交易报告制度需要投入前述诸多成本，而现行制度并未明确对报告主体投入成本的补偿，其无法从中获得直接经济收益，甚至没有收益，又如何要求他们勤勉尽责的报告呢？

3. 报告主体反恐融资意识不强。一方面，通过相关金融机构的工作人员了解到，大多数情况下，金融机构对可疑交易报告制度都是机械性地自上而下执行，普遍缺乏自下而上的认识，甚至许多柜台工作人员都不知道这个制度是用来干什么的，更不用说从风险控制层面去进行主动识别和分析。另一方面，激烈的行业竞争导致报告主体很难把对可疑交易报告工作的重视程度提高到应有的高度。如前所述，执行可疑交易报告制度并不会为报告主体带来直接的经济利益，许多机构认为提交可疑交易报告不能促进业务开拓，还需要投入成本并且面临因执行过严而损失客户的风险，因此在制度构建和人员安排上的投入有限，部分地区的金融机构甚至抱有侥幸心理，认为其所处地域非一线城市或敏感地区，不会有恐怖主义融资案件发生。

4. 防御型报告盛行，报告有效性降低。基于惩罚措施的威慑和有限的收益，报告主体出于自我保护会存在防御性报告心理，误报和漏报现象严重。一方面，对于不确定是否为可疑交易的行为，为了规避处罚风险，往往采取"报了总比不报好""多报总比少报好"的策略，选择全部上报，导致可疑交易报告量多而质差。另一方面，报告主体具有天然的信息优势，有时候会选择隐瞒对己不利的信息，将应当报送的交易不报送。

（二）过度依赖客观识别系统，主观分析不足

"刚柔并济"是一个有效的可疑交易报告制度最基本的特征，"刚"是客观识别规则和标准，"柔"则是主观报告规则、能力和意愿，二者达到平衡是保证可疑交易报告制度有效发挥作用的基础，而我国可疑交易报告制度存在着过度依赖客观标准、主观分析不足的问题。

1. 金融机构过分依赖客观识别系统。2016版《管理办法》不再采取列举方式规定可疑交易标准，从制度设计上解决了我国可疑交易报告标准过于刚硬的问题，但从执行现状来看，仍旧过分依赖客观识别系统。金融机构对恐怖主义融资可疑交易的获取，主要是通过监测系统进行识别和提取，在监测系统中对交易的频次、数额、相关名单等参数进行设置，当交易发生的次数、涉及的数额达到一定标准时发送警示，通常情况下，金融机构基于规避制裁风险，会将系统预警的交易不加分析地全部报送，人工主观识别在可疑交易报送过程中发挥的作用非常有限，不利于主管部门反恐融资工作的有效开展。

2. 人工主观分析不足。对可疑交易主观分析不足不仅体现在人工识别发挥作用有限，还体现在以下三个方面：

（1）分析角度的局限。对有限的可疑交易人工分析工作中，对于可疑交易行为的分析往往仅限于对交易行为本身的分析，忽视对社会关系和财产关系的配合分析，仅限于个体分析，忽视对宏观情况和区域状况的结合。然而交易过程和客户的财产关系、社会关系往往是相互印证的，也往往和客户或交易对手所在的区域及所处的时期有密切联系，脱离了对财产关系、社会关系和宏观情况的综合分析，仅从个体交易行为本身获取情报的可能性较低。

（2）分析能力的不足。随着金融产品的研发和金融业务的扩大，可供犯罪分子进行恐怖主义融资活动的空间也在不断扩大，但金融机构的相关操作人员对可疑交易的识别能力不足。据调查，许多金融机构反映现有工作人员业务素质跟不上反恐融资工作开展的实际需要，在平时的工作中发现一些有必要进行进一步分析的交易或似乎存在疑点的交易，往往不能也不敢进行判断，更不知如何进行下一步追踪工作。[1]

（3）人员配备不足。目前来说，金融机构对可疑交易报告的操作一般由网点反洗钱工作人员完成，这些工作人员几乎均为前台柜员的兼职，他们不仅需要对可疑交易进行确认，还要承担柜台交易、录入系统交易、填补信息、维护数据平台和客户编码等工作，巨大的工作量和工作压力使得他们无暇顾及主观分析工作。

（三）互联网的发展带来新的恐怖主义融资风险

随着互联网经济的高速发展，第三方支付手段已经成为现代金融业务的重要组成部分。据中国产业信息网统计：2009年以来，第三方支付市场的交易规模保持50%以上的年均增速扩大，2013年交易规模达到17.2万亿、同比增长38.71%，2014年达到23.3万亿元，2015年高达31.2万亿元。[2]中国产业信息网预测，未来3年第三方支付市场交易规模将达到48.27万亿元。业务范围从转账汇款、生活缴费、购物娱乐到理财投资、教育公益等包含着人们生活的方方面面，但由于申请开通的条件极为简单，通常情况下，只需通过互联网提交银行账户、电话号码、身份证件即可开通，无需到柜台进行面对面的交易，加之网络数据的庞大，为恐怖主义融资活动的监管带来新的挑战。

1. 互联网成为犯罪分子进行恐怖主义融资活动的天堂。一方面，扫码支付、声波支付、指纹支付及其他各种创新线上支付手段使得资金转移渠道越

---

〔1〕 孔繁琦："对苏北金融机构开展重点可疑交易报告工作情况的调查与思考"，载《时代金融》2012年第35期。

〔2〕 "2016年中国第三方支付行业市场现状及发展趋势预测"，载中国产业信息网，http：//www.chyxx.com/industry/201603/390320.html，最后访问时间：2017年2月28日。

来越多样化，加之申请条件宽松、监管措施滞后等因素的影响，使互联网成为犯罪分子恐怖主义融资的绝佳环境。另一方面，基于互联网的便捷性，犯罪分子可以购买资金支付后无需发货、实时到账的虚拟商品，从而将犯罪所得的"黑钱"洗白，或者通过设立网上捐助机构、第三方融资平台进行恐怖主义融资。

2. 非面对面交易使得恐怖主义融资行为更难发现，且传统监测体系难以监控。依托互联网，所有的交易都可以通过线上非面对面的方式进行，而作为资金转移媒介的支付平台，无法向金融机构前台柜员一样进行当面审查和监测，只能通过银行账户密码、短信验证码等信息进行客户身份的验证，犯罪分子很可能冒用他人身份申请账户或购买他人账户进行恐怖主义融资活动，加之金融机构开发的监测体系不能适用于如支付宝一类的第三方支付平台，更无法对可疑交易进行有效监测和追踪。

3. 互联网交易的瞬时性特征，使得难以对恐怖主义融资行为进行有效打击。由于纸质货币存在体积、重量、系统监测等原因，使得资金的转移和隐匿存在一定的现实困难，而网络支付的数字化、无形化特征使得犯罪分子完全可以隐藏在任何一个安全的地方登陆其注册的账号，进行资金转移，甚至实行二级、三级或更高层级的分散转移，当执法机关介入时，资金的转移轨迹早已无从追查甚至已经在他国变现，加之地域管辖的限制，使得执法部门对案件的侦查变得异常困难。

就我国而言，根据中国产业信息网的统计，2015 年我国第三方移动支付交易规模市场份额中，支付宝占比 72.9%，微信、手机 QQ 占比 17.4%，百度钱包、网易支付、京东支付等其他方式占比不足 10%。从对日常生活的观察也可以发现，无论是企业还是个人，大多数时候都是通过支付宝和微信进行交易支付，相比之下，通过传统银行卡方式支付的越来越少，而支付宝和微信平台目前尚未被纳入可疑交易报告主体，因此给我国涉恐融资可疑交易监管带来困难的第三方支付平台主要是支付宝、微信及手机 QQ。

此外，需要注意比特币等网络虚拟货币带来的风险，国外有学者专门探讨了比特币这类网络虚拟货币的所隐藏的恐怖主义融资风险[1]，而我国关于比特币的研究主要针对比特币的法律规制问题，未就其恐怖主义融资风险进行专门讨论。2008 年 10 月，中本聪[2]开创了比特币系统；2009 年 1 月，第一批 50 个

---

[1] Bryans, "D: Bitcoin and Money Laundering: Mining for an Effective Solution", *Indiana Law Journal*, 2014, 89.

[2] 中本聪：比特币的开发者兼创始者，2009 年建立了一个开放源代码项目，正式宣告了比特币的诞生。

比特币被他在一个小型服务器上挖掘出来，由此比特币作为一种新型"货币"在市场上出现，2010 年 10 月进入中国市场。它是一种用户自治的、全球通用的电子加密虚拟货币，依托互联网，依据加密算法通过计算机的复杂运行产生，可以将它看作一种虚拟的黄金，和黄金一样需要通过挖矿来开采，总体蕴藏量有绝对上限。但与黄金及传统货币不同的是，比特币具有去中心化、交易成本低、完全匿名性、跨国性等特点，往往成为犯罪分子进行恐怖主义融资活动的选择，存在较高的恐怖主义融资风险。

第一，去中心化特点和点对点交易模式使得比特币脱离监管环节，难以对利用比特币系统进行恐怖主义融资行为进行准确有效的打击，或只能进行低效的事后打击。比特币没有专门的发行机构，由 P2P 网络节点进行计算产生，任何人都可以开发，无论是发行时间还是发行量，国家均无法进行监管。另一方面，比特币的支付清算没有中央控制中心，流通依托互联网平台进行点对点交易，交易记录细节公开广播，无需通过任何中间机构，没有第三方信用作为保障，无法通过第三方进行中间监管。

第二，比特币的匿名性为恐怖分子进行恐怖主义融资活动提供了保护屏障。由于比特币采用公私密钥技术，在交易过程中只有交易者本人可以获取自己的交易信息，其交易对手或外界只能用公钥看到交易产生的一串随机数字，无法以此识别个人信息，且个人账户可以随时注册或注销，使得监管部门无法追踪到终端用户，为使用者和交易者提供了天然的保护。

第三，比特币使用范围具有跨国性，能够在全球范围内的主要交易平台间进行兑现和流通，不管身处何方，任何人都可以进行交易，为恐怖分子迅速转移涉恐资金提供了便利，给监管机关阻截非法资金增加了难度。

为了遏制比特币带来的一系列问题，2013 年 12 月我国发布了《关于防范比特币风险的通知》，规定金融机构和支付机构不得开展与比特币相关的业务，发现与比特币相关可疑交易，应立即报告并配合调查活动。但仍不足以应对比特币带来的恐怖主义融资风险：①该《通知》主要针对比特币产生的洗钱风险，对其带来的恐怖主义融资风险关注不够；②将比特币认定为一种虚拟商品，普通民众仍有参与比特币买卖和流通的自由；③由于比特币具有跨国性特点，可以在全球自由流通，即使禁止了比特币的使用，也仅能够阻止一些守法公民对比特币的使用，无法真正遏制恐怖分子进行恐怖主义融资活动；④未将除比特币以外的其他网络虚拟货币，如 QQ 币、百度币、魔兽币等论坛币和游戏币纳入监管范围，使恐怖分子得以利用法律的漏洞，通过其他网络虚拟货币平台进行融资活动。因此，需要提前预防我国在虚拟货币领域的恐怖主义融资风险。

三、外部环境存在的问题

（一）监测技术相对落后

根据目前可公开查阅的资料，我国可疑交易报告主要运用的监测系统有两类，一类是 2003 年国家外汇管理局组织研发的一套"国家外汇信息决策管理系统"[1]，于 2005 年 7 月开始在全国推广使用，该系统运用数据挖掘、数据仓库和联机分析技术，对外汇收支形势、收支非现场监管和领导办公辅助决策三大模块进行设计；另一类是各金融机构结合区域特征和操作习惯自行研发的监测系统，大部分也运用了数据挖掘技术，建设一个数据平台并设置参数，运用软件工具对交易行为进行监测，在一定程度上实现了智能化监测，但是仍不能满足反恐融资工作的现实需要，检测技术相对落后。

1. 智能化程度不够。金融机构对涉恐融资可疑交易的获取，是通过在监测系统中设定业务发生的次数、频次、金额等参数，达到预警标准时，系统会进行提示，却没有运用更多的智能化、个性化技术，将客户的资金来往、社会关系、财产关系、经营性质、经营特点等方面有机结合起来，提升检测系统的智能化程度和准确性。

2. 没有建立一个集中统一的信息数据库。我国目前虽然已经建立了居民身份证统一数据库，但并未建立涵盖所有自然人信息和法人信息的统一数据库，恐怖主义融资活动往往是零散的、单笔的小额交易，无规律可循，如没有这样一个信息集中统一的数据库，就无法整合某一客户的全部数据，脱离了特定的社会关系和财产关系，很难实现对怀疑对象身份的完整准确定位，仅仅根据交易行为获得可疑线索相当困难。

3. 研究基础薄弱。一方面，由于我国起步较晚，反恐融资领域的许多关键技术和核心理论都是由国外学者提出来的，[2]而国内的学者则是在这个基础上进行修正和改进；另一方面，在技术和理论研发过程中，跨学科合作研究不够，实际上，计算机领域许多擅长研究数据处理技术的却欠缺金融经济知识，而对金融经济问题进行深入研究者往往对计算机信息处理技术了解不深。各方面因素作用下，导致我国目前对可疑交易的监测技术相对落后。

（二）机构之间的协作配合不够

对于我国反恐融资工作，我国《刑法》《反洗钱法》及央行发布的相关管理

---

〔1〕　熊海帆："反洗钱及反恐融资中数据挖掘技术研究与应用综述"，载《西南金融》2014 年第 8 期。
〔2〕　熊海帆："反洗钱及反恐融资中数据挖掘技术研究与应用综述"，载《西南金融》2014 年第 8 期。

办法等提供了较为明确的法律依据，但从分工合作来看，存在一定的不足。

1. 中国人民银行与金融机构之间的配合不够，从中国人民银行公布的 2011 年至 2015 年的有关数据来看，2011 年中国人民银行接受可疑交易报告 8585 起，开展行政调查的仅 1593 起，占比 18.5%；2012 年中国人民银行接受可疑交易报告 4800 起，开展行政调查的仅 530 起，占比 11.0%；2013 年中国人民银行接受可疑交易报告 4854 起，开展行政调查的仅 473 起，占比 9.7%；2014 年中国人民银行接受可疑交易报告 4940 起，开展行政调查的仅 604 起，占比 12.2%；2015 年中国人民银行接受可疑交易报告 5893 起，开展行政调查的仅 764 起，占比 12.9%。[1] 以上数据表明，中国人民银行对于接收的可疑交易报告线索行政调查力度不够，反映了监管与被监管双方需要进一步加强沟通，增强彼此之间的信任关系。

2. 反洗钱监测分析中心与海关执法机构之间的信息共享机制尚未系统落实。我国海关总署执行人民币跨境转移 2 万元以下或者 5000 美金以上的现金申报制度，任何虚假的申报、不申报将导致冻结、查封和没收有关的现金。中国反洗钱监测分析中心与海关总署之间只能在获得批准后才能就有关案件的信息予以交流，反洗钱监测分析中心还不能系统地接受来自海关总署的人民币或外汇的跨境申报。

3. 执法机构与检察机关之间的合作还需要加强，FATF 对我国洗钱与反恐融资工作的第三次评估报告也指出了这一问题。

4. 国内跨区域之间的协作配合不够。国内恐怖主义融资活动大多都是跨区域进行，很少有仅在某一个市、某一个省进行的，但是各地跨行政区域的涉案可疑交易信息不能很好地实现信息共享，部分区域之间不能积极主动合作，难以形成打击恐怖主义融资行为的合力。

（三）国际合作存在一定不足

总体来说，中国的引渡制度和司法协助制度比较完善，FATF 对我国的评估结果是"合规"，但在国际行政合作上和国际公约执行上存在一定的不足。首先，在国际行政合作上，FATF 对我国的评估结果分别为"基本合规"，我国在国际行政合作上取得了一定的成果，如自 1998 年开始，我国警察协助境外执法机构侦查涉恐资金案件 20 余起，并为国外执法机构在我国开展调查、搜集证据积极提供帮助，[2] 但不可忽视的是，中国反洗钱监测分析中心至今未能成为恩

〔1〕 "反洗钱调查与案件查处：年度总体情况"，载中国人民银行官网，http://www.pbc.gov.cn/fanx-iqianju/135153/135178/index.html，最后访问时间：2017 年 2 月 28 日。

〔2〕 Financial Action Task Force Summary of the Third Mutual Evaluation Report on Anti-money Laundering and Combating the Financing of Terrorism, People's Republic of China, 29 June 2007.

格蒙特的成员，这也是我国反恐融资国际合作工作中最大的不合规之处。其次，在国际公约执行情况上，FATF 对我国的评估结果分别为"部分合规"。一方面，因为我国的洗钱犯罪没有包括"明知是犯罪收益而获取或使用"的行为，当其他国家因为这些犯罪行为向我国提出司法协助或引渡请求时，因为我国《刑法》中没有这样的犯罪行为，"双重犯罪原则"很大程度上会成为阻碍国际合作的因素。另一方面，我国的财产没收制度中对等价没收尚未进行规定，当犯罪所得或收益混同于其他财产或转变为其他财产时，执行等价没收没有充分的法律依据。[1]

第四节　我国可疑交易报告制度的完善

一、完善制度设计缺陷

（一）明确报告义务主体范围

1. 立法需要明确可疑交易报告主体范围，将特定非金融机构纳入其中。如前所述，从我国立法现状来看，对涉恐融资可疑交易报告主体范围的界定反复变化未加以确定，未能加以明确的关键在于特定非金融机构，有些立法将特定非金融机构纳入报告主体范围，有些立法则将特定非金融机构排除在外。

随着市场经济的发展和完善，恐怖主义融资风险向特定非金融领域和行业蔓延的倾向日趋明显，主要领域如投资工具、博彩业、彩票、服务行业等，主要行业如房地产、贵金属、拍卖、典当、会计师、律师等。犯罪分子利用金融机构与非金融行业混合运作的模式，以非金融机构合法的经营活动为掩饰，虚拟一些交易再通过金融机构进行转移。[2]如 2005 年上交所对西安达尔曼实业股份有限公司通报停牌，后经相关部门调查发现，达尔曼公司的生产和销售流程均为虚构，为了掩饰其非法目的，雇了一名会计师对该公司的财务账单进行处理，大部分资产最终通过采购、投资或地下钱庄渠道转移到了国外；此外，恐怖组织通过博彩业、网上赌球业等方式每年募集资金高达数亿美元，利用慈善组织（如与基地组织密切联系的"全球救援基金会"）募集资金的现象也数不胜数。[3]由此可见，必须将特定非金融机构纳入到可疑交易报告主体范围。

我国虽然通过法律法规和行业规定对特定非金融行业和职业的具体操作行

---

〔1〕 何萍：《洗钱与反洗钱动态研究》，法律出版社 2012 年版，第 175 页。

〔2〕 郑家庆："我国特定非金融行业反洗钱监管体系初探"，载《西南金融》2017 年第 2 期。

〔3〕 杨波："新反恐形势下对金融信息安全的思考"，载《金融科技时代》2014 年第 12 期。

为进行了规范，但对于反恐融资针对性不强，没有明确规定涉嫌恐怖主义融资交易时的报告义务。因此，有必要通过立法形式，对特定非金融机构提交涉恐融资可疑交易报告的义务加以明确。

2. 立法需要明确界定非特定金融机构范围。FATF《40 条建议》对特定非金融机构的报告义务有明确规定，在每年的评估报告上也都会强调特定非金融机构和职业的反恐融资义务，并且要求各国在法律层面予以确认。而我国除了在《彩票管理条例》、《支付清算组织反洗钱和反恐融资指引》、2016 版《管理办法》中对特定非金融机构进行了零星的列举式规定外，对特定非金融机构并无明确界定。

美国是最早以法律手段打击恐怖主义融资活动的国家，其《银行保密法》以是否从事金融交易为标准界定负有反恐融资义务的特定非金融机构；"9·11"事件后颁布了《爱国者法案》《财政部金融犯罪执法网络规章》，将报告义务主体范围扩大到了整个金融经济活动中，规定任何主体在商务或贸易活动中收到单笔或者相关多笔款项总额超过 1 万美元的，应当提交现金交易报告。[1] 于我国而言，美国的做法可以在一定程度上加以借鉴，以是否从事金融交易为标准，对特定非金融机构进行界定。

我国立法虽未对特定非金融机构进行界定，但在 2016 版《管理办法》第 2 条却采用了与美国类似的表述，即"从事金融业务的机构"，只是将此类机构限定在金融机构范围内了。可以将该法第 2 条中"本办法适用于在中华人民共和国境内依法设立的下列金融机构"调整为"本办法适用于在中华人民共和国境内依法设立的下列机构"，如此一来，便可通过该法第 2 条第 5 项"中国人民银行确定并公布的应当履行反洗钱义务的从事金融业务的其他机构"对特定非金融机构进行界定，即以是否从事金融业务为标准，也解决了将特定非金融机构纳入提交涉恐融资可疑交易报告的义务主体范围内的问题。

（二）调整对可疑交易监测标准的规定

根据 2016 版《管理办法》第 12 条的规定，将恐怖主义融资活动的可疑交易监测标准的具体制定权限交由各金融机构，不再制定具体的检测标准，这一改变解决了我国过去列举式监测标准过于刚硬的问题。但将央行发布的反恐怖主义融资规定及指引等内容列为金融机构应当参考的因素，金融机构是否参考主观解释的空间太大，即使金融机构制定的监测标准不符合中国人民银行的有关规定，也可以解释说进行了参考，只是理解不同，使得中国人民银行对金融

〔1〕　杜金富主编：《部分国家（地区）反洗钱/反恐融资规定选编》，中国金融出版社 2013 年版，第 94 页。

机构指导效果和约束力降低。

鉴于此，可以在 2016 版《管理办法》第 12 条中，将中国人民银行及其分支机构发布的反洗钱、反恐怖主义融资规定及指引、风险提示、洗钱类型分析报告和风险评估报告列为金融机构制定监测标准时"应当遵循"的内容，同时应当参考公安机关、司法机关、本机构的相关提示、报告和风险评估结论等内容。如此一来，若金融机构未按照中国人民银行有关规定制定监测标准，中国人民银行的有关规定可以直接作为评判标准，扼杀金融机构通过对参考的主观解释为自己开脱的可能性。既能够保证中国人民银行对各金融机构的有效监管和约束，又不至于太过刚硬，也避免了金融机构各行其是或钻法律的空子，将应当参考的因素作为其未按规定制定监测标准的免死金牌。

（三）科学设计违规操作的制裁措施

1. 采取多元化制裁方式。从我国最新立法情况来看，对于未按规定报送可疑交易的报告主体的处罚措施仅限于责令限期改正、罚款、责令停业整顿等传统方式，模式陈旧且未能完全达到 FATF 的要求。从世界范围来看，各国在特定情况下采取的制裁措施也各不相同，美国采取的多元化制裁方式对我国有一定的借鉴意义。美国对于反洗钱、反恐融资违规机构采取了民事罚款、吊销执照、刑事处罚、公布制裁的综合处罚方式，对于未能提交可疑交易报告的行为，金融犯罪执法网络可以对违反机构处以民事罚款，[1] 如 2005 年 12 月美国对违反反恐融资规定的荷兰银行，处以一次性罚款 8000 万美元，该处罚额甚至大于我国同年反洗钱检查中对所有商业银行处罚总额；[2] 对特别严重的违法行为，监管机关还可以进一步采取吊销执照的措施；此外，公开制裁也是美国制裁流程的一部分，在官方公报上公布违规操作的机构名单。

就我国而言，可以适当提高中国人民银行及其分支机构对违规操作金融机构的处罚金额，当然也不宜像美国那样过高；同时需要通过立法明确公布制裁这一新型处罚措施的法律地位、增加制裁的威慑作用。我国目前在这一方面有所欠缺，例如，2016 年 12 月 15 日中国人民银行合肥中心支行因安徽长润支付商务有限公司未履行可疑交易报告义务，对该公司处罚款 25 万元，对高级管理人员和其他直接责任人处罚款 2 万元，[3] 中国人民银行合肥中心支行"公告信

---

〔1〕 FATF Third Mutual Assessment Report of the United States, FATF, http：//www. FATF－gafi. org，最后访问时间：2017 年 3 月 1 日。

〔2〕 师永彦："对我国可疑交易报告制度数量增长过快的分析"，载《中国金融》2007 年第 19 期。

〔3〕 "长润支付因违反规定被央行罚款 25 万元，预付卡企业或遭遇瓶颈"，载零壹财经，http：//www. 01caijing. com/article/12832. html，最后访问时间：2017 年 3 月 1 日。

息"栏目中并未对这一处罚行为进行公告；从中国人民银行官网 2011 年 1 月 17 日至 2016 年 12 月 30 日的"公告信息"来看，也没有公布对未履行可疑交易报告义务机构的行政处罚情况。

2. 完善制裁范围，实行差异化处罚标准。首先，不能只依据客观后果为处罚措施适用标准，应区分故意与过失行为，区别对待报告主体故意不履行可疑交易报告义务和因经验不足、疏忽大意原因而未能上报或漏报的行为，做到轻重有别。其次，应结合报告主体是否建立了有效的内部控制制度、是否制定了有效的监测分析系统、是否配备了充足的工作人员等因素，对未履行报告义务主体进行差异化处罚，对勤勉尽责机构的处罚与对未勤勉尽责机构的处罚力度必然不同。

（四）加强对金融消费者隐私权的保护

1. 完善相关法律法规，为金融消费者隐私权的保护提供法律保障。我国对金融消费者隐私权的保护主要在《反洗钱法》和《金融机构大额交易和可疑交易报告管理办法》中有笼统性、原则性的规定，对金融消费者隐私权的法律保护可以通过前述法律法规进行具体化完善，也有学者呼吁通过专门立法明确对金融消费者隐私权的保护，界定隐私权的定义、列举银行需要进行保密的范围。而社会是否具有相应的实践经验、人们对法律的要求是否日趋明显，是判断立法条件成熟与否两个重要标准。[1] 从我国的实践情况和理论研究来看，对于金融消费者隐私权的保护问题实践经验不足，就这一问题制定专门法律学界的呼声也并不强烈，可见目前制定专门性法律的条件并不成熟，但基于国家利益与个人利益的平衡，又需要通过法律来弥补对金融消费者权益的牺牲，因此对金融消费者隐私权的保护问题，适宜通过现有立法进行具体化规定。

第一，需要明确报告主体不得违反规定向其他单位和个人泄露的范围，不仅应当包括监测、分析、报告可疑交易的有关情况，还应当包括客户的个人信息、交易背景、交易习惯等方面的信息。

第二，需要明确报告主体向监管部门报告可疑交易的信息范围，是否被怀疑对象的全部相关信息均应向监管部门提交。

第三，需要明确报告主体违反保密义务的法律责任，一方面是向其他单位和个人泄露金融消费者隐私的法律责任，另一方面是报告主体为了规避风险，不加分析地向监管部门报送客户合法交易信息的法律责任。

2. 畅通金融消费者救济途径。因报告机构执行可疑交易报告制度不当，而造成对金融消费者隐私权损害的行为，我国现行法律尚未规定金融消费者可以

---

〔1〕 汪毓："立法条件的论证"，载《法学杂志》1992 年第 4 期。

采取的救济措施，如没有相应的保护机制，即使健全了立法，那些隐私权被侵害的金融消费者也是投诉无门。故需要在中央层面设立一个专业且独立的监管机构来保护其合法权益，地方各级设立分支机构，由中央进行统筹监管。另一方面，我国需要建立健全金融隐私权纠纷解决机制，[1]可以受理金融消费者的投诉，对金融机构与金融消费者之间隐私权纠纷进行调解和责令赔偿，通报给监管部门，使得金融消费者隐私权遭受侵害时不至于投诉无门。

3. 运用数据处理技术，为金融消费者隐私权的保护提供技术支撑。运用数据转换技术对金融消费者隐私进行保护，报告主体在提交可疑交易报告前对金融消费者的个人数据进行一定处理。[2]

（五）新法对旧法采取"部分废止"的方法

法的废止是立法主体依据一定的程序和职权，对现行法实施变动，使其失去法律效力的专门活动。[3]从废止方式来看，法的废止分为明示废止和默示废止；从废止范围来看，分为整体废止和部分废止，整体废止是指将整部法律条款的内容进行废止，部分废止则是使旧法中的一部分内容失去法律效力。我国2016版《管理办法》对2007版《管理办法》废止则属于明示废止、整体废止。

从法的废止原因来看，通常情况下包括四种情形：一是适用期限已到；二是法律规定的任务已经执行完毕；[4]三是与上位法抵触；四是法律所调整的内容或社会关系发生了变化，使旧法失去了存在的意义[5]。从2016版《管理办法》对旧法的废止情况来看，后者并未规定适用期限，与上位法不存在抵触，反恐融资任务依然很艰巨，可见废止原因并非前三种。再看第四种，法律调整的内容或社会关系发生了变化，就我国可疑交易报告制度而言，无论是2016年修订的新法还是2007年制定的旧法，调整的都是金融机构与监管部门之间的法律关系，调整的对象是涉嫌洗钱和恐怖主义融资的可疑交易，社会关系和内容并未发生实质性变化，或许旧法存在一定的不足但尚未达到需要完全废止的程度。

中国人民银行是我国可疑交易报告制度的主管部门，系该新旧两部法规的制定者，之所以通过2016版《管理办法》将2007版《管理办法》废止，必然是出于理论和实践情况的考虑，有其合理之处。但不可忽视的是，新法对旧法

---

〔1〕　张晓丽："我国商业银行可疑交易报告法律制度研究"，西南大学2015年硕士学位论文。
〔2〕　俞笛："支持隐私保护的数据挖掘研究"，湖南大学2009年硕士学位论文。
〔3〕　周旺生：《立法学》，北京大学出版社2006年版，第541页。
〔4〕　吴大英、任允正、李林：《比较立法制度》，群众出版社1992年版，第774页。
〔5〕　汪全胜："法律文本中的'废止条款'设置论析"，载《政治与法律》2013年第7期。

的废止会造成恐怖主义融资及恐怖主义融资可疑交易参考标准的进一步缺失。

因此，笔者认为，可以在废止范围上加以调整，将整体废止改为部分废止，即把 2016 版《管理办法》第 30 条改为"本办法自 2017 年 7 月 1 日起实施，中国人民银行此前发布的大额交易和可疑交易报告的其他规定，与本办法不一致的，以本办法为准"。既达到了废旧立新的目的，还保留了旧法中对于恐怖主义融资活动及恐怖主义融资可疑交易的规定，为报告主体识别涉恐融资可疑交易提供参考标准，将范围限定在"中国人民银行此前发布的规定"也不会造成与上位法的冲突。直至出现新的法律规范对恐怖主义融资活动和涉恐融资可疑交易的特征进行规定时，方可将 2007 版《管理办法》整体废止。另外，关于法的部分废止，在我国有先例可循，如 2009 年修正的《行政复议法》第 42 条规定："本法施行前公布的法律有关行政复议的规定与本法的规定不一致的，以本法的规定为准。"

二、改善执行过程中的不足

(一) 建立约束激励机制，增强报告主体参与动力

我国可疑交易报告制度的惩罚机制虽存在一定的不足，但总体上已经趋于成熟，而奖励机制尚处于起步阶段。要增强报告主体提交有效可疑交易报告的动力，不仅需要通过惩罚措施进行威慑，还需建立激励机制进行补偿，构建一个激励与惩罚相容的约束激励机制，使监管主体与报告主体形成利益同盟，使报告主体的投入与收益达到平衡，从履行法定义务的被动执行转变为利益驱使下的主动执行。关于处罚措施的完善，前文已进行讨论，在此不赘述，本部分主要针对可疑交易报告制度的激励机制构建进行讨论，笔者有如下构想：

1. 建立财政保障体系。可以设立反恐融资奖励基金，资金来源由没收的恐怖主义融资犯罪所得、对报告主体违规操作的罚款、政府财政专项拨款等项目组成，主要用于以下三个用途：①用于对及时主动提交有价值的可疑交易报告的机构和个人进行金钱奖励，弥补报告主体的成本投入；②用于对报告主体的业务培训，强化相关负责人及工作人员的反恐融资意识，提高报告主体对恐怖主义融资活动的识别能力；③用于对恐怖主义融资线索举报行为的奖励，调动社会力量参与反恐融资工作，同时也是对报告主体的一种监督。

2. 将报告质量纳入绩效考核标准，实行荣誉评级。对报告主体的可疑交易报告质量进行评估，作为其绩效考核的标准之一，并设立相应的荣誉等级，对报告质量较高的机构进行一定的金钱和荣誉奖励，向社会公共公布，勤勉尽责的机构可以借此提升社会信誉，获得监管机构和社会公众的信任，以弥补报告可疑交易行为造成的间接损失；未能积极有效履行可疑交易报告制度义务的机

构则要面临绩效不合格的处罚，并在一定程度上丧失社会公众的信任，失去一部分潜在的客户。报告质量的高低以其提交的可疑交易报告的数量、调查率、起诉率和定罪率为参考标准。

3. 根据报告主体的可疑交易报告质量，实行差别化优惠政策。监管部门可以依据报告主体在可疑交易识别和报告工作上的尽责程度和有效性，对报告主体开办新业务或增设分支机构的监管实行差别化政策，对于积极有效履行可疑交易报告义务的机构，在其人员任职、业务创新、机构准入等事项上，监管部门可以适当给予一定的放宽政策，而对于可疑交易报告制度执行不严、事故频出的机构，实行更加严格的准入政策。

4. 根据报告质量对报告主体进行风险评级，根据风险级别实行相应的监管强度。监管机构通过现场监管和非现场监管，获得报告主体反恐融资提交可疑交易报告的有关情况，综合内部控制制度建设、人员配备、监测系统开发情况、报告质量等各方面因素，确定其风险等级，对风险级别较高的报告义务机构实行更高频率的现场检查，提出更高的信息披露要求，并提出限期整改建议。

需要注意的是，以上激励制度的执行需要适度，并且需要以一定的处罚措施相配合。不能制止了报告主体为了规避制裁风险而进行防卫型报告的现象，又滋生出为了获取补偿而过度报告的问题。据统计，目前可疑交易报告中有90%的交易系正常交易，[1]如补偿过度，将会导致更高比率的无效可疑交易报告。

（二）加强人才培养，提升主观识别能力

从我国可疑交易报告制度设计来看，2016 版《管理办法》已经从立法层面强调了主观识别分析的重要性和操作规则，但实践过程中仍存在过度依赖客观识别系统、人工主观分析不足的问题。一方面是因为实践操作过程中对人工主观识别的重视程度不够；另一方面也是现实所迫，从业人员反恐融资意识不强且识别能力的欠缺，加之人员配备不足，大多数由前台柜员兼职，工作负担沉重，无暇进行主观分析。可见，制度设计的改善并不能完全解决这一问题，还需要在实践过程中重视主观识别工作，加强对专业人才的培养，才能达到制度和实践的统一。

1. 重视对可疑交易的主观识别，充分发挥人工识别的作用。对可疑交易报告的甄别和筛选，不能一味迷信客观识别系统，需要积极履行法律规定的人工甄别和分析义务，综合考虑交易目的、交易背景、交易性质、客户的社会关系和财产关系、所处地域和宏观环境等因素进行多角度分析，并记录分析过程和

---

〔1〕 姜威主编：《反洗钱国际经验与借鉴》，中国金融出版社 2010 年版，第 19 页。

结论所依据的理由。

2. 加强从业人员培训。这方面工作实践较为成功的国家是新加坡，有着较为完善的培训制度，组织严密、内容丰富、形式多样且与指导相结合，报告人员有着较强的可疑交易识别能力和法律意识，确保了可疑交易报告的质量和有效性。[1]新加坡的成功实践表明，对从业人员进行有效的培训，是提高其可疑交易识别能力的重要方式。就我国而言，可以通过购买网络课程、邀请相关专业人士进行宣讲培训、机构内部定期进行典型案例讨论分析、机构之间开展经验和信息交流等方式，使从业人员了解洗钱和恐怖主义融资活动的种类、形式、犯罪分子惯用的基本方法及所带来的危害，掌握国内国际相关法律规定，熟练报告业务流程，全面掌握软件系统的使用。

3. 增加人员配备。基于我国可疑交易报告制度人员配备不足，现有工作人员工作负担沉重的现状，还需要增加处理可疑交易的人员配备[2]，从多渠道、多角度培养精良的反恐融资专业人才。

（三）正确处理互联网带来的恐怖主义融资风险

1. 理性面对互联网带来的恐怖主义融资风险。互联网经济的高速发展给监管主体及报告主体对恐怖主义融资活动可疑交易的监测带来新的挑战，互联网成为犯罪分子进行恐怖主义融资活动的天堂，非面对面交易使得恐怖主义融资行为更加难以进入监测视线，侦查机关也更加难以追查。但不能因为互联网经济带来的诸多问题就否定其存在的价值，它是市场经济和科学技术发展到一定阶段的必然产物，为人们的生活带来了极大的便利，也为反恐融资工作的开展带来了机遇。

（1）互联网的发展为涉恐融资可疑交易的监测分析提供了情报数据，客户通过互联网进行金融交易所产生的如账户信息、支付信息、交易信息、转账信息等内容都以数据的形式进行了储存，有浏览记录，通过这些数据能够对客户基本情况有一个全方位的了解，为深入挖掘恐怖主义融资犯罪提供了充分的数据支撑，再结合传统情报数据，能够大大提升涉恐融资监测工作的准确性。

（2）虽然互联网交易的瞬时性特征使得恐怖主义融资犯罪分子容易进行资金的转移和分层，但由于进行金融交易的电子信息可以追查浏览记录，且具有可传递、可复制的特点，侦查部门调取证据时极为方便，不仅为其分析案情、调查情况提供了大量的线索，还争取了更多的办案时间。在互联网经济时代，

〔1〕　曹争鸣：“新加坡可疑交易报告制度及其对我国的启示”，载《金融会计》2011年第9期。

〔2〕　庞贞燕、石彦杰：“关于可疑交易报告制度执行中存在问题的思考”，载《金融理论与实践》2010年第10期。

行为人的交易位置，藏匿位置，甚至潜逃后的位置，也均可以通过手机等移动终端进行准确定位。因此，面对互联网带来的恐怖主义融资活动风险，需要理性对待，不能忽视互联网的发展为反恐融资工作带来的优势，采取措施迎接挑战的同时也要抓住机遇、利用优势。

2. 确定互联网领域反恐融资工作的主管部门。

（1）需要明确政府干预互联网市场的边界。互联网经济因存在着较大的恐怖主义融资风险需要政府加强监管，但互联网经济终究是市场经济发展的产物，在市场经济环境下，需要明确政府对互联网市场干预的边界，才能使得在有效防范互联网恐怖主义融资风险的同时，不至于阻碍甚至破坏市场经济的发展，造成本末倒置。

在我国具体国情下，政府对市场的干预必须是适当的干预，即市场能够自行解决的交由市场解决，市场不能够自行解决的交由社会自治组织解决，只有市场与自治组织都不能解决的时候，才由政府去解决。[1]显然，我国互联网经济市场目前尚未达到通过市场本身对涉嫌恐怖主义融资的可疑交易进行识别、分析和报告的程度，作为互联网社会自治组织的中国互联网协会在反恐融资领域发挥的作用也微乎其微，因此需要相关主管部门进行适当的干预和管理。

（2）合法性是政府适度干预市场的基本要求，相关部门要加强对互联网市场的干预，需具有合法性基础。2016 年 11 月公布的《网络安全法》为中国人民银行强化对互联网市场的监管以防范恐怖主义融资风险提供了法律依据，该法明确了国家采取措施监测境内外的网络安全风险和威胁的需要，规定了由国家网信部门统筹协调，其他有关机关在各自职权范围内负责网络安全保护和监督管理工作，而金融领域的反恐融资工作在中国人民银行的职权范围内。

综上，互联网领域的反恐融资工作应交由中国人民银行主管，且可以通过可疑交易报告制度开展互联网领域的反恐融资工作。

3. 将互联网第三方支付机构纳入可疑交易报告主体范围。前文已论述需要扩大可疑交易报告主体范围，以是否从事金融交易为标准，通过修改 2016 版《管理办法》第 2 条进行确立。但基于互联网领域反恐融资的需要，还需通过该管理办法将互联网第三方支付机构明确纳入可疑交易报告主体范围，在第 2 条中增加第 2 款规定，内容为"依法从事互联网第三方支付交易的机构报告大额和可疑交易适用本办法"。

4. 在支付宝、微信及类似于比特币的网络虚拟货币交易领域开展试点工作。

---

〔1〕 李昌麒、王怀勇："政府干预市场的边界——以和谐产业发展的法治要求为例"，载《政治与法律》2006 年第 4 期。

根据中国产业信息网的统计，支付宝、微信和手机 QQ 是我国当前互联网第三方支付的主战场，类似于比特币的网络虚拟货币交易是我国未来恐怖主义融资的高风险区域，因此在这几个领域率先开展恐怖主义融资活动可疑交易识别试点工作，一方面大面积堵塞了犯罪分子的互联网融资平台，另一方面能够不断探索、积累经验、发现问题，从而更好地完善这一制度。具体操作上，笔者有如下构想：

（1）在报告模式上，依然实行"总对总"的报告模式，互联网第三方支付机构发现或有合理理由怀疑客户进行的交易为恐怖主义融资活动时，向中国互联网协会或其指定的机构报告，再由中国互联网协会或其指定的机构在规定的时间内向中国反洗钱监测分析中心及相关部门报告。

（2）在制度建设上，一是要求互联网第三方支付机构建立内部控制制度，根据其推出的金融产品的特点和具体情况，科学制定反恐融资内部管理制度和操作流程；二是对客户申请账户时进行严格的审核，与客户初次建立交易关系时，要求客户提供身份、业务、行业、交易属性等方面的材料，交易过程中发现或有理由怀疑客户涉嫌恐怖主义融资活动时，需要对客户身份重新进行核实，防止犯罪分子利用虚假的身份材料开设账户、进行交易，实施恐怖主义融资活动。

（3）在监测技术手段上，各运营商自行开发自动报告系统，通过借鉴金融机构的参数设置，对客户的交易信息进行多角度全方位的监测，自动筛选出具有恐怖主义融资特征的可疑交易，在此基础上进行人工主观分析和补录。

（4）在约束激励机制上，适用传统金融业务报告主体的约束激励机制，对于勤勉尽责履行恐怖主义融资活动可疑交易报告义务且报告质量高的运营商，给予金钱、荣誉、政策优惠等奖励，对于未按规定履行报告义务的运营商给予责令限期改正、罚款、吊销营业许可证、公布制裁等处罚。

三、打造良好的外部环境

（一）加强监测技术研究和探索，实现监测系统智能化

如前所述，目前我国对恐怖主义融资活动的可疑交易监测技术相对落后，面临的主要困难在于监测系统智能化程度不高、尚未建立一个集中统一的信息数据库和理论研究相对薄弱。针对上述困难，可以通过如下方式加以克服：

1. 建立全国集中统一的信息数据库，为监测系统智能化提供数据基础。首先，由中国人民银行联合公安部、最高人民法院、最高人民检察院、海关总署等反洗钱部际会议成员单位，将公安身份信息系统、工商登记管理系统、税收

征收管理系统、征信管理系统、贸易进出口管理系统、组织机构代码信息系统等信息，通过互联网进行互联整合，发生变化及时进行更新，能够有效提高反恐融资情报信息的准确性和完整性。[1]其次，将金融机构的监测系统与支付清算系统对接，将其现金管理系统、业务核算系统、资金划转系统包含其中，支付清算系统能够对可疑交易进行及时监测、记录，使其对可疑交易数据识别分析更加智能化。[2]最后，金融机构需要在此基础上运用 IT 技术完善现有监测系统的参数管理，对系统内的支付交易进行更为有效的监测，同时要加强对新疆、云南、西藏等恐怖活动多发区域的重点监测。

2. 加强数据挖掘技术的理论研究，并切实推动对科学研究成果的实际应用。充分发挥数据挖掘技术在可疑交易识别和分析上发挥的作用，不同学科之间需要加强跨学科的协同研究，尤其是金融经济领域和计算机领域之间，使得现代科技能够更好地运用到金融领域，实现对可疑交易的智能化监测。此外，也需要推动科研成果的实际应用，不要只停留在理论研究层面。

（二）加强相关机构之间的协调配合

1. 监管主体与报告主体之间协调配合。中国人民银行公布的 2011 年至 2015 年相关数据表明，中国人民银行对金融机构提交的可疑交易报告展开行政调查的力度不够，这暴露了监管主体与报告主体之间的信任不够，双方需要进行沟通，建立信任关系。于监管机构而言，未接到可疑交易报告或群众举报线索时，尽可能少展开行政调查，接到报告主体提供的涉恐融资情报后，积极响应且尽可能及时启动调查程序，长此以往形成良性互动，建立起双方的信任关系。

2. 反洗钱监测分析中心与海关执法机构之间，通过中国人民银行联合反洗钱部际会议成员单位建立集中统一的数据库，落实双方之间的信息共享机制。

3. 完善执法机构与检察机关之间的沟通交流，如在调查案件中决定何种刑事指控及如何利用最少的资源达到最佳的效果时，公安机关的侦查人员应当紧密地同检察机关合作。

4. 加强跨行政区域之间的协作配合，通过深化地方层面的联席会议领导机制，切实发挥工作协调、组织领导、意见落实和工作推进的作用，加强跨省、跨区域之间的案件信息和线索的交流，形成打击恐怖主义融资活动的合力。

（三）进一步拓展国家合作的空间

1. 在国际行政合作上，中国反洗钱监测分析中心按照恩格蒙特集团的要求

---

〔1〕 童文俊："反洗钱可疑交易报告制度有效性探析"，载《海南金融》2011 年第 6 期。
〔2〕 王卫红："关于当前我国商业银行可疑交易报告机制问题的研究"，载《中国总会计师》2011 年第 4 期。

进行改革，争取早日加入该组织。恩格蒙特集团是世界上一百多个国家和地区金融情报中心联合建立的，在反恐融资上有大量的情报信息和资源，加入恩格蒙特集团不仅使我国在反恐融资工作上更符合 FATF 的标准，增强我国在这一领域的话语权，更重要的是能够共享国际反恐融资情报，能够借鉴学习实践较为成功国家金融情报中心的运作模式，提高我国反恐融资活动打击效率。

2. 全面执行相关国际公约，明确等价没收制度，避免犯罪所得或收益因与其他财产发生混同而无法执行；完善洗钱罪上游犯罪的罪种，避免因未包括明知是犯罪收益而获取或使用行为的刑法规制，使双重犯罪原则成为国际合作的障碍。

小　结

有效贯彻可疑交易报告制度是切断恐怖主义资金来源的有力手段，但目前我国在制度设计、操作执行以及外部配套制度上存在一定不足。可以通过调整 2016 版《管理办法》部分内容完善制度设计，将特定非金融机构明确纳入涉恐融资可疑交易报告主体范围；将中国人民银行及其分支机构发布的反恐怖主义融资规定及指引、风险提示、洗钱类型分析报告和风险评估报告列为金融机构制定监测标准时"应当遵循"的内容；对违规操作行为实行差异化处罚标准；加强金融消费者隐私权的保护；对 2007 版《管理办法》采用"部分废止"方式，将旧法与新法抵触的内容废止。具体执行过程中，可以建立约束激励机制，通过奖励措施和制裁手段并行的方式，增强报告主体参与的积极性；加强对从业人员的培训、增加人员配备，提升工作人员主观识别能力；面对支付宝、微信、手机 QQ 等新兴互联网领域，抓住机遇、迎接挑战，将互联网第三方支付机构纳入涉恐融资可疑交易报告主体范围，并在支付宝、微信及类似于比特币的网络虚拟货币交易领域进行试点工作。此外，需要建立集中统一的数据库，相关机构之间注意协调配合，全面执行相关国际公约，反洗钱监测分析中心需争取早日加入恩格蒙特集团，为可疑交易报告制度切实发挥反恐融资作用打造良好的外部环境。

练习题

一、名词解释
1. 可疑交易报告制度
2. 风险为本

3. 互联网金融

二、判断题

1.《40 条建议》第 10 条规定如果金融机构有合理理由怀疑资金来源于犯罪收益或与恐怖主义融资活动有关，应当按照法律或条例要求，立即直接向金融情报中心报告。（　　　）

2. 恐怖主义融资犯罪作为一种金融犯罪，通常不会像传统刑事犯罪那样留下痕迹、血迹、凶器等物证，物证能够发挥作用的空间十分有限。（　　　）

3. 2006 年《反洗钱法》从法律层面将可疑交易报告制度作为反洗钱的基本制度之一，并规定了反恐融资的内容。（　　　）

4. 2012 年我国开始了"风险为本"的尝试，将"风险为本"作为合理确定金融机构应负法律责任的方法之一。（　　　）

5. 2012 年 FATF 重新修订并发布了《打击洗钱、恐怖主义融资、扩散融资国际标准的 40 条建议》，取代了原来的《40 条建议》和《反恐融资 9 条特别建议》。（　　　）

6. 我国《反恐怖主义法》主要针对恐怖活动组织、情报信息、安全防范等方面进行明确，但是对反恐融资却未进行详尽规定。（　　　）

三、单选题

1. 2003 年 1 月，我国颁布了（　　　）和《金融机构大额和可疑外汇资金交易报告管理办法》（以下简称 2003 版《管理办法》）中，初步建立了可疑交易报告制度。

A.《金融机构报告涉嫌恐怖主义融资的可疑交易管理办法》

B.《涉及恐怖活动资产冻结管理办法》

C.《人民币大额和可疑支付交易报告管理办法》

D.《中华人民共和国反洗钱法》

2.（　　　）央行发布指引，将对恐怖主义融资活动可疑交易报告的报告主体扩大到中国银联，赋予农信银、城商行两个资金清算中心监督权，明确了报告流程。

A. 2009 年 3 月　　B. 2009 年 4 月　　C. 2010 年 3 月　　D. 2010 年 4 月

3. 2013 年中国人民银行对（　　　）家金融机构（含 450 家法人机构）展开了风险评估，结果显示各机构能够积极适用《金融机构反洗钱风险评估标准》，并结合实践进一步完善了洗钱风险评估机制，评估标准的适用性不断被提高。

A. 992　　　　　　B. 993　　　　　　C. 994　　　　　　D. 995

4. 为了遏制比特币带来的一系列问题，（　　　）我国发布了《关于防范比特币风险的通知》，规定金融机构和支付机构不得开展与比特币相关的业务，发现与比特币相关可疑交易，应立即报告并配合调查活动。

A. 2013 年 11 月　B. 2013 年 12 月　C. 2014 年 11 月　D. 2014 年 12 月

5. （　　）以组织机构代码或身份证号码对客户进行有效识别并筛选，即使客户在交行不同分支机构办理业务，账户不同，总行也可以对该客户所有业务信息进行分析甄别。

A. 中国银行　　　B. 交通银行　　　C. 农业银行　　　D. 中国人民银行

四、多选题

1. 2007 年 6 月颁布《金融机构报告涉嫌恐怖主义融资的可疑交易管理办法》首次较为全面地将反恐融资的内容纳入到可疑交易报告制度体系中，对恐怖主义融资进行了列举式界定，明确规定了反恐融资的哪些内容？（　　）

A. 主管机构　　　　　　　　　B. 报告主体

C. 报告方式　　　　　　　　　D. 涉恐融资的可疑交易标准

2. 我国报告主体在可疑交易报告制度执行上被 FATF 认为"部分合规"，以下哪些内容被评为合规？（　　）

A. 在执行过程中的保密义务　　B. 对金融机构的指导方面

C. 对违法行为的处罚方面　　　D. 特定非金融机构的范围

3. 下列哪些选项不是中国银行检测系统识别可疑交易的方式？（　　）

A. 以客户为标识，根据资金划转频率、金额来甄别大额交易和可疑交易

B. 将可疑交易按照交易主体归类到同一客户下，每一个客户生成一个案例，系统自动赋予该案例一个案例号，每个案例都有诸如特征码、可疑程度、采取措施、可疑行为描述等信息

C. 以组织机构代码或身份证号码对客户进行有效识别并筛选，即使客户在交行不同分支机构办理业务，账户不同，总行也可以对该客户所有业务信息进行分析甄别

D. 以身份证号码区别对私客户进行识别、筛选，交易机构和开户机构按照缺少要素分别补录后，由开户机构确认并报告

4. 下列哪些选项是比特币的特点？（　　）

A. 去中心化　　　B. 交易成本低　　　C. 完全匿名性　　　D. 跨国性

5. 下列哪些选项是在说明我国可疑交易报告制度的监测技术相对落后？（　　）

A. 智能化程度不够

B. 没有建立一个集中统一的信息数据库

C. 研究基础薄弱

D. 反洗钱监测分析中心与海关执法机构之间的信息共享机制尚未系统落实

五、简答题

1. 我国可疑交易报告制度中对违规操作的制裁措施存在哪些不足?

2. 可疑交易报告制度在执行过程中存在哪些问题?

3. 互联网的发展带来哪些新的恐怖主义融资风险?

六、论述题

1. 论可疑交易报告制度对反恐融资的意义。

2. 论我国现行立法对可疑交易报告制度的规定。

3. 如何完善我国可疑交易报告制度?

总　结

　　"洗钱"一词可以通过多种方式来定义，因此，不同国家或国际组织对"洗钱"一词有不同的认知，但总体概括起来，洗钱是指一个为了掩盖从非法途径获取的收益的真实来源，而通过各种手段切断这些收益与产生这些收益的犯罪的联系，使得这些收益合法化的过程。随着恐怖主义犯罪的出现与泛滥，"恐怖主义融资"一词映入眼帘，它是指一种资助恐怖主义的行为，它是指向恐怖组织或从事恐怖活动的个人提供资金或者帮助恐怖组织或从事恐怖活动的个人募集、占有、使用以及转移资金的行为。恐怖主义融资与洗钱之间有密切联系，恐怖组织把犯罪所得通过洗钱的方式来切断其来源或者把合法所得通过洗钱的方式来隐瞒去向。

　　恐怖组织和恐怖分子可以通过许多渠道获得资金，他们的资金可以来自于慈善机构的捐赠，有可能来自其他国家、组织、个人、民族海外群体的自愿捐赠，也可能通过成立前台公司来进行合法商业活动获取收益来筹集资金，还可能通过犯罪来获得资金，例如反面毒品、金融诈骗、敲诈勒索、绑架、抢劫。其中有几个典型的洗钱融资途径，例如"地下钱庄""影子银行""哈瓦拉系统""血钻"，恐怖组织能够通过这几个典型途径快速获得大量资金，以为接下来恐怖袭击作准备。

　　为了应对洗钱犯罪，国际上出现了很多反洗钱和反恐怖主义融资组织机构，包括金融行动特别工作组、亚太地区反洗钱集团（FATF）、加勒比地区金融行动特别工作组（CFATF）、欧亚反洗钱和反恐融资组织（EAG）、巴塞尔银行监管委员会（Basel）、沃尔夫斯堡集团（The Wolfsberg Group）等。随着"恐怖主义融资"的产生，这些组织机构又将反恐怖主义融资纳入其职责范围内。其中，金融行动特别工作组（FATF）是目前国际上影响力最大的反洗钱和反恐怖主义融资国际组织，它与其他国际组织保持着密切的合作关系，包括国际货币基金组织、世界银行和联合国。金融行动特别工作组处于反洗钱和反恐怖主义融资领域的核心，扮演多样化的角色，具体包括以下内容：监督各国引入反洗钱和反恐怖主义融资方法的进程，使用自我评估和更详细的多边评估。

　　这些国际反洗钱和反恐融资组织制定了许多反洗钱和反恐融资条约或公约，

其中 FATF 提出了著名的反洗钱指导性文件《40 条建议》, 2001 年为了打击恐怖主义融资活动, 在《40 条建议》的基础之上又提出了 8 条特别建议, 2004 年在反恐融资 8 条特别建议的基础之上又增加了 1 项针对恐怖主义犯罪分子跨国运输现金问题的特别建议, 成为 9 条特别建议, 最终被合并成为 "40 + 9 条建议"。联合国在反洗钱与反恐怖主义融资活动当中一直扮演着先驱者的角色。先后出台了《联合国禁毒公约》《联合国制止向恐怖主义提供资助的国际公约》《联合国打击跨国有组织犯罪国际公约》《联合国反腐败公约》, 四项公约构成了联合国在反洗钱与反恐怖主义融资方面采取措施的完整体系, 为如何进行反洗钱的国际合作提供了很好的借鉴。

在反洗钱和反恐融资方面做得最好的莫过于美国。在 "9·11" 事件前就制定了反洗钱国际战略, 推动建立反洗钱国际标准, 利用 FATF、艾格蒙特组织等国际反洗钱工作平台, 推动国际金融信息交换工作, 重点打击与离岸金融中心相关的洗钱行为和贪污腐败犯罪。"9·11" 事件之后, 美国推行反洗钱与反恐融资并行的国际战略, 通过《爱国者法案》授予财政部特定权力打击洗钱和恐怖主义融资, 利用 FATF、世界银行等国际组织在全球范围内进一步推进反恐融资国际标准在各国的采纳, 加强恐怖主义融资信息交流, 加强对哈瓦拉等支付方式的监管, 公布涉恐人员名单, 重点打击利用慈善机构、现金走私等方式进行恐怖主义融资的行为, 切断恐怖主义融资渠道。除此之外, 美国在国内建立比较完善的反洗钱机制, 能够有效地预防和打击洗钱和恐怖主义融资犯罪。

我国反洗钱和反恐融资工作已然取得一定成果, 目前我国反洗钱和反恐融资法律体系基本建立,《刑法》对洗钱犯罪进行了完善, 并颁布了《反洗钱法》, 为我国反洗钱工作提供了法律保障; 反洗钱和反恐融资工作组织体系建立运行, 中国人民银行成立反洗钱局负责具体履行人民银行反洗钱职能, 并建立了中国反洗钱监测分析中心; 反洗钱工作部际联席会议制度, 人民银行牵头召集 23 个部委参加反洗钱工作部际联席会议, 明确联席会议组织架构、工作机制和职责分工, 同时建立了由人民银行、银监会、证监会、保监会和外汇局参加的金融监管部门反洗钱协调制度。但是, 我国在反洗钱和反恐融资工作方面还存在一定的缺陷, 例如体系不健全、监管不到位、反洗钱基层力量薄弱等问题。

针对以上问题, 本书提出以下建议: 完善我国金融机构反洗钱和反恐融资制度; 完善涉恐资产冻结罚没制度; 完善网上银行反洗钱及反恐融资的措施; 完善对贵金属行业反洗钱和反恐融资的措施; 加强对 FATF 反恐融资国际标准的吸收和借鉴; 认真贯彻落实《国务院办公厅关于完善反洗钱、反恐怖主义融资、反逃税监管体制机制的意见》的要求; 力完善国内立法; 依据《反恐怖主义法》的规定制定反恐融资措施; 完善国际司法合作与协助制度。在刑事打击洗钱和恐怖主义融资方面，我国可以向美国学习，美国在打击恐怖主义融资的过程中无论其刑事立法还是刑事司法都是依据形势适时调整，灵活性较高，值得我们借鉴。

在打击洗钱与恐怖主义融资策略上，最基础的环节就是建立客户尽职调查和可疑交易报告制度，然而我国在这两方面做得仍不够。在客户尽职调查上，金融机构反恐怖主义融资意识不足、客户风险等级划分过于形式化、客户风险等级划分过于形式化、金融机构自身技术原因、互联网和非面对面业务带来困难、技术监测利用不足。本书提出解决建议：一是提高反恐怖主义融资意识，加强人员培训；二是合理地进行客户风险等级划分；三是加强互联网金融和非面对面业务方面客户尽职调查的指引；四是加强对新技术手段监管的创新研究；五是将反恐怖主义融资客户尽职调查与金融机构其他业务流程整合；六是协调各职能部门共同建立综合数据库；七是完善相关法律法规。

在可疑交易报告制度方面，存在很多不足之处：在制度设计上，对报告主体范围界定不清；对可疑交易监测标准规定存在疏漏；对违规操作的制裁措施不够科学；对金融消费者隐私权保护不足；新法对旧法的废止造成立法部分内容空白。在制度执行上，报告主体参与动力不足，防御型报告盛行；过度依赖客观识别系统，主观分析不足；互联网的发展带来新的恐怖主义融资风险。在外部环境上，监测技术相对落后；机构之间的协作配合不够；国际合作存在一定不足。针对这些不足，本书提出以下解决方案：明确报告义务主体范围，调整对可疑交易监测标准的规定，科学设计违规操作的制裁措施，加强对金融消费者隐私权的保护，新法对旧法采取"部分废止"的方法；建立约束激励机制，增强报告主体参与动力，加强人才培养，提升主观识别能力，加强监测技术研究和探索，实现监测系统智能化，加强相关机构之间的协调配合等。

附　录

附 1:《FATF 40 条建议》

打击洗钱、恐怖主义融资、扩散融资国际标准:FATF 建议
(2012 年 2 月)

引言

金融行动特别工作组（FATF）成立于 1989 年,是由成员国部长发起设立的政府间组织。FATF 的主要任务是制定国际标准,促进有关法律、监管、行政措施的有效实施,以打击洗钱、恐怖主义融资、大规模杀伤性武器扩散融资（扩散融资）等危害国际金融体系的活动。FATF 还与其他国际利益相关方密切合作,识别国家层面的薄弱环节,保护国际金融体系免遭滥用。

FATF 建议为各国打击洗钱、恐怖主义融资和扩散融资设定了全面、完整的措施框架。各国的法律体系、行政管理、执行框架以及金融体系各不相同,难以采取相同的威胁应对措施。因此,各国应当根据本国国情,制定相应措施执行 FATF 建议。FATF 建议规定了各国应当建立的基本措施:

　*识别风险、制定政策和国内协调;

　*打击洗钱、恐怖主义融资及扩散融资;

　*在金融领域和其他特定领域实施预防措施;

　*规定主管部门（如:调查、执法和监管部门）的权力与职责范围,及其他制度性措施;

　*提高法人和法律安排的受益所有权信息的透明度和可获得性;

　*推动国际合作。

FATF 最初的 40 项建议颁布于 1990 年,旨在打击滥用金融体系清洗毒品资金。1996 年,为应对不断变化更新的洗钱趋势和手段,FATF 第一次对建议进行了修订,将打击范围扩大到清洗毒资外的其他犯罪领域。2001 年 10 月,FATF

进一步将其职责扩大到打击恐怖主义融资领域，并制定了反恐怖主义融资 8 项特别建议（之后扩充为 9 项）。2003 年，FATF 建议进行了第二次修订，这些建议共同组成了国际公认的反洗钱与反恐怖主义融资国际标准，得到全球 180 多个国家的认可。

在完成对成员的第三轮互评估后，FATF 与区域性反洗钱组织以及包括国际货币基金组织、世界银行和联合国在内的观察员密切合作，共同对 FATF 建议进行了修订及更新。修订后的建议在保持稳定和严谨的同时，致力于应对新出现的威胁，也明确并强化了许多现有义务。

FATF 标准也进行了相应修订，以加强对高风险情况的要求，允许各国对高风险领域采取更加有针对性的措施，或强化有关标准的实施。各国首先应识别、评估、了解面临的洗钱及恐怖主义融资风险，然后制定降低风险的适当措施。风险为本的原则允许各国在 FATF 要求的框架下，采取更加灵活的措施，以有效地分配资源、实施与风险相适应的预防措施，最大限度地提高有效性。

打击恐怖主义融资是一项严峻的挑战。有效的反洗钱与反恐怖主义融资体系对于打击恐怖主义融资十分重要，之前针对恐怖主义融资的大多数措施已经在建议中进行了整合，不再需要专门制定特别建议。但是，在 FATF 建议第 C 节，还是规定了一些专门针对恐怖主义融资的建议。这些建议包括：建议 5（恐怖主义融资刑罚化）、建议 6（与恐怖主义及恐怖主义融资相关的定向金融制裁），建议 8（防止滥用非营利性组织的相关措施）。大规模杀伤性武器扩散是我们关注的另一个严重威胁，2008 年，FATF 将职责范围扩大到防范扩散融资。为应对这一威胁，FATF 通过了一条新建议（建议 7），旨在确保有效实施定向金融制裁，与联合国安理会有关要求保持一致。

FATF 标准包括建议本身、释义以及术语表中的定义。所有 FATF 成员及区域性反洗钱组织成员必须执行 FATF 标准规定的措施，并按照 FATF 通用的评估方法，通过 FATF 互评估程序或国际货币基金组织和世界银行的评估程序，对各成员的执行情况进行严格评估。释义及术语表中的定义包括如何实施标准的举例。这些举例不是强制性要求，只起到指引作用。举例无意包罗万象，尽管可作为参考指标，但并非适用所有情况。

FATF 还制定了指引、最佳实践文件等，以帮助各国执行 FATF 标准。但上述文件并不是评估一国标准执行情况的强制性依据，仅供各国在考虑如何有效执行 FATF 标准时参考。FATF 现行指引和最佳实践文件含在 FATF 建议附录里，也可在 FATF 网站上查询。

FATF 致力于与私营部门、社会团体及其他感兴趣各方保持密切的、建设性的对话，他们是维护金融体系完整的重要伙伴。建议的修订进行了广泛咨询，并且从这些利益相关方的评论和意见中获益。今后，FATF 会继续根据其职责，以及全球金融系统面临的威胁及薄弱环节，在适当时候对标准进行再次修订。

FATF 呼吁各成员采取有效措施，执行打击洗钱、恐怖主义融资和扩散融资的新建议。

A. 反洗钱与反恐怖主义融资的政策和协调

1. 评估风险与适用风险为本的方法（新建议）

各国应当识别、评估和了解本国的洗钱与恐怖主义融资风险，并采取相应措施，包括指定某一部门或建立相关机制协调行动以评估风险，配置资源，确保有效降低风险。在风险评估基础上，各国应适用风险为本的方法，确保防范或降低洗钱和恐怖主义融资风险的措施与已识别出的风险相适应。该方法应当作为在反洗钱与反恐怖主义融资体制内有效配置资源，实施 FATF 建议要求的风险为本措施的必要基础。如发现风险较高，各国应确保其反洗钱与反恐怖主义融资体系能充分解决这些风险。如发现风险较低，各国可以决定在特定情况下，允许对某些 FATF 建议采取简化的措施。

各国应当要求金融机构和特定非金融行业与职业，识别、评估，并采取有效措施降低洗钱与恐怖主义融资风险。

2. 国家层面的合作与协调（原建议 31）

各国应当根据已经识别出的风险，制定并定期审查本国反洗钱与反恐怖主义融资政策，指定某一部门，或者建立协调机制或其他机制负责该政策的实施。各国应当确保政策制定者、金融情报中心、执法机关、监管机构和其他相关主管部门，在政策制定和执行层面，建立有效机制，加强合作和必要的协调，打击洗钱、恐怖主义融资和扩散融资。

B. 洗钱与没收

3. 洗钱犯罪（原建议 1、2）

各国应当根据《维也纳公约》、《巴勒莫公约》，将洗钱行为规定为犯罪。各国应当将洗钱罪适用于所有的严重罪行，以涵盖最广泛的上游犯罪。

4. 没收与临时措施（原建议 3）

各国应当采取类似于《维也纳公约》、《巴勒莫公约》和《反恐怖主义融资公约》规定的措施，包括立法，使主管部门能够在不损害无过错第三方合法权益的情况下，冻结、扣押或没收以下财产：（a）被清洗的财产；（b）来自洗钱或上游犯罪的收益，用于或企图用于洗钱或上游犯罪的工具；（c）属于犯罪收益的财产，或用于、企图用于、调拨用于资助恐怖主义、恐怖行为、恐怖组织的财产；或者（d）同等价值的财产。

这些措施应当包括授权有关部门：（a）识别、追查和评估应予没收的财产；

（b）采取冻结、扣押等临时措施，防止该财产被出售、转移或处置；（c）采取措施，防止或避免可能有损国家追回应被没收、冻结或扣押财产的能力的行为；（d）采取其他适当的调查措施。

各国应当考虑采取措施，允许不经过刑事定罪判决即可没收此类财产或工具（不以刑事判决为基础的没收），或者在符合本国法律原则的范围内，要求违法者证明应被没收财产的合法来源。

C. 恐怖主义融资与扩散融资

5. 恐怖主义融资犯罪（原特别建议 II）

各国应当根据《反恐怖主义融资公约》，将恐怖主义融资行为规定为犯罪，不仅应当将资助恐怖活动的行为规定为犯罪，而且也应当将资助恐怖组织和单个恐怖分子的行为规定为犯罪，即使该行为并未与特定的恐怖活动相联系。各国应当确保将这些犯罪规定为洗钱犯罪的上游犯罪。

6. 与恐怖主义和恐怖主义融资相关的定向金融制裁（原特别建议 III）

各国应当建立定向金融制裁机制，以遵守联合国安理会关于防范和制止恐怖主义和恐怖主义融资的决议。这些决议要求各国毫不迟延地冻结被指定个人或实体的资金或其他资产，并确保没有任何资金或其他资产，直接或间接地提供给被指定的个人或实体，或者使其受益，包括：（i）根据《联合国宪章》第七章，由联合国安理会指定，或者由其授权指定的个人或实体，包括第 1267（1999）号决议及其后续决议；（ii）根据第 1373（2001）号决议由该国指定的个人或实体。

7. 与扩散融资相关的定向金融制裁（新建议）

各国应当执行定向金融制裁，以遵守联合国安理会关于防范、制止、瓦解大规模杀伤性武器扩散及扩散融资的决议。这些决议要求各国毫不迟延地冻结被指定个人或实体的资金或其他资产，并确保没有任何资金或其他资产，直接或间接地提供给被指定的个人或实体，或者使其受益。根据《联合国宪章》第七章，这些个人或实体由联合国安理会指定或由其授权指定。

8. 非营利性组织（原特别建议 VIII）

对于可能被恐怖主义融资滥用的实体，各国应当审查有关法律法规是否完备。非营利性组织尤其容易被滥用，各国应当确保非营利性组织不会以下列方式被滥用：

（a）恐怖组织利用非营利性组织的合法身份；

（b）利用合法实体作为恐怖主义融资的渠道，包括以逃避资产冻结措施为目的；

以及（c）利用非营利性组织，将合法用途的资金秘密转移至恐怖组织予以掩饰或混淆。

D. 预防措施

9. 金融机构保密法（原建议4）

各国应当确保金融机构保密法不妨碍 FATF 建议的实施。

客户尽职调查与记录保存

10. 客户尽职调查（原建议5）

各国应当禁止金融机构保持匿名账户或明显以假名开立的账户。

各国应当要求金融机构在出现下列情形时，采取客户尽职调查（CDD）措施：（i）建立业务关系；（ii）进行一次性交易：（1）超过适用的规定限额（15 000美元/欧元）；或者（2）建议16释义规定的特定情况下的电汇；（iii）有洗钱或恐怖主义融资嫌疑；或者（iv）金融机构怀疑先前获得的客户身份数据的真实性或完整性。

金融机构实施客户尽职调查的原则应由法律做出规定。各国可以决定如何通过法律或强制性措施设定具体的客户尽职调查义务。

可采取的客户尽职调查措施如下：（a）确定客户身份，并利用可靠的、独立来源的文件、数据或信息核实客户身份；（b）确定受益所有人身份，并采取合理措施核实受益所有人身份，以使金融机构确信了解其受益所有人。对于法人和法律安排，金融机构应当了解其所有权和控制权结构；（c）了解并在适当情形下获取关于业务关系目的和意图的信息；（d）对业务关系采取持续的尽职调查，对整个业务关系存续期间发生的交易进行详细审查，以确保进行的交易符合金融机构对客户及其业务、风险状况（必要时，包括资金来源）等方面的认识。

金融机构应当采取上述（a）至（b）项规定的每项客户尽职调查措施，但应当根据本条建议和建议1的释义，通过风险为本的方法，决定采取这些措施的程度。

各国应当要求金融机构在建立业务关系之前、业务关系存续期间或者与临时客户进行交易时，核实客户和受益所有人身份。在洗钱与恐怖主义融资风险得到有效管理，并且为不打断正常交易所必需的情况下，各国可以允许金融机构在建立业务关系之后，尽快完成身份核实。

如果金融机构不能遵循上述（a）至（b）项规定的措施（根据风险为本的方法调整所采取措施的程度），则不应当开立账户、建立业务关系或进行交易；或者应当终止业务关系；并应当考虑提交相关客户的可疑交易报告。这些要求应当适用于所有新客户，但金融机构还应当根据重要性和风险程度，将本建议适用于现有客户，并在适当时候对现有业务关系开展尽职调查。

11. 记录保存（原建议 10）

各国应当要求金融机构将所有必要的国内和国际交易记录至少保存五年，以使其能迅速提供主管部门所要求的信息。这些信息必须足以重现每一笔交易的实际情况（包括所涉金额和币种），以便在必要时提供起诉犯罪活动的证据。

各国应当要求金融机构在业务关系终止后，或者一次性交易之日起至少 5 年内，继续保留通过客户尽职调查措施获得的所有记录（如护照、身份证、驾驶执照等官方身份证明文件或类似文件的副本或记录），账户档案和业务往来信函，以及分析结论（如关于复杂的异常大额交易的背景和目的的调查函）。

法律应当要求金融机构保存交易记录和通过客户尽职调查措施获取的信息记录。

在职权范围内，本国主管部门可以查阅、使用交易记录和通过客户尽职调查措施获取的信息记录。

针对特定客户和活动的额外措施

12. 政治公众人物（原建议 6）

对于外国的政治公众人物（作为客户或受益所有人），除采取正常的客户尽职调查措施外，各国还应当要求金融机构：（a）建立适当的风险管理系统，以确定客户或受益所有人是否为政治公众人物；（b）获得高级管理层的批准方可建立（或维持现有）业务关系；（c）采取合理措施确定其财产和资金来源；（d）对业务关系进行强化的持续监测。

金融机构应当采取合理措施，确定客户或受益所有人是否为本国的政治公众人物，或者在国际组织担任或曾经担任重要公职的人员。如果与这些人的业务关系出现较高风险，金融机构应当采取（b）至（d）项规定的措施。对所有类型的政治公众人物的要求，也应当适用于其家庭成员或关系密切的人。

13. 代理行（原建议 7）

对于跨境代理行及其他类似的业务关系，除采取正常的客户尽职调查措施外，各国还应当要求金融机构：（a）收集代理机构的充分信息，以全面了解代理机构的业务性质，并通过公开信息判断代理机构的信誉和监管质量，包括是否因洗钱或恐怖主义融资遭受调查或监管；（b）评估代理机构的反洗钱与反恐怖主义融资控制制度；（c）在建立新的代理业务关系之前，获得高级管理层的批准；（d）明确规定每个机构的相应职责；（e）关于"过路账户"，确信代理行已对可以直接使用委托行账户的客户实施客户尽职调查，确信代理行能够应委托行要求提供其通过客户尽职调获取的有关信息。各国应当禁止金融机构与空壳银行建立或维持代理行关系。各国应当要求金融机构确信代理机构不允许空壳银行使用其账产。

14. 资金或价值转移服务（原特别建议 VI）

各国应当采取措施，确保本国提供资金或价值转移服务的自然人或法人获得许可或进行注册，并受到有效系统的监测，以符合 FATF 建议要求的相关措施。各国应当采取行动，发现未经许可或登记注册而提供资金或价值转移服务的自然人和法人，并给予适当处罚。

在资金或价值转移服务提供商及其代理商开展业务的国家，任何作为资金或价值转移服务代理商的自然人、法人必须获得主管部门的许可或登记注册；资金或价值转移服务提供商必须保存一份可以随时被相关主管机构获得的代理商名单。各国应当采取措施，确保资金或价值转移服务提供商将其代理商纳入自身反洗钱与反恐怖主义融资计划，并对其合规情况进行监测。

15. 新技术（原建议 8）

各国和金融机构应当识别、评估可能由下列情形带来的洗钱与恐怖融资风险：（a）新产品、新业务以及新交割机制的发展；（b）新产品、现有产品中新技术或研发中技术的应用；

金融机构应当在发布新产品、开展新业务以及应用新技术（研发中的技术）前进行风险评估，采取适当措施管理和降低此类风险。

16. 电汇（原特别建议 VII）

各国应当确保金融机构在办理电汇和处理相关报文时，填写规定的、准确的汇款人信息，以及规定的受益人信息，并确保这些信息保留在支付链条的每一个环节。

各国应当确保金融机构对电汇进行监控，以发现电汇交易中是否缺乏汇款人和受益人信息，并采取适当的措施。

各国应当确保金融机构在处理电汇过程中，按照联合国安理会第 1267 （1999）号决议及其后续决议，和第 1373（2001）号决议中有关防范、打击恐怖主义和恐怖主义融资的规定，采取冻结措施，禁止与指定个人和实体进行交易。

依托第三方的尽职调查、内控和金融集团

17. 依托第三方的尽职调查（原建议 9）

各国可允许金融机构依托第三方实施建议 10 中规定的（a）至（c）项客户尽职调查措施或引荐业务，但应确保满足以下四项标准。如允许由第三方实施客户尽职调查，客户尽职调查的最终责任仍由依托第三方的金融机构承担。（a）依托第三方的金融机构应可以立即获得建议 10 中（a）至（b）项措施取得的必要信息；（b）金融机构应当采取适当措施，确信可在需要时立即获得第三方实施客户尽职调查时取得的身份证明和其他资料复印件；（c）金融机构应当确信第三方机构受到监督、管理或监测，并根据建议 10 和 11 的要求，在客户尽职调查和资料保存方面采取措施；（d）当决定哪些国家的第三方机构可依托时，各国应当参考可以获得的国家风险等级等信息。

如果金融机构与所依托的第三方机构属于同一金融集团，同时，（i）该集团已按照建议 10、11、12 的要求采取客户尽职调查和资料保存措施，按照建议 18 采取反洗钱与反恐怖主义融资措施；（ii）当主管部门在集团层面上对其反洗钱与反恐怖主义融资相关措施有效性进行监管时，主管部门可以认为金融机构已通过其集团开展上述（b）、（c）项措施；当该集团采取的反洗钱与反恐怖融'资措施已显著降低原本较高的国家风险时，则（d）项可以不作为依托第三方开展客户身份识别的必要前提。

18. 内部控制、境外分支机构和附属机构（原建议 15 和 22）

各国应当要求金融机构执行反洗钱与反恐怖主义融资措施，同时，各国应当要求金融集团在集团层面执行反洗钱与反恐怖主义融资措施，包括在集团内部共享反洗钱与反恐怖主义融资信息的政策和程序。

各国应当要求金融机构确保其境外分支机构和控股附属机构通过金融集团整体反洗钱与反恐怖主义融资措施，执行与母国落实 FATF 建议相一致的反洗钱与反恐怖主义融资要求。

19. 高风险国家（原建议 21）

应 FATF 呼吁，各国应当要求金融机构在与特定国家的自然人、法人、金融机构建立业务关系或交易时，采取强化的客户尽职调查措施。所采取的强化措施应有效并与风险相适应。

应 FATF 呼吁，各国应当有能力采取适当的反制措施。FATF 未做呼吁，各国也应当有能力采取反制措施。所采取的反制措施应有效并与风险相适应。

可疑交易报告

20. 可疑交易报告（原建议 13 和特别建议 IV）

如果金融机构怀疑或有合理理由怀疑资金为犯罪收益，或与恐怖主义融资有关，金融机构应当依据法律要求，立即向金融情报中心报告。

21. 泄密与保密（原建议 14）

金融机构及其董事、管理人员和雇员应当：（a）在依法报告可疑交易时，即便无法确定是何种犯罪以及犯罪活动是否实际发生，均应受到法律保护，不会因未遵守合同、法律、法规或行政性规定关于信息披露的限制，而承担民事或刑事责任。（b）依法严禁向外界泄露向金融情报中心报告可疑交易或相关信息的事实。

特定非金融行业和职业

22. 特定非金融行业和职业：客户尽职调查（原建议12）

建议10、11、12、15、17 中规定的客户尽职调查和交易记录保存要求适用于以下特定非金融行业和职业：（a）赌场——当客户从事规定金额及以上的交易时；（b）不动产中介——为其客户从事不动产买卖交易；（c）贵金属和珠宝交易商——当客户从事规定金额及以上的现金交易时；（d）律师、公证人、其他独立法律专业人士及会计师——在为客户准备或实施与下列活动相关的交易时：买卖不动产；管理客户资金、证券或其他财产；管理银行账户、储蓄或证券账户；为公司设立、运营或管理进行出资安排；法人或法律安排的设立、运营或管理，以及经营性实体买卖。（e）信托和公司服务提供商——在为客户准备或实施与下列活动相关的交易时：担任法人设立的代理人；担任（或安排其他人担任）公司董事、董事会秘书、合伙人或其他法人单位中同级别的职务时；为公司、合伙或其他法人或法律安排提供注册地址、公司地址或办公场所、通信方式或办公地址的；担任（或安排他人担任）书面信托的受托人或在其他法律安排中承担同样职能的；担任（或安排他人担任）他人的名义持股人。

23. 特定非金融行业和职业：其他措施（原建议16）

建议18－21 规定的要求适用于所有特定非金融行业和职业：（a）各国应当要求律师、公证人、其他独立法律专业人士和会计师在代表客户（或为客户）进行建议22 中（d）项所列的交易时，报告可疑交易。强烈鼓励各国将报告要求扩展到包括审计在内的会计师的其他专业活动。（b）当贵金属和珠宝交易商从事规定金额及以上的现金交易时，应当报告可疑交易。（c）当信托与公司服务提供商在代表客户（或为客户）进行建议22 中（e）项所列的交易时，应当报告可疑交易。

E. 透明度、法人和法人安排的受益所有权

24. 透明度和法人的受益所有权（原建议33）

各国应当采取措施防止法人被洗钱和恐怖主义融资活动滥用，应当确保主管部门可以及时掌握或获取法人受益所有权和控制权的完整准确信息。特别是在允许法人发行不记名股票或不记名股权证，以及允许名义股东和名义董事存在的国家，应当采取有效措施，确保此类法人不被洗钱和恐怖主义融资活动滥用。各国应当考虑采取措施，使金融机构和特定非金融行业和职业可以便利地获取建议10、建议22 要求的受益所有权及控制权信息。

25. 透明度和法律安排的受益所有权（原建议34）

各国应当采取措施防止法律安排被洗钱和恐怖主义融资活动滥用。特别是，各国应当确保主管部门能及时掌握或获取关于书面信托（包括委托人、受托人和受益人）的完整准确信息。各国应当考虑采取措施，使金融机构和特定非金融行业和职业可以便利地获取建议 10、建议 22 要求的受益所有权及控制权信息。

F. 主管部门的权力、职责及其他制度性措施监督和管理

26. 对金融机构的监督和管理（原建议 23 和 18）

各国应当确保金融机构受到充分的监督和管理，并且有效地执行 FATF 建议。主管部门或金融监管机构应当采取必要的法律或监管措施，防止犯罪分子或其同伙持有金融机构的重要或多数股权，或成为金融机构重要或多数股权的受益所有人，或掌握金融机构实际管理权。各国不应当批准空壳银行的设立或允许空壳银行的继续运营。

对遵守核心原则的金融机构，在实施与洗钱和恐怖主义融资相关的审慎监管措施时，应当采用与反洗钱和反恐怖主义融资监管相类似的措施。对并表集团的反洗钱与反恐怖主义融资监管，同样适用以上方法。

各国应当对其他金融机构进行许可、登记注册和充分管理，要考虑本行业的洗钱与恐怖主义融资风险而进行监管。至少应当要求提供资金或价值转移或货币兑换服务的金融机构进行许可或注册，并要受到有效监测，以确保符合国家反洗钱与反恐怖主义融资合规要求。

27. 监管机构的权力（原建议 29）

监管机构应当拥有足够的权力，监督、监测、包括检查金融机构，确保金融机构遵守打击洗钱和恐怖主义融资的要求。监管机构应当有权要求金融机构提交所有与合规监管相关的信息，并有权按照建议 35 要求，对不遵守要求的行为进行处罚。监管机构应当有实施一系列惩戒和经济处罚的权力，包括吊销执照、限制或中止金融机构业务的权力。

28. 对特定非金融行业和职业的监管（原建议 24）

对特定非金融行业和职业，应当采取下列监督管理措施：（a）对赌博业应当采取全面的监督管理制度，确保其有效实施必要的反洗钱与反恐怖主义融资措施。至少应做到：赌场应当经过许可；主管部门应当采取适当的法律或监管措施，防止犯罪分子或同伙持有重要或多数股权，或成为重要或多数股权的受益所有人，或担任管理职务，或成为运营者；并且，主管部门应当确保赌场受到有效的反洗钱与反恐怖主义融资监管。（b）各国应当根据行业和职业风险敏感性，对其他类型的特定非金融行业和职业建立有效的监测体系，并确保其符合反洗钱与反恐怖主义融资合规要求。监测可由：（a）监管机构执行；或（b）如行业自律机构能确保其成员履行反洗钱与反恐怖主义融资义务，也可由适当的行业自律机构执行。

监管机构或行业自律机构还应该：（a）采取必要措施，防止犯罪分子及其同伙获得专业认证，或持有重要或多数股权，或成为重要或多数股权的受益所有人，或担任管理职务，例如通过"适宜和恰当"测试来评价人员；（b）如未遵守反洗钱与反恐怖主义融资要求，应按照建议35要求，实施有效、适当和劝诫性的处罚。

操作与执法措施

29. 金融情报中心（原建议26）

各国应当建立金融情报中心（FIU），作为全国性中心，负责接受和分析（a）可疑交易报告；（b）其他洗钱、相关上游犯罪和恐怖主义融资相关的信息，并负责分发分析结果。金融情报中心应当能够从报告实体获取额外信息，并能够及时获得其恰当履职所需的金融、管理和执法信息。

30. 执法和调查部门职责（原建议27）

各国应当确保赋予指定的执法部门在国家反洗钱与反恐怖主义融资政策框架内调查洗钱和恐怖主义融资的职责。至少在所有主要涉及产生收益的犯罪案件中，这些被指定的执法部门应主动开展并行的金融调查，以追查洗钱、恐怖主义融资或上游犯罪。调查范围应当包括上游犯罪发生在执法部门所属司法辖区以外的案件。各国应当确保主管部门有责任立即识别、追踪并采取行动冻结和扣押应被没收资产或可能属于没收范围的资产，或被怀疑为犯罪所得的资产。各国还应当在必要时利用专门从事金融或资产调查的常设或临时性多领域专家小组来开展调查。各国应当确保必要时能够与其他国家相应主管部门开展合作调查。

31. 执法和调查部门权力（原建议28）

在对洗钱、相关上游犯罪和恐怖主义融资调查的过程中，主管部门应当拥有为实施调查、起诉和相关行动获取所有必要文件和信息的权力。这些权力应包括采取强制措施从金融机构、特定非金融行业和职业、其他法人或自然人获取相关记录，搜查个人和场所，采集证人证言，以及搜集证据。

各国应当确保主管部门有能力运用一系列适用于洗钱、相关上游犯罪和恐怖主义融资的调查方法。这些调查方法包括：卧底行动、通讯窃听、侵入计算机系统和控制下交付。此外，各国还应当建立有效机制，以及时确定是否是自然人或法人持有或控制账户。各国还应当建立相应机制，确保主管部门拥有在不预先告知所有人的情况下，对资产进行识别的程序。在针对洗钱、相关上游犯罪和恐怖主义融资开展调查时，主管部门应当能够要求金融情报中心提供所有相关信息。

32. 现金跨境运送（原特别建议IX）

各国应当采取措施，包括通过申报和/或披露制度，发现现金和不记名可转让金融工具的跨境携带活动。

如果怀疑现金或不记名可转让金融工具与恐怖主义融资、洗钱或上游犯罪有关，或者查出属于虚假申报或披露，各国应当确保主管部门拥有阻止或限制这些现金或不记名可转让金融工具跨境携带的法定权力。各国应当确保能对虚假申报或披露的个人采取有效、适当和劝诫性的处罚措施。对查处的与恐怖主义融资、洗钱或上游犯罪有关的现金或不记名可转让金融工具，各国应当采取措施，包括建议 4 规定的法律措施，没收相关现金或不记名可转让金融工具。

一般要求

33. 数据统计（原建议 32）

各国应当保存与本国反洗钱与反恐怖主义融资体系有效性相关的全面数据。其中应包括接受与分发的可疑交易报告数据，洗钱与恐怖主义融资调查数据，起诉与判决数据，资产冻结、扣押和没收数据，以及双边司法协助或其他国际合作请求的数据。

34. 指引与反馈（原建议 25）

主管部门、监管机构和行业自律组织应当制定指引、并提供反馈，以帮助金融机构和特定非金融行业和职业落实国家有关打击洗钱和恐怖主义融资的措施，特别是发现和报告可疑交易。

处罚

35. 处罚（原建议 17）

各国应当确保对建议 6 和建议 8－23 中涵盖的、未能遵守反洗钱与反恐怖主义融资要求的自然人和法人，实施一系列有效、适当和劝诫性的刑事、民事或行政处罚。处罚应不仅适用于金融机构和特定非金融行业和职业，也应适用于其董事和高级管理人员。

G. 国际合作

36. 国际公约（原建议 35 和特别建议 II）

各国应当立即采取行动，加入并全面实施《维也纳公约》（1988），《巴勒莫公约》（2000），《联合国反腐败公约》（2003）和《反恐怖主义融资公约》（1999）。在适当情况下，鼓励各国批准并实施其他有关国际公约，比如《欧洲理事会打击网络犯罪公约》（2001），《泛美反恐公约》（2002），《欧洲理事会关于打击洗钱，调查、扣押和没收犯罪收益及打击恐怖主义融资公约》（2005）。

37. 双边司法协助（原建议 36、37 和特别建议 V）

在涉及洗钱、相关上游犯罪以及恐怖主义融资调查、起诉和有关诉讼过程中，各国应当迅速、有效、并富有建设性地提供最大可能范围的司法协助。各国还应当具备充分的法律基础以提供协助，并在适当情况下，签订公约、协定或其他机制强化合作。各国尤其：（a）不应禁止提供司法协助或者为提供司法协助设置不合理或过分的限制条件。（b）应当确保具有明确有效的程序，以及时优先考虑和处理双边司法协助请求。应当通过某一中央机关或现有其他官方机制有效传递和处理这些请求。应当建立一套案件管理系统，以跟踪请求处理的进展情况。（c）不应仅以犯罪涉及财政问题为由拒绝执行协助请求。（d）不应以法律要求金融机构对客户资料保密为由拒绝执行协助请求。（e）对收到的司法协助请求及其所包含的信息，应当按照本国法律基本原则的要求进行保密，以保护调查不受干扰。如果被请求国无法遵守保密要求，应当及时告知请求国。

如果协助不涉及强制行动，即使不构成双重犯罪，各国也应当提供司法协助。各国应当考虑采取必要措施，在不构成双重犯罪时，尽可能提供广泛的协助。如果一国将双重犯罪作为提供协助的必要条件，则不论两国是否将此犯罪纳入同一类罪，或规定为同一罪名，只要两国均将该行为规定为犯罪，即可视为满足该条件。

各国应当确保主管部门拥有建议 31 所要求的权力和调查手段，以及任何其他权力和调查手段：（a）所有向金融机构和其他个人获取、搜查和扣押信息、资料或证据（包括财务记录），以及与采取证人证言相关的权力和调查手段；（b）范围广泛的其他权力和调查手段；

上述权力和调查手段同样适用于对双边司法协助请求的回应。并且，如不违背本国法律框架，上述权力和调查手段也可适用于外国司法或执法机关向本国对应部门的直接调查请求。

如果被告面临被多国起诉，为避免管辖权的冲突，应当考虑设计和适用相应的机制，在不影响司法公正的情况下选择最佳起诉地点。

各国在发起协助调查请求时，应当尽最大可能提供真实、完整、合法的信息，以帮助协查请求快速有效地处理。如有紧急需求，应当通过快捷方式发送请求。在发送请求前，各国应当尽最大努力了解对方的法律要求和正式手续。

各国应当为负责协助调查的部门（例如：中央机关）提供充足的财政、人力和技术支持。应当采取措施确保这些部门的工作人员在保密、诚信、廉洁、专业等方面具有较高的水准。

38. 双边司法协助：冻结和没收

各国应当确保有权应外国请求采取迅速行动，对清洗的资产、洗钱、上游犯罪及恐怖主义融资收益、实施或计划用于实施犯罪的工具或同等价值的财产予以识别、冻结、扣押和没收。该权力应该包括接受不以刑事判决为基础的收益没收请求，和其他临时措施基础上做出的请求，除非这与被请求国国内法律基本原则不一致。各国还应当建立管理上述财产、工具或同等价值财产的有效机制；应当做出协调查封和没收资产的制度安排，其中应当包括分享没收资产的安排。

39. 引渡（原建议 39 以及特别建议 1 部分内容）

各国应当无不当延迟、有效和富有建设性地处理与洗钱和恐怖主义融资相关的引渡请求。各国还应当采取所有可能的措施，确保不为被指控参与恐怖主义融资、恐怖活动或恐怖组织的个人提供庇护所。各国尤其：（a）应当确保洗钱和恐怖主义融资是可引渡的犯罪行为；（b）应当确保拥有及时处理引渡请求的明确、有效程序，包括适当时候优先处理程序。应当设立一套案件管理系统，以跟踪请求的处理进展情况。（c）不应当对引渡请求设置不合理或过分严格的条件；（d）应当确保建立实施引渡的充分法律框架。

各国应当允许引渡本国国民；如果仅出于国籍原因而拒绝引渡本国国民，则应当应请求国要求将案件无不当延迟地移交本国主管部门，以便对请求中阐明的罪行做出检控。有关当局应当根据本国法律规定的、与处理其他严重犯罪相同的方式做出决定和进行诉讼程序。相关国家应当互相合作，特别是应当在司法程序和证据方面互相配合，确保此类检控的效率。

如果一国将双重犯罪作为引渡的必要条件，则不论两国是否将此犯罪纳入同一类罪，或规定为同一罪名，只要两国均将此行为规定为犯罪，即可视为满足该条件。

在符合本国法律基本原则的情况下，各国应当制定简化的引渡机制，例如，允许在对口部门之间直接提交临时逮捕请求，仅凭逮捕或判决文书便可执行引渡，或在当事人自愿放弃正式引渡时执行简化引渡程序。各国应当为负责引渡的部门提供充分的财政、人力和技术支持。应当采取措施确保这些部门的工作人员在保密、诚信、廉洁、专业等方面具有较高水准。

40. 其他形式的国际合作（原建议 40）

各国应当确保其主管部门在洗钱、有关上游犯罪和恐怖主义融资方面能够迅速、有效和富有建设性地提供最广泛的国际合作，不管是自发地还是应别国请求，并且应当具备提供合作的法律基础。各国应当授权其主管部门通过最有效的方式开展合作。如果主管部门需签订谅解备忘录等双边或多边协议或约定，各国则应当及时与最广泛的国外对口部门协商并签订这些协议或约定。

主管部门应当通过明确的渠道或机制有效传递并执行有关信息或其他方面的协助请求。应当制定明确有效的程序，优先并及时处理协助请求，以及保护所接收的信息。

附2：《FATF反恐怖主义融资特别建议》

1. 批准和执行联合国决议

各国应立即采取行动批准和全面执行1999年联合国《制止向恐怖主义提供资助的国际公约》。各国还应立即执行联合国关于预防和制止资助恐怖主义行为的决议，特别是联合国安理会第1373号决议[1]。

2. 将恐怖主义融资和洗钱定为犯罪

每个国家都应该将资助恐怖主义、恐怖主义行为和恐怖组织定为犯罪。各国应确保将此类犯罪定为洗钱的上游犯罪。

3. 冻结和没收恐怖主义资产

根据联合国关于防止和制止资助恐怖主义行为的决议，每个国家都应该采取措施立即冻结恐怖分子、资助恐怖主义和恐怖组织的资金或其他资产。

各国还应采取和执行包括立法在内的措施，使主管当局能够扣押和没收已经用于、打算和分配用于资助恐怖主义、恐怖主义行为和恐怖组织的资产。

4. 举报与恐怖主义有关的可疑交易

如果金融机构或其他有反洗钱义务的企业或实体怀疑或有合理理由怀疑某些资金与恐怖主义行为或恐怖组织有联系或将用于恐怖主义行为或恐怖组织，要及时向主管部门报告他们的怀疑。

5. 国际合作

每个国家都应根据条约，安排其他司法协助或信息交流机制，尽最大可能提供与资助恐怖主义、恐怖主义行为和恐怖组织有关的刑事、民事执法和行政调查，以及询问和诉讼程序的援助。

各国还应采取一切可能的措施，确保他们不会向被指控为资助恐怖主义、恐怖主义行为或恐怖组织的个人提供安全庇护场所，并应有程序在可能的情况下引渡此类个人。

6. 替代性汇款[2]

每个国家都应该采取措施，确保为金钱或价值传输提供服务的个人或法人，

---

[1] 2001年9月28日，联合国安理会一致通过第1373号决议，要求各国紧急合作，防止和制止恐怖主义行为，对支持恐怖主义的国家，安理会将进行制裁。

[2] 替代性汇款：这是一种在受监管的体系之外运行的，提供资金或价值的转移服务的网络体系或机制。这些监管外的体系通常在特定的地理区域内运作。这些体系通常包括：hawala, hundi, fei-chien等，并且采用黑市汇率。

包括代理商，包括通过非正式的金钱或价值转让系统或网络进行传输，应该获得许可或注册，并让所有 FATF 的建议应用于银行和非银行金融机构。各国应确保非法从事此项服务的个人或法人受到行政、民事或刑事制裁。

7. 电子转账

各国应采取措施，要求包括汇款人在内的金融机构，在发送的资金转移和相关信息中包括准确和有意义的始发者信息（姓名、地址和账号），信息应保留在转移或通过支付链所涉及的相关信息中。

各国应采取措施，确保包括汇款人在内的金融机构加强审查和监测不包含完整原始信息（姓名、地址和账号）的可疑资金转账活动。

8. 非营利组织[1]

各国应审查可能被滥用于资助恐怖主义的实体有关的法律和条例的适当性。非营利组织特别脆弱，各国应确保它们不会被滥用：恐怖组织构成合法实体，利用合法实体作为恐怖主义融资渠道，包括为逃避资产冻结措施，隐瞒或掩盖为了合法目的将资金秘密转移给恐怖组织。

9. 现金交易

各国应有措施检测货币和无记名可转让票据的实际跨境运输，包括申报系统或其他披露义务。

各国应确保其主管当局拥有合法权力，制止或限制涉嫌与恐怖主义融资或洗钱有关的货币或无记名可转让票据，以及虚假申报或披露。

各国应确保采取有效、适度和劝阻性的制裁措施来处理作出虚假声明或披露的人员。在货币或无记名可转让票据与恐怖主义融资或洗钱有关的情况下，各国还应采取措施，包括符合建议3和特别建议3的立法措施，这将使没收这种货币或工具成为可能。

---

[1] 非营利组织。该建议是为了帮助当局来保护那些以慈善、宗教、文化、教育、社会或友爱为目的的，或为了开展其他类型的"良好事业"而筹集或支付资金的非营利组织，使之不被恐怖主义融资所利用。法律和实践认可的非营利组织的合法形式主要有：协会、基金会、筹资委员会、公社服务组织、代表公共利益的社团、有限公司和公共慈善机构。

附3:《中华人民共和国反洗钱法》

《中华人民共和国反洗钱法》已由中华人民共和国第十届全国人民代表大会常务委员会第二十四次会议于2006年10月31日通过,现予公布,自2007年1月1日起施行。

第一章　总则

第一条　为了预防洗钱活动,维护金融秩序,遏制洗钱犯罪及相关犯罪,制定本法。

第二条　本法所称反洗钱,是指为了预防通过各种方式掩饰、隐瞒毒品犯罪、黑社会性质的组织犯罪、恐怖活动犯罪、走私犯罪、贪污贿赂犯罪、破坏金融管理秩序犯罪、金融诈骗犯罪等犯罪所得及其收益的来源和性质的洗钱活动,依照本法规定采取相关措施的行为。

第三条　在中华人民共和国境内设立的金融机构和按照规定应当履行反洗钱义务的特定非金融机构,应当依法采取预防、监控措施,建立健全客户身份识别制度、客户身份资料和交易记录保存制度、大额交易和可疑交易报告制度,履行反洗钱义务。

第四条　国务院反洗钱行政主管部门负责全国的反洗钱监督管理工作。国务院有关部门、机构在各自的职责范围内履行反洗钱监督管理职责。

国务院反洗钱行政主管部门、国务院有关部门、机构和司法机关在反洗钱工作中应当相互配合。

第五条　对依法履行反洗钱职责或者义务获得的客户身份资料和交易信息,应当予以保密;非依法律规定,不得向任何单位和个人提供。

反洗钱行政主管部门和其他依法负有反洗钱监督管理职责的部门、机构履行反洗钱职责获得的客户身份资料和交易信息,只能用于反洗钱行政调查。

司法机关依照本法获得的客户身份资料和交易信息,只能用于反洗钱刑事诉讼。

第六条　履行反洗钱义务的机构及其工作人员依法提交大额交易和可疑交易报告,受法律保护。

第七条　任何单位和个人发现洗钱活动,有权向反洗钱行政主管部门或者公安机关举报。接受举报的机关应当对举报人和举报内容保密。

第二章　反洗钱监督管理

第八条　国务院反洗钱行政主管部门组织、协调全国的反洗钱工作,负责反洗钱的资金监测，制定或者会同国务院有关金融监督管理机构制定金融机构反洗钱规章，监督、检查金融机构履行反洗钱义务的情况，在职责范围内调查可疑交易活动，履行法律和国务院规定的有关反洗钱的其他职责。

国务院反洗钱行政主管部门的派出机构在国务院反洗钱行政主管部门的授权范围内，对金融机构履行反洗钱义务的情况进行监督、检查。

第九条　国务院有关金融监督管理机构参与制定所监督管理的金融机构反洗钱规章，对所监督管理的金融机构提出按照规定建立健全反洗钱内部控制制度的要求，履行法律和国务院规定的有关反洗钱的其他职责。

第十条　国务院反洗钱行政主管部门设立反洗钱信息中心，负责大额交易和可疑交易报告的接收、分析，并按照规定向国务院反洗钱行政主管部门报告分析结果，履行国务院反洗钱行政主管部门规定的其他职责。

第十一条　国务院反洗钱行政主管部门为履行反洗钱资金监测职责，可以从国务院有关部门、机构获取所必需的信息，国务院有关部门、机构应当提供。

国务院反洗钱行政主管部门应当向国务院有关部门、机构定期通报反洗钱工作情况。

第十二条　海关发现个人出入境携带的现金、无记名有价证券超过规定金额的，应当及时向反洗钱行政主管部门通报。

前款应当通报的金额标准由国务院反洗钱行政主管部门会同海关总署规定。

第十三条　反洗钱行政主管部门和其他依法负有反洗钱监督管理职责的部门、机构发现涉嫌洗钱犯罪的交易活动，应当及时向侦查机关报告。

第十四条　国务院有关金融监督管理机构审批新设金融机构或者金融机构增设分支机构时，应当审查新机构反洗钱内部控制制度的方案；对于不符合本法规定的设立申请，不予批准。

第三章　金融机构反洗钱义务

第十五条　金融机构应当依照本法规定建立健全反洗钱内部控制制度，金融机构的负责人应当对反洗钱内部控制制度的有效实施负责。

金融机构应当设立反洗钱专门机构或者指定内设机构负责反洗钱工作。

第十六条　金融机构应当按照规定建立客户身份识别制度。

金融机构在与客户建立业务关系或者为客户提供规定金额以上的现金汇款、现钞兑换、票据兑付等一次性金融服务时，应当要求客户出示真实有效的身份证件或者其他身份证明文件，进行核对并登记。

客户由他人代理办理业务的，金融机构应当同时对代理人和被代理人的身份证件或者其他身份证明文件进行核对并登记。

与客户建立人身保险、信托等业务关系，合同的受益人不是客户本人的，金融机构还应当对受益人的身份证件或者其他身份证明文件进行核对并登记。

金融机构不得为身份不明的客户提供服务或者与其进行交易，不得为客户开立匿名账户或者假名账户。

金融机构对先前获得的客户身份资料的真实性、有效性或者完整性有疑问的，应当重新识别客户身份。

任何单位和个人在与金融机构建立业务关系或者要求金融机构为其提供一次性金融服务时，都应当提供真实有效的身份证件或者其他身份证明文件。

第十七条 金融机构通过第三方识别客户身份的，应当确保第三方已经采取符合本法要求的客户身份识别措施；第三方未采取符合本法要求的客户身份识别措施的，由该金融机构承担未履行客户身份识别义务的责任。

第十八条 金融机构进行客户身份识别，认为必要时，可以向公安、工商行政管理等部门核实客户的有关身份信息。

第十九条 金融机构应当按照规定建立客户身份资料和交易记录保存制度。

在业务关系存续期间，客户身份资料发生变更的，应当及时更新客户身份资料。

客户身份资料在业务关系结束后、客户交易信息在交易结束后，应当至少保存五年。

金融机构破产和解散时，应当将客户身份资料和客户交易信息移交国务院有关部门指定的机构。

第二十条 金融机构应当按照规定执行大额交易和可疑交易报告制度。

金融机构办理的单笔交易或者在规定期限内的累计交易超过规定金额或者发现可疑交易的，应当及时向反洗钱信息中心报告。

第二十一条 金融机构建立客户身份识别制度、客户身份资料和交易记录保存制度的具体办法，由国务院反洗钱行政主管部门会同国务院有关金融监督管理机构制定。金融机构大额交易和可疑交易报告的具体办法，由国务院反洗钱行政主管部门制定。

第二十二条 金融机构应当按照反洗钱预防、监控制度的要求，开展反洗钱培训和宣传工作。

第四章 反洗钱调查

第二十三条 国务院反洗钱行政主管部门或者其省一级派出机构发现可疑交易活动，需要调查核实的，可以向金融机构进行调查，金融机构应当予以配合，如实提供有关文件和资料。

调查可疑交易活动时，调查人员不得少于二人，并出示合法证件和国务院反洗钱行政主管部门或者其省一级派出机构出具的调查通知书。调查人员少于二人或者未出示合法证件和调查通知书的，金融机构有权拒绝调查。

第二十四条 调查可疑交易活动，可以询问金融机构有关人员，要求其说明情况。

询问应当制作询问笔录。询问笔录应当交被询问人核对。记载有遗漏或者差错的，被询问人可以要求补充或者更正。被询问人确认笔录无误后，应当签名或者盖章；调查人员也应当在笔录上签名。

第二十五条 调查中需要进一步核查的，经国务院反洗钱行政主管部门或者其省一级派出机构的负责人批准，可以查阅、复制被调查对象的账户信息、交易记录和其他有关资料；对可能被转移、隐藏、篡改或者毁损的文件、资料，可以予以封存。

调查人员封存文件、资料，应当会同在场的金融机构工作人员查点清楚，当场开列清单一式二份，由调查人员和在场的金融机构工作人员签名或者盖章，一份交金融机构，一份附卷备查。

第二十六条 经调查仍不能排除洗钱嫌疑的，应当立即向有管辖权的侦查机关报案。客户要求将调查所涉及的账户资金转往境外的，经国务院反洗钱行政主管部门负责人批准，可以采取临时冻结措施。

侦查机关接到报案后，对已依照前款规定临时冻结的资金，应当及时决定是否继续冻结。侦查机关认为需要继续冻结的，依照刑事诉讼法的规定采取冻结措施；认为不需要继续冻结的，应当立即通知国务院反洗钱行政主管部门，国务院反洗钱行政主管部门应当立即通知金融机构解除冻结。

临时冻结不得超过四十八小时。金融机构在按照国务院反洗钱行政主管部门的要求采取临时冻结措施后四十八小时内，未接到侦查机关继续冻结通知的，应当立即解除冻结。

第五章　反洗钱国际合作

第二十七条 中华人民共和国根据缔结或者参加的国际条约，或者按照平等互惠原则，开展反洗钱国际合作。

第二十八条 国务院反洗钱行政主管部门根据国务院授权，代表中国政府与外国政府和有关国际组织开展反洗钱合作，依法与境外反洗钱机构交换与反洗钱有关的信息和资料。

第二十九条 涉及追究洗钱犯罪的司法协助，由司法机关依照有关法律的规定办理。

第六章　法律责任

第三十条　反洗钱行政主管部门和其他依法负有反洗钱监督管理职责的部门、机构从事反洗钱工作的人员有下列行为之一的，依法给予行政处分：

（一）违反规定进行检查、调查或者采取临时冻结措施的；

（二）泄露因反洗钱知悉的国家秘密、商业秘密或者个人隐私的；

（三）违反规定对有关机构和人员实施行政处罚的；

（四）其他不依法履行职责的行为。

第三十一条　金融机构有下列行为之一的，由国务院反洗钱行政主管部门或者其授权的设区的市一级以上派出机构责令限期改正；情节严重的，建议有关金融监督管理机构依法责令金融机构对直接负责的董事、高级管理人员和其他直接责任人员给予纪律处分：

（一）未按照规定建立反洗钱内部控制制度的；

（二）未按照规定设立反洗钱专门机构或者指定内设机构负责反洗钱工作的；

（三）未按照规定对职工进行反洗钱培训的。

第三十二条　金融机构有下列行为之一的，由国务院反洗钱行政主管部门或者其授权的设区的市一级以上派出机构责令限期改正；情节严重的，处 20 万元以上 50 万元以下罚款，并对直接负责的董事、高级管理人员和其他直接责任人员，处 1 万元以上 5 万元以下罚款：

（一）未按照规定履行客户身份识别义务的；

（二）未按照规定保存客户身份资料和交易记录的；

（三）未按照规定报送大额交易报告或者可疑交易报告的；

（四）与身份不明的客户进行交易或者为客户开立匿名账户、假名账户的；

（五）违反保密规定，泄露有关信息的；

（六）拒绝、阻碍反洗钱检查、调查的；

（七）拒绝提供调查材料或者故意提供虚假材料的。

金融机构有前款行为，致使洗钱后果发生的，处 50 万元以上 500 万元以下罚款，并对直接负责的董事、高级管理人员和其他直接责任人员处 5 万元以上 50 万元以下罚款；情节特别严重的，反洗钱行政主管部门可以建议有关金融监督管理机构责令停业整顿或者吊销其经营许可证。

对有前两款规定情形的金融机构直接负责的董事、高级管理人员和其他直接责任人员，反洗钱行政主管部门可以建议有关金融监督管理机构依法责令金融机构给予纪律处分，或者建议依法取消其任职资格、禁止其从事有关金融行业工作。

第三十三条　违反本法规定，构成犯罪的，依法追究刑事责任。

第七章　附　则

第三十四条　本法所称金融机构，是指依法设立的从事金融业务的政策性银行、商业银行、信用合作社、邮政储汇机构、信托投资公司、证券公司、期货经纪公司、保险公司以及国务院反洗钱行政主管部门确定并公布的从事金融业务的其他机构。

第三十五条　应当履行反洗钱义务的特定非金融机构的范围、其履行反洗钱义务和对其监督管理的具体办法，由国务院反洗钱行政主管部门会同国务院有关部门制定。

第三十六条　对涉嫌恐怖活动资金的监控适用本法；其他法律另有规定的，适用其规定。

第三十七条　本法自 2007 年 1 月 1 日起施行。

主要参考文献

一、专著

1. 蔡虔霖：《洗钱防制法之实用权益》，永然文化出版有限公司（台湾）1997 年版。
2. 童文俊：《恐怖融资与反恐怖融资研究》，复旦大学出版社 2012 年版。
3. 付雄：《网络洗钱现状分析及对策研究》，中国社会科学出版社 2012 年版。
4. 师维等：《中国反恐怖主义法研究》，中国人民公安大学出版社 2016 年版。
5. 朗胜、王爱立主编：《中华人民共和国反恐怖主义法释义》，法律出版社 2016 年版。
6. 康华平：《国家安全视角下的金融发展与改革》，中国金融出版社 2016 年版。
7. 张成虎：《反洗钱中的可疑金融交易识别》，经济管理出版社 2013 年版。
8. 何萍：《洗钱与反洗钱动态研究》，法律出版社 2012 年版。
9. 王新：《反洗钱：概念与规范诠释》，中国法制出版社 2011 年版。
10. 俞光远主编：《反洗钱的理论与实践》，中国金融出版社 2006 年版。
11. 杜金富主编：《部分国家（地区）反洗钱/反恐融资规定选编》，中国金融出版社 2013 年版。
12. 周旺生：《立法学》，法律出版社 2004 年版。
13. 吴大英、任允正、李林：《比较立法制度》，群众出版社 1992 年版。
14. 姜威主编：《反洗钱国际经验与借鉴》，中国金融出版社 2010 年版。

二、译著

1. ［美］理查德·普拉特（Richard Pratt）编：《反洗钱与反恐融资指南》，王燕之审校，中国金融出版社 2008 年版。
2. ［英］蒂姆·帕克曼（Tim Parkman）：《精通反洗钱和反恐融资——合规性实践指南》，蔡真译，人民邮电出版社 2014 年版。

三、期刊

1. 康均心、林亚刚："国际反洗钱犯罪与我国的刑事立法"，载《中国法学》1997 年第 5 期。
2. 卢建平、王秀梅："面临有组织犯罪挑战的刑事司法体系"，载《中国刑事法杂志》1999 年第 6 期。

3. 石会燕、修光敏："基于 FAFT 恐怖融资类型研究报告的情报反恐怖融资研究"，载《情报杂志》2017 年第 12 期。

4. 苏潇："新型恐怖融资风险及对策建议"，载《金融经济》2017 年第 18 期。

5. 朱作鑫："恐怖主义融资新趋势及我国应对策略"，载《中国发展观察》2016 年第 17 期。

6. 童文骏："论恐怖融资的资金筹集与资金转移"，载《金融理论与实践》2012 年第 1 期。

7. 张海霞："地下钱庄与洗钱"，载《今日科苑》2006 年第 10 期。

8. 国家外汇管理局管理检查司课题组："'地下钱庄'与洗钱犯罪"，载《中国外汇管理》2003 年第 4 期。

9. 储峥："影子银行、货币创造与反洗钱监管"，载《上海立信会计金融学院学报》2017 年第 3 期。

10. 中国人民银行海口中心支行课题组、吴崇攀："我国影子银行洗钱风险及其对策研究"，载《海南金融》2016 年第 2 期。

11. 赵亚利："影子银行洗钱类型及防范建议"，载《时代金融》2014 年第 29 期。

12. 黄红星："谨防影子银行洗钱风险"，载《中国金融》2014 年第 4 期。

13. 马东黎："非正规银行汇款方式——哈瓦拉"，载《黑龙江对外经贸》2007 年第 9 期。

14. 徐飞彪："'基地'组织洗钱系统'哈瓦拉'"，载《国际资料信息》2006 年第 7 期。

15. 季平："哈瓦拉案与印度大选"，载《当代世界》1996 年第 3 期。

16. 胡仕胜："震动印度政坛的哈瓦拉贿赂案"，载《国际资料信息》1996 年第 3 期。

17. 邱永红："证券跨国发行与交易中的若干法律问题"，载《中国法学》1999 年第 6 期。

18. 谭丽："浅论金融机构反洗钱与反恐融资的意义"，载《中国外资》2013 年第 22 期。

19. 童文俊："浅析恐怖融资的资金筹集与转移"，载《金融与经济》2011 年第 10 期。

20. 李永升、李云飞："美国打击洗钱犯罪国际战略演变研究"，载《重庆理工大学学报（社会科学版）》2014 年第 2 期。

21. 杨旌："美国的反洗钱机制及对我国的启示"，载《消费导刊》2009 年第 1 期。

22. 叶涛："美国反洗钱机制及其启示"，载《经济研究参考》2006 年第 27 期。

23. 张红军："美国反洗钱惩罚机制对我国的借鉴意义"，载《经济管理》2005 年第 24 期。

24. 边维刚："美国反洗钱体系及其启示——赴美学习考察报告"，载《南方金融》2004 年第 12 期。

25. 史秀芬、邸志强："借鉴美国经验　完善我国反洗钱体系"，载《黑龙江金融》2004 年第 1 期。

26. 唐旭："日趋完善的中国反洗钱制度"，载《中国金融》2009 年第 5 期。

27. 范玉民："对我国反恐融资工作的思考"，载《金融与经济》2016 年第 7 期。

28. 程小白、徐鹏："国际反洗钱经验对我国反洗钱工作的启示"，载《江西公安专科学校学报》2006 年第 4 期。

29. 王英杰："建立和完善我国反洗钱制度的建议"，载《经济研究参考》2005 年第 55 期。

30. 孙玉刚："客户尽职调查的国际标准与中国实践"，载《武汉金融》2009 年第 1 期。

31. 汤俊："客户尽职调查国际标准的基本要素与我国的实施策略"，载《海南金融》2008 年第 11 期。

32. 连永先："反洗钱工作中客户身份识别与客户尽职调查的演进"，载《海南金融》2010 年第 12 期。

33. 邱成晟、陈玉辉、李凌："论银行业金融机构反洗钱工作中的客户尽职调查"，载《福建金融》2010 年第 1 期。

34. 何元媛："客户尽职调查在新形势下的挑战和对策建议"，载《时代金融》2017 年第 35 期。

35. 郑家庆："金融机构持续客户尽职调查问题探析"，载《武汉金融》2017 年第 1 期。

36. 崔建英："客户尽职调查在金融服务创新形势下的挑战与对策"，载《时代金融》2015 年第 35 期。

37. 汤俊、王妍、车奕蓉："大数据技术在反洗钱工作中的应用前景"，载《海南金融》2016 年第 2 期。

38. 吴朝平："综合评价在反洗钱监测分析中的应用——对提高反洗钱客户风险等级分类准确性的思考"，载《金融科技时代》2011 年第 4 期。

39. 韩晓蕾："网上银行业务可疑交易报告现状及对策建议"，载《金融经济》2014 年第 10 期。

40. 查宏："FATF 新标准的变化"，载《金融会计》2014 年第 5 期。

41. 赵永林："论我国特定非金融机构反洗钱监管"，载《河北法学》2014 年第 12 期。

42. 王卫红："关于当前我国商业银行可疑交易报告机制问题的研究"，载《中国总会计师》2011 年第 4 期。

43. 孔繁琦："对苏北金融机构开展重点可疑交易报告工作情况的调查与思考"，载《时代金融》2012 年第 35 期。

44. 熊海帆："反洗钱及反恐融资中数据挖掘技术研究与应用综述"，载《西南金融》2014 年第 8 期。

45. 杨波："新反恐形势下对金融信息安全的思考"，载《金融科技时代》2014 年第 12 期。

46. 师永彦："对我国可疑交易报告制度数量增长过快的分析"，载《中国金融》2007 年第 19 期。

47. 汪毓："立法条件的论证"，载《法学》1992 年第 4 期。

48. 曹争鸣："新加坡可疑交易报告制度及其对我国的启示"，载《金融会计》2011 年第 9 期。

49. 庞贞燕、石彦杰："关于可疑交易报告制度执行中存在问题的思考"，载《金融理论与实践》2010 年第 10 期。

50. 李昌麒、王怀勇："政府干预市场的边界——以和谐产业发展的法治要求为例"，载《政治与法律》2006 年第 4 期。

51. 童文俊："反洗钱可疑交易报告制度有效性探析"，载《海南金融》2011 年第 6 期。

52. 汪全胜："法律文本中的'废止条款'设置论析"，载《政治与法律》2013 年第 7 期。

四、英文文献

1. Michael Gold and Michael Levi, *Money Laundering in the UK：An Appraisal of Suspicion － Base*

Deporting，The Police Foundation，1994.
2. L. Donohue，Technological Leap，Statutory Gap，and Constitutional Abyss，*Remote Biometric Iden-tification Comes of Age*，Social Science Electronic Publishing，2012.

五、学位论文

1. 杨晏："从反恐融资角度看我国可疑交易报告制度"，西北政法大学 2017 年硕士学位论文。
2. 徐方："恐怖组织网络化趋势下恐怖融资研究"，复旦大学 2009 年硕士学位论文。
3. 张鑫："地下钱庄的法律规制研究"，西南政法大学 2015 年硕士学位论文。
4. 郑张振："地下钱庄相关问题研究"，华东政法大学 2012 年硕士学位论文。
5. 洪晓燕："地下钱庄有关法律问题探讨"，华侨大学 2011 年硕士学位论文。
6. 邵萌娟："地下钱庄之刑法规制初探"，华东政法大学 2011 年硕士学位论文。
7. 周良卫："论我国地下钱庄现状、成因及防治对策"，华东政法大学 2010 年硕士学位论文。
8. 李跃辉："地下钱庄犯罪的治理对策研究——以威海为例"，山东大学 2010 年硕士学位论文。
9. 杨子瑶："我国影子银行监管法律制度研究"，郑州大学 2017 年硕士学位论文。
10. 王秀环："我国反洗钱国际合作法律问题与对策研究"，西北大学 2016 年硕士学位论文。
11. 张晓丽："我国商业银行可疑交易报告法律制度研究"，西南大学 2015 年硕士学位论文。
12. 俞笛："支持隐私保护的数据挖掘研究"，湖南大学 2009 年硕士学位论文。

六、网络文献

1. "2013 年反洗钱监督管理总体情况"，载中国人民银行官网，http：//www. pbc. gov. cn/fanxiqianju/135153/135163/135169/2807831/index. html.
2. "2015 年反洗钱调查及案件查处总体情况"，载中国人民银行官网，http：//www. pbc. gov. cn/fanxiqianju/135153/135178/135227/3137410/index. html.
3. "2016 年中国第三方支付行业市场现状及发展趋势预测"，载中国产业信息网，http：//www. chyxx. com/industry/201603/390320. html.
4. "反洗钱调查与案件查处年度总体情况"，载中国人民银行官网，http：//www. pbc. gov. cn/fanxiqianju/135153/135178/index. html.

后　记

　　本教程是西北政法大学反恐怖主义法学院编写的系列教材之一。其历史可以追溯到 2015 年 12 月 27 日第十二届全国人民代表大会常务委员会第十八次会议通过并公布的《中华人民共和国反恐怖主义法》，西北政法大学原校长贾宇教授（现任浙江省人民检察院党组书记、检察长、检察委员会委员）于次日组织相关学术研讨会，并果断确定了相关教程的编写工作。2016 年 1 月 1 日《中华人民共和国反恐怖主义法》颁布实施后，在现任西北政法大学反恐怖主义法学院院长穆兴天教授的积极领导下，系列教材编写工程正式启动，本人也开始着手自己所承担的《反洗钱与反恐怖主义融资教程》编写工作，并同时与本人所带的 2015 级、2016 级法律硕士研究生积极搜集、整理、编译相关文献，以充实本教程内容为宗旨，不断吸收有关领域的最新成果，并于 2017 年 6 月 15 日完成初稿。此后，本人组织自己所带的硕士研究生对本教程稿件进行了多次修改，于 2018 年 4 月 15 日完成第一校、2018 年 5 月 23 日完成第二校，在中国政法大学出版社第一编辑室三审后，于 2018 年 9 月 23 日完成第三校并定稿。至此，本人及编写组全体成员衷心希望本教程的第一版发行能为我国反恐怖主义法教育事业的发展尽绵薄之力。

　　在此，应感谢西北政法大学原校长贾宇教授、现任副校长王健教授、反恐怖主义法学院穆兴天教授，在他们的关怀和支持下，本教程才得以与读者见面。本人还应感谢所有参与本教程的编写人员（不分先后）：杨晏、王泽洋、朱弘昊、谭家毅、赵宇、袁析、原野、赵美、尹若杰、任伟，尤其是 2015 级法律（法学）硕士毕业生杨晏（现任陕西省西安市未央区人民法院法官助理）和 2016 级法律硕士（非法学）研究生王泽洋同学，前者独立撰写了第八章"可疑交易报告制度"，后者常与我工作至深夜，有时甚至到凌晨 5 点，特表谢意！此外，本教程在编写过程中得到了中国政法大学出版社工作人员的大力支持，特别是该社第一编辑室马旭和唐朝老师，为本教程的出版付出了大量心血，他们的敬业精神令本人深为感动，借此机会特致谢意！同时，本人及编写组成员在编写本教程中的过程中参考和吸收了国内近年来有关反洗钱与反恐怖融资方面的许多新成果，在此对这些成果的作者致以由衷的谢忱！

王永宝
2018 年 10 月